I0063743

LA TRANSFORMACIÓN DEL PROCEDIMIENTO ADMINISTRATIVO

LA TRANSFORMACIÓN DEL PROCEDIMIENTO ADMINISTRATIVO

JAVIER BARNES
(Editor)

EBERHARD SCHMIDT-ASSMANN
HANS CHRISTIAN RÖHL
FRANCISCO B. LÓPEZ-JURADO ESCRIBANO
RICARDO GARCÍA MACHO
JAVIER BARNES
JOSÉ Mª RODRÍGUEZ DE SANTIAGO
PETER L. STRAUSS
JENS-PETER SCHNEIDER
LUCIANO PAREJO ALFONSO
WINFRIED KLUTH / JANA NUCKELT

GLOBAL LAW PRESS
EDITORIAL DERECHO GLOBAL

SEVILLA • 2008

Instituto Andaluz de Administración Pública
CONSEJERÍA DE JUSTICIA Y ADMINISTRACIÓN PÚBLICA

Los estudios de este volumen y el seminario para su debate se han
realizado al amparo del Proyecto de Investigación SEJ-740
(Proyecto de Excelencia - Junta de Andalucía)

© Javier Barnes (editor y coordinador)

© 2008: Editorial Derecho Global–Global Law Press
C/ Virgen de Luján, 19. 2º B
41011-SEVILLA
info@globallawpress.org / www.globallawpress.org

Diseño y maquetación: Los Papeles del Sitio

ISBN: 978-84-936349-0-2
DL: S-1905-2008

(Hecho en España)

ÍNDICE GENERAL

REFORMA E INNOVACIÓN DEL PROCEDIMIENTO ADMINISTRATIVO

Javier Barnes

ÍNDICE

I
EL PROCEDIMIENTO ADMINISTRATIVO EN TRANSFORMACIÓN

1. EL PROCEDIMIENTO ADMINISTRATIVO, COLUMNA VERTEBRAL DEL DERECHO ADMINISTRATIVO

La institución del procedimiento sintetiza en cada tiempo y lugar los rasgos más sobresalientes del Derecho Público[1]; simboliza la posición del ciudadano ante la Administración[2]; y refleja las relaciones que guardan los poderes públicos entre sí[3]. El procedimiento constituye, en efecto, una pieza básica del Derecho Administrativo contemporáneo[4]; la primera en verse afectada en tiempos de cambio[5], puesto que, al fin y al cabo, es «la Administración pública en acción», o «el modo de hacer realidad el Derecho Administrativo»[6]. Una institución

---

1. Es la norma más elocuente del Derecho Administrativo moderno, la más valiosa para el historiador del Derecho. Expresa, siquiera sea implícitamente o en negativo, la entera filosofía del sistema: la organización interna y el modo de gestión de los asuntos administrativos; el concepto de ciudadano y la línea de separación entre el Estado y la sociedad; la idea de eficacia de la acción administrativa y la forma de racionalización y limitación del poder ejecutivo; la noción de Estado y de empleado público; las formas de relación con los ciudadanos y las clases de vinculación del ejecutivo con el poder legislativo y su impacto sobre el judicial; etc.

2. Por ejemplo, en el caso español, los arts. 35 y ss. de la Ley 30/1992, de procedimiento administrativo común. Véase JAVIER BARNES, «Sobre el procedimiento administrativo: evolución y perspectivas», en J. Barnes, *Innovación y reforma del Derecho Administrativo*, Global Law Press/Editorial Derecho Global, Sevilla, 2006, pp. 272, 331.

3. Por ejemplo, en el caso español, arts. 4 y ss. de la Ley 30/1992, de procedimiento administrativo común. Sobre este tema, me remito a mi trabajo «Sobre el procedimiento administrativo», cit. (nota 2), p. 295.

4. Baste pensar, a título de ejemplo, que a su través la Administración adopta las más relevantes decisiones (actos administrativos, contratos, reglamentos), sin agotar por ello sus virtualidades.

5. J. BARNES, «Sobre el procedimiento administrativo...», cit. (nota 2), pp. 272, 331.

6. «Verwirklichungsmodus des Verwaltungsrechts». *Cfr.* R. WAHL, «Verwaltungsverfahren zwischen Verwaltungseffizienz und Rechtsschutzauftrag», VVDStRL 41 (1983), p. 151 *pássim*, 153.

tan central habrá de estar sometida, por lógica consecuencia, a una constante revisión legislativa y teórica.

Con el correr del tiempo, su relevancia no ha hecho sino acrecentarse. Y ello, entre otras razones, porque:

a) Se ha convertido en un *vehículo de transmisión* fundamental donde cristalizan artesanalmente tantas exigencias dimanantes de los principios del Estado de Derecho, del principio democrático y del principio de eficacia, en las relaciones entre la Administración y el ciudadano[7]. Con la mediación legislativa, el procedimiento hace de *puente* o «transformador»[8] entre la Constitución y la realidad de la variada actividad de la Administración pública.

b) Constituye un formidable mecanismo de *control* y de *dirección* estructural de la Administración pública en manos del Parlamento[9], en la medida en que la configuración legal del procedimiento posee efectos multiplica-

---

7. Así, la sujeción de la Administración a la ley y al Derecho a través de reglas de procedimiento; el sometimiento a criterios y parámetros de racionalidad que condicionen y guíen las discrecionalidad administrativa; la ponderación de complejos intereses y perspectivas sectoriales desde los distintos niveles de gobierno; la motivación de la acción del poder público; la legitimidad democrática de la acción administrativa mediante múltiples formas de participación y consenso; elementos de control y de rendición de cuentas; la transparencia en el proceso decisorio; el seguimiento de la efectividad de las decisiones en la fase de aplicación, etc.

Por ejemplo, en el caso de la Constitución española, esos valores se encuentran representados, entre otros, en los arts. 103.1 (sujeción a la ley y al Derecho, satisfacción del interés general, principio de eficacia); 9.2 (participación); 9.3 (interdicción de la arbitrariedad, motivación y racionalidad de la acción de todo poder público); art. 1.1 (cláusulas del Estado democrático de Derecho); etc. Sobre ello se insistirá más adelante.

8. Sobre las relaciones entre el Derecho Administrativo y el Derecho Constitucional, véase E. SCHMIDT-ASSMANN, *La Teoría General del Derecho Administrativo como sistema*, INAP-Marcial Pons, Madrid, 2003, pp. 15 y ss.

9. Desde la perspectiva de la teoría política positiva, véase MATTHEW D. MC CUBBINS, ROGER G. NOLL, BARRY R. WEINGAST, «Administrative Procedures as Instrument of Political Control», 3 JI Law, Econ and Org. 243 (1987). Desde la óptica del Derecho Administrativo y la ciencia de la dirección, véase EBERHARD SCHMIDT-ASSMANN, *Das allgemeine Verwaltungsrecht als Ordnungsidee*, 2004, pp. 203, 305. En español, del mismo autor, *La Teoría General*, cit. (nota 8), pp. 27 y ss., 359 y ss., etc., y, señaladamente, el capítulo primero de la obra colectiva *Innovación y reforma en el Derecho Administrativo*, ob. cit. (nota 2), *in totum*.

dores sobre cómo ha de decidir la Administración en el futuro[10], y, en consecuencia y a la postre, sobre la *decisión* misma[11]. Y ello vale especialmente para los casos en los que el resultado del procedimiento está abierto y no se sabe cuál será la resolución definitiva cuando éste se inicia[12].

c) Sirve de fórmula de *compensación* de la *debilidad directiva* de la Ley material y de instrumento de *legitimidad democrática* de la acción administrativa[13]. El procedimiento constituye una actuación para absorber protesta, suscitar consenso y adhesión[14].

d) Representa el foro por excelencia a través del cual la Administración adopta sus decisiones más relevantes, bien sean de carácter *formal*: resoluciones singulares (actos administrativos); disposiciones y normas reglamentarias (reglamentos de toda especie, planes territoriales; etc.); y adjudicación

---

10. El legislador del procedimiento administrativo decide cómo decide la Administración. Por ejemplo, las normas de procedimiento relativas a los modos de iniciación; a los sujetos que pueden intervenir y el tratamiento que ha de dársele a la información obtenida a través de la participación; o las que se refieren a la forma que ha de adoptar la decisión, etc., condiciona y dirigen el si y el cómo de la acción o decisión administrativa.

11. El legislador, por ejemplo, no puede programar para cada caso qué es lo que demanda «el desarrollo sostenible». Sin embargo, sí puede, en cambio, decidir el procedimiento administrativo en el que se ha de resolver esa cuestión y, para ello, hacer un cálculo meditado acerca del peso relativo que le concede en su definición a la comunidad científica, al público, a todas las Administraciones afectadas en los distintos niveles, etc., en la búsqueda de la solución medioambientalmente más eficaz. El mayor o menor peso relativo asignado a cada uno de esos canales de información y al método de trabajo tiene, sin duda, efectos trascendentes. Tal es el caso, por ejemplo, del procedimiento administrativo de evaluación estratégica ambiental.

Otro ejemplo paradigmático de dirección de la Administración a través del procedimiento reside en el plano de la información. La delimitación legal de la participación (si se restringe a los interesados o se abre el público en general); la definición de cómo ha de tratarse y procesarse la información obtenida a través de esa participación; la decisión del legislador acerca de si sólo puede decidir la Administración con base en la información obtenida, y debatida, en el curso del procedimiento; etc., tienen consecuencias decisivas.

12. Procedimientos de elaboración de planeamiento urbanístico; de reglamentos; de decisiones de carácter científico o técnico; etc.

13. «Legitimación a través del procedimiento» (Luhmann). Piénsese en el ejemplo de la Ley del Suelo: sus escasas determinaciones materiales se compensan mediante el procedimiento de elaboración del planeamiento urbanístico.

14. Por ejemplo, el procedimiento sirve para hallar el consenso científico o técnico necesario cuando se trata de tomar decisiones en las que se ven involucradas cuestiones de tal naturaleza: la aprobación de un medicamento; medidas de seguridad alimentaria; etc. *Vid.*, por ejemplo, *infra* III.4.b.

de contratos. O bien *informal*: instrumentos de Derecho blando (guías, recomendaciones, manuales, interpretaciones, etc.). Con todo, el contenido y relevancia del procedimiento no se agota en esa dimensión (el procedimiento como proceso decisorio), por más que resulte de suma trascendencia, sino que se extiende a otros ámbitos, como la sujeción de la Administración al Derecho Privado, la acción administrativa transnacional, la prestación de actividades materiales o la mediación[15].

e) El procedimiento canaliza en buena medida las *relaciones* interadministrativas más allá de las *fronteras nacionales* en el plano transnacional (así, en el ámbito europeo)[16] e internacional[17].

f) Se han «*procedimentalizado*» numerosas *políticas públicas* en el seno de la Unión Europea, en la medida en que se sustentan y resuelven en procedimientos, y no en estándares materiales[18], bien sea por razones estructurales o constitucionales; de reparto competencial; de respeto a la diversidad nacional; o bien por consideraciones prácticas, desde el momento en que resulta en ocasiones más fácil el acuerdo y el consenso sobre el *cómo*, antes que sobre el *qué*[19]. La razón más básica, sin embargo, acaso resida en la nueva concepción del procedimiento como instrumento de dirección política que la propia Unión Europea ha hecho suya en tantos sectores[20].

g) Traduce la *eficacia* administrativa al plano de la praxis[21], en particular cuando se trata de ejercer competencias complejas y fragmentadas, tanto

---

15. *Vid.* capítulos primero y sexto de la presente obra. Asimismo, J. BARNES, «Sobre el procedimiento administrativo», cit. (nota 2), pp. 280, 283, 332.

16. *Vid.*, por ejemplo, los trabajos de H.C. RÖHL y E. SCHMIDT-ASSMANN, en el presente volumen.

17. La acción más allá de las fronteras nacionales requiere el establecimiento de procedimientos decisorios que en todo caso satisfagan los requerimientos de los valores inherentes al principio democrático y de Estado de Derecho (transparencia, participación, motivación, control, etc.). Para una introducción a esta problemática, *vid.* J. BARNES, «Sobre el procedimiento administrativo», cit. (nota 2), pp. 325-330.

18. Ejemplos paradigmáticos: medio ambiente, seguridad alimentaria o política social.

19. Pueden verse los capítulos correspondientes de E. SCHMIDT-ASSMANN y H.C. RÖHL, en la presente obra; asimismo, J. BARNES, «Sobre el procedimiento administrativo», cit. (nota 2), pp. 324 y ss.

20. *Vid.* nota anterior.

21. La eficacia puede consistir, según los casos, en la celeridad del procedimiento (para el otorgamiento, por ejemplo, de complejas autorizaciones industriales), por exigencias de la vida económica; o en prestaciones administrativas de calidad; en la obtención y procesamiento de una

en un sentido transversal u horizontal, cuanto vertical, entre los distintos niveles de gobierno, y donde el procedimiento lo es casi todo para la viabilidad del sistema, como sucede, por ejemplo, con el gobierno electrónico[22], o respecto de la prestación de servicios en el espacio comunitario[23].

h) El procedimiento administrativo es un instrumento clave en el contexto de los nuevos *modelos* y *estrategias* de regulación, dirección y gobernanza[24].

2. LOS DÉFICITS DE LA LEGISLACIÓN TRADICIONAL DE PROCEDIMIENTO ADMINISTRATIVO

Las leyes de procedimiento fueron aprobadas para regular y estandarizar los procedimientos administrativos durante un período de creciente expansión administrativa, señaladamente a partir de la segunda postguerra europea (paradigmáticamente, en Estados Unidos, la Ley de Procedimiento Administrativo o «Administrative Procedure Act», de 1945). Son numerosas las reformas y actualizaciones que estas y otras leyes han merecido desde entonces, en particular, de nuevo, la citada Ley norteamericana, en la que se podría encarnar esa permanente tarea de progresión[25].

Con todo, de tantas leyes generales de procedimiento administrativo de la segunda mitad del siglo XX podría decirse que han quedado

---

información fiable y segura, para asegurar una accesibilidad efectiva; en la simplificación y la eliminación de cargas administrativas innecesarias o de solapamientos por falta de coordinación administrativa; en la consecución del consenso a la mayor brevedad posible; etc. Y, desde luego, eficacia es asegurar los objetivos y los fines que se persiguen.

22. Véase el capítulo de J. BARNES en la presente obra sobre «La colaboración interadministrativa a través del procedimiento administrativo nacional», III.2.

23. Considérense, por ejemplo, las medidas de simplificación de los procedimientos en el ámbito de la prestación de servicios, y las relativas a la creación de una ventanilla única (Directiva 2006/123/EC del Parlamento europeo y del Consejo, de 12 de diciembre 2006, de prestación de servicios). La simplificación de los procedimientos administrativos para los ciudadanos supone y entraña procedimientos mucho más cooperativos y sofisticados.

24. *Infra* III.4.

25. *Vid.* los estudios de P. L. STRAUSS en la presente obra.

superadas por la realidad en razón del *contenido*, que ha devenido insuficiente; del *concepto*, que resulta obsoleto; y del *método de regulación* tradicional en el que han permanecido ancladas (véanse CUADROS 1 y 2).

La necesidad de la reforma –concebida como radical innovación o transformación del procedimiento administrativo– obedece, en efecto, entre otras, a tres razones fundamentales:

- Primero, porque son muchas las cosas relevantes que no están[26]. Las leyes generales de procedimiento ya no son *representativas* de la actividad administrativa contemporánea[27].

- Segundo, porque el procedimiento no se ha sustraído de la vieja *concepción procesal*, en la que se inspiró en su nacimiento (estructura bilateral, principio contradictorio, secuencia de actos de autoridad al servicio de una decisión final, proceso meramente aplicativo de una ley material que contiene la solución, etc.)[28]. Las leyes de procedimiento se recrean, en efecto, en un esquema judicial, propio de la función de garantía de los derechos que, aunque apto para la resolución de determinados conflictos, no sirve, sin embargo, para otros muchos escenarios[29], más aún, en aquellos ámbitos en los que el procedimiento posee una función creativa o innovadora (elaboración del planeamiento; de toma de decisiones de carácter técnico

---

26. En muchas leyes de procedimiento, por ejemplo, faltan referencias a la elaboración de reglamentos y planes; a la actividad administrativa no formalizada (negociaciones previas, asesoramiento al ciudadano, etc.); a la actividad de la Administración sujeta al Derecho Privado; a la actividad administrativa internacional; etc. *Vid.* CUADRO 1.

27. *Vid.* CUADRO 1. En ocasiones, la legislación tradicional de tantos países sigue anclada en procedimientos administrativos tipo o estándar que tienen por objeto resoluciones singulares, las más de las veces de gravamen. Dejan fuera otros procedimientos tipo de mayor uso o repercusión (planeamiento, elaboración de reglamentos, etc.) y no dan cuenta, por ejemplo, de las decisiones informales, de reglas interpretativas, del recurso a instrumentos de «soft law», etc., para el cumplimiento y aplicación de las leyes.

28. Sobre el tema, puede verse J. BARNES, «Sobre el procedimiento», cit. (nota 2), pp. 279 y ss.

29. Por ejemplo, para la elaboración de reglamentos. El molde judicial, aquí, representa, en cierto modo, un modelo premoderno de regulación o gobierno. Véase, en ese sentido, y respecto de la APA norteamericana, E. RUBIN, «It's Time to Make the Administrative Procedure Act Administrative», Public Legal and Legal Theory Research Paper No. 30, Cornell L. Rev., vol. 89, 2002, p. 135.

o científico; etc.), esto es, cuando la solución o criterio no deriva sin más de la ley formal. Aquí, la solución ha de generarse en el seno del procedimiento[30].

– Tercero, porque no reflejan otro método de regulación, gobierno o dirección que el *clásico*, basado en una Administración jerárquica, cerrada y piramidal, que actúa mediante decisiones unilaterales e imperativas, en aplicación de normas emanadas desde un centro superior (modelo del «command and control regulation»)[31]. Nada dicen sobre las nuevas formas de regulación y gobernanza, y su impacto sobre el procedimiento administrativo[32].

En suma: en un primer nivel, insuficiencia y escasa representatividad de la actividad administrativa considerada en la legislación (i); en un segundo plano, obsolescencia e ineficacia del instrumento «procesal» para múltiples situaciones y supuestos (ii); por último, desconocimiento de los nuevos modelos de regulación e inadaptación de los procedimientos a esos nuevos esquemas (iii). Tal es, a nuestro juicio, el desafío al que se enfrenta la institución y su reforma.

3. LAS CONSECUENCIAS NEGATIVAS DE LA INADAPTACIÓN (TEÓRICA Y LEGISLATIVA) DEL PROCEDIMIENTO ADMINISTRATIVO

Los efectos negativos de esa triple deficiencia podrían sintetizarse en tres grupos de problemas:

---

30. *Vid.* CUADRO 1.

31. *Infra* III y CUADRO 2.

32. Hablamos aquí de regulación en un sentido muy amplio, equivalente a dirección o gobierno de un sector, de acuerdo con un marco y unos instrumentos previstos por el Estado. Excede, pues, en mucho del estricto sentido que adquiere en los llamados «sectores regulados» (telecomunicaciones, correos, energía). *Vid. infra* III.1 y CUADRO 3.

– Inseguridad e incertidumbre jurídica, en la medida en que tantas y tan relevantes acciones de la Administración carezcan de referentes normativos claros, o de una adecuada comprensión;

– Ineficiencias e ineficacias, fruto de la utilización de modelos, técnicas e instrumentos inadecuados[33];

– Y relajación de los principios del Estado de Derecho y democrático, como consecuencia de una poco meditada adaptación de sus exigencias y requerimientos a las diversas clases de procedimiento y mecanismos regulatorios[34].

Tales consecuencias podrían ejemplificarse con los reglamentos, sin duda un instrumento formidable de toda política pública y una de las actividades más destacadas de la Administración contemporánea desde la segunda mitad del siglo XX[35], en cualesquiera de sus especies (planeamiento territorial y urbanístico; normas técnicas en materia de medio ambiente, salud o seguridad; reglamentos ejecutivos e independientes; normas de los organismos reguladores de los sectores regulados; etc.). Esos efectos perniciosos se dejarán sentir con fuerza, por ejemplo, si la legislación ignora o desdeña la regulación de los procedimientos de elaboración de normas y disposiciones (i)[36]; si desconoce la diversidad de

---

33. Por ejemplo, el esquema procesal (lineal) no es apropiado para un procedimiento concebido como intercambio de información: mesas-redondas, conferencias, etc. (véase, por ejemplo, el trabajo de J.-P. SCHNEIDER en esta obra sobre el procedimiento «en forma de estrella» en la legislación alemana.

34. Véase más abajo III.4 y 5.
   A título de ejemplo, véase, en el ordenamiento español, el «caso *ANECA*», *cfr.* J. BARNES, «Sobre el procedimiento administrativo», cit. (nota 2), pp. 289-294.

35. *Vid.* P. L. STRAUSS, «Los procedimientos de elaboración de reglamentos y disposiciones administrativas en EE.UU.» , cap. 7, parte primera (nota introductoria) en la presente obra.

36. Adecuada regulación no es, por cierto, sinónimo de rígida y completa formalización o «procesalización» del iter de elaboración. Un ejemplo de regulación poco sistemática, uniforme y anticuada (estructurada a modo de proceso judicial; encuentros puntuales o esporádicos con la sociedad; etc.) lo constituye el art. 24 de la Ley española 50/1997, de 27 de noviembre, del Gobierno. Por el contrario, un ejemplo de regulación más flexible y sencilla lo proporciona la Ley de Procedimiento Administrativo (APA) norteamericana (véase el capítulo VII de este libro).

tipos de reglamentos[37] y de estrategias reguladoras (ii)[38]; o si responde a una concepción arcaica del proceso normativo (iii)[39].

4. ALCANCE Y EXTENSIÓN DE LA REFORMA DEL PROCEDIMIENTO ADMINISTRATIVO

Aquí, pues, no hablamos de una evolución normal que pueda ser controlada con los conceptos y métodos tradicionales.

En una escala ideal en la que pudieran medirse y representarse los diversos niveles, en grado y profundidad, de la *reforma del procedimiento*, cabría afirmar que:

– Las necesidades no se satisfacen con una revisión puntual de los procedimientos tradicionales o de su producto final, sea éste el acto, el contrato o el reglamento (primer nivel); como tampoco con una mera regulación de los nuevos fenómenos[40] o procedimientos que no están[41], por más que sea ésta una tarea inexcusable (segundo nivel).

---

37. Los reglamentos de carácter técnico y científico, por ejemplo, requieren la participación de los expertos en una forma distinta a la que pudiera esperarse en los procedimientos de elaboración del planeamiento territorial. *Cfr.* III.4.b.

38. Por ejemplo, las estrategias regulatorias basadas en la búsqueda del consenso y en la cooperación público-privado (convenios y acuerdos, reglamentos negociados, etc.) requieren un esquema alternativo al procedimiento contradictorio y bilateral. En términos más abstractos, una cosa es *negociar* y otra, muy distinta, *argumentar*. Una y otra función requieren estructuras procedimentales bien distintas.

39. A título de ejemplo, esa es la tesis que sostiene E. Rubin respecto de los procedimientos reglamentarios en la APA norteamericana, por entender que su regulación está excesivamente influenciada por el instrumento procesal. *Cfr.* E. RUBIN, «It's Time», cit. (nota 29), pp. 95, 110. Véase asimismo P. L. STRAUSS, «Los procedimientos de elaboración de reglamentos y disposiciones administrativas en EE.UU.», en la presente obra (también el núm. III de la versión inglesa).

40. Por ejemplo, la elaboración de los instrumentos de Derecho indicativo o Derecho blando («soft law»), como recomendaciones, guías, interpretaciones, etc.

41. Por ejemplo, la acción administrativa exterior, tanto en el espacio europeo como internacional; actuaciones por vía electrónica; etc.

– La acción del *legislador* habría de extenderse a una comprensión del procedimiento más moderna que sirva de soporte *integrador* a una heterogénea realidad: el procedimiento como espacio donde se produce el intercambio de información entre la Administración y el ciudadano, y de las Administraciones entre sí (tercer nivel)[42]. El creciente intercambio de información *en* y *alrededor* del procedimiento administrativo constituye, en efecto, uno de los signos de nuestro tiempo[43]. Frente a la antigua concepción que ponía el acento en la resolución final, es decir, en el producto formal de un procedimiento esencialmente bilateral[44], como se ha dicho, la doctrina más moderna se centra en su dimensión informativa, en el intercambio de información[45].

---

42. Tal propósito integrador es el que subyace a la tesis que concibe el procedimiento como intercambio de información entre la Administración y el ciudadano, o de las Administraciones entre sí, concluya o no en una decisión o resolución formal. Véanse, en particular, los trabajos de E. SCHMIDT-ASSMANN y J.-P. SCHNEIDER, en la presente obra colectiva. Asimismo, J. BARNES, «Sobre el procedimiento administrativo», cit. (nota 2), pp. 303, 306, 331.

La reforma sería superficial, en efecto, si se limitara a plasmar fragmentariamente las nuevas exigencias, a adicionar las distintas perspectivas o estratos, sin integrar lo viejo y lo nuevo en un esquema más amplio.

43. *Cfr.* VOSSKUHLE, en: Hoffmann-Riem/Schmidt-Aßmann, *Verwaltungsrecht der Informationsgesellschaft*, 2000, p. 365. Piénsese, por ejemplo, en la apertura de *sistemas de comunicación* previos a la iniciación del procedimiento mismo. Un ejemplo elocuente lo proporcionan los procedimientos de adjudicación de los contratos públicos de obras, de suministro y de servicios en el Derecho Comunitario, señaladamente en el caso del nuevo procedimiento de diálogo competitivo, en el que se produce una intensa comunicación previa a la adjudicación, a consecuencia de la colaboración público-privado (*cfr.* arts. 29, 35.2; 38.3 y 5; 44.2 y 4; 45; 52.3 de la Directiva 2004/18/CE, del Parlamento Europeo y del Consejo, de 31 de marzo de 2004).

44. La legislación general de procedimiento no ha contemplado fórmulas de comunicación permanentes, ya que el modelo procesal estaba dirigido esencialmente al dictado de resoluciones singulares.

45. Así, se dirá, los procedimientos administrativos son secuencias organizadas de obtención y tratamiento de la información; un sistema para estructurar los múltiples contactos y relaciones que se producen entre el ciudadano y la Administración o entre Administraciones diferentes. *Cfr.* H. HILL, *Das fehlerhafte Verfahren und seine Folgen im Verwaltungsrecht*, 1986; F. HUFEN, *Fehler im Verwaltungsverfahren*, 2ª ed., 1991; E. SCHMIDT-ASSMANN, *La Teoría General*, cit. (nota 8), p. 358; F. SCHOCH, «Der Verfahrensgedanke im allgemeinen Verwaltungsrecht», DV, vol. 25 (1992), pp. 1 y ss.

De entrada, y aunque no se agote en la toma de decisiones, lo cierto es que el procedimiento administrativo, en cuanto procedimiento decisorio, se resuelve en última instancia en un proceso de obtención y tratamiento de la información, en un proceso comunicativo. El procedimiento administrativo, en la medida en que se orienta a la resolución de una situación

- La reforma ha de dar cuenta, por último, de los emergentes métodos de regulación, dirección y gobernanza, para reflejar la transformación de nuestros modos de gobierno y su impacto sobre el procedimiento (cuarto nivel)[46].

En otras palabras, y por decirlo en términos familiares a la cultura jurídica europeo-continental:

- La reforma no ha de limitarse a actualizar *la* teoría general del acto y del procedimiento[47]; de la organización[48]; y de las relaciones ciudadano-Administración[49], cuya regulación caracteriza, en mayor o menor medida, a tantas leyes de procedimiento.
- Ha de contemplar también otros fenómenos[50] y, en definitiva, *nuevas teorías generales*, en plural, de los vicios del acto o de la norma reglamentaria; del principio de instrucción; o de otros tantos elementos, en paralelo a la introducción de nuevos procedimientos tipo que sean suficientemente emblemáticos de la realidad[51], en virtud, en última instan-

---

concreta o a la toma de una decisión determinada, representa un instrumento para *seleccionar* la información más relevante. *Vid.* SCHMIDT-ASSMANN, *Ordnungsidee*, capítulo 6 (nota 2); véase también CHRISTOPH GUSY, «Die Informationsbeziehungen zwischen Staat und Bürger», en: Hoffmann-Riem/Schmidt-Aßmann/Voßkuhle (eds.), *Grundlagen des Verwaltungsrechts* (GlVwR), vol. 2, 2008, § 23, núm. marg. 33 y ss.
  Véanse los capítulos de R. GARCÍA MACHO y W. KLUTH en el presente volumen.

46. *Infra* III.

47. Por ejemplo, en la legislación española, la teoría del acto se encuentra en los arts. 53-67 de la Ley 30/1992. Y los arts. 68 y ss. recogen las características del procedimiento tipo. Uno y otro requieren ser actualizados, en la medida en que la legislación general de procedimiento se abra a nuevos procedimientos tipo, lo que podrá implicar un régimen diferente y adaptado de los actos definitivos.

48. Por ejemplo, arts. 4 y ss. de la Ley 30/1992, en su vertiente dinámica, y 11 y ss. de la misma Ley, en su dimensión estructural.

49. Por ejemplo, arts. 35 y ss. de la Ley 30/1992.

50. Véase CUADRO 1.

51. De elaboración del planeamiento urbanístico y territorial, por ejemplo, en cuanto representativo de un procedimiento donde han de ponderarse complejos intereses, sectores y competencias, a distintos niveles.

cia, de los nuevos modos de regulación y dirección y sus procedimientos más característicos[52].

En resumen: renovación profunda del régimen legal, de un lado, y una nueva «carta de navegación» (o teoría general), actualizada y precisa, de otro. Tal es la premisa de la presente obra colectiva.

---

52. Modelos de «command and control» y procedimientos «aplicativos»; nuevos modelos de gobernanza sustentados en una activa colaboración público-privado y procedimientos «creativos»; etc. *Infra* III.

II
OBJETO DEL LIBRO

Los estudios de este volumen parten, en efecto, de esa constatación: la insuficiencia de la legislación tradicional de procedimiento administrativo y de la dogmática que le ha acompañado. La compleja realidad contemporánea ha desbordado los estrechos cauces del procedimiento clásico.

Los silencios más elocuentes de la legislación general de procedimiento resultan de la rápida sucesión e interrelación de fenómenos de amplio espectro e impacto, como la globalización y transnacionalización de las relaciones interadministrativas; o la colaboración público-privado (a través, por ejemplo, de la privatización del procedimiento). Uno y otro caso desembocan en nuevas formas de regulación y dirección.

Por ceñirnos a esta problemática, baste notar que el *espacio administrativo* de las Administraciones nacionales ya no coincide con el ámbito estatal y se extiende al plano regional (europeo) e internacional[53]. Al mismo tiempo, las relaciones Estado-sociedad (Administración-ciudadano) han sufrido una clara mutación, no ya sólo porque la línea o frontera que los separa se ha desplazado de forma apreciable (piénsese, por ejemplo, en la desaparición de los monopolios estatales, en la autorregulación regulada o en tantas formas de privatización), sino también y sobre todo porque la visión acantonada, equidistante y rígida entre ambas esferas se halla en franca retirada, en beneficio de una comprensión más interactiva y de naturaleza cooperativa[54]. El paso de una Administración «estado-céntrica» a una Administración *transnacional*, de un lado, y de una Administración prestacional a una Administración *garante* de la prestación y urgida a la colaboración público-privada, de otro, no deja indiferen-

---

53. Sobre el plano internacional, me remito al capítulo primero del presente volumen.

54. En el plano europeo, véase el capítulo segundo, en la presente obra colectiva, epígrafe I.

te, desde luego, al Derecho Administrativo en su conjunto, ni al procedimiento administrativo en particular[55].

Los trabajos de este volumen comparten la necesidad sentida de inducir y elaborar una comprensión más amplia e integradora del procedimiento administrativo, a partir de la multiforme regulación sectorial a nivel nacional, regional e internacional, y una más matizada y enriquecida sistematización y comprensión de la diversidad de estructuras procedimentales, fines, modelos o tipos. La selección de temas en la presente obra, por lo demás, no supone sino una introducción a un debate de largo recorrido[56]. Aquí se estudian los procedimientos de «gestión de la incertidumbre» (científica, tecnológica, etc.), característica de la denominada «sociedad del riesgo»[57]; las consecuencias de la sociedad de la información sobre el procedimiento[58]; la prestación de asistencia sanitaria, como nuevo modelo de procedimiento[59]; el papel del procedimiento en el Derecho Comunitario y sus efectos en la integración europea[60]; o sus exigencias en punto a la cooperación interadministrativa en el plano nacional[61]; la rica experiencia nortea-

---

55. De ese doble proceso de apertura del Estado –o de estatalidad abierta- se encuentran huellas muy marcadas en la moderna comprensión del procedimiento administrativo que luce en el Derecho Comunitario. Véanse los trabajos de H.C. Röhl y de E. Schmidt-Assmann, en el presente volumen.

56. La literatura sobre la *reforma del procedimiento* es tan antigua y abundante como la institución misma. Sin embargo, la perspectiva que aquí interesa está marcada por los cambios y revoluciones de nuestro tiempo, a los que en el texto se ha hecho referencia. Baste ahora, a título introductorio, destacar la serie de reforma del Derecho Administrativo y en particular el núm. 9: W. Hoffmann–Riem / E. Schmidt-Assmann, *Verwaltungsverfahren und Verwaltungsverfahrensgesetz*, Schriften zur Reform des Verwaltungsrechts, núm. 9, Nomos, Baden-Baden, 2002. Respecto de EE.UU., *vid.* P. L. Strauss, en la presente obra colectiva. En español, J. Barnes, «Sobre el procedimiento administrativo», cit. (nota 2).

57. F. B. López-Jurado, en la presente obra.

58. R. García Macho y W. Kluth.

59. El capítulo de J. Mª Rodríguez de Santiago, en la presente obra.

60. Los trabajos de E. Schmidt-Assmann y H.C. Röhl.

61. El trabajo de J. Barnes.

mericana en materia de elaboración de reglamentos e instrumentos de Derecho blando[62]; o la necesaria ampliación de las legislaciones nacionales de procedimiento administrativo, ejemplificadas en el caso alemán y español[63].

En síntesis, la legislación del procedimiento administrativo ha de enriquecerse con nuevas perspectivas que, primero, ensanchen el ámbito mismo del procedimiento para integrar dentro de su perímetro otras acciones de la Administración, tengan éstas carácter formal o informal; se produzcan en soporte electrónico o en papel; se hallen sujetas al Derecho Público o al Derecho Privado; ya se trate de cooperación interadministrativa o de colaboración entre el Estado y la sociedad; o constituyan actividades prestacionales, de mediación o de carácter decisorio; de producción de actos administrativos o de reglamentos de la más variada especie; etc.[64] Y, segundo, que sean capaces de desplazar el centro de gravedad (procedimiento-tipo como secuencia de actos de autoridad dirigida a la toma de decisiones de carácter singular) hacia otros terrenos (el procedimiento como sistema de intercambio y tratamiento de información; como marco o foro de las relaciones Administración-ciudadano)[65].

Todos los estudios se inscriben, pues, en una nueva perspectiva y generación de procedimientos administrativos y abren un debate de indudables repercusiones prácticas. El lector encontrará materiales modernos para la innovación y reforma del procedimiento.

---

62. Véanse los dos trabajos de P. L. STRAUSS en el presente volumen.

63. J.-P. SCHNEIDER, L. PAREJO.

64. De entre todas estas cuestiones, acaso merezcan una especial atención las acciones de la Administración que se desarrollan en el plano supranacional e internacional; las actuaciones no formalizadas o informales, sean o no vinculantes («soft law»); y las sujetas al Derecho Privado.

65. Sobre el tema en español, *vid.* J. BARNES, «Sobre el procedimiento administrativo», cit. (nota 2), pp. 333-334. *Vid.* notas 42, 43 y 45.

III
LA PERSPECTIVA DE LOS MODELOS Y DE LAS ESTRATEGIAS REGULATORIAS COMO CRITERIO DE ANÁLISIS, SISTEMATIZACIÓN Y DISEÑO LEGAL DE LOS PROCEDIMIENTOS ADMINISTRATIVOS

1. INTRODUCCIÓN

LA tesis que aquí se postula podría formularse así:

– El procedimiento administrativo *clásico* (CUADRO 1) constituye uno de los emblemas más significativos del modelo de dirección y regulación *tradicional* (CUADRO 3).

– Los nuevos modelos y estrategias regulatorias y de gobernanza reclaman procedimientos cualitativamente distintos. La reforma del procedimiento habrá de hacerse eco de esas nuevas realidades (CUADRO 3).

Para explicitarla, conviene hacer una breve consideración preliminar:

Los estudios y propuestas de reforma de la política regulatoria distinguen, siquiera sea provisionalmente y de un modo conscientemente simplificado, entre sistemas tradicionales de gobierno y dirección y nuevas formas de gobernanza, para contrastar los modelos clásicos que se basan en una regulación normativa y jerárquica, con leyes uniformes y de detalle, acompañadas de técnicas coercitivas[66], de un lado, y, de otro, aquellos otros métodos alternativos o complementarios de dirección de un sector que se sirven de estrategias diferentes, como la cooperación público-privada[67].

En ese contexto, por *modelos* de dirección, gobierno y regulación, en sentido muy amplio, podría entenderse, a nuestros efectos, el sistema de objetivos,

---

66. Es decir, regulación de «ordeno y mando» («command and control regulation») o regulación característica de la actividad administrativa de policía.

67. Por ejemplo, modelos de gobernanza administrativa en Europa o EE. UU.

medios e instrumentos, estructurados de un modo característico, para organizar y gobernar un sector determinado, mediante la combinación de tres variables estrechamente relacionadas: la forma en que la ley dirige a la Administración (i)[68]; la función o responsabilidades que ésta asume (ii); y las que al sector privado se le asignan (iii).

De ordinario, no se trata tanto de modelos puros y excluyentes, cuanto de sistemas mixtos y complementarios del tradicional y, en ocasiones, de meros instrumentos o estrategias aislados e insertos en los esquema tradicionales[69]. Una misma política pública, expresada incluso en una única norma (ley nacional, directiva comunitaria, tratado internacional, etc.), puede combinar elementos de modelos diferentes: normas imperativas y vinculantes acordadas desde un centro superior, e instrumentos de Derecho indicativo o Derecho blando; técnicas coercitivas y mecanismos de cooperación descentralizada y consenso en su desarrollo y ejecución[70]; etc.

---

68. Mediante estándares materiales o normas de procedimiento; atribuyendo o no espacios de discrecionalidad; etc.

69. Por ejemplo, mecanismos de Derecho blando en convivencia con técnicas de ejecución forzosa.

La interacción entre sistemas clásicos de regulación con nuevas formas de gobierno puede ser sumamente variada. A efectos de su sistematización y análisis en el ámbito del Derecho Administrativo, la cuestión más relevante no es tanto la eventual rivalidad, complementariedad o transformación que la interacción de uno u otro modelo puedan generar, cuanto la diversa posición relativa que los elementos fundamentales del sistema experimentan en cada caso (estructura y contenido de la ley, forma de dirigir a la Administración, diversos modos de toma de decisiones y de aplicación, las diferentes vías de control, etc.). La constelación cambia y se explica a sí misma de un modo distinto.

70. Un ejemplo paradigmático: la Directiva marco en el sector del agua (Directiva 2000/60/CE del Parlamento Europeo y del Consejo, de 23 de octubre de 2000, por la que se establece un marco comunitario de actuación en el ámbito de la política de aguas). Se trata de una Directiva nacida para reemplazar otras Directivas basadas en el modelo tradicional del «command and control» que abordaban de modo segmentado el problema del agua (aguas subterráneas, aguas superficiales, agua potable, etc.). La Directiva marco mezcla mecanismos propios del sistema tradicional (normas imperativas y centralizadas, mandatos y prohibiciones) con otros elementos modernos de gobernanza (procesos descentralizados y cooperativos, de abajo hacia arriba; redes horizontales; supervisión constante del programa o plan; participación; compartición de la información y de experiencias y buenas prácticas; guías indicativas; etc.).

Sobre este tema, véanse los trabajos de DAVID M. TRUBEK y LOUISE G. TRUBEK, «New Governance & Legal Regulation: Complementarity, Rivalry, and Transformation», 13 Colum. J. Eur. L. 539 (Columbia Journal of European Law, Summer, 2007); y de C.F. SABEL & J. ZEITLIN, «Learning from Difference: The New Architecture of Experimentalist Governance in the

Cualquier método, clásico o moderno, se enfrenta en realidad a problemas similares:

– En primer término, ha de ofrecer un diseño general del modelo en su globalidad: las prioridades y el peso relativo de los fines a alcanzar; la estrategia fundamental en la que se sustenta; la selección de herramientas, viejas o nuevas, a su servicio; etc. En definitiva, la definición del método de regulación de una política pública.

– Ha de resolver, en segundo lugar, el modo en que organizar la producción o inducción de normas, criterios, reglas o estándares, sean o no vinculantes, así como la determinación de los instrumentos interpretativos.

– Y debe solventar, en fin, la forma en que han de alcanzarse los objetivos y los resultados, esto es, el sistema de cumplimiento y ejecución de lo establecido.

Todo modelo, por otra parte, ha de someterse a una revisión permanente para asegurar su adaptabilidad evolutiva a los principios constitucionales: principio democrático (legitimidad democrática de las normas emanadas a través del modelo); principio del Estado de Derecho (racionalidad, control, rendición de cuentas, etc.); principio de eficacia de la acción administrativa (celeridad, calidad, efectividad en la consecución de los resultados, etc.).

Un modelo se mide, en otras palabras, por su capacidad para establecer e inducir objetivos, criterios y reglas (i); por su eficacia en la consecución de los resultados apetecidos (ii); y por su capacidad de adaptación y síntesis de los valores y fundamentos constitucionales (iii).

En este contexto, conviene notar la relevancia del procedimiento administrativo:

European Union», European Governance Papers (EUROGOV), No. C-07-02, pp. 42 y ss. (http://www.connex-network.org/eurogov/pdf/egp-connex-C-07-02.pdf).

Las Directivas sobre el permiso parental o sobre trabajo a tiempo parcial representan otros ejemplos de normas vinculantes y de carácter indicativo. Sobre el tema puede verse O. TREIB, H. BÄHR, G. FALKNER, «Modes of Governance: Towards Conceptual Clarification», European Governance Paper (EUROGOV), 2005, núm. N-05-02, p. 7 y la bibliografía allí citada (www.connex-network.org/eurogov/pdf/legp-newgov-N-05-02.pdf).

Primero, porque la *información* está presente en todos los sistemas de regulación y gobernanza. La obtención y tratamiento de la información, en efecto, se encuentra implícita y en la base de todos sus elementos y dimensiones: la capacidad para fijar los criterios y las normas adecuadas; el aprendizaje permanente; la efectividad de las medidas adoptadas; y la adaptabilidad a las exigencias constitucionales, etc. guardan una relación directamente proporcional con la información. Y la información, nótese bien, remite en última instancia a normas de procedimiento[71].

Segundo, porque en las complejas y diferenciadas sociedades modernas, el Derecho no sirve tanto para configurar directamente los procesos sociales, cuanto para establecer el marco o foro en el que recrear el proceso de aprendizaje y la búsqueda de la mejor solución posible. El Derecho –y así también el procedimiento– se convierte en una suerte de «constitución externa» dentro de la cual tiene lugar el proceso de evolución social[72].

Y, tercero, porque el procedimiento se extiende en paralelo por todas las fases del modelo de dirección y gobernanza. En el contexto de los nuevos métodos el crecimiento exponencial del conocimiento induce a considerar provisionales tantas decisiones –de carácter técnico, científico, económico, medioambiental, etc.–, cualquiera que sea la forma que adopten (autorizaciones en materia de medioambiente; informes de evaluación de impacto; planes y programas; etc.)[73]. Se fortalecen y multiplican los canales de aprendizaje y de interacción entre el regulador y el regulado. Todo ello desemboca a su vez en procedimientos «alargados», más estables o permanentes, que no concluyen con una resolución defi-

---

71. Normas de instrucción u obtención y procesamiento de la información en el seno de los procedimientos; normas reguladoras del acceso a la información; normas atinentes al intercambio de información entre Administraciones; etc.

72. Desde las perspectivas regulatorias que ponen el acento en el proceso o procedimiento deliberativo, o diálogo participativo entre los distintos actores para determinar los objetivos y valores a perseguir, *vid.* TONY PROSSER, *Nationalised Industries and Public Control*, 1986. *Apud* B. MORGAN & K. YEUNG, *An Introduction to Law and Regulation*, Cambridge University Press, 2007, pp. 36-41.

73. Por ejemplo, instrumentos de Derecho indicativo, como las recomendaciones de la «Common Implementation Strategy» en el contexto de la Directiva marco del agua, se consideran «documentos vivientes», como algo provisional sujeto a revisión a la luz de la experiencia. Ello, obvio es decirlo, no deja indiferente a la estructura del procedimiento administrativo. *Vid.* sobre ese documento los trabajos de DAVID M. TRUBEK y LOUISE G. TRUBEK, «New Governance & Legal Regulation», cit. (nota 70), pp. 539 y ss.; y de C.F. SABEL & J. ZEITLIN, «Learning from Difference», cit. (nota 70), pp. 42-43.

nitiva, puesto que ésta se halla sujeta a una constante supervisión y a su eventual modificación en función de las cambiantes circunstancias[74]. Asistimos, en suma, a una suerte de procedimentalización del Derecho, advertida desde ópticas y planteamientos distintos[75].

2. BREVE CARACTERIZACIÓN DEL MODELO TRADICIONAL SOBRE EL QUE SE HA CONSTRUIDO EL DERECHO ADMINISTRATIVO CLÁSICO

Hasta tiempos no tan lejanos, el sistema de regulación, dirección y gobierno ha estado monopolizado por el método tradicional, conocido en la literatura angloamericana como «command and control», porque el contenido de la norma estatal se resuelve en órdenes, mandatos y prohibiciones, y la Administración es la encargada de su aplicación por medio de técnicas coercitivas.

Aun cuando el modelo del *Estado liberal* del siglo XIX y, más en concreto, la *actividad administrativa de policía* (orden y seguridad públicos) que le siguiera sean los que mejor capturen –o caricaturicen– la esencia de este sistema, no se trata, sin embargo, de un modelo asociado a una sola forma de Estado, o a una época determinada.

A nuestro limitado propósito, y por justa convención, podrían destacarse las siguientes características del modelo tradicional de regulación:

---

74. DAVID M. TRUBEK y LOUISE G. TRUBEK, «New Governance & Legal Regulation», cit. (nota 70), p. 542.

75. En relación con el tema y desde la perspectiva del Derecho Administrativo como ciencia de dirección que ha animado el movimiento de reforma en Alemania, puede verse, con carácter introductorio, H.-H. TRUTE, «Die Wissenschaft vom Verwaltungsrecht: Einige Leitmotive zum Werkstattgespräch», en: *Die Verwaltung*, Beiheft 2, Die Wissenschaft vom Verwaltungsrecht, Duncker & Humblot, Berlin, 1999, p. 10. Asimismo, desde otras ópticas, pueden verse, por ejemplo, los conocidos trabajos de GÜNTHER TEUBNER, «Substantive and Reflexive Elements in Modern Law», 17 LAW. & SOC'Y REV. 239, 286 (1983); GÜNTHER TEUBNER, «The King's Many Bodies: The Self-Deconstruction of Law's Hierarchy», 31 LAW. & SOC'Y REV. 763, 788 (1997); TONY PROSSER, «Theorising Utility Regulation», 62 MOD. L. REV. 196 (1999); J. HABERMAS, *Between Facts and Normas* (W. Rehg, trad., MIT Press, 1996); etc.

– El Estado es el «productor» de normas y la regulación tiene, en consecuencia, carácter estado-céntrico.

– La Administración se estructura jerárquicamente y actúa de modo imperativo para llevar a su debido efecto lo establecido en la norma.

– Las leyes se resuelven en órdenes o mandatos positivos y en prohibiciones.

– La regulación se articula en torno a dos fases netamente diferenciadas: la *creación* de la norma y su *aplicación*. Se fundamenta, por tanto, en el binomio «programación-ejecución». La primera, reservada al Parlamento, y la segunda a la Administración. La discrecionalidad –en virtud de la cual el legislador difiere a la Administración la respuesta o la decisión– tiende a concebirse en el plano teórico como algo excepcional, como algo a reducir y «combatir».

– A partir de ese esquema se construyen los detalles:
- La ley aspira a prever todos los supuestos de hecho imaginables, para anudarles una respuesta o consecuencia jurídica. La aplicación administrativa de la ley, en teoría, se encuentra enteramente programada y se concibe por consiguiente como una mera subsunción o aplicación mecánica de la ley.
- La programación legal de la Administración se caracteriza por normas obligatorias y *condicionales* (si concurre el presupuesto de hecho, se aplica la consecuencia jurídica prevista).
- La cuestión de la *eficacia* en la consecución de los objetivos de la política pública proyectada no es objeto de atención preferente durante la elaboración de la norma y representa un problema que se remite a la fase de aplicación. La norma, por su parte, confía en exceso en la sanción administrativa como garante de su cumplimiento, y menos en otras clases de incentivos, en el consenso y la cooperación, o el aprendizaje recíproco entre Administración y destinatario de la norma, como sucede en las nuevas formas de dirección y gobernanza.

– El acto administrativo, en cuanto decisión de autoridad, esto es, como resolución unilateral y ejecutiva, constituye el buque-insignia del modelo y, desde luego, el protagonista indiscutible del procedimiento administrativo clásico (CUADRO 1).

– La legitimidad democrática de la acción administrativa típica resulta asegurada, de un lado, porque la Administración, en el entendimiento tradicional, no hace sino aplicar mecánicamente los dictados de la ley democrática, y, de otro, porque el poder judicial garantiza, a través de un control cuasi-perfecto, la revisión del fondo y su corrección en caso de desviación de lo dispuesto por aquélla.

– Todo el control se construye sobre la revisión judicial: el Derecho Administrativo clásico ha gravitado en derredor de la tutela judicial. La discrecionalidad, centro neurálgico del sistema, ha sido contemplada siempre «en negativo»: una construcción que sirve para explicar el fundamento, las técnicas y los límites del control jurisdiccional[76].

A su sombra ha vivido, enseñoreado, el Derecho Administrativo clásico. Las instituciones características del Derecho Administrativo que han llegado hasta nuestros días responden a ese esquema y constituyen el instrumental a su servicio: una ley imperativa que todo lo contempla y que programa hasta el detalle la acción administrativa; una Administración jerárquica y piramidal; la decisión unilateral; el procedimiento como mecanismo meramente aplicativo de la ley; normas reglamentarias emanadas de arriba hacia abajo; etc. El modelo tradicional no se caracteriza tanto por los elementos que lo integran, cuanto por la *posición relativa* que cada una de esas piezas guarda en el seno del sistema.

La vigencia de este modelo, por otra parte, resulta *indiscutible*, no así su *monopolio*, como luego se insistirá. El Derecho Administrativo forjado a partir del siglo XIX se ha construido sustancialmente sobre un pilar fundamental –el modelo de la actividad administrativa de policía o método del «command and control», por decirlo de forma simplificada–. El Derecho Administrativo del siglo XXI se sustenta sobre una *multiplicidad* de modelos, instrumentos y estrategias (cooperación público-privado; cooperación interadministrativa transnacional; mecanismos de «soft law»; etc.).

La adopción de métodos de regulación y gobernanza enteramente diferentes invita, desde luego, a un *replanteamiento* de las institucio-

---

76. Esa dimensión ha olvidado la otra cara: el procedimiento como sistema racional de ejercicio de la discrecionalidad, de producción normativa, de ejercicio y desarrollo de políticas públicas. La dimensión positiva del Derecho Administrativo va más allá del lenguaje binario propio de la perspectiva de control (legal-ilegal), esto es, el «aprobado», para tener en cuenta la eficacia, la excelencia.

nes clásicas del Derecho Administrativo[77]. El Derecho Administrativo de los actos unilaterales dotados de «imperium» es tan sólo una parte de la realidad. También hay un Derecho Administrativo de los mecanismos voluntarios, de los incentivos económicos y fiscales[78]; un Derecho Administrativo de la información como instrumento regulador; etc.

Si se admite esa tesis, el procedimiento, como otras muchas técnicas, instituciones y categorías, podrá experimentar tantas *refracciones* o variaciones como diversos sean los modelos de regulación y dirección en los que se inserten. Parece necesario indagar en qué medida los nuevos modelos modifican, en su estructura, relaciones o funcionalidad, los elementos de que se integran[79]. Como se ha notado[80], el procedimiento y la Administración esbozados en la legislación tradicional responden al esquema o *modelo clásico de dirección y gobierno*. Poco o nada dice la legislación tradicional sobre las nuevas formas de regulación y gobernanza, y su impacto sobre el procedimiento administrativo[81].

Esta es una cuestión que excede en mucho del objeto de estas páginas y del presente volumen, y remite a ulteriores investigaciones y estudios, de largo recorrido. Aquí, tan sólo, cabe esbozar seguidamente, y por vía de ejemplo, la tesis para el debate que se propugna.

---

77. *Richard B. Stewart*, «Administrative Law in the Twenty-First Century», 78 N. Y. U. L. Rev., 437, 2003, p. 454.

78. *Cfr.* E. Schmidt-Assmann, *La Teoría General*, cit. (nota 8), p. 29.

79. Por ejemplo, el convenio urbanístico o medioambiental no es lo que el acto administrativo a la ley, esto es, una decisión en aplicación o ejecución de la misma, sino algo distinto, puesto que la ley urbanística o la legislación de medio ambiente no habría definido la solución. Las estrategias regulatorias basadas en la cooperación público-privado pueden utilizar una figura o técnica conocida con un sentido y finalidad distintos.

80. Cuadros 1 y 2. *Supra* I.2.

81. *Ibídem.*

3. LAS INSUFICIENCIAS Y DÉFICITS DEL MÉTODO TRADICIONAL DE GOBIERNO. DEL MONOPOLIO DEL MÉTODO TRADICIONAL A LA PLURALIDAD Y A LA COMBINACIÓN DE SISTEMAS

El sistema tradicional ha sido objeto de numerosas críticas desde diversos ángulos en las últimas décadas.

Se le ha reprochado, por ejemplo, la rigidez y lentitud del sistema; el excesivo coste que implica; la uniformidad y escasa innovación que genera; su carácter obligatorio; etc. La eficacia de las políticas públicas se ha convertido en uno de los motores que han impulsado las reformas de las políticas regulatorias emprendidas a nivel internacional, regional o nacional (políticas sociales, de medio ambiente, economía, seguridad, etc.)[82]. Y entre las medidas ensayadas destaca el fomento y la cooperación (público-privado e interadministrativa), tanto en la definición de las políticas y sus prioridades, como en lo que a su desarrollo normativo y aplicación concierne[83].

Ello ha determinado una constante experimentación en la búsqueda de soluciones.

Las insuficiencias y déficits de los métodos tradicionales de gobierno, asentados sobre el viejo esquema legal de la prohibición y el mandato y en las herramientas coercitivas, han dado paso a otros *modelos, mecanismos* e *instrumentos* complementarios, profundamente entrelazados, y convertidos ya en signos de nuestro tiempo en tantos ámbitos: la cooperación entre la Administración y el ciudadano, como «socios» que se necesitan en la búsqueda del bien común; los

---

82. Véanse, por ejemplo, entre otras muchas iniciativas de instituciones internacionales y europeas, los documentos de la OCDE y del Proyecto SIGMA (Support for Improvement in Governance and Management) sobre reforma regulatoria y gestión y gobernanza pública.

83. Se han ensayado múltiples mecanismos para mejorar los déficits que presenta el modelo tradicional: evaluaciones de costes y beneficios de la norma proyectada, de impacto regulatorio; el recurso a instrumentos basados en el mercado y en la información a los consumidores, participación de terceros en la función de control y vigilancia (sindicatos, comunidades, asociaciones, competidores); transparencia; etc. En relación con el medio ambiente, véase, por ejemplo, RICHARD B. STEWART, «A New Generation of Environmental Regulation?», 29 Cap. U. L. Rev. 21, 2001.

fenómenos de autorregulación y privatización; la coordinación y cooperación de todas las Administraciones implicadas, en el plano interno y exterior, sea éste el espacio regional (europeo, por ejemplo) o la arena internacional; la información como instrumento regulador; la participación de una opinión pública bien informada; la simplificación de las cargas administrativas; principios y prácticas para producir una mejor regulación en un entorno de intrínseca complejidad e incertidumbre; leyes con programación finalista y definición de procedimientos administrativos donde hallar la solución más idónea; decisiones pensadas desde su misma gestación para ser eficaces en su aplicación; instrumentos de Derecho indicativo o Derecho blando; evaluaciones de impacto; nuevas formas de transparencia y de rendición de cuentas; etc.

Surgen así, en paralelo a los métodos tradicionales (que se caracterizan por normas emanadas desde arriba, requisitos de obligado cumplimiento, etc.), nuevas formas de gobernanza basadas en procesos descentralizados y participativos, de abajo hacia arriba, y debate y discusión permanentes; programas y planes en constante revisión; redes horizontales; compartición de información, de experiencias, y de códigos de buenas prácticas; recomendaciones y guías no vinculantes; etc. (CUADRO 3). En ese nuevo entorno, el Estado, primero, renuncia a atender sus responsabilidades por la exclusiva vía de los instrumentos jerárquicos e imperativos; y deja de ser, en segundo término, un edificio cerrado y autosuficiente (CUADRO 3).

Muchas de las cosas que ocurren en el ámbito del Estado y de la Administración contemporáneos desde las últimas décadas del siglo XX se pueden explicar, en efecto, a través de la idea de *regulación* y *dirección*, esto es, al trasluz del sistema o método de gobierno que en cada caso se establezca, sea éste de origen *tradicional* (por ejemplo, el característico de la actividad administrativa de policía) o *moderno* (fórmulas de cooperación público-privado; múltiples interacciones entre la Unión Europea y los Estados miembros a través de la comitología, las agencias europeas o el método abierto de cooperación[84]; la gobernan-

---

84. *Infra* 4.d.

za de Internet; etc.)[85]. Buena parte de lo que sucede se resuelve en la emergencia de modelos complementarios o alternativos del viejo método del «command and control».

La más profunda transformación del Estado y de la Administración radica, en efecto, en la emergencia de una *diversidad* de métodos, formas e instrumentos de regulación, dirección y gobierno, que no son sino el *precipitado* de toda una suerte de movimientos de reforma, tendencias y revoluciones, tales como la globalización de la economía y de la sociedad (la interdependencia económica, social, ambiental o informativa, entre otras); la pluralidad de centros y niveles de producción normativa supra- e intraestatales; las insuficiencias e ineficacias de los métodos tradicionales; la desregulación y la privatización; etc. Ello ha dado lugar a la aparición de nuevos actores públicos y privados, y a una continua experimentación de formas, modelos y estrategias regulatorias, en donde la clave reside antes en una acertada selección de mecanismos e instrumentos, que en una elección alternativa.

4. LA MODULACIÓN DEL PROCEDIMIENTO EN EL CONTEXTO DE LOS MODELOS Y ESTRATEGIAS REGULATORIAS. ALGUNOS EJEMPLOS

El modelo explica y prescribe la forma de ser del procedimiento. Veámoslo en los siguientes ejemplos:

---

85. Sobre este último ejemplo, *vid.* el Documento WSIS-03/GENEVA/4-S, 12 de mayo de 2004, sobre la Cumbre Mundial sobre la Sociedad de la Información, auspiciada por Naciones Unidas (Resolución 56/183, 21 de diciembre de 2001, de la Asamblea General), celebrada en Túnez el 16-18 de noviembre de 2005; así como los documentos finales de la citada cumbre (http://www.itu.int/wsis/docs2/tunis/off/7-es.html); asimismo, *Beyond Internet Governance: The Emerging International Framework for Governing the Networked World*, MARY C. RUNDLE, Harvard University - Harvard Law School, December 13, 2005 (http://papers.ssrn. com/sol3/papers.cfm?abstract_id=870059); y, en particular, *Background Report*, del *World Group on Internet Governance* (WGIG), auspiciado por las Naciones Unidas, núms. 155 y ss. (http://www.wgig.org/) y el libro escrito por el mismo Grupo *Reforming Internet Governance* (*ibídem*).

a) La estrategia regulatoria consistente en la transferencia al sujeto privado de los costes de transacción con el objetivo de dirigir el sector sobre la base de la cooperación público-privado: el ejemplo de la privatización del procedimiento

Con el término «privatización» se evoca el movimiento de transferencia de una actividad del sector público al privado. En el caso del procedimiento administrativo, que es la perspectiva que aquí interesa, esa transferencia puede consistir, por ejemplo, en la participación privada en terrenos hasta ahora dominados por la Administración, como en el caso de la *instrucción* del *procedimiento*. En tal hipótesis, el sujeto privado asume los costes de la instrucción o, lo que es lo mismo, de la obtención y tratamiento de la información necesaria[86]. La Administración verifica la integridad, fiabilidad y calidad de la información generada y procesada. En este y otros supuestos (propuestas de planes urbanísticos por parte del promotor privado; participación privada en el control y vigilancia de determinadas autorizaciones; auditoría ecológica; etc.), se pone de relieve que la privatización no significa «per se» el abandono o la retirada del Estado y de la Administración, sino *una forma distinta de organizar la actividad o el sector*. No se trata, por tanto, de un juego de suma-cero, en el que «terreno ganado» por el sector privado signifique «terreno perdido» a costa del sector público[87].

---

86. Por ejemplo, la realización de los estudios medioambientales corre a cargo del promotor de la obra, en los procedimientos de evaluación de impacto ambiental. *Cfr.* art. 5 de la Directiva comunitaria europea 85/337/CEE, del Consejo, de 27 de junio de 1985, relativa a la evaluación de las repercusiones de determinados proyectos públicos y privados sobre el medio ambiente. A título de ejemplo, puede verse el Texto Refundido de la Ley española, 1/2008, de 11 de enero, art. 7.

87. Véase G.F. Schuppert, *Verwaltungswissenschaft. Verwaltung, Verwaltungsrecht, Verwaltungslehre*, Nomos, 2000, p. 380.
Es más, la vieja dicotomía «público-privado» no sirve para expresar lo que aporta la cooperación público-privado, que, nótese bien, acompaña a la privatización. La privatización parcial del procedimiento administrativo no representa sino una elocuente demostración de que no nos hallamos ante una disyuntiva o dilema entre lo público y lo privado, sino, muy al contrario, ante una convergencia de esfuerzos a partir de un nuevo reparto de responsabilidades y funciones.

Constituye, en efecto, una nueva forma de *división del trabajo* entre la Administración y los ciudadanos, en la que el Estado y la Administración redefinen sus funciones (responsabilidades)[88] y los instrumentos para atender el interés general[89]. La vieja *instrucción administrativa*[90] se transforma en *control de la instrucción* realizada por el sujeto privado[91].

Privatización significa, en otras palabras, interacción, entrelazamiento y engranaje de *responsabilidades*[92] entre la Administración y el sector privado. La privatización representa, en ese sentido, *el paso de un modelo de regulación y dirección a otro distinto*. La privatización aquí responde a una estrategia regulatoria: transferencia de costes de transacción al sector privado; corresponsabilidad; búsqueda en común del interés general (la Administración y el ciudadano); control último a cargo de la Administración que se responsabiliza del resultado final[93].

---

88. Sobre la elaboración de este concepto-puente entre las ciencias auxiliares y el Derecho Administrativo, véase E. SCHMIDT-ASSMANN, *La Teoría General*, cit. (nota 8), pp. XXV, 22, 186 y ss.

89. En sentido análogo, SCHUPPERT, ob. cit. (nota 87), *ibídem*. La Administración asume el papel de garante de determinadas actividades, servicios y prestaciones, y el sector privado su ejecución y financiación, en los términos y en las condiciones establecidos para cada caso. La Administración prestacional da paso a la Administración garante de un resultado.

90. Por ejemplificarlo en la legislación española, el art. 78.1 de la Ley 30/1992, en la que se establece el procedimiento administrativo común, dispone que: «Los actos de instrucción necesarios para la determinación, conocimiento y comprobación de los datos en virtud de los cuales deba pronunciarse la resolución, se realizarán de oficio por el órgano que tramite el procedimiento, sin perjuicio del derecho de los interesados a proponer aquellas actuaciones que requieran su intervención o constituyan trámites legal o reglamentariamente establecidos.»

91. La instrucción se hace así más pública, descentralizada y transparente, sujeta a debate, contraste y control. Por mantener el ejemplo en el marco de la legislación española, pueden verse los arts. 7 y ss. del Texto Refundido 1/2008, de 11 de enero, de la Ley de Evaluación de Impacto Ambiental.

92. *Vid.* nota 88.

93. Véase SCHUPPERT, ob. cit. (nota 87), pp. 805-822.

El término «privatización», en definitiva, resulta equívoco, puesto que se queda corto para dar cuenta del entero fenómeno. Alude tan sólo a ese momento temporal y contingente del trasvase, a un punto del proceso, y esconde el conjunto y los fines a los que responde.

El procedimiento administrativo, junto a otros instrumentos, es arrastrado en ese movimiento: si el Estado deviene en garante de prestaciones en lugar de prestador directo, o se convierte en un Estado cooperativo, el procedimiento habrá de adaptarse, obvio es decirlo, a esas nuevas funciones. En concreto, la instrucción, en el ejemplo considerado, ha de reflejar esa nueva estrategia y abandonar el modelo tradicional en que se ha sustentado[94], para incorporar otros elementos y estructura[95].

b) La incorporación del modelo científico en los procedimientos de elaboración de reglamentos ante situaciones de riesgo e incertidumbre científica y tecnológica

El problema de fondo de los modelos tradicionales de regulación y dirección en los ámbitos de la ciencia y de la tecnología no radica sólo en que la ley abstracta, general y con vocación de permanencia no constituya el instrumento idóneo para hacer frente a los vertiginosos cambios que esos sectores deparan. La cuestión previa reside en que se trata de terrenos dominados por la incertidumbre y el riesgo científicos y tecnológicos. El legislador no puede anticiparse a la realidad. El Estado necesita de la sociedad.

Una de las estrategias regulatorias ensayadas para hacer frente a esos retos consiste en el diseño de complejos procedimientos administrativos de elaboración de reglamentos inspirados en el método científico.

La comunidad científica se sirve de la investigación y de la crítica, a través de la transparencia; de la búsqueda del consenso en torno a lo desconocido; y de la proposición de hipótesis o de modelos, para discernir el umbral que separa los datos conocidos y contrastados, de la incertidumbre. El proceso científico, pues, tiene por objeto la determinación e indagación de datos y hechos (discutibles y discutidos, por

---

94. Por ejemplo, art. 78.1 de la Ley española 30/1992, de procedimiento.

95. Véanse CUADROS 1 y 3, y nota 91.

definición). Se diferencia, por ello, radicalmente de los procesos que sirven de cauce de expresión de una mera manifestación de voluntad política.

De acuerdo con este esquema, si se trata de resolver cuestiones de carácter científico y tecnológico (el nivel tolerable de exposición al ozono; las condiciones de seguridad alimentaria; los límites admisibles de emisión e inmisión a la atmósfera; la aprobación de un producto farmacéutico; etc.), el procedimiento se habrá de estructurar y organizar entonces al modo en que discurre el proceso científico e investigador. Y para garantizar la transparencia y el consenso sobre la incertidumbre se pueden establecer, a título de ejemplo, medidas como las que incorpora el sistema norteamericano[96]:

– El anuncio con antelación suficiente de la intención de elaborar el reglamento, a fin de que pueda producirse el debate y la participación en una fase muy *temprana*, no sólo entre los técnicos y científicos de la Administración, sino del público.
– La obtención y procesamiento de la información científica y tecnológica disponible.
– La presentación de una o varias propuestas de norma para el debate.
– La ponderación de los elementos relevantes y la búsqueda de un consenso básico.
– El control del sustrato fáctico (datos científicos) en que se sustenta el reglamento, tanto en el seno del procedimiento y en la ulterior revisión judicial. El control judicial resulta aquí mucho más intenso que el control de constitucionalidad de las leyes, puesto que el juez examina el método seguido; las fuentes utilizadas; la transparencia del debate; la efectividad de la participación; la realidad de la ponderación realizada; etc.

En este esquema, el método de la ciencia y de la tecnología ahorman la estructura del procedimiento, para seguir en paralelo el proce-

---

96. *Vid.* el trabajo de P. L. STRAUSS en la presente obra, en la versión inglesa: «US Rulemaking», núm. 2. El método europeo se caracteriza por una equilibrada conjunción de una organización especial, de carácter representativo (agencias europeas), y un procedimiento específico de toma de decisiones.

so de «hacer ciencia» e incorporar algunos de sus elementos más característicos: investigación, debate transparente, búsqueda de consenso científico sobre los riesgos y la incertidumbre; etc. Ello se traduce, por ejemplo, en una amplia participación sobre la base de la publicación de todos los datos científicos que se hayan manejado, a fin de contrastar las fuentes utilizadas; de los análisis, dictámenes, opiniones de expertos, evaluaciones, etc., que se hayan evacuado; de las opciones y alternativas posibles; de la explicación y justificación de la elección; etc.[97] Transparencia no significa sólo conocer lo que la Administración decide, sino también los motivos y las pruebas que acreditan la decisión misma. La transparencia, la participación, la motivación, etc., garantizan que la decisión, aunque sea de carácter científico y técnico, resulte pública y comprensible, y, en consecuencia, controlable[98].

c) LAS ESTRATEGIAS REGULATORIAS DE LAS LEYES ADMINISTRATIVAS TRADICIONALES (PROGRAMACIÓN CONDICIONAL) Y DE OTRAS LEYES ADMINISTRATIVAS CONTEMPORÁNEAS (PROGRAMACIÓN FINALISTA)

Aquí, más que de un modelo en sí, hablamos de las relaciones fundamentales entre *programación legal* y *procedimiento administrativo* que pueden darse, de forma combinada, en viejas y nuevas formas de regulación y gobernanza.

– Las leyes con una densa *programación material* consistente en órdenes, mandatos y prohibiciones reclaman procedimientos puramente «aplicativos» (para el otorgamiento de autorizaciones regladas, la imposición de sanciones, etc.). En este esquema, la programación legal o regulación jurídica, de un lado, y su aplicación, de otro, constituyen dos fases netamente diferenciadas en el espacio y en el tiempo. El caso más característico lo constituye la actividad administrativa de policía (actividad de limitación de derechos; orden y seguridad públi-

---

97. *Vid.* M. SHAPIRO, «The Globalization of Law», 1 Ind. J. Global Legal Stud. 37, 1993, p. 48.
98. *Ibídem.*

cos). El procedimiento posee un carácter accesorio, adjetivo o instrumental, como garantía de acierto y tutela individual, en la búsqueda e identificación de lo que la ley haya preestablecido para el caso sometido a consideración. A través del procedimiento se acude a la ley para encontrar la solución en ella prevista.

– Las leyes *sin programación material,* por el contrario, requieren procedimientos de carácter «creativo» (por ejemplo, para la elaboración del planeamiento urbanístico). El procedimiento no se concibe al servicio de un programa material, que no existe, sino como sistema para la resolución de conflictos o la búsqueda de soluciones. La ley establece la estructura del procedimiento y los parámetros básicos a los que ha de sujetarse la acción administrativa. Aquí el proceso bifásico (creación-aplicación) se difumina, ya que no se trata de aplicar lo que la ley haya dispuesto, sino de adoptar la mejor medida *a través del* procedimiento. Cuando se inicia el procedimiento no es posible aventurar el resultado final.

En este esquema, la ley tiende a apostar, entre otras, por una estrategia de cooperación entre el sector público y privado. Un buen ejemplo lo ofrece el Derecho medioambiental de matriz europea (evaluación estratégica ambiental, evaluación de impacto ambiental, etc.) o el propio Derecho urbanístico. La determinación del interés general reclama la cooperación entre el sector público y el privado, que puede alcanzarse por múltiples vías: nuevas formas de participación y de diálogo; de ponderación, motivación y publicidad; de asignación de nuevas funciones al sector privado; intercambio de información; etc.

En ocasiones, el procedimiento se configura de un modo abierto y estable al que no se pone fin mediante la resolución definitiva. Es el caso, por ejemplo, de las autorizaciones provisionales, o temporales; o también de la evaluación estratégica ambiental, sujeta a permanente supervisión para detectar la aparición sobrevenida de efectos indeseados o imprevistos (en cuyo caso será necesario modificar el plan o programa en su día aprobados)[99]. Estas decisiones se asemejan más a una imagen en movimiento que a una foto fija.

---

99. Sobre el tema, me remito al capítulo quinto de la presente obra colectiva.

d) El ejemplo de la gobernanza administrativa en la Unión Europea

El denominador común de las *nuevas* formas de dirección y gobierno, a las que se reserva el término «gobernanza», reside en una más intensa *cooperación* (público-privada; e interadministrativa), que se extiende tanto a la formulación de las políticas públicas como a su desarrollo y aplicación. Los nuevos modos de gobernanza en la Unión Europea tienen por objeto la creación de formas más efectivas de participación; la coordinación de múltiples niveles de gobierno; la salvaguarda de la diversidad y la descentralización; el debate público permanente; una mayor flexibilidad y supervisión de los procesos decisorios; la experimentación y la generación de conocimiento[100].

La gobernanza en Europa no sólo cuenta con una estructura multinivel y en red, como de ordinario se subraya, sino también con nuevos y complejos canales –léase, procedimientos en sentido amplio– de elaboración de normas, estándares, criterios, instrumentos de Derecho blando, etc. En el plano administrativo, tanto los objetivos (pleno empleo, inclusión social, mejora del estado del agua, mejor protección medioambiental, etc.), como las medidas o medios a su servicio se fijan entre las instituciones europeas y los Estados miembros (a través de la comitología; las agencias europeas; el método abierto de coordinación; etc.)[101]. Por contraste con el método tradicional, en el que el *principal* (el parlamento) establece las reglas que ha de cumplir el *agente* (la Administración), aquí todos los actores intervinientes requieren de los demás, puesto que ninguno puede saber por sí solo cuál es el objetivo a perseguir con una claridad suficiente como para dar instrucciones precisas, ni

---

100. *Cfr.* Joanne Scott & David M. Trubek, *Mind the Gap: Law and New Approaches to Governance in the European Union*, 8 EUR. L. REV. 1, 18 (2002). Estos nuevos modelos hacen mucho más complejo el doble principio de separación y la cooperación sobre el que se ha asentado la Administración del espacio comunitario, y al que se refiere E. Schmidt-Assmann, *La Teoría General*, cit. (nota 8), pp. 388 y ss.

101. Para una primera introducción general, *vid.* Alexandra Gatto, «Governance in the European Union: a Legal Perspective», 12 Colum. J. Eur. L. 487, 2006.

evaluar con fiabilidad cuándo una medida es susceptible de alcanzar eficazmente el fin de que se trate. En ese contexto, los niveles administrativos inferiores, en función de la política o sector de que se trate y del procedimiento elegido, pueden proponer objetivos y medios. A cambio de esa autonomía, el sistema establece otros mecanismos compensatorios, como la obligación de informar regularmente sobre las experiencias obtenidas y sobre el estado de la cuestión en cada momento; el deber de someterse a un sistema de evaluación por pares («peer review») en el que se contrastan los resultados obtenidos por otros actores a través de medios distintos; etc.[102]

El ejemplo de la gobernanza administrativa en la Unión Europea pone de manifiesto, entre otras cosas, la necesidad de expresar a través de formas nuevas la transparencia, el control, la participación y la eficacia, sin perjuicio de la flexibilidad e informalidad, en los procedimientos del sistema de comitología[103]; en los procedimientos que se

---

102. C.F. SABEL & J. ZEITLIN, «Learning from Difference», cit. (nota 70), pp. 3, 37 y ss.

103. Decisión del Consejo (1999/468/EC), de 28 de junio de 1999, por la que se establecen los procedimientos para el ejercicio de las potestades de ejecución atribuidas a la Comisión. Modificada por la Decisión 2006/512/EC.

Procedimientos del sistema de comitología, a través de los que se ejerce el poder discrecional que a la Comisión se le atribuye en cada caso para el desarrollo normativo y la aplicación del Derecho Comunitario a nivel de las instituciones europeas, y en los que se incorporan expertos y científicos, representantes de los Estados miembros, y grupos de intereses sociales y económicos. La regulación a través de comités constituye una alternativa a la regulación centralizada por medio de agencias, o al sistema del reconocimiento mutuo. Representa un ejemplo de procedimiento que tiene por objeto la concreción, desarrollo y aplicación de los actos jurídicos comunitarios (el desarrollo normativo incluye medidas «ejecutivas» de carácter «cuasi legislativo». Por ejemplo, las medidas que añaden detalles a la información que debe incluirse en los folletos pueden considerarse medidas «cuasi legislativas»).

Obedece a la necesidad de delegar en la Comisión el desarrollo de los aspectos no esenciales y más técnicos de la legislación, así como su rápida adaptación para tener en cuenta el progreso tecnológico y los cambios económicos. *Cfr.* Informe del Parlamento Europeo, de 15 de setiembre de 2008 (PE 406.105v02-00 - A6-0345/2008) con recomendaciones destinadas a la Comisión sobre la adaptación de los actos jurídicos a la nueva decisión sobre comitología, considerando A.

El comité asiste, controla y condiciona el ejercicio de las potestades de la Comisión.

Para una introducción general, *vid.* ALEXANDRA GATTO, «Governance in the European Union: a Legal Perspective», cit. (nota 101), p. 501.

siguen en el seno de las agencias[104]; o en los procedimientos desplegados en el marco del método abierto de cooperación[105].

– La participación de los expertos en los *comités*, por ejemplo, requerirá formas específicas de transparencia. Así, para asegurar el proceso de debate y discusión, deberá hacerse público el método y la forma en que se selecciona y recaba

---

104. C.F. SABEL & J. ZEITLIN, «Learning from Difference», cit. (nota 70), pp. 17 y ss., 26, 37, etc.
Piénsese, por ejemplo, en la Agencia Europea de Medicamentos (EMEA). La seguridad de los medicamentos es controlada constantemente por la Agencia a través de una red de farmacovigilancia. La EMEA adopta las medidas oportunas cuando los informes sobre efectos adversos del medicamento indican cambios en el equilibrio beneficio/riesgo de un medicamento. La Agencia pone en común los recursos científicos de más de 40 autoridades nacionales competentes en los 30 países que integran la UE, el EEE y la EFTA, en una red formada por más de 4.000 expertos europeos. La EMEA contribuye a las actividades internacionales de la Unión Europea mediante su trabajo con la Farmacopea Europea, la Organización Mundial de la Salud, y las Conferencias Internacionales de Harmonización (ICH y VICH) entre la UE, Japón y Estados Unidos, entre otras organizaciones e iniciativas de carácter internacional (*vid.* http://europa.eu/agencies/community_agencies/emea/index_es.htm). *Cfr.* los procedimientos centralizados de los arts. 30 y ss. del Reglamento (CE) n° 726/2004 del Parlamento Europeo y del Consejo, de 31 de marzo de 2004, por el que se establecen procedimientos comunitarios para la autorización y el control de los medicamentos de uso humano y veterinario y por el que se crea la Agencia Europea de Medicamento.

105. El método abierto de coordinación encarna uno de los sistema de gobernanza administrativa característicos de la Unión Europea y tiene por objeto la difusión de las buenas prácticas entre los Estados miembros. Constituye «un medio de fomentar la cooperación, intercambiar buenas prácticas y acordar objetivos y orientaciones comunes para los Estados miembros, a veces con el apoyo de planes de acción nacionales, como ya ha ocurrido con el empleo y la exclusión social. Se basa en una evaluación sistemática de los progresos realizados en la materialización de tales objetivos, lo que permite a los Estados miembros establecer una comparación entre sus respectivos esfuerzos y aprender de la experiencia ajena» (*Cfr. La Gobernanza Europea. Un Libro Blanco*, Bruselas, 25.7.200, COM 2001 428 final, p. 24).
Sobre la premisa de un permanente proceso de aprendizaje mutuo, se coordinan a nivel europeo determinadas políticas europeas (por ejemplo, la Estrategia Europea del Empleo). *Vid.* DAVID M. TRUBEK & JAMES S. MOSHER, «New Governance, Employment Policy, and the European Social Model», en: *Governing Work and Welfare in a New Economy: European and American Experiments* 33, 38-41 (JONATHAN ZEITLIN & DAVID M. TRUBEK eds., 2003).
El procedimiento varía en función de cada sector (estructura, periodicidad de los instrumentos, obligaciones, etc.). Como ejemplo de ese necesario ajuste del procedimiento al servicio del modelo, pueden citarse, primero, la elaboración de guías y recomendaciones no vinculantes mediante la participación del público, los grupos de intereses y los Estados miembros, de un lado, y, de otro, el recurso a un procedimiento estable y recurrente en el que se revise sistemática y periódicamente el plan al objeto de incorporar los nuevos datos y conocimientos adquiridos. DAVID M. TRUBEK y LOUISE G. TRUBEK, «New Governance & Legal Regulation», cit. (nota 70), p. 551.

la opinión de los expertos; el modo en que se evalúa su contribución; etc. Igual publicidad habrá de darse a la lista de los expertos participantes[106].

– El *método abierto de cooperación* ha incorporado una mayor transparencia y participación de todos los actores, públicos y privados, en el diseño, aplicación y control de las políticas públicas en las que se utiliza (protección social, empleo, etc.)[107].

e) OTROS SUPUESTOS

Los ejemplos de refracción del procedimiento en función de los modelos y estrategias regulatorias podrían multiplicarse:

– El procedimiento como instrumento de cooperación y trabajo en común en el plano nacional y europeo en el ámbito de la prestación de servicios[108] se inserta en el sistema de gobernanza transnacional.

– El procedimiento como «infraestructura legal» del gobierno electrónico[109]. Como tal, el procedimiento electrónico puede servir a modelos distintos. De ordinario, se asocia, sin embargo, a una nueva concepción de la Administración en lo que a la prestación de servicios administrativos se refiere[110].

– El procedimiento de elaboración de instrumentos de Derecho blando[111]. Su configuración dependerá de su inserción en una estrategia regulatoria u otra (método abierto de cooperación, en el seno de la Unión Europea[112]; cooperación público-privado en la fase de aplicación de una determinada política pública; etc.).

---

106. *Vid.* C.F. SABEL & J. ZEITLIN, «Learning from Difference», cit. (nota 70), pp. 46 y ss.

107. En los primeros años fue un método opaco y tecnocrático. *Ibídem*, pp. 49 y ss.

108. Por ejemplo, Directiva 2006/123/EC del Parlamento europeo y del Consejo, de 12 de diciembre 2006, de prestación de servicios: artículos 6, 7.3, 7.4, 8, 34.1 (procedimientos para la prestación de servicios en el mercado interno).

109. Véase, por ejemplo, el capítulo quinto de la presente obra, III.2.

110. *Ibídem*.

111. Para el caso norteamericano, *vid.* el capítulo de P. L. STRAUSS en la presente obra («Cuestiones contemporáneas»), III.

112. *Vid.* sobre este tema G. DE BURCA, «The Constitutional Challenge of New Governance in the European Union», *European Law Review 28*, 814.

– Reglas y principios de procedimiento (que no necesariamente «trámites» procedimentales) para garantizar la imparcialidad e independencia, la transparencia, la integridad o la solvencia técnica en la autorregulación privada (calidad y seguridad industrial, auditoría ecológica, etc.)[113]. Lo mismo cabe decir respecto de los sectores regulados (energía, telecomunicaciones, correos, etc.) y la transposición de criterios de calidad, transparencia y control, etc., en normas de procedimiento que disciplinen las relaciones entre las empresas prestadoras, los usuarios y la Administración garante[114]. El procedimiento, en estos escenarios, ha de ser construido a la luz de los nuevos métodos de dirección que derivan de la privatización, liberalización y externalización de actividades mediante la contratación. El análisis de los instrumentos (en nuestro caso, del procedimiento) desde ese ángulo arroja sentido, tanto a su comprensión teórica, como a su ponderada regulación (interacción y complementariedad entre el Derecho Administrativo y el Derecho Privado; la modalidad de Administración como garante de la prestación; normas de procedimiento privado; etc.)[115].

---

113. Para una visión panorámica del ordenamiento jurídico español, *vid.* M. Cueto Pérez, *Procedimiento administrativo, sujetos privados y funciones públicas*, Thomson-Cívitas, 2008, pp. 161 y ss. No se trata, a nuestro juicio, de trasladar miméticamente las reglas del procedimiento administrativo al procedimiento privado: *vid.* J. Barnes, «Sobre el procedimiento administrativo», cit. (nota 2), pp. 311 y ss. y, en particular, el acertado planteamiento de E. Schmidt-Assmann en «Cuestiones fundamentales sobre la reforma de la Teoría General del Derecho Administrativo», en J. Barnes, *Innovación y reforma*, cit. (nota 2), pp. 96 y ss. («De un Derecho Administrativo de la prestación a un Derecho Administrativo de la garantía de la prestación»).

114. *Vid.* nota anterior, en particular M. Cueto Pérez, *Procedimiento administrativo*, cit. (nota 113), pp. 189 y ss.

115. La autorregulación puede determinar medidas de «gobierno en la distancia», como las que se basan en la regulación a través de la información (por ejemplo, información y publicidad de las emisiones que realiza cada empresa a la atmósfera).

5. RECAPITULACIÓN. EL EJEMPLO DE LA PARTICIPACIÓN

Como se ha notado, al procedimiento administrativo compete una pluralidad de funciones relacionadas, entre otras, con la producción normativa en sus más variadas especies; la elaboración de instrumentos de «soft law»; la dirección de la acción administrativa transnacional; los principios de la acción administrativa sujeta al Derecho Privado; la aplicación continuada, revisable y flexible de los objetivos marcados; etc.

La caracterización del procedimiento vendrá determinada no sólo por los objetivos y fines, abstractamente considerados (la elaboración de una norma reglamentaria, por ejemplo, para mejorar la protección de la atmósfera), sino también por la estrategia regulatoria en la que éste se inscriba (un reglamento elaborado por la Administración y sus expertos, con un trámite de participación formal, casi bilateral y contradictorio; o, por el contrario, un reglamento paccionado y negociado: en uno y otro caso el procedimiento habrá de configurarse de modo bien distinto). En este último supuesto, el procedimiento, aun al servicio de idéntica finalidad medioambiental que en el primero (la protección de la atmósfera), no podrá configurarse como si de un proceso judicial se tratara y habrá de incorporar mecanismos de intensa participación y negociación informal[116].

El modelo y estrategia regulatoria constituye, pues, un factor determinante en el diseño general del procedimiento y de las piezas de que se compone. Piénsese, a título de ejemplo, en uno de sus elementos, la participación y la transparencia. La participación en los procedimientos de elaboración de normas y disposiciones representa un elemento central del Derecho Administrativo, como mecanismo de control de legitimación democrática de la Administración. La cuestión, sin embargo, no se resuelve con postular si más «mayor participación» o un «modelo único» de participación o transparencia. Es necesario determinar con precisión su grado y expresión en cada procedimiento.

---

116. Véase, por ejemplo, RICHARD B. STEWART, «A New Generation of Environmental Regulation?», cit. (nota 83), p. 61.

De entrada, los modos de participación resultan bien diferentes en función del método básico sobre el que se asiente, sea éste de *representación de intereses* (sociales, económicos, etc.), o de *representación de expertos* (científicos, técnicos, etc.). La participación en uno y otro caso pretende *disciplinar* y *condicionar* el ejercicio de las potestades discrecionales atribuidas a la Administración, señaladamente en la elaboración de reglamentos. No se trata, por lo demás, de modelos contradictorios o alternativos. En el primero, se garantiza la ponderación de todos los intereses materiales y sectoriales en juego, según la materia de que se trate (de la industria, de los consumidores, grupos u organizaciones medioambientales, etc.)[117]. A tal fin será necesario establecer, por ejemplo:

– La «legitimación para comparecer» en el procedimiento o, en terminología menos procesalista, los sujetos llamados a participar: grupos de representación de intereses, opinión pública, Administraciones implicadas; etc.

– Las fórmulas para asegurar la participación desde una fase inicial del proyecto de plan, programa, norma o política pública: anuncio y publicidad con antelación suficiente; plazos; canales de participación; etc.

– La financiación o apoyo de la participación de los intereses infrarrepresentados[118].

---

117. Aunque excede en mucho del propósito de estas líneas, baste notar que, a su vez, son muchos los sistemas de representación de intereses. Para una introducción al debate del tema en EE.UU., véanse los trabajos de RICHARD B. STEWART, «The Reformation of American Administrative Law», *Harvard Law Review*, June, 1975; «Administrative Law in the Twenty-First Century», cit. (nota77).

Es un sistema utilizado ampliamente en la regulación de la economía y de la industria. Se extiende, sin embargo, a otros ámbitos. La representación de intereses preside, por ejemplo, el modelo de autonomía universitaria en España, articulada sobre un gobierno asambleario con representación de intereses estamentales (profesorado, estudiantes, personal de administración y servicios), y donde el diseño legal de la participación pretende asegurar que las decisiones administrativas se ponderen desde tal perspectiva. Ha de notarse, por lo demás, que la participación de la «representación de intereses» no es sinónimo de democracia. *Vid.* R. B. STEWART, «Administrative Law in the Twenty-First», cit. (nota 77), p. 437.

118. Si las ciencias auxiliares del Derecho Administrativo han podido acreditar que una participación amplia beneficia a los grupos organizados (grandes consorcios, multinacionales, etc.), será necesario diseñar una participación que garantice la representatividad de todos, también la de los grupos más débiles. *Vid. supra* nota 9.

– Los mecanismos de control para salvaguardar la participación (supervisión de otras Administraciones; control judicial; etc.) y la imparcialidad en la toma de decisiones (para evitar que el regulado controle al regulador se pueden establecer, por ejemplo, procesos transparentes; la participación de terceros, como sindicatos o competidores, para velar por la pureza del procedimiento y su aplicación; etc.).

– Las reglas o criterios para el tratamiento de la información obtenida: sistematización de las alegaciones y propuestas fundamentales; ponderación transparente y motivada; eventual apertura de segundas rondas; etc.

– Las consecuencias para el proceso decisorio: si la Administración ha de resolver o no con base exclusivamente en la información obtenida y debatida en el curso del procedimiento, por ejemplo.

– La participación en la fase de aplicación y ejecución: supervisión y vigilancia; consenso en el desarrollo de los criterios establecidos; etc.

El esquema de representación de expertos, por su parte, pone el acento en la participación de la comunidad científica (por ejemplo, en materia de seguridad alimentaria)[119] y estructura el proceso decisorio a imagen del proceso investigador[120]. No significa ello, sin embargo, que la participación se circunscriba a los expertos de la Administración, aunque sí pretende que el proceso decisorio se ajuste y se asemeje al proceso de investigación científica[121]. El diseño de la participación tiene aquí igualmente efectos multiplicadores[122].

Este sencillo recorrido ejemplificador pone de relieve, además, que la reforma está en los detalles y que el diseño y teorización, aquí de la participación,

---

119. Véase, por ejemplo, el Reglamento (CE) n° 178/2002 del Parlamento Europeo y del Consejo, de 28 de enero de 2002, por el que se establecen los principios y los requisitos generales de la legislación alimentaria, se crea la Autoridad Europea de Seguridad Alimentaria y se fijan procedimientos relativos a la seguridad alimentaria, arts. 29 y ss.

120. *Supra* III.4.b.

121. *Ibídem.*

122. Por ejemplo, la exclusión de la industria farmacéutica y sus expertos en la aprobación de un medicamento, a fin de asegurar una decisión ajena a toda forma de presión comercial, condiciona, desde luego, la decisión que finalmente pueda adoptarse.

requiere del diálogo intenso con las restantes ciencias sociales para obrar con datos y perspectivas que ilustren las opciones legales y sus consecuencias[123].

6. EL MÉTODO DE REGULACIÓN Y GOBERNANZA COMO MARCO CONCEPTUAL PARA EL DERECHO ADMINISTRATIVO. FUNCIÓN DESCRIPTIVA Y PRESCRIPTIVA DE LAS ESTRATEGIAS Y MÉTODOS DE REGULACIÓN, DIRECCIÓN Y GOBIERNO EN EL DERECHO ADMINISTRATIVO

a) Procedimiento como control de la discrecionalidad (vertiente negativa o defensiva) y procedimiento como dirección de la discrecionalidad (dimensión positiva)

Durante dos siglos el método del «command and control» ha reinado en régimen de monopolio. En apenas dos décadas, sin embargo, se ha visto forzado a convivir con una pluralidad de modelos, la mayor parte de ellos híbridos –con vasos comunicantes–, y complementarios. En ese largo período, el procedimiento «aplicativo», el modelo «procesal» y el procedimiento tipo para el dictado de *actos administrativos*[124] han acaparado todo el protagonismo en la *legislación* y en la *teoría general del procedimiento*. Los nuevos procedimientos, sin embargo, no encajan en esos moldes y no deben ser construidos, por mimetismo o contaminación, desde esos presupuestos.

El procedimiento administrativo clásico ha mostrado un abierto carácter defensivo o negativo frente a los eventuales abusos de poder y la arbitrariedad: las decisiones de la Administración deben ser impar-

---

123. El moderno e intenso debate norteamericano entre el Derecho Administrativo y las ciencias sociales y políticas constituye un ejemplo elocuente de esta fértil metodología. Véanse, a mero título de ejemplo, las aportaciones iniciales realizadas, desde la ciencia política positiva citadas en nota 9. Otro ejemplo lo representa el movimiento de reforma del Derecho Administrativo en Alemania con la ayuda y auxilio de la ciencia de la dirección y su preocupación por la consecución eficaz de los resultados pretendidos. Véase, en tal sentido, la nota 9.
124. Cuadro 1.

ciales; emanar del órgano competente; con plena observancia de los derechos de los sujetos privados; etc. En tiempos más recientes, el procedimiento ha venido asumiendo, como el Derecho administrativo en su conjunto, funciones positivas: la discrecionalidad ha de ejercerse de un modo razonable, motivado y atento a las complejas circunstancias económicas y sociales; con una equilibrada ponderación de todos los intereses generales en juego y los intereses de los afectados, sean éstos los beneficiarios de la medida o los que resulten perjudicados o sujetos a control y sanciones[125]; etc. No basta el aprobado (*control* de la discrecionalidad), por relevante que éste sea, sino que es necesario aspirar a la excelencia (*dirección* de la discrecionalidad). Aquí, el procedimiento constituye una institución de primera magnitud.

b) La naturaleza administrativa del procedimiento

En otras palabras: el procedimiento *en el contexto de las nuevas formas de gobernanza* no se asemeja a un «proceso judicial» (acto singular), como tampoco a un «procedimiento legislativo» (reglamento ejecutivo tradicional)[126]. El procedimiento contemporáneo busca su propia identidad y se transforma en un *circuito único*, sin solución de continuidad. El procedimiento, en consecuencia, se abre a fases preliminares[127] y se extiende –a lo largo de la vida de la decisión o actuación– a sus efectos y consecuencias[128]. La nueva legislación de procedimiento ha de adquirir una marcada orientación «administrativa» (que no es judicial, ni legislativa), capaz de reflejar las singularidades

---

125. Sobre el tema, *vid.* RICHARD B. STEWART, «Administrative Law in the Twenty-First Century», cit. (nota 77), p. 437.

126. El primero sólo sirve como sistema de aplicación; el segundo sólo cubre la creación.

127. Negociaciones previas; transparencia, participación y debate sobre la fijación de las prioridades de la política pública; conocimiento anticipado del borrador o proyecto; etc.

128. Se preocupa por la consecución de los objetivos e incluye a tal propósito mecanismos de control y supervisión; de modificación y revisión; etc. Por ejemplo, el sistema de farmacovigilancia diseñado por el reglamento citado en nota 104, en particular arts. 21 y ss.

administrativas de los nuevos modos de gobernanza, e incluir, en consecuencia, más allá del acto y del reglamento tradicionales, el *ciclo completo* de las políticas públicas. Los nuevos métodos de regulación han determinado la obsolescencia de la tradicional separación entre producción normativa y proceso aplicativo.

Parece claro, a resultas de cuanto antecede, que la reforma de la legislación de procedimiento administrativo, y la modernización de su comprensión teórica, no pasan necesariamente por una vana pretensión codificadora o por una mera adición de nuevos contenidos, ni, menos aún, por una simplista extensión del ámbito subjetivo de la legislación *tradicional* a los fenómenos de colaboración público-privada y de autorregulación; o a la acción administrativa sujeta al Derecho Privado; etc.[129] Es preciso, por el contrario, diseñar criterios o principios de procedimiento adaptados a esos escenarios e incluir procedimientos cualitativamente distintos, o acciones administrativas características, que sean representativos de la realidad, y «poner en contexto» esos nuevos procedimientos dentro del esquema de las nuevas arquitecturas regulatorias en cuya órbita se encuentren.

c) La sistematización del Derecho Administrativo en torno a los modelos y métodos de dirección, gobernanza y regulación. Los modelos de regulación como puente entre la Parte General y la Parte Especial del Derecho Administrativo

Cabría plantearse, en fin, si los modelos de dirección, regulación y gobernanza son suceptibles de cumplir alguna función ordenadora en la sistematización del Derecho Administrativo en su conjunto[130]. Y, más en concreto, en qué medida la perspectiva de los modelos podría

---

129. Sobre este último extremo, me remito al capítulo primero, en particular II.2. Asimismo, J. Barnes, «Sobre el procedimiento administrativo», cit. (nota 2), pp. 311 y ss.

130. *Vid. infra* III.1 y 2.

ocupar una *posición intermedia* o de *puente* entre la abstracción de la parte general de la disciplina y la multiforme diversidad de la parte especial. Ello es algo que no puede ser ahora siquiera esbozado y su resolución ha de remitirse a estudios posteriores.

Cabe, sin embargo, apuntar algunos de los elementos que podrían enmarcar la cuestión suscitada:

– En primer término, es preciso recordar que:

- La sistematización de la ciencia del Derecho Administrativo se halla al servicio de un mejor resultado práctico. No es un mero ejercicio lógico. La razón última de la abstracción jurídica radica en la resolución de problemas.

- La teoría general del procedimiento administrativo, como la teoría general del entero Derecho Administrativo, se nutre de la Constitución (y, en otro plano, de otros referentes normativos, como el Derecho europeo, por ejemplo) y de los sectores especiales.

- En ese sentido, la comprensión teórica del procedimiento y su configuración legal han de ser incesantemente actualizadas y modernizadas, como cualquier otra institución, a resultas de la acción sobre cualesquiera de esos frentes (normas fundamentales o constitucionales, y sectores especiales). La reforma constitucional o la proliferación de nuevas formas de entender y de regular el procedimiento administrativo, por ejemplo, exigen una permanente labor de reflexión y trabajo en los talleres de la parte general. Lo mismo cabe decir de las restantes instituciones o piezas de la teoría general.

- El rendimiento y prestación de la parte general se mide por su capacidad de adaptación a los cambios. La posibilidad de trasvasar experiencias de un sector especial a otro constituye también una de las tareas de una moderna teoría general.

- La teoría general no pretende erigirse en canon de las instituciones tradicionales, sino más bien en una función y en un lugar de análisis y estudio constante[131].

---

131. *Cfr.* E. SCHMIDT-ASSMANN, *La Teoría General*, cit. (nota 8), p. 3.

– En segundo término, podría admitirse un «nivel intermedio» de reflexión y de sistematización que sirva para tender un puente entre figuras abstractas, en ocasiones excesivamente descriptivas o inespecíficas por su alto grado de generalización, de un lado, y la heterogénea realidad de los sectores especiales, de otro. La teoría general corre el riesgo de perder sus contornos, en beneficio de la abstracción y la búsqueda de un denominador común (del acto, del procedimiento, del contrato, etc.). La parte especial, por su parte, deviene casuística, cambiante y falta de perspectiva, y, por sí sola, carece del valor explicativo y prescriptivo que la primera le ofrece.

- El nivel intermedio establece un puente entre una macro-visión y una micro-visión, esto es, un *equilibrio* entre teoría general y parte especial. Complementa la clásica dicotomía entre ambas esferas.

- La cuestión estriba entonces en determinar *qué* introducir en ese nivel intermedio. A nuestro juicio, no se trata de colocar un sector del ordenamiento que sirva de ensayo, experimentación o trasvase (medio ambiente, por ejemplo) o instrumentos particularmente modernos (autorizaciones complejas, por ejemplo)[132], sino, en la hipótesis que se formula, los modelos de regulación, dirección y gobernanza.

– Los modelos, clásicos y modernos, de dirección, regulación y gobernanza poseen, a nuestro juicio, a los efectos de la sistematización del Derecho Administrativo, indudables ventajas:

- En primer lugar, resultan útiles para sistematizar una vasta y heterogénea realidad en torno a una pluralidad de ejes que dan luz y sentido al conjunto de objetivos, medios y técnicas al servicio de la dirección de cada sector o mercado. Cada sistema ordena y ofrece un modelo explicativo (valor descriptivo o explicativo).

- Expresan, en segundo término, una opción fundamental que al legislador incumbe asumir por sus efectos multiplicadores, y por la obligada protección de los principios constitucionales a los nuevos escenarios (valor prescriptivo).

---

132. Tal es la posición de R. WAHL, «Die Aufgabenabhägigkeit von Vewaltung und Verwaltungsrecht», en la obra colectiva W. Hoffmann-Riem/E. Schmidt-Aßmann/G. Folke Schupert, *Reform des allgemeinen Verwaltungsrechts*, 1993, pp. 212-216. También en un sentido distinto al que aquí se postula, E. SCHMIDT-ASSMANN, *La Teoría General*, cit. (nota 8), p. 14.

- Permiten, en fin, el planteamiento y debate de cuestiones básicas: *si* regular y *cómo* hacerlo, con frecuencia desatendidas en la tradición del Derecho administrativo europeo-continental.

– Los métodos de dirección, regulación y gobernanza pueden situarse, por hipótesis, en ese nivel intermedio y hacer de punto de encuentro entre lo excesivamente abstracto y lo excesivamente concreto y puntual[133]. El nivel intermedio puede ser considerado como el marco de reflexión en el que se trabajan instituciones que una vez estudiadas pueden subir o bajar, incorporarse a la parte general o trasvasarse a otro sector especial.
   - Los métodos de dirección, regulación y gobernanza ponen el acento en la dimensión *funcional* de los instrumentos o instituciones del derecho Administrativo (acto, procedimiento, contrato, organización, etc.). Subrayan la tarea o responsabilidad encomendada a la Administración en cada tiempo y lugar.
   - Es en ese contexto, con pleno sentido, donde se puede entender la posición relativa y peso específico de cada instrumento o institución dentro de cada método. Es en el seno del modelo básico de que se trate y de sus cambiantes y multiformes variantes, donde cada institución puede hallar su pleno sentido funcional, que no posee en su abstracción la parte general[134].

---

133. Llevar, por ejemplo, a la parte general tantas clases de autorizaciones, con efectos constitutivos, declarativos, de legalización, vinculantes, etc., podría resultar productivo e interesante, pero al mismo tiempo demasiado específico.

134. Por ejemplo, esa rara especie de autorización que no se siente a gusto al abrigo de la teoría general del acto administrativo, ni tampoco quiere pasar oculta en un sector muy alejado, pues se siente con vocación de extenderse a otros campos.

CUADRO 1

CARACTERÍSTICAS DEL PROCEDIMIENTO ADMINISTRATIVO TRADICIONAL Y DÉFICITS QUE PRESENTA*

NOTAS CARACTERÍSTICAS DEL PROCEDIMIENTO TRADICIONAL	DÉFICITS DE LA LEGISLACIÓN DE PROCEDIMIENTO ADMINIS-TRATIVO TRADICIONAL. ALGUNOS EJEMPLOS
El *ámbito subjetivo* de la legislación se circunscribe a las Administraciones públicas y a las Entidades de Derecho Público «cuando ejerzan potestades administrativas» (art. 2.2).	La legislación de procedimiento no contempla, por ejemplo, la acción administrativa sujeta al Derecho Privado.
El procedimiento administrativo constituye un *proceso decisorio*. El procedimiento tiene por objeto la adopción de decisiones (que habrán de desembocar en actos, contratos o normas). En otras palabras, el procedimiento clásico nace ligado a supuestos y situaciones específicas a las que pretende dar respuesta.	Por tanto, quedan fuera de su consideración, por ejemplo, aquellos procedimientos que no están diseñados, al menos de modo directo, para concluir en la adopción de una concreta decisión, puesto que su objeto consiste más bien en la obtención y tratamiento de la información (ejemplos: procedimientos de control de subvenciones; procedimientos de elaboración de la cartografía medioambiental; etc.). Tampoco caen dentro de la definición del procedimiento como proceso decisorio las actividades y prestaciones materiales que lleva a cabo la Administración (asistencia social, mediación, etc.).
Es un *proceso formal*. La ley regula la actividad administrativa que se sujeta a un procedimiento formalizado cuyo objeto final es, igualmente, una decisión formal (acto, contrato, reglamento).	Ello excluye, por ejemplo, la acción administrativa no formalizada (negociaciones previas y tratos preliminares, consultas, asesoramiento, etc.); la elaboración de los instrumentos de carácter no vinculante (mecanismos de Derecho indicativo o «soft law»: recomendaciones, interpretaciones, guías, etc.).

* Se toma como ejemplo la Ley española de procedimiento administrativo (Ley 30/1992, de 26 de noviembre, de Régimen Jurídico de las Administraciones Públicas y del Procedimiento Administrativo Común)

El *producto* característico de la legislación de procedimiento es el acto administrativo singular (en particular, de gravamen).	El reglamento, por ejemplo, ocupa un lugar muy secundario (salvo excepciones, como en la LPA norteamericana).
El procedimiento constituye un instrumento para la correcta *aplicación* del Derecho material. El procedimiento administrativo posee una función secundaria respecto del Derecho sustantivo. Si la resolución final es conforme con la legalidad, la infracción de procedimiento carece de relevancia en muchos casos.	No tiene en cuenta, por ejemplo, el procedimiento como foro para la *creación* o búsqueda de la mejor solución no predeterminada por la ley (plan urbanístico; evaluación estratégica ambiental; etc.).
La única actividad de ejecución o de aplicación del Derecho que se recoge es la *ejecución forzosa*. Se parte de la premisa de que las fases de creación y de aplicación se hallan rígidamente separadas.	No se hace referencia a la búsqueda del consenso o a la cooperación público-privado en la ejecución y desarrollo de la norma; no se regula, ni parece formar parte del procedimiento, la supervisión o control de las decisiones adoptadas (por ejemplo, autorizaciones provisionales; los efectos indeseados o no previstos de una evaluación medioambiental, etc.).
La legislación de procedimiento mira «hacia adentro».	Descuida las relaciones interadministrativas en el plano europeo e internacional.
La *comunicación* entre la Administración y el ciudadano se encuentra definida en términos muy estrechos. La posición de los interesados y de sus derechos e intereses, amparada por la seguridad jurídica, de un lado, y la de la Administración, defensora en exclusiva de los intereses generales, de otro, están definidas de un modo rígido y distante. En consecuencia, la instrucción del procedimiento se realiza de oficio, con un carácter un tanto paternalista.	No se regula la instrucción practicada por el sujeto privado (como sucede, por ejemplo, en el ámbito del medio ambiente).
Comprensión del *principio de separación de poderes*, como sinónimo de funciones rivales. Desde la estrecha comprensión tradicional del principio de división de poderes, el ejecutivo (un término que en tantos sistemas jurídicos sirve para designar al Gobierno y a la Administración) se limita a «ejecutar» y a	Las tres funciones son *complementarias* y aliadas: Las nuevas formas de dirección y gobernanza se alejan de ese reduccionismo y reclaman una comprensión del procedimiento que no responda a una estructura procesal para

«administrar», y, en consecuencia, no formula políticas públicas. Como se trata tan sólo de eso, de aplicar, el procedimiento adquiere una estructura a imagen y semejanza del proceso, bien sea con la rúbrica norteamericana del «due process», de la británica «natural justice» o francesa de los «derechos de defensa».	abarcar el ciclo completo de la política pública.
El procedimiento presenta un carácter *negativo* o defensivo frente a la arbitrariedad y abuso de poder de la Administración. Por ello, el procedimiento decisorio pretende garantizar: - que las decisiones sean imparciales; - que sean adoptadas por el órgano competente; - que se respeten los derechos de los ciudadanos. El procedimiento opera como un mecanismo de *control* del poder	El procedimiento administrativo en *positivo*: como instrumento que garantice un correcto y eficaz ejercicio de la discrecionalidad: - que las decisiones discrecionales sean razonables y eficaces, las mejores posibles; - que se condicionen y enmarquen dentro de una sólida participación y transparencia; - que ponderen todos los bienes, derechos e intereses en presencia. El procedimiento representa un instrumento de *dirección* del poder.
Los procedimientos son «duros» y rígidos. Se establecen requisitos muy poco flexibles, por ejemplo, sobre: - el alcance de la participación y momento en que se produce; - los canales de participación y la forma de intercambio de información; - el modo y la forma en que ha de tomarse la decisión	Resultan escasos los requisitos procedimentales «blandos» o flexibles. Por ejemplo, conseguir una: - comunicación abierta; - participación fluida; - deliberación basada en la búsqueda del consenso.
El procedimiento, inserto en la clásica división entre la *creación* del Derecho y su *aplicación*, se concibe esencialmente como un instrumento al servicio de la segunda.	El procedimiento no acompaña el ciclo completo de las políticas públicas. En la legislación tradicional, no se contempla el procedimiento como un mecanismo que se extiende a todas las fases: preparación de la política pública; establecimiento de prioridades; toma de decisiones; desarrollo; aplicación; revisiones y modificación; control; etc.

FUENTE: elaboración propia.

CUADRO 2

MODELO DE ADMINISTRACIÓN QUE SUBYACE A LA LEGISLACIÓN DE PROCEDIMIENTO ADMINISTRATIVO TRADICIONAL*

MODELO DE ADMINISTRACIÓN DE LA LEGISLACIÓN TRADICIONAL DE PROCEDIMIENTO	MODELOS O FORMAS DE ADMINISTRACIÓN NO CONSIDERADOS EN LA LEGISLACIÓN TRADICIONAL. ALGUNOS EJEMPLOS
La Administración característica de la LPA es la propia de la actividad administrativa de policía (orden y seguridad públicas), o, más ampliamente, la de una Administración que actúa con «imperium».	Otras formas y modalidades de Administración son ignoradas: por ejemplo, la Administración que garantiza la prestación en el ámbito de la autorregulación regulada; la Administración que coopera con los sujetos privados; la Administración que trabaja en común con otras Administraciones en el espacio europeo e internacional; la Administración prestacional; la Administración mediadora; etc.
Es una Administración jerárquica, cerrada y piramidal. Está diseñada para transmitir órdenes e información de arriba hacia abajo.	No contempla la Administración en red que coopera horizontal y verticalmente con otras Administraciones; los organismos reguladores de los sectores regulados; etc.
La legislación de procedimiento concibe a la Administración como una organización que dicta resoluciones unilaterales y obligatorias, acompañadas de técnicas coercitivas.	La Administración que informa, la Administración que elabora instrumentos de Derecho blando (recomendaciones, guías, etc.); la Administración que realiza actividades materiales, etc., no tiene espacio en la legislación general de procedimiento.
El flujo de información dentro de la estructura interna de la Administración carece de interés para la Ley. Las técnicas de colaboración que se siguen en los procedimientos que se utilizan en el marco del método tradicional (por ejemplo,	Por ejemplo, la obtención, procesamiento e intercambio de información que requiere la Administración en el marco de la autorregulación regulada, y, más aún, de las Administraciones del espacio comunitario, no son objeto de atención.

* Se toma como ejemplo la Ley española de procedimiento administrativo (Ley 30/1992, de 26 de noviembre, de Régimen Jurídico de las Administraciones Públicas y del Procedimiento Administrativo Común).

la evacuación de informes de una Administración a otra en los procedimientos de elaboración del planeamiento territorial) resultan pobres e insuficientes en muchos casos.	
La participación de otros órganos u Administraciones en el curso del procedimiento clásico ocupa un lugar secundario. El procedimiento no está concebido como un instrumento de colaboración interadministrativa: se trata de una Administración encerrada en sí misma.	En consecuencia, quedan fuera de la legislación tradicional, por ejemplo, la Administración «compuesta» o conjunto de Administraciones que actúan en conjunto dentro del espacio europeo, y más ampliamente, todos los supuestos en los que la colaboración no se basa en un encuentro puntual y en una relación jerárquica, o no se asienta sobre las premisas de una posición fragmentada o sectorial (por ejemplo, en el caso del gobierno electrónico).
Es una Administración «estado-céntrica», que no opera más allá de las fronteras nacionales.	No contempla a la Administración nacional en su condición de Administración comunitaria, menos aún la acción administrativa internacional.

En síntesis, la legislación tradicional de procedimiento deja fuera procedimientos y formas de Administración de enorme trascendencia. Señaladamente:

    a. La acción administrativa europea e internacional.

    b. La acción administrativa sujeta al Derecho Privado y los fenómenos de privatización del procedimiento.

    c. Las acciones administrativas no formalizadas y los instrumentos no normativos o de carácter no vinculante («soft law»).

FUENTE: elaboración propia.

DE LA REGULACIÓN TRADICIONAL A LA GOBERNANZA

	MODELO CLÁSICO DE REGULACIÓN	NUEVAS FORMAS DE DIRECCIÓN Y GOBERNANZA
NATURALEZA DEL DERECHO	- Predominio de normas de carácter material o sustantivo. - Derecho emanado desde un único centro. - Derecho imperativo (prohibiciones y mandatos). - Normas abstractas, generales y rígidas.	- Elevado número de normas de procedimiento. - Derecho emanado de forma descentralizada. - Pluralidad de centros de producción normativa. - Normas flexibles y adaptadas al contexto y a las variables. - Coordinación descentralizada y en red. - Autorregulación (Derecho reflexivo)
ORGANIZACIÓN INSTITUCIO-NAL	Organización jerárquica, piramidal y formal (estructurada de arriba hacia abajo).	Organización horizontal estructurada en forma de red.
ACTORES FUN-DAMENTALES	Estado centralizado, como sujeto protagonista.	- Cooperación entre los múltiples niveles de gobierno (local, regional, transnacional, internacional). - Participación de múltiples agentes públicos y privados. - Descentralización y principio de subsidiariedad
PROCESO DE CREACIÓN DEL DERECHO	- El Derecho es estático y estable, permanece «petrificado» hasta su derogación. - Regulación es dictar órdenes, mandatos y prohibiciones.	- El Derecho es un proceso abierto, dinámico, y en constante adaptación. - Gobernar es un proceso de aprendizaje y de innovación. - Los nuevos modelos están mejor posicionados para aceptar la incertidumbre y la diversidad, para ensayar y avanzar de forma repetitiva la búsqueda de soluciones eficaces. - El Derecho tiene por objeto promover prácticas que permitan la revisión y la mejora constantes.

MODOS DE ACCIÓN	Canales formales de actuación. Actividad administrativa de policía.	Pluralidad de canales de actuación.
FUNCIÓN DE LOS AGENTES PRIVADOS	- El individuo es objeto de la regulación. - El individuo es un sujeto que puede o no cumplir la norma.	- El individuo participa activamente en la producción normativa. - Ciudadano activo.
COACTIVIDAD DEL DERECHO	Derecho «duro» o imperativo, acompañado de técnicas coercitivas.	- Derecho indicativo o «blando». - Cooperación voluntaria.
USO DEL CONO-CIMIENTO Y DE LA INFOR-MACIÓN	La información que ofrece el ciudadano es selectiva por miedo a incurrir en responsabilidad.	La información es compartida y el flujo permanente.
MARCO PROCE-DIMENTAL	El procedimiento tiene carácter defensivo y se centra en el resultado final. El control se produce «ex post».	El procedimiento se centra en el proceso mismo. El control se produce «ex ante».

FUENTE: Orly Lobel, «The Renew Deal: the Fall of Regulation and the Rise of Governance in Contemporary Legal Thought», 2004 Minnesota Law Review Foundation (89 Minn. L. Rev. 342) y elaboración propia.

CAPÍTULO I

PLURALIDAD DE ESTRUCTURAS Y FUNCIONES DE LOS PROCEDIMIENTOS ADMINISTRATIVOS EN EL DERECHO ALEMÁN, EUROPEO E INTERNACIONAL

Eberhard Schmidt-Aßmann*

* Catedrático de Derecho Administrativo, Institut für deutsches und europäisches Verwaltungsrecht, Universidad de Heidelberg, Alemania.

ÍNDICE

La traducción española ha sido realizada por Rosario Leñero, Profesora Ayudante de Derecho Administrativo, Universidad de Huelva, España, y Javier Barnes, Catedrático de Derecho Administrativo.

I
EL PROCEDIMIENTO ADMINISTRATIVO: CARACTERÍSTICAS, FUNCIONES, CONCEPCIONES

1. DEFINICIÓN

Los procedimientos administrativos constituyen procesos y operaciones ordenados racionalmente cuyo objeto consiste en obtener y procesar información. La Administración pública es la responsable de su desarrollo y gestión. Representan un instrumento para asegurar la sujeción de la acción administrativa a criterios de racionalidad.

Importa destacar, por otra parte, que los procedimientos administrativos no han de concluir por definición en una resolución jurídica de carácter formal. Son muchas las actuaciones que no desembocan en una decisión formalizada, como sucede, por ejemplo, en el caso de las prestaciones administrativas, de la coordinación administrativa interna o con tantas informaciones que la Administración ha de facilitar ante circunstancias diversas y que no nacen de un concreto procedimiento (escenarios medioambientales, situaciones sanitarias, etc.). Estos supuestos, sin embargo, aunque no concluyan en una resolución formalizada, bien pueden insertarse en el seno de un procedimiento administrativo. Es más, cuando se subraya el papel de la información y de la comunicación en el marco del sistema general del Derecho Administrativo se difumina en realidad la estricta separación entre el proceso de toma de decisiones y la resolución final[1], en la medida en que la decisión, por decirlo así, se «procedimentaliza»[2] y, en cierto modo, se configura e integra en el procedimiento mismo[3].

---

1. Véanse los trabajos incluidos en la obra colectiva dirigida por W. HOFFMANN-RIEM/E. SCHMIDT-ASSMANN (eds.), *Verwaltungsrecht in der Informationsgesellschaft,* 2000.

2. *Vid.* A. SCHERZBERG, *Die öffentlichkeit der Verwaltung,* 2000, pp. 126 y ss.

3. Una aproximación en parte diferente en H. HILL, *Das fehlerhafte Verwaltungsverfahren und*

La extensión del ámbito del procedimiento administrativo –la emergencia de un concepto más amplio– no es sino una obligada consecuencia del crecimiento exponencial que ha experimentado la información y la comunicación en el marco de las relaciones jurídico-administrativas. Ello entraña desde luego que sean múltiples y variadas las normas relativas al procedimiento. Desde las normas vinculadas a un procedimiento específico, vinculadas a supuestos de hecho y situaciones determinadas, objeto tradicional de las leyes de procedimiento, hasta las que no se circunscriben ni limitan a supuestos concretos, puesto que su objeto, transversalmente, se extiende más allá de un sector o ámbito determinado, como sucede con las normas sobre secretos de Estado, de protección de datos personales, o el derecho general de acceso a la información administrativa.

2. MULTIPLICIDAD DE FUNCIONES

Los procedimientos administrativos pueden cumplir diversas funciones o cometidos:

– sirven para garantizar la tutela de los derechos e intereses individuales;
– posibilitan la participación;
– constituyen cauces para el equilibrio y conciliación de intereses contrapuestos;
– incrementan la transparencia y claridad administrativas;
– facilitan la cooperación administrativa;
– promueven la eficacia y eficiencia de la acción administrativa.

---

seine Folgen im Verwaltungsrecht, 1986, pp. 193 y ss; H.J. WOLFF/O. BACHOF/R. STOBER/W. KLUTH, *Verwaltungsrecht I*, 12ª ed., 2007, § 58, marginal 1; F. SCHOCH, «Der Verfahrensgedanke im allgemeinen Verwaltungsrecht», DV, vol. 25 (1992), pp. 21, 23 y ss.

La mayoría de los procedimientos cumplen diversas funciones a un tiempo (multifuncionalidad). Con carácter general y en términos muy abstractos, puede decirse que la institución del procedimiento administrativo resulta útil para estructurar y garantizar la racionalidad de la acción estatal. En ese sentido, el procedimiento no es sino un diseño inteligente de reglas cuyo propósito reside en asegurar que las decisiones se adopten de forma transparente, que el producto final sea de calidad, y resulte efectiva la capacidad de aprendizaje y de acumulación de experiencia. Así sucede, a título de ejemplo, con el procedimiento de evaluación de impacto ambiental, en el que concurren una fase «externa» y otra «interna» (Hill): A la primera, en la que participan las Administraciones afectadas y el público, habrá de seguirle una segunda, en la que se han de evaluar y ponderar cuidadosamente los efectos que para el medio ambiente pueden generar las actuaciones proyectadas, lo que exige un cuidado análisis de la información obtenida y sobre esa base, finalmente, la toma en consideración de todos los elementos. El procedimiento sirve aquí para «estructurar la obtención de conocimientos»[4].

3. ELEMENTOS ESTRUCTURALES Y DISEÑO DEL PROCEDIMIENTO

Los procedimientos se ordenan y articulan en varias fases y consisten en una combinación de diferentes elementos:

– trámite de audiencia; información y asesoramiento a los interesados; información pública y plazos para comparecer y presentar alegaciones.
– intercambio de información, práctica de pruebas.

---

4. Así, K.H. LADEUR, «Privatisierung öffentlicher Aufgaben und die Notwendigkeit der Entwicklung eines neuen Informationsverwaltungsrechts», en la obra colectiva W. Hoffmann-Riem/E. Schmidt-Aßmann (eds.), *Informationsgesellschaft*, cit. (nota 1), pp. 225 (235).

– mecanismos de clarificación y de conclusión; de obtención del consentimiento; y de toma de decisiones.

La legislación de procedimiento administrativo ha modelado estos componentes hasta convertirlos en sólidas estructuras jurídicas. Reconoce así derechos de audiencia y de consulta del expediente, y, en términos más generales, el derecho a la información; establece la obligación de motivar las decisiones, así como el deber de cooperación interadministrativa o deber de asistencia; dispone las reglas que rigen la preclusión; etc. La correcta ordenación y combinación de estas estructuras básicas al servicio de una determinada función procedimental –es decir, el concreto diseño de los elementos de cada procedimiento– no constituye desde luego una labor de subsunción, sino que se trata de un arte que dominan aquellos juristas que tienen el talento de integrar la creatividad con la experiencia acumulada en la gestión de los procedimientos.

El procedimiento administrativo constituye uno de los más importantes *instrumentos de dirección* del Derecho Administrativo. Se trata de una dirección que se realiza dentro de un *contexto amplio*, como explicaremos a continuación. En una perspectiva más comprensiva, que contemple no sólo el Derecho Administrativo nacional, sino también los ordenamientos europeo e internacional, es posible afirmar que el procedimiento administrativo supera en relevancia a la llamada, en la doctrina alemana, doctrina de las «formas jurídicas» del Derecho Administrativo (esto es, la doctrina que estudia las categorías jurídicas fundamentales de que se sirve la Administración en su actuación, caracterizadas por un conjunto de reglas formales, como las que disciplinan el acto o resolución administrativos, el contrato, el reglamento, etc.). El procedimiento administrativo, de un lado, y los parámetros que guían la acción administrativa (tales como la interdicción de la discriminación, el principio de proporcionalidad, la buena fe, o la seguridad jurídica y la confianza legítima), de otro, constituyen, considerados en su conjunto, las dos herramientas más importantes para la ordenación de la realidad administrativa.

4. CUESTIONES PARA EL ANÁLISIS

Un concepto amplio de procedimiento administrativo, la multifuncionalidad de los objetivos y fines a los que sirve, y la relevancia y centralidad de esta institución en el seno de los filones de pensamiento que subyacen al moderno Derecho Administrativo constituyen tres pilares básicos. Así lo sostienen la mayoría de los autores que en Alemania y en España vienen ocupándose del Derecho Administrativo desde una perspectiva renovada, para quienes estas cuestiones constituyen la base de su investigación jurídica[5]. De ahí que pueda decirse que el análisis comparado entre Alemania y España representa en la actualidad *un proceso de común y recíproco aprendizaje*[6]. El presente trabajo se mueve en esa dirección y analiza, de acuerdo con las indicaciones del coordinador, sucesivamente los tres niveles de regulación del procedimiento: el plano alemán (II), el europeo (III) y el internacional (IV). Con ello, este esquema en *tres niveles* se ajusta y se corresponde con la moderna doctrina de las fuentes del Derecho Administrativo que, más allá del plano nacional, se extiende al estudio del Derecho Comunitario y del Derecho Internacional[7].

---

5. *Cfr.* O. MIR, «Das Verwaltungsverfahren in Spanien: Eine Einführung», DÖV, 2006, pp. 841 y ss.; J. BARNES, «Sobre el procedimiento administrativos», en: J. Barnes (ed.), *Innovación y reforma en el Derecho Administrativo*, Editorial Derecho Global, Sevilla, 2006, pp. 263 y ss.

6. Véase, para profundizar en el tema, M. BACIGALUPO/ F. VELASCO, «Wirkungen der deutschen Verwaltungsrechtslehre nach außen –Am Beispiel Spaniens», DV, vol. 36 (2003), pp. 333 y ss. Para mayor abundamiento, véase la obra colectiva citada en nota 5.

7. Véase M. RUFFERT, «Rechtsquellen und Rechtsschichten», en W. Hoffmann-Riem/E. Schmidt-Aßmann/A. Voßkuhle (eds.): *Grundlagen des Verwaltungsrechts* –GVwR–, vol. 1, C. H. Beck, Munich, 2006, § 17, números marginales 8 y ss., 30 y ss., 121 y ss., 149 y ss., 171 y ss.

II
SOBRE EL PROCEDIMIENTO ADMINISTRATIVO EN ALEMANIA

La institución del procedimiento administrativo en Alemania se caracteriza por tres factores: el concepto de procedimiento; las bases constitucionales que lo impregnan y condicionan; y la perspectiva del procedimiento desde los dos grandes sistemas jurídicos del Derecho Administrativo: el Derecho Público y el Derecho Privado[8]. Del concepto de procedimiento administrativo en Alemania se ocupa en detalle el trabajo del profesor Jens-Peter Schneider que se publica en el presente volumen, por lo que centraré mi atención en las coordenadas constitucionales del procedimiento (1) y en la sistematización del procedimiento desde el Derecho Público y desde la óptica del Derecho Privado (2).

1. EL MARCO CONSTITUCIONAL DEL PROCEDIMIENTO ADMINISTRATIVO

En contraste con la Constitución española de 1978, la Ley Fundamental de Bonn de 1949 no contiene disposiciones que versen específicamente sobre el procedimiento administrativo. Ello no obsta, sin embargo, para que se admita con naturalidad la notable relevancia que la Constitución alemana posee en orden a configurar el procedimiento administrativo[9].

---

8. Sobre el tema, *vid.* en español E. SCHMIDT-ASSMANN, «Cuestiones fundamentales sobre la reforma de la teoría general del Derecho Administrativo», en *Innovación y reforma en el Derecho Administrativo*, cit. (nota 5), pp. 32, 39, 49, 98, 101.

9. Para mayor abundamiento, véase HERMANN PÜNDER: «Verwaltungsverfahren», en Hans-Uwe Erichsen/Dirk Ehlers (eds.): *Allgemeines Verwaltungsrecht*, 13ª ed., 2006, § 12, marginales 10 y ss.

Así, en primer término, el principio del Estado de Derecho[10] sirve de base para extraer elementos fundamentales que ha de incorporar el procedimiento, como el trámite de audiencia del interesado (el derecho a ser escuchado); la obligación de motivar las decisiones de la Administración; o la necesidad de notificación y de publicidad. Del mismo principio se derivan otros mandatos, como la transparencia, que ha de presidir los procedimientos escalonados o compuestos (en los que intervienen diversas instancias o Administraciones), o la viabilidad del control judicial ulterior, esto es, la interdicción de que el procedimiento, en la norma o en su aplicación, se configure de tal modo que haga imposible, o dificulte gravemente, la revisión jurisdiccional de la actuación administrativa. El derecho a la tutela judicial efectiva (art. 19.IV de la Ley Fundamental), por su parte, ha ejercido igualmente un evidente influjo sobre el procedimiento mismo, extendiendo así sus efectos, más allá del proceso judicial, a la vía administrativa*.

El principio democrático y la cláusula del Estado social, en segundo lugar, le imprimen asimismo un sesgo específico al procedimiento administrativo[11]. El *modelo de legitimidad democrática* es, ante todo, un modelo procedimental[12]. El *principio de Estado social* exige, de un lado, que en el procedimiento puedan tenerse en cuenta debidamente

---

10. E. SCHMIDT-ASSMANN, «Der Rechtsstaat», en J. Isensee/P. Kirchhof (eds.): *Handbuch des Staatsrechts,* vol. 2, 3.ª ed., 2004, § 26, marginales 76 y ss.

* «Toda persona cuyos derechos sean vulnerados por el poder público, podrá recurrir a la vía judicial. Si no hubiese otra jurisdicción competente para conocer del recurso, la vía será la de los tribunales ordinarios». Sobre este precepto puede verse en español J. BARNES «La tutela judicial efectiva en la *Grundgesetz*», en J. Barnes, *La justicia administrativa en el Derecho Comparado,* Cívitas, Madrid, 1993, pp. 135-206.

11. Sobre los aspectos procedimentales del principio de Estado social, *vid.* PETER J. TETTINGER y J.-P. SCHNEIDER: «Verwaltungsrechtliche Instrumente des Sozialstaates», VVDStRL, núm. 64 (2005), pp. 199 y ss. y 238 y ss. Sobre el principio de Estado democrático, véase T. GROSS, *Das Kollegialprinzip in der Verwaltungsorganisation,* 1999, pp. 280 y ss.; también E. SCHMIDT-ASSMANN: *Das allgemeine Verwaltungsrecht als Ordnungsidee,* 2ª ed., 2004, capítulo 2, números marginales 102 y ss.

12. Para mayor abundamiento, H.-H. TRUTE: «Die demokratische Legitimation der Verwaltung», en: W. Hoffmann-Riem/E. Schmidt-Aßmann/Voßkuhle, cit. (nota 7), § 6, números marginales 47 y ss.

las circunstancias individuales de los beneficiarios de las prestaciones, esto es, una atención personalizada, y, de otro, que se gestione de forma eficiente (las prestaciones han de hacerse realidad).

En síntesis, pues, son numerosos los referentes y requerimientos constitucionales con relevancia para el procedimiento administrativo; ahora bien, por regla general, de ellos no se desprende una específica configuración o diseño del procedimiento. Al legislador le queda una amplia libertad de elección. Piénsese, así, en el caso de la dimensión procedimental de los derechos fundamentales, es decir, en el influjo que éstos ejercen sobre la legislación de procedimiento administrativo. Aquí, como en tantos otros campos, es al legislador ordinario al que le corresponde la concreta transposición de los elementos constitucionales y su configuración legal. La Constitución no impone determinaciones concretas y cerradas. Veámoslo más despacio con este supuesto[13].

De acuerdo con la doctrina y jurisprudencia alemanas, los derechos fundamentales poseen una enorme relevancia para la construcción del procedimiento administrativo (se habla de la «protección de los derechos fundamentales a través del procedimiento»).

El Tribunal Constitucional Federal comenzaría por afirmar, en una conocida Sentencia de 1969, que la Constitución garantiza la protección de los derechos fundamentales, y que su efectiva protección forma parte de la esencia del derecho mismo (así, por ejemplo, la Constitución tutela el aprovechamiento dominical que su titular ha consolidado)[14]. Desde entonces, se continuarían indagando los elementos procedimentales y de organización indisponibles que, para la mejor protección posible del contenido de cada uno de los derechos fundamentales de carácter sustantivo, la Constitución habría garantizado. La doctrina dedicaría una enorme atención a determinar la dimensión procedimental y organizativa de los derechos fundamentales[15].

---

13. Para una introducción general sobre la constitucionalización del Derecho Administrativo, *vid.* E. SCHMIDT-ASSMANN, en: *Innovación y reforma*, cit. (nota núm. 5), pp. 15, 46 y ss.

14. BVerfGE 24, 367 (401).

15. Sobre el estado de la cuestión, véase J. MASING: «Der Rechtsstatus des Einzelnen im Verwaltungsrecht», en Hoffmann-Riem/Schmidt-Aßmann/Voßkuhle, cit. (nota 7), § 7, marginales 53 y ss.

Por su parte, la jurisdicción ordinaria ha abundado en esta concepción, iniciada por la jurisprudencia constitucional, con el mismo propósito de completar el contenido material de los derechos fundamentales a través de garantías adicionales de carácter procedimental y organizativo. Parece claro, desde luego, que la idea o la lógica del procedimiento administrativo posee una enorme fuerza expansiva, y puede alentar la imaginación y la creatividad de los juristas. Un buen ejemplo lo constituye la Sentencia del Tribunal Administrativo Federal, de 2 de julio de 2003, de acuerdo con la cual podrían extraerse directamente de la libertad de profesión (art. 12 GG)* determinados derechos a obtener información en el seno del procedimiento, cualquiera que sea la posición formal que el ciudadano tenga en el mismo[16].

Naturalmente, esta perspectiva, que explora la incidencia de los derechos fundamentales de carácter material sobre la legislación de procedimiento administrativo, ha conducido a alguna que otra confusión o controversia y en ocasiones a una cierta exageración. Así, por ejemplo, uno de los requerimientos en que este planteamiento ha cristalizado, de acuerdo con el cual la Constitución garantiza por medio del procedimiento «la mejor protección posible de los derechos fundamentales» –empleada en un conocido voto particular formulado a la Sentencia Mülheim-Kärlich[17]–, se ha revelado de escasa utilidad. Qué haya de entenderse, procedimentalmente hablando, por «mejor protección posible» admite, en efecto, muchas opciones o interpretaciones. En ocasiones dicha fórmula ha sido entendida, con cierta ligereza, como una exigencia constitucional de máximos. Sin embargo, bien entendida, la idea de la mejor protección posible no se resuelve o concreta en un único modelo de organización y procedimiento, como tampoco en un procedimiento de larga duración. Ahora bien, la cuestión radica en determinar el umbral, puesto que de ordinario no resulta fácil precisar la línea divisoria entre lo que la Constitución deman-

---

* Artículo 12 [Libertad de profesión, prohibición del trabajo forzado] 1. Todos los alemanes tienen el derecho de elegir libremente su profesión, su lugar de trabajo y de formación profesional. El ejercicio de la profesión puede ser regulado por ley o en virtud de una ley.

16. BVerwGE 118, 270 y ss.

17. Véase el voto particular de HELMUT SIMON/HERMANN HEUßNER, en BVerfGE 53, 30 (75).

da y la libre esfera del legislador ordinario en la configuración de las garantías procedimentales:

a) La inseguridad e incertidumbre deriva, en primer término, de la apertura y abstracción con la que se garantizan en la Constitución los derechos fundamentales, y cuyo reconocimiento, por lo demás, se limita a los respectivos contenidos materiales o sustantivos, sin que de ordinario se haga referencia alguna acerca de *cuáles* hayan de ser las garantías de orden procedimental que deban acompañarles. A las dificultades inherentes a la naturaleza abierta de la norma constitucional y a la forma en que se reconocen los derechos fundamentales, han de añadirse las que se desprenden de las singularidades estructurales características del procedimiento. Y es que los procedimientos administrativos se componen en realidad de una multiplicidad de acciones, procesos e interacciones con su propia dinámica, no siempre previsible, que opera con una geometría variable. Sus elementos básicos y estructurales no se comportan de una manera estática y unívoca, predecible a priori y de una vez por todas, sino que dependen de los fines y objetivos a los que obedezcan en cada caso y del contexto en el que se inserten y con el que interactúen. Baste notar que el procedimiento para la interposición de un recurso administrativo se estructura de una manera muy distinta a la de los procedimientos para la elaboración del planeamiento urbanístico y territorial, en los que ha de llevarse a cabo una cuidada ponderación de todos los intereses públicos y privados en presencia. La dirección de los procesos sociales y el control de la Administración que se realiza a través del procedimiento se hace realidad por medio de la *dirección del contexto (Kontextsteuerung)*. Ese influjo y dirección, en efecto, no podría producirse si se contemplaran aisladamente los distintos elementos del procedimiento y se insertaran en una especie de simplista relación de causalidad puramente lineal[18].

b) En segundo término, la referida apertura y abstracción obedece con frecuencia a la tensión dialéctica subyacente:

– Así ocurre, por ejemplo, en las denominadas *relaciones jurídicas de carácter multipolar o multilateral*, que se caracterizan por que los participantes en el procedimiento administrativo esgrimen una multiplicidad de intere-

---

18. *Cfr.* W. HOFFMANN-RIEM, «Verwaltungsverfahren und Verwaltungsverfahrensgesetz – Einleitende Problemskizze», en: Hoffmann-Riem/Schmidt-Aßmann (eds.), *Verwaltungsverfahren und Verwaltungsverfahrensgesetz*, 2002, pp. 9 (38 y ss.).

ses contrapuestos y heterogéneos, con expresa invocación de sus respectivos derechos fundamentales (piénsese, por ejemplo, en el caso de los procedimientos competitivos o de concurso). Los procedimientos no se fundamentan en tal hipótesis en una estructura bipolar de intereses, puesto que han de integrar a individuos o colectividades con una diversidad de intereses enfrentados. Las variables o las opciones del procedimiento en esas situaciones se asemejan al «sistema de vasos comunicantes»: lo que beneficia a *una* de las partes constituye una carga o perjuicio para la *otra*. El Tribunal Constitucional Federal ha tenido ocasión de pronunciarse sobre esta problemática particular en jurisprudencia reciente y, precisamente como consecuencia de ese carácter multilateral, ha admitido claras restricciones o matices a la protección o tutela de los derechos e intereses en el caso de los procedimientos de licitación de contratos públicos[19].

– Finalmente, entre los determinantes constitucionales que han de considerarse se encuentran la *capacidad o competitividad funcional de la Administración* y la eficacia de sus actuaciones: los procedimientos han de tramitarse en forma simple, ágil y apropiada a los fines que se persiguen. El imperativo de celeridad procedimental no deriva exclusivamente de una lógica economicista, orientada a la eficiencia (por lo demás, con frecuencia cuestionada), sino que tiene su fundamento en el propio texto constitucional[20]. En la última década, el legislador alemán ha concedido prioridad a la celeridad de los procedimientos administrativos. En ese sentido, llama la atención la distancia abierta entre la retórica doctrinal acerca de los derechos fundamentales y su influjo sobre el procedimiento, de un lado, y el pragmatismo con que el legislador ha abordado las sucesivas reformas para imprimir celeridad a los procedimientos más relevantes a fin de que las dilaciones no dañen la economía, de otro. La «relevancia constitucional de los derechos fundamentales» para el procedimiento administrativo estimula sin duda la construcción doctrinal. En la práctica, sin embargo, el legislador determina el grado y la medida que ha de dársele al procedimiento y la forma en que ha de entenderse su relevancia constitucional.

---

19. BVerGE 116, 135 y ss.; asimismo 111, 1 y ss.

20 La eficiencia (*effet utile*) constituye también una exigencia del Derecho Comunitario para los procedimientos tramitados por los Estados miembros. No obstante, los dos tipos de eficiencia presentan diferentes puntos de referencia y difieren asimismo en sus consecuencias.

2. PROBLEMAS Y CUESTIONES DE FRONTERA CON EL PROCEDIMIENTO PRIVADO

Cuando se hace referencia al procedimiento administrativo, de ordinario nuestra reflexión se circunscribe a los procedimientos regulados por el Derecho Público, y cuya gestión y responsabilidad se encuentra en manos de la Administración pública. Por el contrario, los procedimientos de Derecho Privado bajo la responsabilidad de sujetos jurídico-privados quedan fuera de la consideración del sistema del procedimiento administrativo. Ello no obstante, son diversas las relaciones entre esas dos grandes esferas o clases de procedimientos que resultan de interés para el Derecho Administrativo.

En primer término, es preciso constatar el rico acervo de «experiencia procedimental» acumulada que atesora el Derecho Privado. El procedimiento no constituye un coto exclusivo del Derecho Público. Por ejemplo, el Derecho de sociedades contiene normas de procedimiento, sobre todo en relación con las acciones y los stocks, que resultan de interés, porque expresan una cuidada síntesis y equilibrio entre los interses privados y públicos en presencia. No me ocuparé, sin embargo, de estas cuestiones, sino de dos puntos en los que, de manera más estrecha, se aprecia la relación entre el procedimiento administrativo y el procedimiento privado:

– Procedimientos en los que la Administración actúa en régimen de Derecho Privado (a),
– Los denominados procedimientos privados en sentido estricto (b).

a) Procedimientos en los que la Administración actúa en régimen de Derecho Privado

Es ésta una materia que ha recibido escasa atención hasta la fecha[21]. Valga como punto de partida de nuestra reflexión la siguiente consideración elemental: la Administración sujeta al Derecho Privado debe observar las reglas de procedimiento prescritas por el Derecho Privado. En caso de inexistencia, subsidiariamente, habrá de indagar si las normas del procedimiento administrativo tipo o estándar, recogidas en la legislación general*, resultan aplicables por analogía. Tal puede ser el caso, por ejemplo, de las normas que encarnan el valor de la imparcialidad y neutralidad de la acción administrativa (causas de abstención y recusación); de las que se refieren a la investigación o instrucción de oficio; o, por supuesto, de las relativas al derecho a consultar el expediente. A ello se añade que las normas que no están circunscritas a un concreto tipo de procedimiento, sino que, transversalmente, disciplinan toda acción de la Administración (protección de datos, derecho general de acceso a la información, etc.), han de aplicarse aquí igualmente, puesto que rigen con independencia de que la Administración se someta en su actuación al Derecho Administrativo o al Derecho Privado. En otras palabras, el caudal de normas de procedimiento que la Administración ha de observar en todo caso, cualquiera que sea el régimen al que se sujete, resulta sin duda considerable.

En la última década, ha adquirido una mayor relevancia el procedimiento de adjudicación en materia de contratación administrativa. De acuerdo con la concepción tradicional alemana, la adjudicación concluye y se celebra mediante un contrato sujeto al Derecho Privado, mientras que el procedimiento que le precede forma parte del Derecho Presupuestario. Son múltiples las normas que disciplinan el procedimiento. Sin embargo, como son consideradas normas de

---

21. Para mayor abundamiento, U. Stelkens, *Verwaltungsprivatrecht,* 2005, pp. 1015 y ss.

* Ley de Procedimiento Administrativo alemana o VwVfG. Véase el estudio Jens-Peter Schneider en el capítulo 8.

«Derecho interno», no confieren derecho o interés legítimo alguno en favor de los licitadores, de acuerdo con la doctrina dominante.

Ahora bien, las Directivas comunitarias relativas a contratación administrativa han supuesto una verdadera conmoción sobre este estado de cosas. En efecto, aun cuando no exista en Alemania una ley sobre adjudicación de los contratos administrativos, sin embargo, la Ley de Defensa de la Competencia ha establecido con todo detalle la tutela a la que se hacen acreedores los licitadores, tanto en el curso del procedimiento, como ulteriormente frente al resultado final de la licitación. Con todo, esta Ley garantiza al mismo tiempo el interés de la Administración por la celeridad en la adjudicación del contrato. Así lo acredita, por ejemplo, el hecho de que el principio general del Derecho alemán del efecto suspensivo automático del recurso administrativo y jurisdiccional sea de una muy limitada aplicación en este ámbito. No obstante, la Ley sólo resulta aplicable a los contratos que superen los umbrales cuantitativos previstos en las Directivas comunitarias.

Pese a ello resulta interesante comprobar que los cambios forzados por el Derecho Comunitario respecto de los contratos que superen los umbrales establecidos en las Directivas han propiciado que se cuestione la racionalidad del régimen jurídico de los restantes contratos, esto es, de los que se hallan por debajo de ese umbral. Una vez más, es apreciable el efecto de «spill-over» que produce el Derecho Comunitario. En ese sentido, algunos tribunales contencioso-administrativos han intentado reconstruir jurídicamente el procedimiento de licitación para los contratos de cuantía inferior sobre la base o el modelo de un procedimiento articulado en «dos fases[22]». De acuerdo con esta concepción, la Administración habría de elegir al contratista mediante un acto administrativo, impugnable en consecuencia ante la jurisdicción administrativa. En una segunda fase se celebra el contrato privado entre la Administración y el empresario seleccionado. Aquí no se tienen en cuenta ya los problemas relativos a la concurrencia y a la protección de los licitadores, puesto que quedan circunscritos a la primera fase. Con este modelo, sin embargo, se otorga paradójicamente una mayor protección a licitaciones menores en cuantía –no previstas en las Directivas comunitarias–, que la que se proporciona a quienes compiten en procedimientos de adjudicación de contratos que superan los umbrales cuantitativos de las Directivas, toda vez que los primeros, por regla general, podrán beneficiarse del efecto sus-

---

22. OVG (Tribunal Superior Administrativo) de Rheinland-Palz, Sentencia de 25 de mayo de 2005, DVBl 2005, pp. 988 y ss.; OVG Nordrhein-Westfalen, Sentencia de 11 de agosto de 2006, *VergabeR* 2006, 771.

pensivo del recurso contencioso-administrativo que prevé el parágrafo 80, apartado 1, de la VwGO (Ley de la Jurisdicción Contencioso-Administrativa). Dos pronunciamientos recientes del Tribunal Supremo parecen apostar por que se mantengan los dos regímenes diferenciados en función del umbral.

– Por su parte, el Tribunal Constitucional Federal, en la Sentencia de 13 de junio de 2006, declaró que esas diferencias de régimen jurídico no vulneran el principio de igualdad a que se refiere el art. 3.1 de la *Grundgesetzt*[23]. De acuerdo con la doctrina sentada en esa Sentencia, la licitación de los contratos públicos ha de someterse a las reglas de la racionalidad económica; sin que, por otra parte, la libertad de profesión (art. 12.1. GG) confiera derecho alguno a los participantes en el concurso a ser elegidos por la Administración. En consecuencia, el licitador excluido no se ha visto afectado en derecho alguno. La decisión desfavorable, en otras palabras, frustra sus expectativas, pero no afecta a su esfera de derechos. En conclusión, pues, el legislador no vulnera la Constitución, afirma el Alto Tribunal, si no admite la impugnabilidad de la adjudicación en los contratos menores, que se sitúan por debajo del umbral establecido por el Derecho Comunitario. Es libre, por tanto, para otorgar esa mayor protección a los contratos de mayor cuantía y negarla para los de inferior. La eficacia y la racionalidad económica en la contratación pública constituyen razón suficiente para justificar la disparidad del régimen legal. Por otra parte, el Tribunal también señala el peligro de que los que no resulten beneficiarios de la adjudicación puedan hacer un uso inapropiado, o eventualmente abusivo, de los medios de tutela jurídica –una perspectiva, por cierto, a la que hasta ahora no se ha prestado la debida atención, como en el caso, por ejemplo, de las sociedades anónimas–.

– El Tribunal Administrativo Federal ha abundando en esta doctrina y en su Sentencia de 2 de mayo de 2007, rechazó el modelo del régimen jurídico separable o en dos fases, a que antes se ha hecho referencia.[24] La adjudicación de contratos cuyas cuantías no alcancen los umbrales establecidos en el Derecho Comunitario se entienden, como hasta ahora, sometidas al Derecho Privado y, en consecuencia, se trata de contratos privados, por más que en el curso del procedimiento deban observarse reglas de carácter jurídico-administrativo. No obstante, el Tribunal Administrativo Federal, de un modo más claro que el Tribunal

---

23. BVerfGE 116, 135 (149 y ss.). «Todos los seres humanos son iguales ante la Ley», dice el referido precepto.

24. BVerwG, NVwZ 2007, pp. 820 y ss.

Constitucional Federal, destacó la necesidad de dispensar una adecuada tutela judicial a los no seleccionados, también en los contratos de cuantía inferior. Con ello se limita a dejar apuntada una posible evolución de las cosas en el futuro.

– En aras de una tutela judicial eficaz, una solución consistiría en que se informara con antelación suficiente a todos los licitadores de la propuesta de adjudicación, a fin de que pudieran solicitar la adopción de las medidas cautelares que estimaran pertinentes ante la jurisdicción civil. Esta sería una mejora que habría que agradecer al mencionado efecto «spill-over» que produce en ocasiones el Derecho Comunitario. Con todo, cabría afirmar que estos últimos pronunciamientos jurisprudenciales no han sabido captar en toda su profundidad la relevancia que para el conjunto del Derecho Administrativo tiene la contratación[25].

b) «PROCEDIMIENTOS PRIVADOS»

Son procedimientos privados los que tramitan los sujetos privados. Le interesan al Derecho Administrativo en la medida en que tengan una cierta proximidad con la toma de decisiones por parte de la Administración. Se pueden apuntar dos supuestos:

– *Privatización del procedimiento:* esa proximidad se produce, por ejemplo, cuando se privatiza un procedimiento total o parcialmente, y se transfieren al sector privado actuaciones procedimentales antes desempeñadas por la Administración, que se ve así descargada de trabajo. Es una forma además de servirse de los conocimientos e información que el sector privado puede aportar (por ejemplo, en la instrucción del procedimiento). Los sectores del medio ambiente y del urbanismo proporcionan buenos ejemplos en ese sentido.

– *Publificación:* la proximidad también puede producirse en dirección contraria a la privatización, esto es, en procedimientos enteramente privados que adquieren posteriormente una relevancia jurídico-

---

25. Una justificada crítica en Martin Burgi, «Von der Zweistufenlehre zur Dreiteilung des Rechtsschutzes im Vergaberecht», 2007, pp. 737 y ss.

pública. Se trata de procedimientos originariamente privados cuyos resultados el Estado decide hacer suyos, con todo lo que ello entraña.

Es el caso, por ejemplo, del sector de la seguridad de los productos (certificación y acreditación), cuyo procedimiento y efectos estuvieron sometidos en exclusiva al Derecho Privado (obligaciones, responsabilidad, etc.). Otro caso paradigmático lo constituyen los procedimientos en materia de normalización técnica. La publificación que ello supone plantea problemas que bien pueden discutirse dentro de la sistemática del Derecho Administrativo bajo la rúbrica y el tipo del «procedimiento privado».

Las cuestiones que se suscitan en el ámbito del procedimiento privado guardan una clara relación, por consecuencia o conexión, con las que se derivan del Estado cooperativo, de la nueva distribución o redefinición de esferas de responsabilidad entre Estado y sociedad, y de la autorregulación regulada[26]. Se trata, en otras palabras, de las cuestiones típicas de lo que ha venido en llamarse en Alemania «Derecho Administrativo garantizador de la prestación», esto es, del Derecho Administrativo que tiene por objeto asegurar un resultado prestacional, cuando su realización material ha sido atribuida al sector privado por entero o se presta a través de cualquier fórmula de cooperación entre el Estado y la sociedad. En este ámbito, han de conjugarse equilibradamente dos dimensiones para conservar las esencias de cada una de las esferas. De un lado, en primer término, interesa quedarse con la creatividad, el conocimiento que aportan los expertos y los criterios de racionalidad, que caracterizan la acción autónoma del sector privado. Y, en ese sentido, la categoría alemana de las personas privadas con potestades públicas («Beleihung») –de alguna manera incorporadas a la propia Administración– difícilmente encaja con los sujetos privados que se mueven en ese plano e intersección. Lo mismo puede decirse del concepto de «colaborador de la Administración»

---

26. MARTIN EIFERT, «Regulierungsstrategien», en: W. Hoffmann-Riem/E. Schmidt-Aßmann/A. Voßkuhle, GVwR I, § 19, núm. marg. 52; MARTIN BURGI, «Rechtsregime», *ibíd.*, § 18, números marginales 79 y ss.; E. SCHMIDT-ASSMANN, en: Barnes, cit. (nota 5), pp. 15 (69 y ss.).

(«Verwaltungshelfer»), puesto que esta noción posee *ab initio* una dimensión estatalista que mal se compadece con la aportación que la cooperación privada supone. En suma, no cabe proyectar sin más la dogmática que le es de aplicación a la Administración pública, señaladamente en lo que hace a las exigencias dimanantes de la legitimidad democrática y de la cláusula del Estado de Derecho, a las aportaciones y actuaciones que realizan los sujetos privados en el procedimiento.

De otro lado, sin embargo, ha de preservarse el bien común o interés general en un contexto en el que, o bien se incorporan al procedimiento elementos generados por los sujetos privados, o se produce una recepción de las resoluciones previamente elaboradas por éstos. Asegurar la prevalencia del interés general es una función esencial de la Administración cooperativa, a la que se le atribuye, por ello, «la responsabilidad de garantizar la legitimidad del proceso decisorio» en los supuestos de privatización del procedimiento[27]. A la Administración corresponde, en consecuencia, velar por el cumplimiento de las exigencias de neutralidad, imparcialidad, trasparencia y competencia de las actuaciones privadas en el procedimiento. La medida o alcance en que deba producirse esa tutela de los intereses dignos de protección, objeto tradicional del Derecho Público, vendrá determinada, en esencia, por la relevancia e intensidad que adquiera la actuación privada en el conjunto o contexto general de toma de decisiones por parte de la Administración pública. Así, por ejemplo, un colaborador privado puede venir obligado a suscribir un seguro que cubra la responsabilidad de sus actuaciones. O bien, por ejemplo, en la selección del socio o colaborador privado serán relevantes los criterios que establece la legislación de contratos de servicios.

---

27. *Cfr.* RUFFERT, *Rechtsquellen und Rechtsschichten*, cit. (nota 7), § 17, marginal 93.

III
LA DIMENSIÓN EUROPEA DEL PROCEDIMIENTO ADMINISTRATIVO

EL estudio de las distintas dimensiones que en el plano europeo presenta el procedimiento administrativo no se agota en el Derecho de la Unión Europea, y dentro de éste en el Comunitario, por más que éstas constituyan las piezas más relevantes del conjunto, habida cuenta de sus competencias de carácter supranacional. Es preciso atender dos estratos más:

– Un segundo estrato descansa en los referentes jurídicos del *Consejo de Europa*, en punto al procedimiento administrativo. Aquí cabría destacar, por ejemplo, la influencia que ejercen el derecho a un recurso efectivo a que se refiere el art. 13 de la Convención Europea de Derechos Humanos; la jurisprudencia del Tribunal Europeo de Derechos Humanos sobre los elementos procedimentales de los artículos 2 (derecho a la vida) y 8 (derecho a la vida privada) de la Convenión[28]; así como diversas resoluciones del Comité de Ministros del Consejo de Europa.

– El tercer nivel, por último, consiste en el acervo de garantías procedimentales profundamente enraizadas en la cultura europea, que se encuentran en todos los ordenamientos nacionales. Se remontan a principios ya enunciados por el Derecho romano, tales como *«audiatur et altera pars»* o *«nemo iudex in causa sua»* y constituyen lo que podría considerarse el fundamento básico de cualquier *Derecho Administrativo europeo común*[29].

1. SEIS TEMAS DE DERECHO ADMINISTRATIVO COMUNITARIO

El procedimiento administrativo de la Comunidad Europea se compone de seis grandes elementos:

---

28. Sentencia de 8 de Julio de 2003 «Hatton and others vs. UK», EUGRZ 2005, pp. 584 y ss.
29. *Cfr.* RUFFERT, «Rechtsquellen und Rechtsschichten», cit. (nota 7), § 17, marg. 143 y ss.

a) En primer término, han de destacarse las normas de procedimiento dictadas para la propia Administración comunitaria. Se trata, pues, de la legislación de procedimiento administrativo aplicable a sus propias instituciones (véase 2).

b) En segundo lugar, se encuentran las normas que establecen procedimientos uniformes para todas las Administraciones nacionales. Cabe citar aquí, a título de ejemplo, el Código Aduanero comunitario (Reglamento núm. 2913/1992) o el Código de Fronteras Schengen (Reglamento núm. 562/2006). En estos ámbitos, el Derecho Comunitario ha desplazado por completo a los ordenamientos nacionales en materia de procedimiento.

c) En otros sectores, como el mercado interior o la protección ambiental, el Derecho Comunitario ha llevado a cabo una cierta armonización del procedimiento administrativo. En estos casos, las Directivas comunitarias establecen exigencias o requeriemientos específicos en relación con el procedimiento nacional, que han de ser igualmente transpuestos de cara a la consecución de los objetivos sustantivos establecidos. Se trata, en suma, de Directivas que contienen normas de procedimiento que han de ser observadas en los respectivos ordenamientos nacionales. En el fondo de este planteamiento (Directivas con un evidente contenido procedimental), late la concepción de la especial idoneidad del procedimiento como herramienta de dirección para lograr los diversos fines previstos en esos sectores especiales, ya sea un mayor grado de transparencia en los mercados, una mayor racionalidad en el uso de los recursos naturales, o la generación del consenso y la confianza política.

d) En cuarto lugar, aun cuando no existan reglas de procedimiento uniformes para todos los Estados miembros (b), ni procedimientos armonizados (c), el Derecho Comunitario ha de establecer al menos algunos requerimientos básicos para garantizar su eficaz ejecución por parte las Administraciones nacionales. En la medida en que éstas apliquen el Derecho Comunitario (material) de acuerdo con su propia legislación interna en materia de procedimiento, se podrá hablar de «autonomía en el plano organizativo y procedimental». Con todo, esa autonomía en la práctica resulta limitada y rectificada por efecto de los imperativos de la equivalencia funcional entre todos los Estados y de la efectividad en la aplicación[30]. Se trata de una tendencia emparentada desde luego con la doctrina del

---

30. PÜNDER, «Verwaltungsverfahren», en: Erichsen/Ehlers, *Allgemeines Verwaltungsrecht*, § 12, números marginales 18 y ss.; JÖRG GUNDEL, «Verwaltung», en: Reiner Schulze/Manfred Zuleeg (eds.), *Europarecht*, 2006, § 3, números marginales 194 y ss.

«effet utile», que le ha servido al Tribunal de Justicia para interferir profundamente, de un modo asistemático además, en doctrinas de larga tradición en los ordenamientos nacionales, como la de la firmeza de los actos administrativos. El fenómeno ha sido descrito como una *instrumentalización* de la legislación nacional de procedimiento.

e) En quinto lugar, destacan los *estándares comunes procedimentales*, que han de observar tanto las instancias administrativas comunitarias como las Administraciones nacionales en la aplicación del Derecho Comunitario. Se trata de principios jurídicos elementales como el derecho de audiencia, el procedimiento debido, el principio de imparcialidad, el derecho a una resolución dentro de un plazo adecuado o la impugnabilidad de las resoluciones administrativas. Consideradas en su conjunto, estos derechos y principios integran el núcleo del *derecho a una buena administración*[31].

f) Por último, la cooperación entre la Administración comunitaria y las Administraciones nacionales debe dotarse de un marco procedimental que integre su dimensión horizontal y vertical. Los procedimientos que se producen en el ámbito de la comitología; la asistencia administrativa; mutua; el control; la creación de redes, constituyen los pilares básicos del *entramado o complejo administrativo europeo, o asociación de Administraciones europeas y nacionales para el trabajo en común en el espacio europeo.*

Sobre este tema en particular –la asociación de Administraciones del espacio europeo– se ocupa Hans Christian Röhl en el presente volumen, a quien nos remitimos. Por nuestra parte, las líneas que siguen se circunscriben a las normas de procedimiento a las que se somete la Administración comunitaria (2) y a formular algunas observaciones sobre los estándares procedimentales comunes (3).

2. EL PROCEDIMIENTO ADMINISTRATIVO DE LAS INSTANCIAS ADMINISTRATIVAS DE LA COMUNIDAD EUROPEA (ADMINISTRACIÓN DIRECTA)

Las normas de procedimiento administrativo que rigen las actuaciones de las instituciones administrativas comunitarias no han sido

---

31. *Cfr.* Paul Craig, *EU Administrative Law* 2006, capítulos 10 y 11.

codificadas, aun cuando la Comunidad dispone de competencias legislativas para ello. De ahí que los referentes normativos se encuentren dispersos. En primer lugar, el propio Tratado de la Comunidad Europea (TCE) contiene algunas disposiciones en materia de procedimiento, como las que se refieren a la obligación de motivar (art. 253), a la publicación de las normas (art. 254), y a la ejecutividad de las decisiones del Consejo o de la Comisión (art. 256). Estas determinaciones se completan con las reglas sobre protección de datos personales (art. 286) y sobre el acceso a la documentación pública (art. 255). Otros referentes normativos se derivan de los principios generales antes mencionados, entre los que destacan el derecho a la vista y examen del expediente y el denominado «legal privilege» que protege las comunicaciones entre el profesional y su cliente. Son elementos que conectan inmediatamente con el derecho de defensa y se insertan en el esquema bilateral y contradictorio propio de esos procedimientos.

No obstante, el grueso de las determinaciones procedimentales para la acción administrativa comunitaria directa se encuentra en el *Derecho derivado*, como, por ejemplo, el Derecho de la Competencia y la normativa de control de las concentraciones. Asimismo, las normas constitutivas de las agencias europeas contienen numerosas reglas sobre procedimiento.

Tal es el caso, por ejemplo, de la Agencia Europea de Seguridad Aérea (Reglamento núm. 1592/2002), o de la Autoridad Europea de Seguridad Alimentaria (Reglamento núm. 178/2002). Son igualmente importantes las normas procedimentales de Derecho Presupuestario (Reglamento núm. 1605/2002), las de adjudicación de contratos (arts. 91 y ss. del citado Reglamento) y las de subvenciones de la Comunidad Europea (art. 108 y ss. de la misma norma). A diferencia de lo que sucede en la tradición jurídico-administrativa alemana, estas normas no tienen, con razón, la consideración de mero «Derecho interno».

Por lo demás, la mayor parte de las normas de procedimiento tiene carácter sectorial y éstas se encuentran por tanto dispersas en sus ámbitos respectivos. Con todo, tanto el Reglamento núm. 1049/2001, sobre acceso del público a los documentos de los órganos e instituciones europeas, como el Reglamento núm. 45/2001, sobre protección de datos personales por las instituciones y organismos comunitarios, tienen *carácter transversal* y se aplican, por tanto, a todos los sectores. Las reglas de procedimiento que en estas normas se establecen son similares a las que la Comunidad Europea exige a los Estados miembros, por ejemplo, en el ámbito del medio ambiente. Ese creciente paralelismo de los estándares de procedimiento –como los que ha previsto expresamente el artículo 286.1 TCE en lo que hace a la protección de datos personales– refleja el hecho positivo de que el procedimiento, en todos los niveles de la Unión Europea, debe inspirarse en idénticas convicciones. El procedimiento administrativo no deja de ser una expresión de la cultura administrativa y ésta, a la postre, resulta indivisible.

Una tercera fuente de normas de procedimiento administrativo proviene de los *códigos de buenas prácticas administrativas*, adoptados por órganos e instituciones comunitarios y por el Defensor del Pueblo Europeo. En ellos se contienen toda una serie de disposiciones, que comprenden desde reconocidos principios generales del Derecho, pasando por nuevas reglas en pro de una Administración próxima al ciudadano, hasta en ocasiones alguna banalidad u obviedad. Resulta difícil precisar el sentido y la relevancia que en el plano dogmático tienen estos códigos. En realidad, parece tratarse de una combinación de «case law» y de «soft law», esto es, de criterios inducidos jurisprudencialmente a partir del caso concreto y de Derecho «blando» o indicativo. El derecho «a una buena administración», formulado en el artículo 41 de la Carta de Derechos Fundamentales de la Unión Europea, puede constituir un referente o fundamento para esa colección de disposiciones, a fin de ir transformando esas reglas jurídicamente no vinculantes en normas de eficacia obligatoria.

La variedad o multiplicidad de normas comunitarias de procedimiento por sí mismas nada dicen desde luego sobre la relevancia que el procedimiento tiene en el sistema del Derecho Comunitario. Sin duda, la institución del procedimiento constituye un instrumento capital en beneficio de la integración europea. Pero ello no significa, sin embargo, que hayamos de caer en la euforia procedimental o en la idea de que la justicia se realiza sólo a través del procedimiento.

Baste pensar, por ejemplo, en la teoría de los vicios del procedimiento y en las consiguientes soluciones para reparar las infracciones que en su curso se produzcan. En el Derecho Comunitario la subsanación de los vicios resulta más difícil que en el ordenamiento alemán (lo que significa que el procedimiento cuenta con una más alta consideración). Así y todo, la infracción del procedimiento en el Derecho Comunitario ha de tener la consideración de *sustancial* para que pueda acarrear la nulidad: sólo constituyen causa de nulidad los vicios más graves, esto es, los que afectan a las normas más esenciales del procedimiento (art. 230.2 TCE). En ese sentido, tienen la consideración de reglas esenciales, por ejemplo, las atinentes a los derechos de participación y de audiencia, y a la obligación de motivar. No obstante, la omisión del trámite de audiencia no determina automáticamente la nulidad de la actuación administrativa, si se constata que, de haberse observado, en nada hubiera alterado la decisión finalmente adoptada[32]. Con carácter general, los Tribunales europeos han realizado una interpretación flexible, restrictiva incluso, de las normas de procedimiento indicadas (en favor de la Administración), como la obligación de motivar o el derecho de acceso y de examen del expediente administrativo. De ahí que, en la práctica, resulte difícil concluir en un vicio de procedimiento[33].

3. DERECHO COMÚN EUROPEO DEL PROCEDIMIENTO

Son representativas de esta materia algunas resoluciones y recomendaciones del Comité de Ministros del Consejo de Europa relativas a cuestiones centrales del procedimiento.

Un primer paso lo constituye la Resolución (77) 31, de 28 de septiembre de 1977, sobre protección de los individuos en relación con actos de las autoridades administrativas[34]. A ésta siguieron, entre otras, las Recomendaciones relativas al ejercicio de potestades administrativas discrecionales (1980), a los procedimientos «en masa» (1987), a la tutela cautelar administrativa (1989) y al procedimiento administrativo sancionador (1991)[35]. Entre las más recientes, pueden citarse las

---

32. ECR 1990, I-307, marginal 31.

33. Sentencia del Tribunal de Justicia de 1 de febrero de 2007, EuGRZ 2007, pp. 173 y ss., marginales 64 y ss., y 80 y ss.

34. Texto incluido en STELKENS/BONK/SACHS (eds.), VwVfG, apéndice núm. 7: cinco derechos se elevan a la categoría de principios del procedimiento; audiencia a los interesados, acceso al expediente, asistencia jurídica, deber de motivación y medios de impugnación.

35. Rec(80)2E de 11 de marzo de 1980, sobre el ejercicio de potestades discrecionales por las

recomendaciones sobre medios no jurisdiccionales de resolución de controversias (2001), sobre la ejecución de decisiones administrativas y judiciales (2003) y sobre la revisión judicial de los actos administrativos (2004)[36]. Un sondeo informal realizado por iniciativa del Gobierno sueco concluyó en una lista de diez principios sobre buena administración que tienen reconocimiento legal a nivel constitucional y/o infraconstitucional en los Estados miembros de la Unión Europea[37].

Aun cuando hasta ahora no pueda hablarse de una «filosofía» común sobre el procedimiento administrativo y, en consecuencia, quepa apreciar algunas diferencias, por ejemplo, en punto a la teoría de los vicios y a la subsanación, sin embargo, los valores y la lógica que subyacen al procedimiento sí constituyen una forma básica del Derecho Administrativo común europeo[38]. La convergencia se acentuará, sobre todo, en el área de influencia del Derecho Comunitario. «En la Comunidad Europea, en cuanto organización de integración, los diversos ordenamientos jurídicos nacionales se encuentran en un constante y estrecho diálogo a través de la mediación de las instituciones y de la jurisprudencia comunitarias»[39].

---

autoridades administrativas; Rec(87)16E de 17 de septiembre de 1987, sobre procedimientos administrativos que afectan a un gran número de personas; Rec(89)8E de 13 de septiembre de 1989, sobre tutela cautelar judicial en materia administrativas; Rec(91)E1 de 13 de febrero de 1991, sobre sanciones administrativas. Pueden consultarse en la página web del Comité de Ministros en la dirección www.coe.int/t/cm/home-en.asp.

36. Rec(2001)9E de 13 de febrero de 2003, sobre alternativas a la jurisdicción para la resolución de controversias entre Administraciones y sujetos privados; Rec(2003)16E de 9 de septiembre de 2003, sobre ejecución de decisiones administrativas y judiciales en el ámbito del Derecho Administrativo; Rec(2004)20E de 15 de diciembre de 2004, sobre revisión jurisdiccional de actos administrativos. Pueden consultarse en la página web del Comité de Ministros en la dirección www.coe.int/t/cm/home-en.asp.

37. STATSKONTORET, *Principles of Good Administration*, 2005, pp. 71 y ss.

38. JÜRGEN SCHWARZE, *Europäisches Verwaltungsrecht*, pp. 1135 y ss., así como el volumen especial de la *European Review of Public Law (ERPL) – The procedure of administrative acts* (1993), publicado por el Grupo Europeo de Derecho Público.

39. RAINER WAHL, «Das Verhältnis von Verwaltungsverfahren und Verwaltungsprozeßrecht in europäischer Sicht», en: H. Hill/R. Pitschas, *Europäisches Verwaltungsverfahrensrecht*, 2004, pp. 357 (381); véase también M. SCHMIDT-PREUSS, «Gegenwart und Zukunft des Verfahrensrechts», en: NVwZ 2005, pp. 489 (493); PÜNDER, «Verwaltungsverfahren», en: Erichsen/Ehlers, *Allgemeines Verwaltungsrecht*, § 12, marginal 26.

IV
ASPECTOS PROCEDIMENTALES DEL DERECHO ADMINISTRATIVO INTERNACIONAL

1. LA NOCIÓN DE DERECHO ADMINISTRATIVO INTERNACIONAL

AL hablar de procedimientos administrativos en el contexto del Derecho Internacional, las dificultades surgen tan pronto se ensaya una definición de los conceptos clave. Mientras que el sistema conceptual del Derecho Administrativo nacional y, en las últimas dos décadas, también la teorización del Derecho Administrativo europeo tienen una notable solidez, no ocurre lo mismo, sin embargo, con el Derecho Administrativo Internacional[40].

– De una parte, se entiende por Derecho Administrativo Internacional el Derecho Administrativo de las organizaciones internacionales. Así, tienen esa consideración las normas relativas a la organización interna, a los funcionarios y al personal a su servicio, y las de carácter presupuestario. Aunque esta normativa sea, en efecto, Derecho Internacional, ha sido habitualmente considerada, un tanto despectivamente, como «Derecho interno».

– En un sentido diferente, hasta ahora la doctrina mayoritaria en Alemania ha entendido el Derecho Administrativo Internacional como un sistema de resolución de conflictos, por analogía con el Derecho Internacional privado. De acuerdo con esta concepción, el Derecho Administrativo Internacional estaría representado en esencia por aquellas reglas de Derecho Administrativo nacional que determinan la aplicación de las normas de Derecho Administrativo material de otro Estado.

---

40. Más referencias en RUFFERT, *Rechtsquellen und Rechtsschichten*, cit. (nota 7), § 17, marginales 169 y ss.

Sin embargo, ambas definiciones y las concepciones que las sustentan resultan insuficientes. La primera concepción aporta, no obstante, el punto de partida correcto: el Derecho Administrativo Internacional es *Derecho Internacional*. Con todo, esa visión resulta demasiado estrecha para dar cuenta de la relevancia de las normas y de cuestiones jurídicas que hoy plantean las organizaciones internacionales y la cooperación administrativa internacional. La segunda posición –el Derecho Administrativo Internacional como sistema de resolución de conflictos entre normas– parte de una premisa equivocada. No existe verdaderamente paralelismo con el Derecho Internacional privado, puesto que el Derecho Administrativo no está presidido por la clásica libertad de elección del régimen jurídico nacional aplicable, característica de los sujetos jurídicos privados. Esta constatación no significa, sin embargo, que no tengan sentido en el ámbito del Derecho Público las cuestiones relativas a la resolución de conflictos entre normas. Antes al contrario. Pero tales reglas forman parte del Derecho Público que tiene por objeto la resolución de esos conflictos[41], no del Derecho Administrativo Internacional. Ha de rechazarse, pues, ese pretendido paralelismo con el Derecho Internacional privado.

Liberada así de esas connotaciones, la expresión «Derecho Administrativo Internacional» tiene sentido para designar el *Derecho típico de las estructuras administrativas regulatorias del tráfico jurídico-internacional*. Se llama «Derecho Administrativo» porque tiene por objeto la actividad jurídica de organizaciones administrativas y la regulación que les es aplicable. Y se dice que este Derecho Administrativo es «internacional» porque es un Derecho interestatal.

41. En este sentido, CHRISTOPH OHLER, *Die Kollisionsordnung des Allgemeinen Verwaltungsrechts*, 2005, pp. 2 y ss.

2. LAS PARTICULARIDADES DEL DERECHO ADMINISTRATIVO INTERNACIONAL

La construcción de un tercer estrato o pilar de Derecho Administrativo, más allá del nacional y del europeo, ha de tener en cuenta las específicas singularidades que presentan las estructuras administrativas regulatorias que se sitúan en el plano internacional. Para comprender ese heterogéneo conjunto de normas, actividades y organizaciones de carácter administrativo a nivel internacional, es preciso subrayar las enormes diferencias que lo separan de las sólidas relaciones administrativas en el plano *nacional* y *europeo*. Esas diferencias impiden todo mimetismo o fácil trasvase de la dogmática del Derecho Administrativo a este tercer pilar. Señalaré tres de estas diferencias:

– En primer término, el material normativo que integra este estrato se encuentra muy *fragmentado* en cada *sector*. Se regulan materias muy específicas (pesca, comercio de emisiones o sistemas de seguridad social, etc.). No son habituales las regulaciones completas o generales de un entero sector, como en el Derecho Administrativo tradicional. El ámbito de los derechos humanos es una excepción a esa característica.

– En segundo lugar, el material normativo se halla también muy fragmentado desde un punto de vista *espacial*. Las estructuras administrativas regulatorias se mueven en distintos niveles territoriales: desde organizaciones para la cooperación entre Estados vecinos, pasando por los tratados de ámbito regional, hasta procesos de dimensión global. Muchos tratados surgen al amparo de una cultura jurídica compartida por los Estados signatarios. Otros tratados, en cambio, exigen conciliar concepciones profundamente divergentes sobre lo que el Derecho es y los resultados que con él deben alcanzarse. No existe un «espacio administrativo» único en el Derecho Administrativo Internacional, tal como ocurre en los ámbitos intraestatal y europeo.

– Por último, el Derecho Administrativo Internacional no cuenta con una jurisdicción unificadora que pueda servir de motor para su construcción y para imprimirle en definitiva sus sesgos característicos. En efecto, aun cuando sean muchos los órganos jurisdiccionales y las instancias de resolución de conflictos, no se puede comparar en modo alguno la situación, sin embargo, con el sistema de justicia de los Tribunales de Luxemburgo en la Unión Europea o de los tribunales nacionales. Paradigmático resulta el caso del Tribunal de Justicia de la Unión Europea y el Tribunal Internacional. Las posibilidades de influencia de uno y otro de cara a la formación del Derecho Administrativo son radicalmente diversas.

A modo de conclusión, puede aventurarse que el Derecho Administrativo Internacional, entendido como algo más que la mera aplicación de las normas en cuestión, evolucionará previsiblemente de un modo fragmentado, descentralizado y, desde luego, en un lento progreso.

Ha de destacarse que la investigación jurídica tiene en este ámbito notables retos para el futuro: son muchas y variadas las estructuras administrativas e ingente el material normativo. Pese a ese esfuerzo y a sus intrínsecas dificultades, el «Derecho Administrativo Internacional como tarea de investigación» (Ruffert) supone un desafío prometedor[42].

Las razones que hacen de él un objeto de investigación dotado de cierta unidad, pese a la fragmentación descrita, residen en dos tendencias del Derecho Internacional[43]. En primer lugar, la evolución del Derecho Internacional concebido inicialmente como un Derecho de la coordinación hacia un Derecho de la cooperación. Ello ha determinado un fuerte incremento de la colaboración de las Administraciones nacionales y de las actividades de carácter administrativo de las organizaciones internacionales. Y, en segundo término, el fenómeno de creciente protección internacional de los derechos humanos y la tutela de los bienes comunes ha traído consigo la creación de nuevas estructuras administrativas. De este modo, el Derecho Administrativo Internacional se convierte en un Derecho que sirve para la transposición y aplicación de un Derecho Internacional entendido en un senti-

---

42. Sobre este tema, véanse los trabajos recogidos en CHRISTOPH MÖLLERS/ANDREAS VOSSKUHLE/CHRISTIAN WALTER (eds.), *Internationales Verwaltungsrecht*, 2007.

43. Pueden encontrarse referencias sobre este punto en A. EMMERICH-FRITSCHE, *Vom Völkerrecht zum Weltrecht*, en especial, pp. 686 y ss.

do mucho más universal, como fuera concebido por la escuela de Salamanca[44]. La labor de construcción sistematizadora de un campo de investigación tan complejo es no sólo posible, sino también necesaria. Ello además tendrá beneficiosos efectos sobre las cuestiones prácticas que se plantean en la interpretación de los tratados; y asimismo será de utilidad en la evolución y crecimiento del Derecho Internacional consuetudianario[45].

3. LA IDEA DE LAS TRES ESFERAS

En un estudio anterior se ha ensayado la clasificación de las estructuras del Derecho Administrativo Internacional en torno a tres esferas o círculos en virtud de las funciones a las que aquéllas responden[46]. Aquí se pretende ahondar en ese mismo planteamiento, con la perspectiva que aporta la rica experiencia de la sistematización del Derecho Administrativo europeo. Con todo, conviene reiterar las diferencias antes apuntadas entre el Derecho Administrativo europeo y el Derecho Administrativo Internacional, desde sus respectivos puntos de partida. Pues bien, los tres ámbitos funcionales a considerar serían el sistema jurídico de las acciones, de la determinación, y de la cooperación:

a) La función reguladora de la acción (administrativa) de las organizaciones internacionales: el *Derecho de la acción* es el Derecho Administrativo Interna-

---

44. El *bonum commune generis humani* como objetivo del Derecho Internacional. Así fue concebido por Francisco de Vitoria y Suárez; *cfr.* ALFRED VERDROSS/BRUNO SIMMA, *Universelles Völkerrecht*, 3ª ed., 1984, § 10 y ss., 1349.

45. Para mayor abundamiento, KLAUS FERDINAND GÄRDITZ, «Ungeschriebenes Völkerrecht durch Systembildung», AVR 2007, pp. 1 y ss.

46. EBERHARD SCHMIDT-ASSMANN, «Die Herausforderung der Verwaltungsrechtswissenschaft durch die Internationalisierung der Verwaltungsbeziehungen», en: *Der Staat 2006*, pp. 315 y ss.; publicado en español con traducción de Oriol Mir, en: *Revista de Administración Pública*, 2006, pp. 7 y ss.

cional que resulta aplicable a la actividad de los agentes internacionales, en particular, a las organizaciones internacionales. Dentro de esta esfera se encuentran, de un lado, las normas aplicables a sus propias Administraciones internas (tradicionalmente, se trata de normas sobre funcionarios y presupuestos). Y, de otro, las que se refieren al procedimiento interno de toma de decisiones, de ordinario contenidas en los estatutos de la respectiva organización. En todo caso, la forma en que se adoptan esas decisiones depende de la forma en que se estructure internamente cada una de esas organizaciones. Aquí se observa una tendencia semejante a la producida en el seno de la Administración comunitaria directa. Y es que la esfera del Derecho Administrativo Internacional que regula la acción de estas organizaciones se extiende cada vez más a las relaciones administrativas *externas*, esto es, con otros actores fuera de la propia Administración (Estados, empresas, ciudadanos). Así se pone de manifiesto, por ejemplo, en el caso de la ayuda al desarrollo (*Official Developement Assistance, o ODA*) que llevan a cabo el Banco Mundial y el Programa de las Naciones Unidas para el desarrollo (PNUD)[47]. Se trata, en efecto, de un sector en el que se pueden apreciar los elementos característicos del Derecho Administrativo de carácter prestacional, propio de los sistemas nacionales y comunitario (planes y programas; evaluaciones de proyectos, convenios, instrumentos de control). Las normas del Derecho Internacional administrativo que se refieren a esta esfera (la acción) se encuentran parcialmente reguladas en los tratados. En buena medida se hallan también en el Derecho derivado o secundario, emanado de las respectivas organizaciones internacionales, incluidas las recomendaciones y directrices de las guías y vademécum. Precisamente el uso de estos instrumentos de dirección «blandos» constituye característica típica del Derecho Internacional de la acción.

b) La función de determinación o condicionamiento del Derecho Administrativo nacional: el *Derecho de la determinación*, como se le podría llamar, es el Derecho Administrativo Internacional que condiciona e influencia los sistemas administrativos nacionales. Aun cuando esta función pueda contemplarse en paralelo con la equivalente del Derecho Comunitario, es lo cierto, sin embargo, como se ha insistido, que el Derecho Administrativo Internacional carece de los instrumentos propios del Derecho Administrativo europeo, en particular, de las directivas. Las normas relativas a esta función de determinación y condicionamiento se localizan en los tratados internacionales, señaladamente en aquéllos

47. PHILIPP DANN, «Grundfragen eines Entwicklungsverwaltungsrechts», en: Möllers/Voßkuhle/ Walter, *Internationales Verwaltungsrecht*, cit. (nota 42), pp. 7 y ss.

que tienen por objeto la protección de los derechos humanos, tanto a nivel regional como global, o en la Convención de Ginebra sobre los refugiados. Por lo que hace al medio ambiente, puede destacarse la Convención de Aarhus, en cuya virtud los Estados quedan obligados a establecer los medios necesarios en su propio ordenamiento para garantizar el acceso de todos a la información medioambiental, la práctica de evaluaciones ambientales, y la acción popular. Al margen de los tratados, es posible observar una cierta tendencia a completar o «rellenar» los clásicos principios generales del Derecho Internacional con contenidos propios del Derecho Administrativo[48].

c) La función cooperativa: finalmente, el Derecho Administrativo Internacional es, en buena medida, un *Derecho de la cooperación*. La relevancia que en otros momentos ha podido tener el Derecho Administrativo Internacional como mecanismo para la resolución de conflictos ha pasado a un modesto lugar en beneficio de la función de cooperación administrativa en el ámbito transnacional[49]. Es una dimensión, desde luego, bien conocida en el Derecho europeo. Las reglas de la cooperación administrativa internacional se hallan en las mismas normas reguladoras de la acción y de la determinación, a las que acabamos de hacer referencia. La noción de Derecho de la cooperación no introduce en realidad una nueva perspectiva de dirección*, sino que designa más bien una zona de problemas específicos. Con la cooperación se alude, en efecto, al problema de la intersección que se produce entre los distintos actores desde sus respectivos ámbitos de actuación y a las dificultades que de ahí derivan en punto a la eficiencia y a la transparencia. En cualquier caso, cada forma de cooperación tiene sus propios problemas y singularidades, por encima de los comunes y generales.

La cooperación tiene lugar tanto *en sentido vertical*, es decir, entre las organizaciones internacionales y los Estados, como en sentido *horizontal*, entre los Estados o sus Administraciones. Las partes implicadas actúan sometidas a sus respectivos regímenes jurídicos, en tanto no se sujeten al Derecho Privado: las orga-

---

48. M. RUFFERT, «Rechtsquellen und Rechtsschichten», cit. (nota 7), § 17, núm. marg. 44: «normas fundamentales de la Humanidad 'Fundamentalnormen der Humanität', como la prohibición contra la tortura».

49. Así, M. RUFFERT, «Rechtsquellen und Rechtsschichten», cit. (nota 7), § 17, marginal 170.

* Sobre el Derecho Administrativo como ciencia de la dirección y los postulados en los que se fundamenta, puede verse en español E. SCHMIDT-ASSMANN, *La Teoría General del Derecho Administrativo como sistema*, INAP-Marcial Pons, 2003, capítulo primero, números marginales 33 y ss.

nizaciones internacionales, conforme al Derecho Internacional público; las Administraciones nacionales, según su respectivo ordenamiento, aunque, eventualmente, el sistema nacional ha podido ser objeto de armonización a resultas de las determinaciones o condicionamientos que ejerce el Derecho Administrativo Internacional, como ya notábamos. Por lo tanto, las fuentes que regulan la cooperación son diversas. El concepto de «Derecho de la cooperación administrativa» habrá de limitarse al plano del Derecho Internacional. Lo relevante, desde luego, es la interdependencia y la coordinación entre los ordenamientos jurídicos afectados, en lo que hace al procedimiento como en los aspectos sustantivos. Por el momento, sin embargo, no puede decirse que se encuentre próxima en el horizonte la emergencia de un Derecho transnacional en materia de cooperación administrativa, con sus fuentes propias y diferentes de las del Derecho nacional e internacional.

4. PROCEDIMIENTOS ADMINISTRATIVOS EN EL DERECHO INTERNACIONAL

Los procedimientos constituyen instrumentos de dirección extraordinariamente importantes también para el Derecho Administrativo Internacional, en especial respecto del Derecho propio de las organizaciones internacionales y en el ámbito de la cooperación. La distinción entre los procedimientos de carácter diplomático y los propios del tráfico e intercambio jurídico-administrativo no resulta siempre fácil. Una buena muestra de ello lo constituye la obligación que pesa sobre los Estados de facilitar información, en el marco del sistema de los tratados internacionales, con el propósito de servir de mecanismo de control. En términos generales, se puede decir que es cada vez mayor la tendencia a hacer uso de elementos típicamente administrativos. Por el contrario, el procedimiento que se regula en el Derecho derivado se sigue moviendo en el plano del tráfico diplomático.

El procedimiento administrativo en el ámbito del Derecho Internacional aspira a satisfacer los objetivos y funciones que se le asignan. Predomina, en otras palabras, la perspectiva funcional. La *asistencia mutua internacional* –un grado de colaboración más elemental– representa un procedimiento tipo del Derecho Administrativo Internacional.

En el Derecho nacional, por el contrario, la estructura más básica de procedimiento pasa por la audiencia y la información pública. Las diferencias entre los dos niveles normativos se explican en función de sus respectivos orígenes y trayectorias: el Derecho Administrativo nacional ha alcanzado su estado actual a impulsos de los tribunales, a través de una paulatina jurisprudencia que ha debido enfrentarse a la resolución de las controversias planteadas en defensa de los ciudadanos. Por su parte, los procedimientos administrativos del Derecho Internacional han nacido históricamente por la necesidad de asegurar una cierta cooperación administrativa. De ahí que el «effet utile» sea su nota dominante. Ello supone, en definitiva, que el fundamento y la lógica de cada uno de esos dos niveles resulte reconducible a funciones procedimentales distintas.

Ello no obstante, cabe apreciar ciertas tendencias hacia la aproximación de uno y otro plano. Así, por ejemplo, en el Derecho Administrativo nacional tiene cada vez mayor importancia la idea de una Administración eficaz y de que, en consecuencia, no sólo ha de asegurarse la tutela y protección del individuo, sino también la eficacia de la acción administrativa. Y, a la inversa, en el plano del Derecho Administrativo Internacional, la función de tutela del individuo propia del procedimiento administrativo tiene mayor peso. En ese sentido, cabe destacar que en el ámbito de la asistencia mutua entre Administraciones nacionales (Seguridad Social, impuestos o policía), ha crecido el régimen de protección de datos personales y con él la función de tutela del individuo. Lo mismo puede decirse respecto de materias tan sensibles en términos políticos como los acuerdos sobre repatriación en el Derecho de la migración.

El Tribunal de Primera Instancia de la Unión Europea ha hecho referencia a esta cuestión en la sentencia del caso «Yusuf», en la que se afirma que la acción administrativa que despliega el Consejo de Seguridad de las Naciones Unidas ha de sujetarse a los requerimientos y exigencias básicos que establece el Derecho Internacional, en la medida en que han de considerarse ya como *ius cogens*[50]. Por otro

---

50. EuGRZ 2005, pp. 592 y ss.

lado, hace ya tiempo que la protección internacional de los derechos humanos ha sido incorporada a esa parte y función del Derecho Administrativo Internacional que tiene por objeto la determinación y condicionamiento del Derecho nacional, y, en su virtud, son muchos los elementos de carácter procedimental que han debido transponerse al ordenamiento interno. La influencia de los derechos humanos ha de hacerse igualmente extensiva a las normas de acción de las organizaciones internacionales. En un sentido más elemental, se podría también decir aquí que el procedimiento administrativo es expresión de la cultura administrativa, y que ésta, con independencia de las diferencias existentes entre los distintos Estados y áreas regionales, ha de concebirse como algo indivisible.

CAPÍTULO II

EL PROCEDIMIENTO ADMINISTRATIVO Y LA ADMINISTRACIÓN «COMPUESTA» DE LA UNIÓN EUROPEA

Hans Christian Röhl*

* Catedrático de Derecho Administrativo, Universidad de Constanza, Alemania.

ÍNDICE

La traducción ha sido realizada por Mª Antonieta Fernández, Profesora Dra. de la Universidad «Pompeu Fabra» de Barcelona, con la colaboración de Javier Barnes.

I
LAS FUNCIONES DEL PROCEDIMIENTO ADMINIS-TRATIVO EN EL SENO DE LA UNIÓN EUROPEA

1. LA TRANSFORMACIÓN DEL PROCEDIMIENTO ADMINISTRA-TIVO EXPERIMENTADA POR OBRA DE LA UNIÓN EUROPEA

L A institución del procedimiento en el seno de la Unión Europea expresa o sintetiza las más relevantes tendencias del Derecho Público contemporáneo, entre las que cabe destacar, en el plano exterior, la europeización e internacionalización del Estado, y, en el ámbito interno, la apertura de éste hacia la sociedad merced al proceso de cooperación entre sujetos privados y públicos. La legislación europea de procedimiento hace de correa de transmisión de esas nuevas tendencias y termina por transformar y remodelar el Derecho Administrativo nacional. Ello se pone de manifiesto a través de dos fenómenos: primero, con la emergencia de nuevas premisas y paradigmas del procedimiento que traen su origen de la Unión Europea, lo que produce una suerte de «reorientación» del procedimiento nacional[1]; y, segundo, mediante la armonización del sistema de ejecución, propio del esquema federal en la que se puede situar a la Administración europea.

a) Nuevas premisas o paradigmas en la regulación del Procedimiento administrativo

La Unión Europea, en efecto, proyecta sobre los Estados miembros su propia concepción del procedimiento administrativo, que experimenta así una evidente transformación. Piénsese, por ejemplo,

---

1. E. SCHMIDT-ASSMANN, en: Hoffmann-Riem/Schmidt-Aßmann/Voßkuhle, *Grundlagen des Verwaltungsrechts*, vol. II, 2008, § 30, núm. marg. 71.

en el concepto de «opinión pública bien informada» o en la participación de los sujetos privados en la realización de tareas administrativas («autorregulación»). Un supuesto paradigmático de esa nueva concepción del procedimiento lo encontramos en los procedimientos nacionales de evaluación estratégica ambiental cuya transposición ha inducido el Derecho Comunitario[2].

La transformación del procedimiento por obra de la Unión Europea no es sino una elocuente demostración de la fuerza innovadora del Derecho europeo, que aspira a servir de fundamento para el alumbramiento de un nuevo sistema jurídico con personalidad propia. El debate contemporáneo discurre en torno a estos cambios, que ya no pueden ser entendidos con los conceptos y herramientas tradicionales, como los que derivan, por ejemplo, de la vieja idea de la codificación del procedimiento que ha preocupado al Derecho alemán durante tanto tiempo.

b) EL PROCEDIMIENTO CONSTITUYE UN INSTRUMENTO ARMONIZADOR DE LA EJECUCIÓN CONFORME AL ESQUEMA FEDERAL

El procedimiento administrativo europeo ha constituido el vehículo idóneo para la armonización de la aplicación del Derecho Comunitario por parte de los Estados miembros, habida cuenta de que ésta se ha transferido en buena parte a las Administraciones nacionales[3]. La ejecución del Derecho representa desde luego una fase trascendental y puede ser además fuente de las más dispares interpretaciones y aplicaciones de la norma[4]. Sin embargo, un espacio administrativo unitario,

---

2. Véase el trabajo J. BARNES sobre la colaboración interadministrativa a través el procedimiento en el capítulo quinto, y sus referencias a la evaluación estratégica ambiental.

3. REINHARD PRIEBE, «Die Aufgaben des Rechts in einer sich ausdifferenzierenden EG-Administration», en: Schmidt-Aßmann/Hoffmann-Riem, *Strukturen des Europäischen Verwaltungsrechts*, pp. 71 y ss.

4. *Cfr.* RAINER WAHL/DETLEF GROSS, «Die Europäisierung des Genehmigungsrechts am Beispiel der Novel Food-Verordnung», DVBl 1998, p. 2 (3); *vid.* con carácter general, UDO DI FABIO,

como el que subyace a la Unión Europea, demanda que esas diferentes versiones que pueden derivarse de la administración o aplicación nacional del Derecho Comunitario se ajusten y equilibren con los intereses generales comunitarios. Para asegurar ese propósito no es suficiente el Derecho sustantivo. De ahí que el Derecho Comunitario se vea compelido a recurrir a reglas de procedimiento y de organización, para, a través de ellas, lograr el resultado apetecido.

c) INTERACCIÓN ENTRE LAS DIFERENTES FUNCIONES

Esas diferentes funciones que cumple la institución del procedimiento en el seno de la Unión Europea respecto de los Estados miembros se hacen realidad, en lo que ahora interesa, por medio de normas de procedimiento. Éstas pueden encerrar tensiones y conflictos entre ambos niveles de gobierno:

– Así puede suceder, por ejemplo, con la apuesta por una participación más amplia en el seno del procedimiento, dando entrada al público en general, o con la transferencia de funciones o actividades de interés general a los sujetos privados. Tales tendencias, aunque expresión de un moderno procedimiento administrativo (p. ej., en el medio ambiente), suponen al mismo tiempo un recorte del margen de maniobra de las Administraciones nacionales, puesto que éstas se convierten en ejecutoras del interés general comunitario, antes que de los propios intereses.

– O, a la inversa: el reconocimiento de amplios espacios decisorios en beneficio de la Administración, como se desprende de los planteamientos más modernos sobre el procedimiento, puede generar al mismo tiempo efectos indeseables para la perspectiva de la aplicación descentralizada del Derecho europeo, puesto que puede dar alas de nuevo a que la Administración nacional dé prioridad a la consecución de su propios intereses, antes que a los comunitarios.

«Verwaltung und Verwaltungsrecht zwischen gesellschaftlicher Selbstregulierung und staatlicher Steuerung», VVDStRL, vol. 56 (1997), pp. 235 (266); ARMIN HATJE, *Die Gemeinschaftsrechtliche Steuerung der Wirtschaftsverwaltung*, 1998, pp. 111-114; y para un análisis exhaustivo sobre modelos individuales de ejecución *vid.* GERNOT SYDOW, *Verwaltungskooperation in der Europäischen Union*, 2005, pp. 117 y ss.

2. EL PAPEL DEL PROCEDIMIENTO ADMINISTRATIVO EN EL SENO DE LA ESTRUCTURA FEDERAL DE LA ADMINISTRACIÓN DE LA UNIÓN EUROPA

El procedimiento constituye igualmente un instrumento para armonizar la acción administrativa nacional, bien sea por medio de una armonización de mínimos por obra de los jueces con la ayuda de la doctrina del «efecto útil»; bien a través de la armonización normativa de determinadas reglas de procedimiento; o bien, por último, con los procedimientos que se siguen en el marco de la integración de las Administraciones nacionales en una suerte de conjunción, compuesto o asociación para la aplicación del Derecho Comunitario (Administración «compuesta»).

a) ARMONIZACIÓN DE MÍNIMOS QUE REALIZA LA JURISPRUDENCIA DEL TRIBUNAL DE JUSTICIA DE LAS COMUNIDADES (DOCTRINA DEL «EFECTO ÚTIL»)

Cuando la Comunidad se sirve de las Administraciones nacionales para la ejecución del Derecho Comunitario utiliza igualmente su respectivo Derecho Administrativo y su sistema de justicia[5]. Ahora bien, es obvio que, dentro de un sistema de aplicación del Derecho de carácter federal, esta forma de proceder –el recurso a sistemas administrativos particulares– puede producir disfunciones y requerir ajustes[6]. Ello explica que el Derecho Comunitario haya buscado respuestas, tanto en normas de Derecho derivado o secundario, como en los

---

5. En principio, otra solución que podría imaginarse para un sistema federal sería la contenida en § 1 Abs. 2 S. 1 BVwVfG (Ley federal sobre Procedimiento Administrativo). Sin embargo, no resulta posible en razón de la cláusula de exclusión contenida en § 1 Abs. 3 BVwVfG.

6. Se trata de la denominada «ceguera para con el federalismo» de la que adolece la parte general del Derecho Administrativo. Este fenómeno ha sido observado en la Unión Europea, tomando como referencia el caso paralelo de Suiza, por GIOVANNI BIAGGINI, *Theorie und Praxis des Verwaltungsrechts im Bundesstaat*, 1996, pp. 308 y ss.

principios generales no escritos del Derecho Administrativo y de la justicia administrativa[7].

La aplicación de esos principios, sin embargo, ha puesto de manifiesto que la perspectiva comunitaria adolece de algunas debilidades o inconsistencias, adheridas en realidad a la propia dogmática del Derecho Administrativo general[8]. No se trata tanto de innovar, cuanto de revisar con sentido crítico los dogmas tradicionales[9]. En relación con la tutela cautelar*, la transposición de Directivas a través de disposiciones administrativas, o la legitimación[10], por ejemplo, los requisitos que ha establecido el Derecho Comunitario se han presentado como un factor de racionalización, lo cual ha generado una preocupación positiva en el respectivo Derecho Administrativo nacional[11]. La cuestión no reside, sin embargo, en importar o asumir acríticamente y sin más la concepción comunitaria. Además ha de tenerse en cuenta que la misma jurisprudencia del Tribunal de Justicia, en ocasiones situada en los límites de su propia jurisdicción[12], no siempre goza de la precisión y del rigor necesarios para resultar convincente en el ámbito profesional y académico[13]. En este contexto, parece obligado examinar y evaluar las propias categorías del Derecho Administrativo a fin

---

7. En este conexto, *vid.* ROBERTO CARANTA, CMLR 32 (1995), p. 703: «Judicial protection against Member States: A new jus commune takes shape».

8. De modo similar, WOEHRLING, NVwZ 1998, p. 462 (467); LADEUR, EuR 1995, pp. 227 y ss., especialmente pp. 245 y ss.; SCHOCH, DV Beih. 2 (1999), pp. 135 (144 y ss.).

9. SCHOCH, DV Beih. 2 (1999), p. 135 (144).

* Se trata del efecto suspensivo que, por regla general, acompaña a la interposición del recurso administrativo en Alemania, y, por tanto también, a los actos que traen causa del Derecho Comunitario. La jurisprudencia comunitaria se ha mostrado contraria a esa suspensión porque no es el criterio generalizado en el resto de los Estados miembros.

10. LADEUR, EuR 1995, pp. 227 y ss.; SCHOCH, DV Beih. 2 (1999), pp. 135 (144 y ss.).

11. LADEUR, EuR 1995, pp. 227, 229 y ss., sobre la implementación de las directivas mediante disposiciones administrativas.

12. En este mismo sentido y de forma categórica, se expresa, por ejemplo, F. SCHOCH, *Die Europäisierung des verwaltungsgerichtlichen Rechtsschutzes*, 2000, pp. 47 y ss.

13. Véanse por ejemplo las sentencias de los casos *Emmott* y *Ciola*.

de contrastar su capacidad de adaptación y conexión con el ámbito europeo, para determinar los ajustes que sean necesarios[14].

b) Armonización del procedimiento administrativo de los Estados miembros

Menos desafíos han generado las normas del Derecho Comunitario secundario que condicionan o conforman el procedimiento administrativo nacional o que incluso determinan su completo desplazamiento, como sucede, por ejemplo, con el Código aduanero[15] o el Código de Fronteras Schengen[16].

c) Administración compuesta

El último paso en la evolución hacia la armonización del sistema de aplicación del Derecho Comunitario se ha dado con la denominada «Administración compuesta», esto es, a través de una suerte de asociación o conjunción de las diferentes Administraciones nacionales para actuar y operar en común. Es la respuesta que ha ofrecido la Comunidad a la necesidad de administrar de forma coherente los asuntos europeos. Y en este contexto el procedimiento administrativo se convierte en el vehículo fundamental en virtud del cual se crea y garantiza el compuesto de Administraciones.

La urgencia por establecer la Administración compuesta resulta directamente proporcional a la «desnacionalización» de la acción administrativa de cada Estado. Crecen por ello las redes de Administraciones que operan en el espacio administrativo europeo

---

14. Desde una perspectiva nacional, cabe remitir a A. Vosskuhle, *Das Kompensationsprinzip*, 1999, pp. 86 y ss.

15. Reglamento 2913/92/ CEE del Consejo, de 12 de octubre 1992.

16. Reglamento 252/2006/CEE de la Comisión, de 15 de febrero de 2006.

asumiendo funciones y responsabilidades que de otro modo habrían sido desempeñadas por una organización unitaria[17].

Estos procesos se llevan a cabo precisamente a través de procedimientos administrativos, puesto que se trata de poner en relación Administraciones orgánicamente separadas. Con todo, en el fondo, las Administraciones intervinientes –Comisión y Estados miembros– se asimilan en su actuación a una única organización, habida cuenta de que su participación en el procedimiento se halla predeterminada con reglas conocidas de antemano. Se genera así una *estructura unitaria de ejecución* del Derecho basada en el procedimiento.

Un fenómeno como el descrito resulta en buena medida desconocido en la dogmática alemana, asentada sobre el principio de Estado Federal, y donde difícilmente se dan mecanismos de control centralizado[18].

17. Para una mayor fundamentación, SCHMIDT-ASSMANN, en: Hoffmann-Riem/Schmidt-Aßmann/Voßkuhle, *Grundlagen des Verwaltungsrechts*, vol. I, 2006, § 5, núm. marg. 25 y ss.; para una versión concisa *vid.* HELMUTH SCHULZE-FIELITZ, «Die Verwaltung im europäischen Verfassungsgefüge», en: Wilfried Erbguth/Johannes Masing, *Verwaltung unter dem Einfluss des Europarechts*, 2006, pp. 91 y ss.

18. MÖLLERS, GVwR I, § 3, núm. marg. 27.

II
PROCEDIMIENTOS ADMINISTRATIVOS EN EL MARCO DE LA ADMINISTRACIÓN COMPUESTA

1. ESTRUCTURAS BÁSICAS DE LA ADMINISTRACIÓN COMPUESTA EN EUROPA

«La administración del espacio europeo se lleva a cabo mediante una suerte de conjunción en relación con la información, la toma de decisiones y el control, entre las Administraciones de los Estados miembros y las instituciones de la Unión»[19]. Aquí nos ocupamos de la relación entre procedimiento administrativo y la toma de decisiones o, dicho de otro modo, del papel convergente que desempeña el procedimiento en el proceso decisorio conjunto[20].

La interacción de la Administración compuesta es de diversa intensidad. Los supuestos más claros son aquellos en los que la Comisión interviene, en sentido vertical, como órgano de control y fiscalización frente a los Estados miembros. La función de control puede ejercerse de modo puntual en relación con un caso concreto, o bien extenderse a todo un sector o grupo de supuestos, para transformarse en una supervisión estable y continuada. La mayor parte de los procedimientos relacionados con la planificación o la elaboración de programas se estructuran en torno a esa clase de relaciones verticales.

Las Administraciones nacionales conforman una auténtica estructura compuesta para la aplicación del Derecho Comunitario en la que se adoptan decisiones, especialmente en el área común de la competencia, que afectan desde luego a otros Estados miembros.

---

19. Schmidt-Assmann, GVwR I, cit. (nota 17), § 5, núm. marg. 16.
20. Sobre la composición de información, *vid.* Bogdandy, en: GVwR II, § 25.

Finalmente, existen normas especiales de procedimiento para aquellas decisiones que requieren un fundamento especial para adquirir validez en el espacio comunitario.

a) El compuesto o conjunto de Administraciones en las relaciones de carácter vertical

– Control singular.

El control singular se da en aquellos supuestos en que la medida proyectada por un Estado miembro requiere la previa participación o aprobación de la Comisión Europea[21]:

– *Procedimiento aduanero:* en principio, a las autoridades aduaneras del Estado miembro compete la aplicación de la legislación comunitaria sobre aduanas[22]. Sin embargo, ciertas decisiones con relevancia fiscal o con un efecto significativo sobre el presupuesto comunitario (cargas adicionales, retornos, remisiones) exigen una decisión previa de la Comisión.

– *Control de las ayudas nacionales:* las subvenciones nacionales se conceden de acuerdo con el procedimiento nacional. Sin embargo, si la ayuda estatal resulta subsumible en el ámbito de aplicación del artículo 87 TCE, el Estado miembro está obligado a suspender el procedimiento de otorgamiento de la subvención y dar cuenta de la ayuda en cuestión a la Comisión para su control y supervisión[23].

– *Control de determinadas decisiones singulares en materia de Derecho económico:* la Comisión está facultada para resolver en ciertos casos con relevancia

---

21. Para un análisis más detallado, *vid.* Meike Eekhoff, *Die Verbundaufsicht,* 2006, pp. 15 y ss.

22. Reglamento (CEE) 2913/92 del Consejo (Código Aduanero Comunitario); Reglamento (CEE) núm. 2454/93 de la Comisión, de 2 de julio de 1993 (Disposiciones de Aplicación del Código Aduanero Comunitario).

23. Art. 88. 3 del Tratado CE; Art. 2 y 3 del Reglamento 659/99/CE del Consejo, de 22 de marzo de 1999, relativo a las modalidades de aplicación del artículo 93 del Tratado CE Regulation 659/99 (actual Art. 88), OJ 1999, No. L 84, p. 1; *vid.* Markus Ludwigs, «Die Verordnung (EG) Nr. 659/1999 und die neuere Rechtsprechung der Gemeinschaftsgerichte zum Beihilfeverfahrensrecht», *Jura* 2006, pp. 41 y ss.

para el mercado común. Tráfico y infraestructuras en materia de energía constituyen ejemplos en ese sentido.

– *Decisiones de la Comisión sobre concentraciones de dimensión comunitaria:* de forma análoga, operan las decisiones de la Comunidad sobre la compatibilidad de determinadas concentraciones con el mercado común, según el Reglamento comunitario de concentraciones[24]. La Comisión tiene la competencia exclusiva para decidir sobre la compatibilidad o no de una concentración de dimensión comunitaria, según establece el artículo 21 del referido Reglamento. En consecuencia y en principio, para impedir una determinada concentración, los Estados miembros deben abstenerse de aplicar su propia normativa en materia de competencia respecto de las concentraciones de dimensión comunitaria. Sin embargo, el artículo 21.4 del mismo Reglamento permite a los Estados miembros adoptar las «medidas pertinentes» para proteger sus «intereses legítimos» –distintos a los considerados en el referido reglamento, siempre y cuando sean compatibles con los principios generales y demás disposiciones del Derecho Comunitario–, tomando como referencia la legislación de otro Estado miembro (por ejemplo, en relación con los medios de comunicación). Si, como resultado de tal aplicación, la concentración pudiera prohibirse, el mismo artículo 21.4 establece que la Comisión podrá supervisar esa aplicación del Derecho nacional. El artículo 21.4, segundo párrafo, reconoce como intereses nacionales justificadores de la actuación nacional la seguridad pública, la pluralidad de medios de comunicación, y las normas prudenciales[25]. Si con base en el Derecho nacional se pretendiera impedir una concentración en atención a «otros intereses públicos», éstos deberán comunicarse a la Comisión para su evaluación, según dispone el artículo 21.4, párrafo tercero, del Reglamento sobre control de concentraciones.

– Control permanente: Administración común.

La forma más intensa de control permanente se produce bajo la modalidad de «gestión compartida» o «descentralizada» en la ejecución del presupuesto, según prevé el artículo 53.1, apartados primero y segundo, del Reglamento financiero aplicable al presupuesto general

---

24. Reglamento (CE) núm. 139/2004 del Consejo, de 20 de enero de 2004, sobre el control de las concentraciones entre empresas («Reglamento comunitario de concentraciones»), p. 1.

25. Tales normas van referidas especialmente a disposiciones de control sobre el sector bancario, la bolsa y compañías de seguros.

de las Comunidades[26]. Al amparo de esta disposición, la Comisión controla el uso apropiado de los fondos destinados a la financiación de la política agrícola común y de los fondos estructurales, que representan una parte importante del presupuesto general de la Unión Europea.

– *Procedimiento de liquidación contable:* en el ámbito de la financiación de la política agrícola común mediante el Fondo Europeo Agrícola de Garantía[27] (FEAGA), el referido control se articula a través del mecanismo de la *liquidación contable*[28]. En el marco de la financiación de política agrícola común, las medidas (restituciones fijadas para la exportación de productos agrícolas a terceros países, e intervenciones para la regularización de los mercados agrícola, etc.) se financian de forma centralizada a cargo de los presupuestos de las Comunidades, según establece el artículo 2.2 del Reglamento 1290/2005[29]. La ejecución de esas medidas compete a los Estados miembros mediante los llamados «organismos pagadores autorizados», según dispone el artículo 6.1 del referido Reglamento. En primer lugar, los Estados miembros reciben los «anticipos por gastos pagados», tal y como recoge el artículo 14.1 del Reglamento. En el momento de la liquidación contable, al término del plazo para el pago, la Comisión decide qué importes deben ser excluidos de la financiación comunitaria por no resultar conformes con el derecho Comunitario, según establece el artículo 30 y siguientes del referido Reglamento. No obstante, antes de decidir cualquier denegación de financiación, tiene lugar un proceso de negociación con el Estado miembro[30].

---

26. Reglamento 1605/2002/CE, del Consejo, de 25 de junio de 2002, por el que se aprueba el Reglamento financiero aplicable al Presupuesto General de las Comunidades Europeas. Ver Bettina Schöndorf-Haubold, *Die Strukturfonds der Europäischen Gemeinschaft*, 2005, pp. 143 y ss.; Wolfgang Schenk, «Die Leistungsverwaltung der EG als Herausforderung für den Europäischen Verwaltungsverbund», en: Eberhard Schmidt-Aßmann/Bettina Schöndorf-Haubold, *Der Europäische Verwaltungsverbund*, 2005, pp. 265 (286 y ss.).

27. Fondo Europeo Agrícola de Garantía (FEAGA), antes la Selección de Garantía del Fondo Europeo de Orientación y de Garantía Agrícola.

28. *Vid.* Rudolf Mögele, *Die Behandlung fehlerhafter Ausgaben im Finanzierungssystem der gemeinsamen Agrarpolitik*, 1997; Wolfgang Schenk, *Strukturen und Rechtsfragen der gemeinschaftlichen Leistungsverwaltung*, 2006, pp. 242 y ss.

29. El Reglamento 1290/2005/CE del Consejo, de 21 de junio de 2005, sobre la financiación de la política agrícola común; Reglamento 1258/1999/CE, del Consejo, de 17 de mayo de 1999 sobre la financiación de la política agrícola común.

30. Art. 8 apartado 1, del Reglamento de desarrollo 1636/95.

Durante el desarrollo de la actividad financiada, la Comisión carece de cualquier facultad formal para dar instrucciones. Sin embargo, la supervisión a posteriori se transforma en un instrumento de control permanente. En este sentido, y en relación a la financiación de fondos, la Comisión expresa su punto de vista respecto a qué gastos pueden ser financiados a través de comunicaciones no vinculantes. En atención a sus efectos prácticos, estas comunicaciones hacen de la Comisión una autoridad con capacidad para dar instrucciones. En este sentido, y según la jurisprudencia del Tribunal de Justicia[31], los gastos no podrán ser considerados contrarios a la legislación comunitaria si los Estados miembros acatan esas instrucciones[32]. En conclusión, en el ámbito de la aplicación indirecta, entre la Comisión y las Administraciones nacionales se establece una relación permanente de carácter jerárquico[33].

– *Fondos estructurales (fase de aplicación):* en este caso los mecanismos de control se corresponden con los mecanismos de control financiero que existen en el contexto de las ayudas a los fondos estructurales. A través de este Fondo comunitario, la Unión Europea cofinancia las ayudas estatales con cargo a sus presupuestos generales[34]. Los fondos comunitarios pasan al beneficiario final en virtud de la decisión de asignación concreta que realiza el Estado miembro. Aquí, el papel de la Comisión consiste en controlar el control ejercido por las Administraciones nacionales. De ese modo, la Comisión puede llegar a sancionar la conducta infractora del Estado miembro, impidiendo su participación en los fondos[35]. En este ámbito, la intensidad de los instrumentos de control es tal que resulta más apropiado designar este fenómeno como «Administración común», para expresar que va más allá de la simple cooperación administrativa[36].

---

31. *ECJ*, Case 11/76, European Court Reports 1979, pp. 245 y ss.; *ECJ*, Case 18/76, European Court Reports 1979, pp. 343 y ss.

32. INES HÄRTEL, *Handbuch Europäische Rechtsetzung*, 2006, § 13, núm. marg. 34.

33. *Vid.* HATJE, *Wirtschaftsverwaltung*, cit. (nota 4), p. 167.

34. Sobre esta cuestión nos ocupamos de inmediato en el siguiente epígrafe. Para un análisis más detallado puede verse SCHÖNDORF-HAUBOLD, *Strukturfonds*, cit. (nota 26).

35. La fundamentación se encuentra en Reglamento (CE)1083/2006 del Consejo, de 11 de julio de 2006, por el que se establecen las disposiciones generales relativas al Fondo Europeo de Desarrollo Regional, al Fondo Social Europeo y al Fondo de Cohesión y se deroga el Reglamento (CE) nº 1260/1999.

36. SCHÖNDORF-HAUBOLD, *Strukturfonds*, cit. (nota 26), pp. 37 y ss.

– Planificación en el seno de la Administración compuesta.

Los procedimientos administrativos para la elaboración de planes o programas en el contexto de la Administración compuesta responden también a este mismo tipo de relaciones verticales entre la Unión Europea y los Estados miembros, presumiblemente porque no se considere adecuado transferir decisiones compartidas al plano administrativo. El ejemplo más claro lo proporcionan las medidas que se adoptan en el ámbito de los Fondos Estructurales Europeos[37], que representan un tercio de los presupuestos generales de la Comunidad. De ese modo, la Comunidad Europea ha establecido un modelo de «Administración común» (Bettina Schöndorf-Haubold) cuya planificación dirige mediante un denso conjunto de normas formales y a través de efectivos instrumentos informales.

b) Administración compuesta en el ámbito del Derecho de la Competencia y en los sectores regulados

La amplitud de las relaciones verticales y de las técnicas jurídicas a ellas asociadas viene determinada por la extensión de los efectos jurídicos y fácticos de la aplicación del Derecho Comunitario. Cuando éstos exceden del ámbito estatal entra en escena la Administración compuesta.

En un elevado número de casos es suficiente, para una correcta aplicación del Derecho Comunitario, con que las resoluciones de las Administraciones nacionales tengan validez en el propio Estado o si acaso en algunos de ellos. Ello no obstante, es cierto que los efectos prácticos de tantas decisiones exceden en mucho de ese ámbito para

---

37. Para una análisis en profundidad, Schöndorf-Haubold, *Strukturfonds*, cit. (nota 26). Recientemente, Christian Konow, «Europäische Strukturpolitik», ZG 2005, pp. 328 y ss. Más ejemplos de planificación pueden encontrarse en la legislación medioambiental como la red «Natura 2000», cuyo fundamento se encuentra en la Directiva 92/43/CEE del Consejo de 21 de mayo de 1992, relativa a la conservación de los hábitats naturales y de la fauna y flora silvestres.

expandirse por todo el espacio comunitario de la competencia. Baste pensar en la defensa de la competencia o en el sector de las telecomunicaciones. Para ofrecer una respuesta adecuada, ha de recurrirse no sólo a los instrumentos jurídicos antes descritos, sino también a ciertos *mecanismos administrativos de unificación o estandarización*. Entre estos pueden citarse las potestades de la Comisión de información y control, o para adoptar por sí misma determinadas medidas; dictar directrices generales; o instrumentar complejos procedimientos administrativos de consulta y consolidación de medidas en relación con el mercado, como sucede en el sector de las telecomunicaciones[38].

El Reglamento (CE) núm. 1/2003 del Consejo, de 16 de diciembre de 2002, relativo a la aplicación de las normas sobre competencia previstas en los artículos 81 y 82 del Tratado*, ha establecido una composición de Administraciones alta-

---

38. *Vid. infra* nota 42.

* Como explica la propia Comisión, «el objetivo del nuevo régimen de aplicación de la normativa anti-monopolio, establecido por el Reglamento (CE) 1/2003 del Consejo, es garantizar un mayor respeto de las normas de competencia comunitarias en interés de los consumidores y de las empresas, aligerando al mismo tiempo el peso burocrático que sufren las empresas activas en Europa. Este Reglamento, que se basa en la aplicación descentralizada de las normas de competencia y en un mayor control a posteriori, hace posible, por un lado, reducir el trabajo de la Comisión y, por otro, aumentar el papel de las autoridades y órganos jurisdiccionales nacionales en la ejecución del Derecho de competencia garantizando al mismo tiempo su aplicación uniforme».

El sistema anterior «establecía un sistema de control centralizado según el cual los acuerdos susceptibles de limitar y afectar el comercio entre Estados miembros debían notificarse a la Comisión para poder beneficiarse de una exención. Esta competencia exclusiva de la Comisión para autorizar acuerdos restrictivos de la competencia que cumple las condiciones del apartado 3 de artículo 81 (antiguo artículo 85, apartado 3) del Tratado CE, condujo a las sociedades a notificar una multitud de acuerdos, lo que minó los esfuerzos de promover una aplicación rigurosa y descentralizada de las normas de competencia».

«Esta reforma supone el paso de un sistema de autorización centralizado de notificación previa a un sistema de excepción legal que, basado en la aplicación descentralizada de las normas de competencia y en el refuerzo del control a posteriori...».

«El sistema de excepción legal establecido por el presente Reglamento tiene como efecto directo hacer responsables a las empresas que, al no estar ya obligadas a notificar previamente a la Comisión, deberán de buena fe garantizar que estos acuerdos no afectan a la libre competencia y no infringen las normas comunitarias en esta materia. No obstante, con el fin de evitar todo abuso, las autoridades europeas de competencia –incluida la Comisión– y los órganos jurisdiccio-

mente integradas[39]. El legislador comunitario ha elegido con esta norma un modelo de aplicación del *Derecho de la Competencia* que supone un evidente salto cualitativo en el sistema de Administraciones europeas[40]. La Comisión y las Administraciones nacionales se integran en un nuevo estilo de aplicación unificada[41], y operan como subestructuras de la Comisión, bajo su dirección y control. A tal propósito, se vinculan en una compleja red de información, acción y toma de decisiones, y abandonan a los efectos del citado Reglamento la lógica de la jerarquía nacional.

---

nales nacionales adquieren una mayor responsabilidad en cuanto a la vigilancia del respeto de las normas de competencia garantizando al mismo tiempo la coordinación de sus acciones…».

«El intercambio de información debe consistir en una comunicación constante por parte de la Comisión y las autoridades de competencia de los Estados miembros de todo elemento de hecho o de derecho, incluida la información confidencial, que pueda ayudar a definir en su caso las violaciones a las normas de competencia. La Comisión se encarga también de transmitir una copia de los documentos más importantes y se compromete a proporcionar, a petición de las autoridades de competencia, todo escrito necesario para valorar el asunto. Las autoridades de competencia de los Estados miembros, por otra parte, están obligadas a informar a la Comisión de toda decisión referente a la aplicación de los artículos 81 y 82 del Tratado, a más tardar treinta días antes de su adopción. Para facilitar todo intercambio de información, el presente Reglamento prevé también la creación de una red europea de competencia.» (*cfr.* http://europa.eu/scadplus/leg/es/lvb/l26092.htm, visitada en agosto de 2008).

Este modelo comporta un nuevo reparto de competencias de modo que la Comisión sigue adoptando decisiones individuales de prohibición de los acuerdos graves que afecten al comercio entre Estados miembros y que tengan por efecto limitar la competencia; y las autoridades y los órganos jurisdiccionales nacionales puedan intervenir directamente con el fin de hacer respetar las normas de competencia a nivel nacional en un marco europeo de aplicación uniforme de dichas normas.

En este reparto de competencias, las autoridades de defensa de la competencia de cada Estado miembro deben colaborar estrechamente con la Comisión y con las autoridades de la competencia de los demás Estados miembros con el fin de garantizar el mantenimiento de un régimen de competencia no falseado y de favorecer la aplicación uniforme de las normas de defensa de la competencia mediante la constitución de una verdadera red. El funcionamiento de tal red implica el abandono del monopolio de exención por la Comisión, el derecho de las autoridades a retirar el beneficio de un reglamento comunitario de exención por categoría, así como la posibilidad de que la autoridad de que se trate transmita a otra autoridad un expediente o cualquier información confidencial.

39. *Vid.* ALEC BURNSIDE/HELEN CROSSLEY, «Co-operation in Competition: a New Era?», E.L.Rev. 30 (2005), p. 234; JAMES S. VENIT, «Brave New World: the Modernization and Decentralization of Enforcement under Articles 81 and 82 of the EC Treaty», CMLR 40 (2003), p. 545; HEIKE JOCHUM, «Das Bundeskartellamt auf dem Weg nach Europa», VerwArch, vol. 94 (2003), p. 512.

40. El contenido esencial de este modelo se encuentra esbozado en el Libro Blanco sobre la modernización de las normas de aplicación de los artículos 81 y 82 del Tratado CE (antiguos

Una evolución análoga se observa en el sector de las *telecomunicaciones*. El nuevo marco legal apuesta por flexibilizar la regulación para hacer frente al dinamismo de los mercados, lo que se traduce en una mayor libertad de configuración en favor de los organismos nacionales de regulación[42]. El art. 95 TCE y la normativa comunitaria en materia de telecomunicaciones garantizan el establecimiento de iguales condiciones de competencia. En ese contexto, y para evitar todo conflicto con la regulación de la competencia, las decisiones con relevancia para el mercado común han de dirigirse fundamentalmente a satisfacer el interés comunitario. Con todo, las autoridades nacionales, vinculadas como están a la dirección política de sus respectivos Estados, se encuentran bajo la sospecha de parcialidad. Pues bien, para conjurar ese riesgo, la Directiva marco ha creado una conjunción de autoridades de regulación en concierto con las autoridades comunitarias, y bajo la dirección de la Comisión, hasta constituir una verdadera red de Administraciones europeas[43]. Este compuesto de sujetos reguladores es un concepto propio del Derecho Comunitario, cuya tarea fundamental es garantizar la

---

artículos 85 y 86 del Tratado CE). El borrador de la Comisión data del 27/09/2000, y puede encontrarse en DOCE COM (2000) 582 final, OJ 2000, No. C 365 E, p. 284. Cabe remitir al trabajo de Claus Dieter Ehlermann, «The modernization of EC antitrust policy: A legal and cultural revolution», CMLR 37 (2000), p. 537.

41. Sobre la formación de redes, *vid.* Schmidt-Assmann, GVwR I (nota 1), núm. marg. 26 y ss.

42. Directiva 2002/21/CE del Parlamento Europeo y del Consejo, de 7 de marzo de 2002, relativa a un marco regulador común de las redes y los servicios de comunicaciones electrónicas (Directiva marco); Directiva 2002/20/CE del Parlamento Europeo y del Consejo, de 7 de marzo, relativa a la autorización de redes y servicios de comunicaciones electrónicas (Directiva autorización); Directiva 2002/22/CE del Parlamento Europeo y del Consejo, de 7 de marzo de 2002, relativa al servicio universal y los derechos de los usuarios en relación con las redes y los servicios de comunicaciones electrónicas (Directiva servicio universal); Directiva 2002/58/CE del Parlamento Europeo y del Consejo, de 12 de julio de 2002, relativa al tratamiento de los datos personales y a la protección de la intimidad en el sector de las comunicaciones electrónicas (Directiva sobre la privacidad y las comunicaciones electrónicas); Directiva 2002/77/CE de la Comisión, de 16 de septiembre, relativa a la competencia en los mercados de redes y servicios de comunicaciones electrónica (Directiva sobre la competencia).

43. Karl-Heinz Ladeur/Christoph Möllers, «Der europäische Regulierungsverbund der Telekommunikation im deutschen Verwaltungsrecht», DVBl 2005, 525 y ss.; Hans-Heinrich Trute, «Der europäische Regulierungsverbund in der Telekommunikation», en: FS Peter Selmer, 2004, pp. 565 y ss. Para analizar los rasgos característicos de otras áreas donde se actúa también *vid.* Gabriele Britz, «Vom Europäischen Verwaltungsverbund zum Regulierungsverbund?», EuR vol. 41 (2006), pp. 46 y ss.; Felix Arndt, «Vollzugssteuerung im Regulierungsverbund», DV, vol. 39. (2006), pp. 100 y ss.; asimismo Hans C. Röhl, «Soll das Recht der Regulierungsverwaltung übergreifend geregelt werden?», JZ 2006, p. 831 (837).

aplicación uniforme del Derecho y evitar las distorsiones de la competencia. Esta Administración en red que opera en el espacio administrativo europeo ya no queda bajo la exclusiva dirección del legislador nacional, ni, por conexión, bajo el único control de los tribunales nacionales.

c) ADMINISTRACIÓN DEL ESPACIO COMUNITARIO

Resulta obligado el establecimiento de criterios comunes de procedimiento y de organización cuando se adoptan decisiones del alcance general para el entero espacio administrativo. No sólo existen procedimientos centralizados para la toma de decisiones, sino también ámbitos y contextos en los que las decisiones se difieren a una única Administración nacional.

– Administración central.

Son escasas y muy acotadas las competencias administrativas centralizadas a nivel comunitario. Los procedimientos que se siguen en ese ámbito resultan de escaso interés para el objeto de nuestra reflexión, habida cuenta de que la función de generación de *legitimación* y *coherencia* que acompaña a los modernos procedimientos no se activa aquí en igual medida, si se tiene en cuenta que a la postre es la Comisión la que pone fin al procedimiento y decide con carácter uniforme para todo el espacio comunitario.

Entre otros ejemplos de procedimientos de carácter centralizado se pueden citar los relativos a la autorización de medicamentos destinados para el uso humano y veterinario (Reglamento 726/2004)[44], y para el otorgamiento de autorizaciones de alimentos y piensos modificados genéticamente (Reglamento 1829/2003)[45]. Estos procedimientos autorizatorios de carácter centralizado se

---

44. *Vid.* Brigitte Collatz, *Die neuen Europäischen Zulassungsverfahren für Arzneimittel*, 1996; Oliver Blattner, *Europäisches Produktzulassungsverfahren*, 2003; Sydow, *Verwaltungskooperation*,, cit. (nota 4), pp. 223 y ss.

45. Para un estudio más detallado *vid.* Sydow, *Verwaltungskooperation*,, cit. (nota 4), pp. 232 y ss.

basan en una estrecha red de información que se reúne en torno a las instituciones centrales que procesan la información, de ordinario una Agencia o Autoridad comunitaria[46]. Las instituciones europeas trabajan, en efecto, en estrecho contacto con las Administraciones nacionales y se sirven de la experiencia e información que éstas acumulan, formando así un compuesto o agregado de información a nivel europeo, que constituye la base de la toma de decisiones para todo el espacio comunitario. El núcleo de esta composición de información reside en los respectivos comités responsables para cada cuestión[47].

– Administraciones nacionales que operan en todo el espacio comunitario.

Desde la perspectiva que aquí importa –el procedimiento de la Administración compuesta– es sin duda de mayor interés el análisis de los supuestos en que la acción administrativa nacional se extiende por el espacio europeo[48]. En tales casos, cuando la decisión de una Administración nacional tiene validez para toda Europa, el procedimiento debe garantizar desde luego una aplicación coherente del Derecho, puesto que sólo así podría resultar aceptable la decisión para los restantes Estados miembros. Son variados los modelos:

– *Decisiones de referencia:* una vez que un Estado miembro haya autorizado un medicamento, su autorización en los demás Estados sigue un procedimien-

---

46. BOGDANDY, en: GVwR II, § 25 (nota 1). DANIEL RIEDEL, «Die Europäische Agentur für Flugsicherheit im System des Gemeinschaftsrechts», en: Schmidt-Aßmann/Schöndorf-Haubold, *Verwaltungsverbund,* cit. (nota 26) pp. 103 y ss.

47. Como ejemplo, cabe remitir al artículo 61 del Reglamento 726/2004.

48. *Vid.* DIETER H. SCHEUING, «Europarechtliche Impulse für innovative Ansätze im deutschen Verwaltungsrecht», en: Hoffmann-Riem/Schmidt-Aßmann, *Innovation,* pp. 289 (331 y ss.); EBERHARD SCHMIDT-ASSMANN, «Verwaltungskooperation und Verwaltungskooperationsrecht in der Europäischen Gemeinschaft», EuR, vol. 31 (1996), pp. 270 y ss.; EBERHARD SCHMIDT-ASSMANN, *Das allgemeine Verwaltungsrecht als Ordnungsidee* (2ª ed., 2006), cap. 7 núm. marg. 18 y ss.; GERNOT SYDOW, «'Jeder für sich' oder 'einer für alle'», en Bauschke, Gabriele et al., *Pluralität des Rechts,* 2003, pp. 9 y ss.; GERNOT SYDOW, «Vollzug des europäischen Unionsrechts im Wege der Kooperation nationaler und europäischer Behörden», DÖV 2006, pp. 66 y ss.; DANIEL RIEDEL, *Die Gemeinschaftszulassung für Luftfahrtgerät,* 2006, pp. 152 y ss.

to simplificado[49]. La primera autorización constituye una decisión de referencia que prejuzga y condiciona el procedimiento de reconocimiento y las resoluciones que puedan adoptarse en los restantes Estados miembros. En caso de conflicto o divergencia, la Comisión resuelve sobre la obligación de reconocimiento que tienen los Estados miembros, y sustituye la decisión nacional previa participación en el procedimiento de comitología.

– *Decisiones transnacionales con la obligación de cooperación:* se trata de supuestos en que los actos administrativos nacionales tienen efecto transnacional, en todo el ámbito comunitario[50]. La participación de los restantes Estados queda garantizada mediante el derecho de veto. En la hipótesis de veto, resuelve la Comisión, previa participación de los Estados en cuestión en el procedimiento de comitología.

– *Administración europea:* es este un tercer modelo o nivel de Administración comunitaria, que consiste en la adopción de decisiones por parte de una

---

49. Por ejemplo, los requisitos para que uno o varios Estados miembros puedan aceptar la autorización de comercialización de un medicamento expedida por un Estado miembro se encuentran regulados en los artículos 28 y ss. de la Directiva 2001/83/CE. En todo caso, para un análisis en detalle de estas cuestiones *vid.* JENS HOFMANN, *Rechtsschutz und Haftung*, pp. 110 y ss. Un supuesto similar de reconocimiento mutuo de autorizaciones puede encontrarse en el art. 4 de la Directiva 98/8/CE, relativa a la comercialización de biocidas.

50. Un excelente exponente se encuentra en Reglamento 258/97/CE, del Parlamento Europeo y del Consejo, de 27 de enero de 1997, sobre alimentos e ingredientes alimentarios nuevos; *vid.* WAHL/GROSS, DVBl 1998, p. 2; DETLEF GROSS, *Die Produktzulassung von Novel Food,* 2001, pp. 133 y ss.; SYDOW, *Verwaltungskooperation,* cit. (nota 4), pp. 174 y ss.; HERMANN PÜNDER, «Verwaltungsverfahren», en: Erichsen/Ehlers, VerwR, § 14, núm. marg. 51 y ss. El Reglamento 1829/2003, sobre alimentos y piensos modificados genéticamente, ha excluido del ámbito de aplicación del Reglamento sobre nuevos alimentos numerosos productos que ha sometido a un régimen de autorización centralizado. Sin embargo, el Reglamento de nuevos alimentos no ha sido revocado. En todo caso, la autorización sobre la liberación intencional en el medio ambiente de organismos modificados genéticamente (OMG), prevista en la Directiva 2001/18/CE, y regulada en los artículos 12 y ss., bajo el título, comercialización de OMG como productos o componentes de productos, resulta similar a la regulación prevista en el Reglamento sobre alimentos e ingredientes alimentarios nuevos. La misma lógica preside el procedimiento administrativo para la liberación de sustancias peligrosas, según la Directiva 76/548/CEE (en la versión de la Directiva 92/32/CEE). En este último caso, sólo se exige una notificación (artículo 5, 7 de la Directiva). Sin embargo, el Estado miembro competente puede prohibir la liberación (artículo 10) e incluso puede estar obligado a prohibirla si, frente a la objeción presentada por un Estado Miembro, la Comisión ha decidido en tal sentido (artículo 18.2, 29 de la Directiva). Sobre la normativa administrativa transnacional, BUMKE, GVwR II, § 35, núm. marg. 119 y ss.

Administración nacional, sin la participación externa de las Administraciones de otros Estados, ni de la Comisión. Esos actos administrativos producen efectos desde luego en todo el espacio comunitario. Este modelo de regulación se ha seguido especialmente para la autorización de prestación de servicios, y con menos frecuencia en la de productos. La concesión del «permiso de conducción europeo» se inscribe también en este esquema.

– *Administración comunitaria privada/ Organismos Notificados.* Los denominados «organismos notificados»* actúan dentro de la estructura comunitaria en relación con la autorización de productos y constituyen una alternativa a las Administraciones nacionales. Los Organismos Notificados son, en primer lugar, *sujetos privados* que han sido autorizados (o «acreditados») por los respectivos Estados miembros y son competentes para autorizar el producto («certificación») a comercializar en el seno de la Comunidad Europea. A través del sistema de Organismos Notificados, la Comunidad Europea ha optado por una solución que se sitúa en el plano operativo sin la intervención de las Administraciones nacionales conformando una genuina estructura administrativa europea[51].

2. CUESTIONES SOBRE EL CONTROL JUDICIAL Y LOS MECANISMOS DE LEGITIMACIÓN EN LA ADMINISTRACIÓN COMPUESTA

a) LA CONFIGURACIÓN DEL CONTROL JUDICIAL

La Administración compuesta, como se desprende de cuanto ha quedado dicho, supone un reparto de responsabilidades entre todos los actores intervinientes mucho más complejo e intenso que en las estruc-

---

* La traducción española de los documentos y actos comunitarios es la de «organismos notificados». A nuestro juicio, se trata, sin embargo, de un exceso de mimetización con la versión inglesa («notified bodies»). Una traducción más exacta y castellana podría ser «organismos designados».

51. *Vid.* Röhl, *Akkreditierung und Zertifizierung im Produktsicherheitsrecht,* 2000, pp. 22 y ss.; Hermann Pünder, «Zertifizierung und Akkreditierung», ZHR, vol. 170 (2006), pp. 567 y ss.

turas administrativas tradicionales. Ello plantea algunas dificultades o problemas que han de resolverse a la luz de las exigencias del principio del Estado de Derecho. Así sucede de entrada con el confuso sistema de tutela judicial del Derecho Comunitario, caracterizado por una rígida separación: la competencia para la revisión y control judiciales, de un lado, y las potestades de rechazo o inaplicación, de otro, se encuentran estrictamente separadas de acuerdo con los distintos niveles en los que se sitúan los diferentes tribunales. La tutela judicial en el ámbito de la Administración compuesta se garantiza a través de los tribunales europeos o de los tribunales nacionales que actúan como tribunales comunitarios, en función del objeto de la controversia.

La vía judicial procedente y el órgano jurisdiccional competente en cada caso han de estar claramente determinados, por razones elementales. De ahí que la Administración compuesta requiera de una particular transparencia para que pueda identificarse la aportación y responsabilidad de cada Administración participante. De lo contrario, la tutela judicial padecería por falta de claridad[52]. Instituciones clásicas como la carga de impugnar, la firmeza de las resoluciones administrativas, o la preclusión, que tienen pleno sentido en un proceso unidimensional o de «dirección única», plantean no pocos problemas cuando se trata de ejercer la tutela judicial frente a una acción compuesta, transnacional y multidimensional[53]. Es en la frontera entre los distintos instrumentos y sistemas de tutela judicial donde hay que evitar que surjan lagunas y déficits.

---

52. Para un análisis en profundidad, *vid.* HOFMANN, *Rechtsschutz und Haftung*, cit. (nota 49), pp. 241-299; para un estudio más profundo sobre la exigencia de transparencia, *vid.* SCHMIDT-ASSMANN, GVwR I, § 5, núm. marg. 54; *v.* BOGDANDY, GVwR II, § 25, núm. marg. 33; GERD WINTER, «Kompetenzverteilung und Legitimation in der Europäischen Mehrebenenverwaltung», EuR, vol. 40 (2005), pp. 255 (271 y ss.).

53. HOFMANN, *Rechtsschutz und Haftung*, cit. (nota 50), pp. 266 y ss.; para estudiar en mayor detalle las inspecciones, *vid.* ANTJE DAVID, *Inspektionen im Europäisen Werwaltungsrecht*, 2003, p. 338, 350 y ss.; también WOLFGANG WEISS, «Schnittstellenprobleme des europäischen Mehrebenenverwaltungsrechts», DV vol. 38 (2005), pp. 517 (536 y ss.).

b) Legitimación democrática y Administración compuesta

La legitimación de la Administración compuesta se fundamenta igualmente en el principio de separación. En efecto, las acciones y aportaciones que cada Administración, nacional o comunitaria, realice se justifican y explican en función de su propio sistema de legitimación. Ello significa, en otras palabras, que la legitimación de la Administración compuesta es de naturaleza pluridimensional. Las respectivas líneas de legitimación, como correas de transmisión, comunitaria y nacional, deben conectarse entre sí[54].

En primer lugar, por tanto, es necesario delimitar *con suficiente claridad* las respectivas esferas de *responsabilidades* de cada Administración a los efectos de asegurar su legitimación[55]. Esa identificación en singular de cada Administración participante hace posible que tanto los parlamentos como los ciudadanos, que constituyen la fuente básica de legitimación, puedan valorar con todo detalle los efectos que ha tenido sobre el producto final la respectiva Administración. Sin embargo, el peso e influencia, en ocasiones relevante, que tienen otras Administraciones nacionales y, más aún, la propia Comisión desdibuja en buena medida la responsabilidad de la Administración individual. El entrelazamiento e interdependencia de las Administraciones en Europa desembocan en una cuando menos evidente dificultad para identificar y atribuir a cada una de ellas la aportación que sobre el producto final haya prestado en cada caso. A largo plazo será necesario establecer nuevos mecanismos de legitimación, entre los cuales, sin duda alguna, la *transparencia* y la *participación* tendrán un papel relevante[56].

---

54. Trute, GVwR I, § 6, núm. marg. 102 y ss.

55. Schmidt-Assmann, *Ordnungsidee*, cit. (nota 48), capítulo 7, núm. marg. 38, 43.

56. Comparte la misma visión, Gross, VVDStRL 66 (2007), IV 2.

CAPÍTULO III

LOS PROCEDIMIENTOS ADMINISTRATIVOS DE GESTIÓN DEL RIESGO

Francisco B. López-Jurado Escribano*

* Profesor de Derecho Administrativo, Universidad de Navarra, España.

ÍNDICE

I
INTRODUCCIÓN

E L progreso científico y tecnológico lleva aparejado, con frecuencia, la amenaza de daños futuros que no se pueden dominar con el nivel de conocimientos alcanzado. La multiplicidad de innovaciones asociadas a indicios de daños no enteramente determinables conforme al estado de la ciencia y de la técnica, hizo que se acuñara a mediados de los años ochenta del siglo pasado el término «sociedad del riesgo»[1]. Este término, insuficiente por sí solo para abarcar la entera complejidad de las sociedades actuales, refleja de modo acertado tres fenómenos: i) una aceleración sin precedentes en el desarrollo científico/tecnológico; ii) la aparición de consecuencias negativas y de indicios de posibles daños futuros derivados de ese progreso; y iii) la ruptura de la confianza ciega en el progreso y una alteración en el modo en que el desarrollo científico-tecnológico es percibido por los ciudadanos. Estos fenómenos influyen en el Derecho en general y en el Derecho Administrativo en particular, haciendo de la «sociedad del riesgo» uno de los retos más importantes que tiene ante sí el Derecho Administrativo del siglo XXI[2].

Este trabajo no pretende agotar la variedad de problemas que plantean al Derecho los fenómenos en los que se manifiesta la sociedad del riesgo. Su objeto es más bien: i) mostrar las razones por las que parte fundamental de la respuesta del Derecho Administrativo ante las incertidumbres provocadas por la innova-

---

1. La expresión «sociedad del riesgo» la generalizó U. BECK, *Risikogesellschaft. Auf dem Weg in einer andere Moderne*, Suhrkamp, Frankfurt am Main, 1986. Puede consultarse en español *La sociedad del riesgo. Hacia una nueva modernidad*, Paidós, Barcelona, 1998. En este trabajo asumimos, como se verá, una distinción entre riesgo y peligro que se aparta de la generalizada por BECK en el libro citado.

2. Así E. SCHMIDT-ASSMANN, «El Derecho Administrativo General desde una perspectiva europea», en *Justicia Administrativa*, n. 2001, traducción de L. Arroyo, p. 8.

ción científica y tecnológica[3] consiste en el establecimiento de procedimientos administrativos de gestión del riesgo; y ii) delimitar por inducción el concepto de esta clase de procedimientos, que permita concretar sus funciones y elementos estructurales más característicos[4]. De ese modo, se apunta el surgimiento de un nuevo tipo, no previsto en la regulación general de los procedimientos administrativos[5], y el diseño de estructuras que dan razón de enteras categorías de procedimientos de las que es posible deducir unas mismas consecuencias jurídicas[6].

El estudio parte de un concepto amplio de procedimiento administrativo, como proceso organizado para la obtención y tratamiento de información, bajo la responsabilidad y dirección de las autoridades administrativas, con el propósito de sujetar la acción administrativa a criterios de racionalidad[7]. Esta comprensión amplia es la más adecuada para explicar las funciones y elementos estructurales que configuran los procedimientos administrativos de gestión del riesgo.

---

3. Este trabajo se centra, pues, en el estudio de la regulación del riesgo científico y tecnológico. Regulaciones del riesgo científico y tecnológico se encuentran en ámbitos estrechamente relacionados con la protección de la salud humana o del medio ambiente como pueden ser las relativas a: seguridad alimentaria; autorización de medicamentos, seguridad general de los productos; productos fitosanitarios; substancias peligrosas; biotecnología; protección frente a riesgos electromagnéticos; contaminación atmosférica; autorización de grandes y medianas instalaciones industriales; organismos modificados genéticamente; protección frente a emisiones radioactivas; etc. Ejemplos de ámbitos de regulación ligados al riesgo científico y tecnológico se pueden consultar en A. BARONE, *Il Diritto del Rischio*, 2ª edición, Giuffrè, Milán, 2006, p. 19-23. Por riesgo se entiende el resultado de la ponderación de la probabilidad de un efecto perjudicial para un bien jurídico protegido por el ordenamiento, causado por un fenómeno, producto, instalación o actuación; y de la gravedad de ese efecto. En un sentido muy parecido STPI de 11 de septiembre de 2002, Alpharma Inc. v Council, T-70/99, párrafo 164. Más adelante se depuran los conceptos de riesgo tecnológico y gestión del riesgo al hilo de la delimitación de los procedimientos administrativos de gestión del riesgo.

4. La función y los elementos estructurales son las notas características fundamentales que sirven para delimitar los nuevos tipos de procedimientos administrativos surgidos de la confrontación del Derecho del procedimiento con la variedad de nuevas regulaciones y leyes especiales. Así se deduce de A. VOSSKUHLE, «Strukturen und Bauformen neuer Verwaltungsverfahren», en *Verwaltungsverfahren und Verwaltungsverfahrensgesetz*, W. Hoffmann-Riem/ E. Schmidt-Aßmann, Nomos, Baden-Baden, 2002, p. 330-343.

5. Algún autor ha empleado la expresión «pobreza de tipos» (*Typenarmut*) de los procedimientos administrativos para referirse a la regulación general de éstos que figura en la Ley alemana

II
LAS PECULIARIDADES DE LA REGULACIÓN
DEL RIESGO TECNOLÓGICO

1. LAS CARACTERÍSTICAS DEL RIESGO TECNOLÓGICO

EL riesgo tecnológico se caracteriza por tres notas: la incertidumbre científica (a); la influencia de la conducta humana (b); y la dependencia de la capacidad de aceptación del riesgo de los diferentes contextos culturales (c)[8].

a) La incertidumbre científica respecto de algunos riesgos tecnológicos refleja toda una serie de problemas de carácter metodológico, epistemológico e incluso ontológico, que derivan de la existencia de una amenaza, con alcance y naturaleza determinados[9].

---

de procedimiento, la *VwVfG*. Así, W. Hoffmann-Riem, «Verwaltungsverfahren und Verwaltungsverfahrensgesetz: Einleitende Problemskizze», en *Verwaltungsverfahren und Verwaltungsverfahrensgesetz*, W. Hoffmann-Riem/ E. Schmidt-Aßmann, Nomos, Baden-Baden, 2002, pp. 29 y 30. En igual sentido, A. Vosskuhle, «Strukturen und Bauformen...», cit. (nota 4), p. 285. Otro tanto podría decirse de la normativa española contenida en la Ley 30/1992, del Régimen Jurídico de las Administraciones Públicas y del Procedimiento Administrativo Común, de 26.11.1992.

6. A. Vosskuhle, considera necesario para un ulterior desarrollo de la regulación del procedimiento administrativo la formación de diferentes tipos de procedimientos cada uno con un conjunto de elementos estructurales propios que permitan dar sentido y sistemática a las novedades acaecidas en el ámbito del Derecho del procedimiento administrativo. Así en «Strukturen und Bauformen...», cit. (nota 4), p. 284. En esa dirección se orienta el presente trabajo.

7. Un concepto amplio como el que se da aquí lo expone y desarrolla E. Schmidt-Assmann, entre otros lugares, en esta misma obra, «Pluralidad de estructuras y funciones de los procedimientos administrativos en el Derecho alemán, europeo e internacional». También, del mismo autor, en *La Teoría General del Derecho Administrativo como sistema*, INAP/Marcial Pons 2003, p. 358, traducción de la primera edición de su *Das Allgemeine Verwaltungsrecht als Ordnungsidee*, de 1998, a cargo de J. Barnes y otros.

8. Así, E. Fisher, *Risk Regulation and Administrative Constitutionalism*, Hart Publishing, Oxford and Portland, 2007, pp. 7-9.

9. Por ejemplo, la evaluación del riesgo se hace mediante unas herramientas cuyo diseño, como en todo experimento, condiciona los resultados que se puedan obtener. En ocasiones, es difícil

b) El riesgo tecnológico resulta también incierto porque su existencia y naturaleza dependen, con frecuencia, de la conducta humana[10]. La interacción entre la tecnología y el proceder de las personas que la manejan, dificulta la evaluación de la exposición al riesgo, habida cuenta de lo impredecible de la conducta humana[11].

c) El umbral de aceptación del riesgo varía en función del contexto cultural. Un riesgo puede resultar aceptable para una persona o un grupo determinado, no sólo en virtud de la magnitud y probabilidad del daño que puede llegar a producirse, sino, también, del ámbito social y de los valores[12]. Las consecuencias que derivan de esta característica del riesgo tecnológico para su regulación jurídica son claras, si consideramos que el Derecho no puede ser entendido como realidad abstracta y descarnada, perfectamente intercambiable entre épocas y países diferentes[13]. Más bien, el Derecho se encuentra en estrecha relación con la realidad de las cosas; no gira en el vacío, como rueda dentada desencajada de la maquinaria para la que se fabricó, sino que opera «en un contexto social determinado, que condiciona sus objetivos y su evolución»[14]. Así se comprueba al estudiar los distintos sectores de la legislación especial, como pueden ser la energía, el medio ambiente, la protección social, la seguridad alimentaria, etc. La regulación de estos sectores actúa como espejo de las necesidades que se perciben en un momento histórico, a la vez que forma una suerte de almacén de remedios y solu-

---

la obtención de datos o el seguimiento de parámetros y la determinación sobre si los resultados obtenidos son o no significativos. Sobre todo esto, con más desarrollo, ver: E. Fisher, *Risk Regulation and Administrative Constitutionalism*, cit. (nota 8), p. 7.

10. Así se ponen como ejemplo los desastres en las centrales nucleares de Three Mile Island y Chernobyl, en los que los accidentes fueron consecuencia de una serie de factores interrelacionados entre los que se incluían errores de gestión y operación, así como de diseño de la tecnología. Ver, E. Fisher, *Risk Regulation and Administrative Constitutionalism*, cit. (nota 8), p. 8.

11. También en esto seguimos a E. Fisher, *Risk Regulation and Administrative Constitutionalism*, cit. (nota 8), p. 8.

12. En un sentido parecido, E. Fisher, *Risk Regulation and Administrative Constitutionalism*, cit. (nota 8), p. 9.

13. Los conceptos jurídicos no debieran ser contenedores vacíos, similares superficialmente y transferibles de un ordenamiento a otro, tal y como afirma C. Harlow, «Voices of Difference in a Plural Community» en www.jeanmonnetprogram.org/papers/00/000301.html.

14. A. Nieto, «La vocación del Derecho Administrativo de nuestro tiempo», *Revista de Administración Pública*, n. 76, 1975, p. 29.

ciones para hacer frente a esas necesidades[15]. El Derecho tiene su origen y se manifiesta en una sociedad, dentro de una tradición cultural; el cambio en las percepciones, valores y temores de las personas que integran esa sociedad se refleja, de este modo, necesariamente en el Derecho.

A esas notas del riesgo tecnológico se une, como rasgo diferencial con relevancia jurídica, la constante mutación de las fuentes causantes de situaciones de riesgo y, en menor medida, de los bienes jurídicos que la regulación está llamada a proteger.

2. LA VARIACIÓN DE LOS BIENES JURÍDICOS PROTEGIDOS Y DE LAS FUENTES DE RIESGO

La protección que pretende dispensarse con la regulación de las situaciones de riesgo se extiende a nuevos bienes jurídicos. Ello no es sino consecuencia de la evolución y relatividad del referido umbral de aceptación de riesgos en cada contexto cultural. Así, los bienes jurídicos protegidos dejan de estar exclusivamente determinados por la protección de la vida, la salud, o la propiedad, para extenderse a ámbitos mucho más amplios y complejos, como la protección del medio ambiente, la protección del desarrollo de la personalidad, la intimidad, la información, o incluso el derecho a no conocer, relevante, por ejemplo, en el ámbito del empleo de tecnología genética[16].

A su vez, las fuentes que generan el riesgo evolucionan al ritmo de la innovación científica y tecnológica, motivando nuevas «demandas de regulación» ante las exigencias de protección derivadas de la aplica-

---

15. Así, E. SCHMIDT-ASSMANN, *La Teoría General...*, cit. (nota 7), p. 11. La idea de administración pública en sentido funcional como el más íntimo y completo espejo de nuestro pueblo se encuentra ya en L. L. JAFFE, *Judicial Control of Administrative Action*, Little, Brown, Boston, 1965, p. 332.

16. Ejemplo de un enfoque reduccionista en cuanto a bienes jurídicos protegidos y tipos de riesgo sería la Comunicación de la Comisión sobre el recurso al principio de precaución, de 2 de febrero de 2000, COM (2001) 1 final. Ver la Introducción (p. 7 y 8) de dicha Comunicación.

ción de las nuevas tecnologías. El progreso científico y tecnológico determina que las clásicas fuentes de riesgo adquieran nuevas y sofisticadas formas, a la vez que aparecen nuevas fuentes de riesgo.

El doble fenómeno –de ampliación de los bienes jurídicos protegidos y de evolución de las fuentes productoras de riesgo– provoca una dificultad no menor para la reflexión jurídica sobre la regulación del riesgo[17].

La regulación sectorial busca estrategias adecuadas de protección y promoción de esos bienes jurídicos, en un intento por racionalizar la gestión del riesgo ante la amenaza de daños futuros. De esa regulación cabe inducir características comunes. Una de las más relevantes es el protagonismo que adquieren los procedimientos administrativos y, en consecuencia, la importante responsabilidad que se confía a las autoridades administrativas en la gestión del riesgo.

3. LAS CONSECUENCIAS QUE DE LAS CARACTERÍSTICAS DEL RIESGO SE SIGUEN PARA SU REGULACIÓN

La incertidumbre científica como característica del riesgo tecnológico supone un importante reto para el Derecho. Nos encontramos aquí con una peculiar paradoja: la necesidad de regular la incertidumbre. Se ha de regular anticipadamente lo nuevo y sus efectos inciertos, bien mediante la prevención o el fomento, a fin de garantizar el interés general (aquí representado por la seguridad)[18].

---

17. Lo destaca, R. DAMM, «Risikosteuerung im Zivilrecht –Privatrecht und öffentliches Recht im Risikodiskurs», en *Öffentliches Recht und Privatrecht als wechselseitige Auffangordnungen*, W. Hoffmann-Riem/E. Schmidt-Aßmann, Nomos, Baden-Baden, 1996, pp. 88 y 89.

18. Destaca la paradoja W. HOFFMANN-RIEM, «Eigenstädigkeit der Verwaltung», en *Grundlagen des Verwaltungsrechts*, W. Hoffmann-Riem/ E. Schmidt-Aßmann/A. Voßkuhle, tomo I, C.H. Beck, Munich, 2006, p. 705.

Frente a los riesgos tecnológicos, ante la posibilidad de daños y catástrofes en unas sociedades opulentas, cada vez más atemorizadas, en las que no faltan relevantes guetos de marginación, la regulación de los distintos sectores ha pretendido adelantar las barreras de protección. A tal fin, ha acudido a viejas técnicas (como la autorización) adaptadas a las nuevas necesidades y ha desarrollado otras de carácter más novedoso (como, por ejemplo, las obligaciones de identificación de suministradores, inherentes a la idea de trazabilidad de los productos alimentarios, que se imponen a los productores de alimentos y piensos) redefiniendo, en ocasiones, de ese modo, las fronteras entre el Estado y la sociedad, entre el papel de los expertos (la ciencia y la técnica), la posición de los interesados y las responsabilidades de la Administración.

Por otro lado, la regulación del riesgo constituye un ejemplo especialmente significativo de «interacción» y «complementariedad» entre las distintas ramas del Derecho, en particular entre el Derecho Administrativo, Penal y Civil[19]. Aisladamente consideradas, la perspectiva de cada una de esas ramas resulta insuficiente; también la que proporciona el planteamiento tradicional del Derecho Administrativo, que se caracteriza por una prohibición inicial o relativa de realización de determinadas actividades, prohibición que se levantaba caso por caso mediante el sistema de la autorización (que es lo que en la doctrina alemana se ha denominado, prohibición con «reserva de autorización»). Esa técnica, en efecto, resulta muy limitada ante la magnitud de los efectos negativos a que el riesgo tecnológico puede conducir, como se desprende, entre otras consideraciones, de dos datos. Por un lado, las instalaciones, productos o fenómenos regulados son, en muchos casos, capaces de producir efectos complejos sobre la salud o el medio ambiente, tanto por su capacidad de acumulación, como por su mani-

19. Lo destaca U. DI FABIO, «Risikosteuerung im öffentlichen Recht –zwischen hoheitlicher Überwachung und regulierter Freiwilligkeit», en *Öffentliches Recht und Privatrecht als wechselseitige Auffangordnungen*, W. Hoffmann-Riem/ E. Schmidt-Aßmann, Nomos, Baden-Baden, 1996, p. 165.

festación o permanencia en el largo plazo. Por otro, la relación jurídica de supervisión de una actividad, instalación o producto de riesgo deja de ser bipolar y se transforma en multilateral al multiplicarse los posibles afectados por los efectos adversos[20].

Las herramientas propias de la denominada «actividad administrativa de policía» (orden y seguridad pública) fueron ideadas sobre la base de la experiencia común, esto es, como reacción frente a peligros en los que la probabilidad del daño y su alcance se podían determinar con bastante exactitud[21]. Ambos elementos, peligro y riesgo, requieren de la adopción de decisiones administrativas en situaciones de incertidumbre; pero ante el peligro es posible realizar un pronóstico de las consecuencias fundado en la experiencia y en relaciones causa-efecto que no es posible llevar a cabo en situaciones de riesgo[22]. Los instrumentos pensados para la prevención de peligros no resultan suficientes, por esto mismo, para atender las necesidades de nuevas situaciones caracterizadas por la incertidumbre y por la presencia de riesgos[23], especialmente en los casos, nada infrecuentes, en que existe riesgo asociado tanto a la toma de decisiones como a la inacción de las autoridades llamadas a velar por la seguridad en ese ámbito o sector[24].

---

20. Lo destaca respecto de las instalaciones U. DI FABIO, «Risikosteuerung im öffentlichen Recht...», cit. (nota 19), p. 148, explicando que las limitaciones que se imponen al actor del riesgo son paralelas a una cierta obligación de soportar impuesta a los vecinos afectados por esas instalaciones. En la doctrina española ha explicado la superación del concepto de policía administrativa en la reacción frente al riesgo tecnológico J. ESTEVE PARDO, *Técnica, riesgo y Derecho: Tratamiento del riesgo tecnológico en el Derecho ambiental*, Ariel, Barcelona 1999, pp. 67-70.

21. Así I. APPEL, «Methodik des Umgangs mit Ungewissheit», en *Methoden der Verwaltungsrechtswissenschaft*, E. Schmidt-Aßmann y W. Hoffmann-Riem, Baden-Baden, 2004, p. 338.

22. Lo destaca, E. SCHMIDT-ASSMANN, *Das Allgemeine Verwaltungsrecht als Ordnungsidee*, 2ª edición, Springer, Heidelberg, 2004, p. 161.

23. Al respecto, por extenso, J. ESTEVE PARDO, *Técnica, riesgo y Derecho...*, cit. (nota 20), pp. 59-75.

24. Por ejemplo, la adopción de medidas de emergencia como la suspensión de la comercialización de un alimento o de su importación, pueden producir unos perjuicios importantes que deben ser tenidos en cuenta. También las informaciones al público en general, previstas en la

El ejercicio de las responsabilidades conferidas a las autoridades competentes exige de éstas la toma de decisiones razonables en presencia de las alternativas entre actuar o no y, decidida la acción, entre distintas actuaciones concretas a llevar a cabo. La tarea del regulador y, por tanto, también, la del jurista consiste en idear nuevos métodos y procedimientos que permitan una mejor coexistencia de la innovación y el riesgo[25].

La incertidumbre impide, en efecto, realizar pronósticos basados en la experiencia previa o en las relaciones de causalidad. La programación material de tipo condicional a través de la ley formal encuentra aquí una intrínseca limitación. La ley no puede establecer todas las respuestas imaginables ante situaciones de incertidumbre y de desconocimiento que el progreso científico y tecnológico suscitan. La ley opta entonces por la regulación de los procedimientos de decisión en estos ámbitos para compensar, en cierta medida, la escasa previsibilidad que la norma aporta en términos materiales, a la vez que contribuye a generar seguridad y confianza en los interesados y en el público en general.

La *dirección legislativa* de la Administración y de los procesos sociales implicados, a la vista de la imprevisibilidad de tantos fenómenos y escenarios de riesgo, sólo puede alcanzarse eficazmente mediante normas que determinen los objetivos de su aplicación, con una organización apropiada para hacerse cargo del problema y unos procedimientos que garanticen una razonable búsqueda de la mejor res-

---

legislación comunitaria sobre alimentos cuando existen motivos razonables para sospechar que ese alimento puede presentar riesgo, pueden producir importantes efectos negativos. Quizá el caso más claro sea el de los medicamentos cuya autorización puede permitir la cura de enfermedades, a la vez que pueden presentar otros riesgos para la salud de las personas. Algunos autores como C. SUNSTEIN, encuentran en estos *risk-risk trade offs* una de las principales objeciones a la aplicación generalizada, en situaciones de riesgo, del principio de precaución. Así en *Laws of Fear. Beyond the Precautionary Principle*, Cambridge U.P. Cambridge (UK), 2005, p. 13-34 (todo el capítulo titulado gráficamente *Precautions and Paralysis*).

25. Así, J.M. BAÑO LEÓN, «El principio de precaución en el Derecho Público», en *Responsabilidad penal por defectos en productos destinados a los consumidores*, J. BOIX REIG y A. BERNARDI, Iustel, Madrid, 2005, p. 38.

puesta ante situaciones inciertas en el momento de dictarse la norma. Este tipo de regulaciones finalistas[26], integradas por programas normativos abiertos, representan una respuesta jurídica adecuada ante situaciones de riesgo, como se pone de manifiesto en la regulación sectorial[27].

La incertidumbre asociada a situaciones de riesgo provoca un retraimiento de las previsiones que la legislación parlamentaria puede hacer y, por ello, aumenta en paralelo la esfera de responsabilidades de las Administraciones públicas. Téngase en cuenta en ese sentido que es necesario adoptar decisiones prudenciales en cada caso. Y, sin embargo, la predeterminación legislativa para guiar esas decisiones se atenúa o debilita. Ahora bien, ello no ha de considerarse necesariamente como un déficit desde la perspectiva del Estado de Derecho, si se observan los requerimientos que resultan exigibles (en primer lugar, que la ley formal defina el procedimiento de toma de decisiones en esos supuestos y compense a través de él la menor densidad material de la ley)[28]. En ese contexto, la Administración además debe colmar y dar contenido a las cláusulas de ponderación que la ley establezca, y hacer un uso correcto de los márgenes de apreciación valorativa y de las habilitaciones que para la creación e innovación del Derecho la ley formal haya dispuesto[29]. En todo caso, se trata de decisiones que han de ser recon-

---

26. En el sentido en que empleó la expresión «Zweckprogramme» como opuesta a «Konditionalprogramme» N. LUHMANN, *Recht und Automation in der öffentlichen Verwaltung*, Berlin 1966, p. 36. La trascendencia de este tipo de programaciones para el procedimiento administrativo ha sido expuesta por J. BARNES, en: «Sobre el procedimiento administrativo: evolución y perspectivas», en J. Barnes, *Innovación y reforma en el Derecho Administrativo*, Global Law Press, Sevilla, 2006, pp. 268-271.

27. Lo que M. SHAPIRO, califica como «thematic statutes» en «Administrative Discretion: The Next Stage», en *Yale Law Journal* 1983, p. 1505. Por ejemplo, regulación sectorial relativa a la autorización de productos farmacéuticos, o de actividades industriales con impacto ambiental.

28. Lo advierte E. SCHMIDT-ASSMANN, *La Teoría...*, cit. (nota 7), p. 207.

29. Lo afirma E. SCHMIDT-ASSMANN, «Cuestiones fundamentales sobre la reforma de la teoría general del Derecho Administrativo: necesidad de la innovación y presupuestos metodológicos», en J. Barnes, *Innovación y reforma...*, cit. (nota 26), p. 128.

ducibles a la norma (de ahí también la necesidad de una especial motivación que acredite su fundamento en la norma legal). Esas actuaciones se integran en el mismo *circuito de dirección* que tiene su origen en la norma[30], lógicamente, con distinta cualidad a la que ésta ostenta. La Administración deja de ser un mero instrumento de aplicación mecánica de la ley parlamentaria (su correa de transmisión)[31], para elaborar unas decisiones sólo parcialmente anticipadas por la norma[32]. La escasa predeterminación normativa viene asociada a la dificultad de anticipar la evolución de la ciencia y de la técnica[33], así como a la dificultad de valoración ética y científica de las consecuencias de desarrollos ya disponibles[34]. Aunque el agente jurídico gusta de la certeza científica para poder cumplir su función estabilizadora, la ciencia en contacto con la estructura racional de la realidad es reacia a los blancos y negros, prefiere las tonalidades intermedias.

---

30. Así, E. SCHMIDT-ASSMANN, *La Teoría...*, cit. (nota 7), p. 210.

31. La crisis del modelo de «correa de transmisión» como forma de entender la posición de las Administraciones públicas fue ya expuesta por R.B. STEWART, «The Reformation of American Administrative Law», *Harvard Law Review*, 88, 1975, pp. 1669 y ss.

32. Es lo que se ha calificado como la transformación del papel de la Administración desde una posición «racional-instrumental» a otra «deliberativo-constitutiva». Así, E. FISHER, *Risk Regulation and Administrative Constitutionalism*, cit. (nota 8), pp. 28-35.

33. F. REIMER entiende que las complejas decisiones administrativas en situaciones de riesgo son una de las causas de la limitación de la capacidad explicativa actual de la teoría de la esencialidad (*Wesentlichkeitstheorie*) respecto de la reserva de ley. Allá donde, en un momento determinado, la ley parlamentaria no puede asumir la plena responsabilidad, ésta debe poder encomendar dicha responsabilidad a la instancia de aplicación. Así en «Das Parlamentsgesetz als Steuerungsmittel und Kontrollmassstab», en *Grundlagen des Verwaltungsrechts*, cit. (nota 18), p. 574.

34. El artículo 59 del Reglamento (CE) n. 726/2004, y el artículo 30 del Reglamento (CE) 178/2002, presuponen esa dificultad al establecer un procedimiento para resolver las controversias entre dictámenes científicos, por lo demás algo nada infrecuente. El Reglamento (CE) n. 726/2004 del Parlamento Europeo y del Consejo de 31 de marzo de 2004, es por el que se establecen procedimientos comunitarios para la autorización y el control de los medicamentos de uso humano y veterinario y por el que se crea la Agencia Europea de Medicamentos, DOCE de 30.4.2004. El Reglamento (CE) n. 178/2002 del Parlamento Europeo y del Consejo de 28 de enero de 2002, es por el que se establecen los principios y los requisitos generales de la legislación alimentaria, se crea la Autoridad Europea de Seguridad Alimentaria y se fijan procedimientos relativos a la seguridad alimentaria, DOCE de 1.2.2002.

4. LAS CARACTERÍSTICAS DE LA REGULACIÓN DEL RIESGO

De cuanto ha quedado dicho cabe inferir algunos rasgos de la regulación del riesgo[35]: flexibilidad y temporalidad (a), proyección hacia el futuro (b), parcial desmaterialización y paralela procedimentalización (c), un acercamiento del modo en que se aplican las normas a los modos propios de la producción de normas (d)[36].

a) La regulación del riesgo, como se verá con detalle a propósito de los procedimientos administrativos, se caracteriza por la flexibilidad y la temporalidad. Esto significa, entre otras cosas, que las decisiones administrativas que «aplican» esa regulación no son nunca «definitivas», esto es, resultan reversibles por circunstancias sobrevenidas, por la generación de nuevos conocimientos o tecnologías, o reformas legales.

b) La incertidumbre inherente a situaciones de riesgo determina que su regulación se oriente a la valoración, al análisis temprano y al contraste con otras alternativas, ante las posibles consecuencias de las actuaciones que entrañan riesgo. Esta tendencia a la anticipación mediante la adopción temprana de medidas adecuadas supone una clara proyección hacia el futuro de la regulación del riesgo.

c) La incertidumbre, como ha quedado dicho, lleva aparejada una parcial desmaterialización y una paralela procedimentalización de las regulaciones de riesgo. El legislador renuncia parcialmente a adoptar por sí mismo las decisiones sobre las situaciones de riesgo, estableciendo sólo el marco (fines, prioridades, procedimientos) en que dichas decisiones deben adoptarse. La tarea de la norma parlamentaria, en estos ámbitos, no es tanto la de prever qué decisiones debe

---

35. Expuestas por I. APPEL, «Methodik des Umgangs mit Ungewissheit», cit. (nota 21), pp. 352 a 357. Ver al respecto también p. 331, donde expone la peculiaridad fundamental de la actuación administrativa bajo condiciones de incertidumbre la desfiguración de la diferencia entre los planos de la producción de normas y de la aplicación de normas.

36. En sentido muy similar, citando a A. SCHERZBERG, E. SCHMIDT-ASSMANN, *Das Allgemeine Verwaltungsrecht als Ordnungsidee*, cit. (nota 22), p. 163, da como reacciones del Derecho frente a la incertidumbre: la flexibilización y temporalización, la desmaterialización a través de cláusulas técnicas y remisión a los estados de la técnica, la delegación de potestades de decisión a favor de la Administración por menor determinación de la ley, la procedimentalización de la toma de decisiones.

tomar la Administración, como la de establecer estructuras, también de procedimiento, en las que se fundamenten esas decisiones a la vista de distintos factores relevantes[37]. En ese sentido, las regulaciones del riesgo pueden verse como un ejemplo de situación compleja de toma de decisiones a la que la Administración se enfrenta contando con programas normativos de decisión insuficientes[38].

d) La mayor abstracción y menor densidad de las leyes que regulan el riesgo supone, como se ha reiterado, que la Administración tenga un mayor protagonismo y goce de un margen notable, que va mucho más allá de la mera «aplicación», puesto que su acción consiste, mediante el procedimiento, en establecer criterios y soluciones que son más próximos a la norma, que a un mero acto administrativo. En ese sentido, se puede dar como característica de la regulación del riesgo un acercamiento del modo en que se aplican las normas a los modos propios de la producción de las normas.

Un ejemplo de las características de regulación del riesgo mencionadas lo ofrece el Reglamento (CE) n. 178/2002 relativo a la seguridad alimentaria[39]. Sus objetivos generales, la finalidad y sentido de la norma señalados en sus artículos 1 y 5[40], serían irrealizables si se confiaran exclusivamente a los clásicos programas normativos materiales. Este Reglamento establece más bien, para el logro de sus objetivos, conforme al principio de precaución, una serie de garantías de procedimiento que dirigen el proceso de toma de decisión relativa a la seguridad de alimentos y piensos. La apelación al principio de precaución, que se explicita en el artículo 7 del Reglamento, opera como un mecanismo de apertura hacia el futuro. La aplicación de los cinco principios generales en que se concreta el principio

---

37. Desarrolla esta idea I. APPEL, «Methodik des Umgangs mit Ungewissheit», cit. (nota 21), pp. 354-356. J. BARNES, en: «Sobre el procedimiento administrativo: evolución y perspectivas», *Innovación y reforma...*, cit. (nota 26), p. 270, destaca la centralidad del procedimiento administrativo, especialmente en los casos en que la ley no puede anticiparse a la realidad y recurre a programaciones finalistas. En estos casos el procedimiento administrativo supone una forma de sometimiento de la Administración a la Ley y al Derecho.

38. Así, H-H. TRUTE, «Methodik der Herstellung und Darstellung verwaltungsrechtlicher Entscheidungen», en *Methoden der Verwaltungsrechtswissenschaft*, E. Schmidt-Aßmann y W. Hoffmann-Riem, Baden-Baden, 2004, p. 317.

39. Cit. (nota 34).

40. Fundamentalmente establecer las bases para la garantía de un alto nivel de protección de la vida, salud de las personas y de los intereses de los consumidores en relación con los alimentos; así como garantizar la libre circulación en la Comunidad de alimentos y piensos.

de precaución[41] debe entenderse como un medio flexible que contribuye a reducir las consecuencias de la incertidumbre[42], dotando de orientación y de una cierta estructura a las decisiones adoptadas en situaciones de fuerte incertidumbre[43]. Los mecanismos de alerta rápida y adopción de medidas de emergencia previstos en los artículos 50 y 53 del Reglamento son expresión concreta de la flexibilidad y reversibilidad de las decisiones administrativas previstas en la regulación de situaciones de riesgo. La posibilidad de establecer condiciones especiales no especificadas o cualquier otra medida provisional adecuada en situaciones de emergencia, prevista en el artículo 53.1 de ese Reglamento[44], puede ser ejemplo de la referida nivelación entre la producción y la aplicación normativa.

---

41. La Comunicación de la Comisión sobre el recurso al principio de precaución, de 2 de febrero de 2000, COM (2001) 1 final, n. 6.3, cit. (nota 16), menciona esos cinco «principios»: proporcionalidad, no discriminación, coherencia, análisis de las ventajas y los inconvenientes que se derivan de la acción o falta de acción, estudio de la evolución científica.

42. Así, I. APPEL, «Methodik des Umgangs mit Ungewissheit», cit. (nota 21), pp. 344-345.

43. Sobre la operatividad del principio de precaución en los distintos planos en que es empleado por las instituciones europeas, como origen de políticas públicas y de decisiones concretas adoptadas en el seno de procedimientos, recientemente, ver nuestro «Public Health, Environmental Protection and Trade Restrictions: the Precautionary Principle as Applied in EC Law», en *Wirtschaft und Gesellschaft im Staat der Gegenwart: Gedächtnisschrift für Peter J. Tettinger*, Carl Heymanns, Colonia 2007, pp. 731-746.

44. La «adecuación» de las medidas como elemento integrante del test de proporcionalidad, constituye el elemento central de esa atribución de potestad formulada en términos tan amplios.

III
LOS PROCEDIMIENTOS ADMINISTRATIVOS
DE GESTIÓN DEL RIESGO

1. LA GESTIÓN DEL RIESGO

LA normativa comunitaria, en alguna ocasión, ha descrito la «gestión de riesgo» como «proceso consistente en sopesar las alternativas políticas en consulta con las partes interesadas, teniendo en cuenta la determinación del riesgo y otros factores pertinentes[45], y, si es necesario, seleccionando las opciones apropiadas de prevención y control»[46]. En ese sentido la gestión del riesgo no constituye una categoría jurídica, de cuyo uso o invocación se desprendan consecuencias bien definidas. De forma algo más precisa, el concepto de gestión de riesgo se puede entender, en el contexto del Derecho Comunitario, como estructura de producción de resoluciones administrativas, la cual, mediante la valoración de situaciones complejas de incertidumbre, debiera hacer posible la transparencia en la toma de esas resoluciones y su control judicial[47]. La idea de gestión del riesgo se concreta en una secuencia de actividades que integran, conforme a la regulación de cada sector, procedimientos administrativos más o menos formalizados de toma de decisión, que pueden conducir a la adopción de resoluciones ajustadas a lo que sería un concepto estricto de acto administrativo[48].

---

45. Para alcanzar los objetivos generales de la legislación alimentaria, la gestión del riesgo tendrá en cuenta los resultados de la determinación del riesgo y, en particular, los dictámenes de la Autoridad Europea de Seguridad Alimentaria, el principio de precaución cuando se den las condiciones para ser aplicado y otros factores relevantes. Así lo dispone el artículo 6 del Reglamento (CE) n. 178/2002, cit. (nota 34).

46. Así el artículo 3 del Reglamento (CE) n. 178/2002, cit. (nota 34). Las definiciones en que nos basamos se encuentran en los apartados 9 a 13 de ese artículo 3.

47. En sentido parecido, H-H. TRUTE, «Methodik der Herstellung und Darstellung verwaltungsrechtlicher Entscheidungen», cit. (nota 38), p. 318.

48. En el sentido de los empleados por R. BOCANEGRA, *La Teoría del Acto Administrativo,*

Cabe entender la «gestión del riesgo» como una fase, la de toma de la decisión de que se trate, dentro de una sucesión de actuaciones más amplia en la que pueden distinguirse otras, como la fase de «determinación del riesgo» y la de «comunicación del riesgo». El conjunto en el que se integran esas tres secuencias de actuaciones se ha dado en llamar «análisis de riesgo»[49]. La distinción entre esas fases puede traducirse en el establecimiento de procedimientos escalonados y compuestos que se tramiten ante órganos o Administraciones diferentes, aunque no es ello una opción obligada. La gestión del riesgo se resuelve, en todo caso, en el momento de la decisión con la que dar respuesta fundamental a las exigencias del interés público en cada ámbito concreto de regulación.

Dos cuestiones interesa plantear ahora: si se pueden inducir algunas características comunes a los procedimientos en que se concreta la gestión del riesgo y, aun antes, cuál sea el sentido que tenga identificar esta clase o tipo de procedimientos.

2. LA BÚSQUEDA DE UN NUEVO TIPO DE PROCEDIMIENTO ADMINISTRATIVO

La referencia a procedimientos administrativos de gestión del riesgo lo es a un tipo de procedimientos y no a un procedimiento tipo. Para establecer la tipología de procedimientos administrativos pueden seguirse distintos criterios. Tradicionalmente, se han empleado, entre

---

IUSTEL, Madrid, 2005, pp. 41-77 ó por A. GALLEGO ANABITARTE Y OTROS, *Acto y procedimiento administrativo*, Marcial Pons, Madrid, 2001, p. 45.

49. El artículo 3 apartado 10 del Reglamento (CE) n. 178/2002, entiende que el análisis de riesgo es un proceso formado por tres elementos interrelacionados: determinación del riesgo, gestión del riesgo y comunicación del riesgo. Distingue claramente entre esas tres fases integrantes del análisis del riesgo la Comunicación de la Comisión sobre el recurso al principio de precaución, de 2 de febrero de 2000, COM (2001) 1 final, n. 5, cit. (nota 16).

otros, los siguientes[50]: la forma de iniciación del procedimiento; el número de interesados; la homogeneidad o heterogeneidad de los intereses en juego; la participación de uno o varios órganos o de una o varias Administraciones; el carácter primario o secundario del procedimiento (en el sentido de si trae o no causa de un procedimiento anterior); el objetivo o resultado al que los procedimientos se orientan en relación con las formas de actuación de la Administración (procedimiento de contratación, de otorgamiento de subvenciones, de expropiación, sancionador)[51]. Estos criterios de clasificación, que siguen siendo de indudable utilidad, no agotan la variedad de los criterios de construcción de tipos de procedimientos administrativos que es posible emplear.

En el caso que nos ocupa, el criterio de delimitación que se propone consiste en la existencia de determinadas condiciones de partida sobre las que se aplica el procedimiento administrativo. Todos aquellos procedimientos previstos para dar respuesta a situaciones en los que se dan unas características comunes como son la incertidumbre científica y tecnológica, entre otras, podrán ser incluidos dentro de un tipo de procedimiento caracterizado por la existencia de unas funciones en parte comunes y por unos elementos estructurales característicos a este tipo de procedimientos de gestión del riesgo.

El interés por identificar un tipo de procedimiento administrativo, entre los regulados por distintas normas sectoriales, que entre sí presenten algunas notas comunes (condiciones sobre los que se aplican, de las que se siguen funciones y elementos estructurales al menos en parte comunes) es, al menos, doble. De un lado, permite una mejor comprensión de cada procedimiento administrativo singular al encuadrarlo dentro de un marco de conocimiento más amplio. De otro, hace

---

50. Seguimos en parte los criterios que señala A. VOSSKUHLE, «Strukturen und Bauformen…», cit. (nota 4), p. 285 y 286.

51. Como señala A. VOSSKUHLE, «Strukturen und Bauformen…», cit. (nota 4), p. 286, esos criterios han sido predominantes por el modo de entender el Derecho Administrativo centrado en la formas de actuación de la Administración y en los requisitos de legalidad.

posible el trasvase del conocimiento y la experiencia obtenida con el análisis de unos procedimientos a otros en cuanto integrantes de un mismo tipo cuya regulación sea insuficiente o defectuosa. Como en toda búsqueda de concepto, también en el caso de los procedimientos administrativos de gestión de riesgo, si de ese concepto se siguen consecuencias jurídicas, dichas consecuencias serán aplicables a todos los procedimientos en los que se den las notas que permitan caracterizarlos como de gestión del riesgo.

3. LA DELIMITACIÓN DEL CONCEPTO

La característica que se propone para aislar este tipo de procedimiento consiste, como se ha dicho, en unas especiales condiciones de partida, que son determinantes de un conjunto de problemas análogos en relación con la regulación de la incertidumbre. En concreto, entendemos como procedimientos administrativos de gestión del riesgo aquellos procesos de toma de decisiones administrativas que se producen en condiciones de una elevada complejidad e incertidumbre cognitiva, en relación con la innovación de la ciencia o de la técnica (productos, instalaciones, actuaciones, etc.), a las que les acompaña además una situación de riesgo[52], y cuyo objeto consiste en hallar una respuesta razonable, de entre las posibles legalmente, a la vista de los distintos bienes jurídicos afectados. La similitud de condiciones de partida determina, como veremos, una cierta identidad de las funciones que desempeñan y de los elementos estructurales que configuran esos procedimientos.

De entre las condiciones referidas destaca la *incertidumbre*. Es ése un rasgo inherente a todas las decisiones que suponen la realización de un pronóstico[53] por parte de la Administración. Sin embargo,

---

52. En un sentido similar, A. Vosskuhle, «Strukturen und Bauformen…», cit. (nota 4), p. 330.

53. Respecto de lo que en la doctrina alemana se conoce con el nombre de «Prognoseentscheidungen», es clásico el trabajo de P. J. Tettinger, «Überlegungen zu

lo específico de los procedimientos de gestión de riesgo, frente a otros procedimientos de prevención de peligros, reside en la alta inseguridad cognitiva sobre la probabilidad del daño y su gravedad[54]. A la doble incertidumbre referida se debe añadir la *pluralidad y complejidad de factores* que la Administración debe tener en cuenta para gestionar las situaciones de riesgo. Esos factores incluyen, junto a las indicaciones de posible daño futuro, los eventuales beneficios para la población (por ejemplo, de un medicamento) o, en general, para el bien común que se pudieran seguir de un determinado producto, instalación o actuación. Al servicio de esta ponderación, en no pocos casos, la única directriz de contenido que establece la norma es la determinación del fin que ha de perseguirse. Al ser la determinación material poco concreta, crece exponencialmente, como antes hemos mencionado, la responsabilidad de las autoridades administrativas y la trascendencia de las reglas de procedimiento[55]. Junto a las condiciones de partida sobre las que se desarrollan esos procedimientos, se puede identificar una serie de funciones comunes a los distintos procedimientos de gestión del riesgo.

4. LAS FUNCIONES QUE DESEMPEÑAN

Con carácter general los procedimientos administrativos están llamados a cumplir una pluralidad de funciones[56], entre las que tradicionalmente ha destacado la función de asegurar la conformidad a

---

einem administrativen 'Prognosespielraum'», en *Deutsches Verwaltungsblatt*, 1982, pp. 421-433.

54. Así U. DI FABIO, *Risikoentscheidungen im Rechtstaat*, 1994, p. 115 (nota 291). Citado por A. VOSSKUHLE, «Strukturen und Bauformen...», cit. (nota 4), p. 330.

55. Así lo destaca, A. VOSSKUHLE, «Strukturen und Bauformen...», cit. (nota 4), p. 331.

56. Al respecto, en esta misma obra, E. SCHMIDT-ASSMANN, «Strutures and Functions of Administrative Procedures...», cit. (nota 7).

Derecho de la decisión que se adopte[57]. Esta función irrenunciable del procedimiento administrativo presenta rasgos peculiares en el caso de los procedimientos de gestión del riesgo, pues las normas que los regulan tienen, como ya se ha hecho notar, un contenido muy abierto. Lo que establece la ley es antes una legalidad procedimiental que una legalidad material. En la medida en que las decisiones permitidas por la norma pueden ser variadas y estar sólo parcialmente previstas por ésta, la adecuación del procedimiento seguido al establecido legalmente se convierte en parámetro fundamental para valorar la legalidad de la decisión adoptada. Por ello, las mayores y más intensas determinaciones de procedimiento compensan las limitaciones de los programas normativos materiales[58], erigiéndose en elemento fundamental para determinar la conformidad a Derecho de una decisión.

El procedimiento administrativo, sin embargo, cumple otras relevantes funciones que desbordan lo que tradicionalmente se entiende como una función de control de la legalidad de la decisión que finalmente se adopte[59]. La regulación del procedimiento administrativo a la vez que sirve para controlar, también dirige la actividad de las Administraciones públicas. En ese sentido el procedimiento adminis-

---

57. Así, W. Hoffmann-Riem, «Verwaltungsverfahren und Verwaltungsverfahrensgesetz...», cit. (nota 5), pp. 13 y 28. Los orígenes de la concepción tradicional de la legislación de procedimiento administrativo que sigue el modelo procesal y las nuevas perspectivas que abre la legislación especial de procedimiento han sido recientemente expuestos por J. Barnes, «Sobre el procedimiento administrativo: evolución y perspectivas», *Innovación y reforma...*, cit. (nota 26), pp. 275-286.

58. Así, W. Hoffmann-Riem, «Verwaltungsverfahren und Verwaltungsverfahrensgesetz...», cit. (nota 5), p. 22.

59. La evolución de la doctrina española sobre las funciones que el procedimiento administrativo está llamado a cumplir se expone en J. Tornos Mas, «La simplificación procedimental en el ordenamiento español», *Revista de Administración Pública*, n. 151, 2000, p. 45. De forma extensa al respecto, J. Ponce Solé, *Deber de buena administración y derecho al procedimiento administrativo debido*, Lex Nova, Valladolid, 2001. En la doctrina españonla, destaca esa pluralidad de funciones y estructuras del procedimiento administrativo J. Barnes, «Sobre el procedimiento administrativo: evolución y perspectivas», en *Innovación y Reforma...*, cit. (nota 26), pp. 295-300.

trativo constituye un programa de actuación[60] con el que la norma determina qué debe hacer cada uno de los participantes en el procedimiento, sin que ello suponga como ya se ha visto que predetermine el contenido material de la decisión que finalmente se adopte[61]. En el caso de procedimientos de gestión del riesgo, la multiforme variedad de intereses que implican; la elevada incertidumbre; y los muchos factores complejos a tener en cuenta, hacen especialmente relevante la idea de programa de actuación que estos procedimientos encarnan.

Como se ha insistido, la escasa capacidad de anticipar los resultados por parte del legislador se compensa con los procedimientos administrativos de gestión del riesgo. Su función de compensación del déficit de la ley material es análoga a la que cumplen otros procedimientos, como los que tienen lugar en el ámbito del planeamiento urbanístico y territorial, o de la evaluación estratégica y de impacto ambiental[62]. En la medida en que se fortalece la participación en esta clase de procedimientos se asegura una mayor legitimidad democrática de las decisiones administrativas y se desplaza el centro de gravedad del control *ex post* y de carácter jurisdiccional, a un control *ex ante* y en el seno del procedimiento.

Si todo procedimiento administrativo pretende elevar la racionalidad de la actuación de las Administraciones públicas, con mayor razón habrá de ser así en el caso de los procedimientos de gestión del riesgo. La falta de pruebas empíricas sobre las relaciones de causalidad y la

---

60. Lo explica con detalle W. HOFFMANN-RIEM, «Verwaltungsverfahren und Verwaltungsverfahrensgesetz...», cit. (nota 5), pp. 27 y 39.

61. En términos generales, los procedimientos administrativos son susceptibles de perseguir funciones y necesidades diversas: la protección de los derechos individuales; la participación; la ponderación de intereses; transparencia y claridad a la acción administrativa; la cooperación entre Administraciones; la eficacia administrativa. *Cfr.* E. SCHMIDT-ASSMANN, «Pluralidad de estructuras...», cit. (nota 7). Desde una perspectiva en parte coincidente con la anterior, W. HOFFMANN-RIEM, en: «Verwaltungsverfahren und Verwaltungsverfahrensgesetz...», cit. (nota 5), p. 28, considera que los procedimientos administrativos tienen como función: el suministro de información a los interesados; la correcta representación de intereses; la protección jurídica previa a la decisión; la optimización de intereses; la aceptación de la decisión que finalmente se adopte; y la legitimación de dicha decisión.

62. Véase la introducción y el capítulo quinto de la presente obra.

limitada posibilidad de calcular las ventajas e inconvenientes de la innovación sometida a la consideración administrativa[63] subrayan la importancia de la obtención y procesamiento de la información necesaria y de la correcta representación de los intereses. Son éstas funciones que han de cumplir los procedimientos de gestión del riesgo. A ello se añade la función de dotar de garantías de legalidad y acierto a la revisión de las decisiones previamente adoptadas o a la aplicación de medidas provisionales, que vengan exigidas por la integración de nuevos conocimientos o por la necesidad de dar respuesta rápida ante situaciones imprevistas, como riesgos para la salud como consecuencia de un medicamento ya autorizado o de un alimento que se está comercializando.

La función no determina automáticamente una única estructura procedimental. Sin embargo, es habitual que el legislador, a la vista de la realidad de las cosas y de la praxis administrativa, diseñe un tipo característico de herramientas de procedimiento que resulten coherentes con la función que ese procedimiento está llamado a desempeñar[64]. Dicho de otra forma: al aumento de la complejidad de las funciones a que la Administración debe hacer frente, le sigue la formación de diferentes estructuras de procedimiento adecuadas para el cumplimiento de esas funciones[65]. A la identificación de las estructuras de procedimiento comunes a los distintos procedimientos de gestión del riesgo se dedica el apartado siguiente.

---

63. Lo destaca, A. Vosskuhle, «Strukturen und Bauformen...», cit. (nota 4), p. 330. En sentido similar E. Schmidt-Assmann, *Das Allgemeine Verwaltungsrecht als Ordnungsidee*, cit. (nota 22), p. 369.

64. En un sentido análogo, A. Vosskuhle, «Strukturen und Bauformen...», cit. (nota 4), p. 286.

65. Así, A. Vosskuhle, «Strukturen und Bauformen...», cit. (nota 4), p. 344.

5. LOS ELEMENTOS ESTRUCTURALES

Los procedimientos de gestión de riesgo tienen por objeto la reducción en la mayor medida posible de la incertidumbre; una determinación del riesgo en términos de probabilidad; su confrontación con posibles efectos beneficiosos del producto, instalación o actividad; la determinación del riesgo remanente; y la toma de las decisiones que se consideren más adecuadas[66]. Para hacer posible el cumplimiento de estos objetivos el legislador ha apostado por algunas soluciones procedimentales, que pueden ser consideradas tradicionales dentro de este tipo de procedimientos. No se trata, en la mayoría de los casos, de instrumentos novedosos. Son más bien elementos de procedimiento empleados en otros ámbitos, pero puestos al servicio de las exigencias específicas de los procedimientos de gestión del riesgo. La peculiaridad radica, más que en los elementos en sí, en la adecuada conjunción de unos y otros, y en la intensidad con que se aplican[67]. Entre esos instrumentos se encuentran los que a continuación se relacionan.

a) EL REFUERZO DE LAS OBLIGACIONES DE COLABORACIÓN QUE RECAEN SOBRE LOS SOLICITANTES

El régimen legal de los procedimientos de gestión del riesgo exige del promotor de la idea (producto, instalación o actividad) susceptible de generar riesgos, una muy intensa obligación de *colaboración*[68].

---

66. En un sentido parecido, A. VOSSKUHLE, «Strukturen und Bauformen...», cit. (nota 4), p. 332.

67. Destaca el dato A. VOSSKUHLE, «Strukturen und Bauformen...», cit. (nota 4), p. 340.

68. Éste es uno de los elementos estructurales que configuran los procedimientos de riesgo, para A. VOSSKUHLE, «Strukturen und Bauformen...», cit. (nota 4), p. 340. J. A. CARRILLO DONAIRE, «Seguridad y calidad productiva: de la intervención policial a la gestión de riesgos», *Revista de Administración Pública*, n. 178, 2009, destaca como notas de lo que denomina reubicación de las garantías jurídicas en el sistema de gestión de riesgos, entre otras: la importancia y el fortalecimiento de los deberes de colaboración y de información y del derecho de participación.

Entre las causas de dicha imposición se pueden citar la escasez de recursos y de personas especializadas en la Administración[69]; los altos costes asociados, en no pocos casos, a la determinación del riesgo; y el hecho de que el conocimiento que la Administración requiere se encuentre en manos del sector privado[70]. La cuestión de fondo reside, sin embargo, en determinar a quién corresponde soportar dichos costes y cómo hacer para dar cauce a la posición de otros interesados que no estén en condiciones de afrontar los gastos inherentes a segundas opiniones sobre la determinación del riesgo que presenta un nuevo producto, instalación o actuación. Los procedimientos administrativos de gestión del riesgo debieran, a este respecto, garantizar la igual participación y la igualdad de oportunidades de influencia en el procedimiento[71] y estructurar los intereses a veces difusos o en inferioridad de condiciones económicas y de conocimiento tecnológico. Esos retos resultan más acusados por la tendencia a un reparto de responsabilidades entre el Estado y la sociedad, en la que el Estado asume la posición de garante del sistema, pero donde los segmentos sociales implicados en la creación de riesgos se hacen cada vez más responsables directos de su control y gestión[72].

El establecimiento de obligaciones de *colaboración* más intensas representa una peculiaridad respecto de la regulación general del procedimiento administrativo, aunque no respecto de otros procedimientos distintos de los de gestión de riesgo que no cuentan con programación material, es decir, que no son meramente aplicativos[73]. De acuer-

---

69. Así, A. VOSSKUHLE, «Strukturen und Bauformen...», cit. (nota 4), p. 340.

70. Piénsese, por ejemplo, en los estudios toxicológicos y en los ensayos clínicos exigidos para la autorización de medicamentos. En España conforme al artículo 12.2 de la Ley 29/2006, de 21 de julio, de Garantías y Uso Racional de los Medicamentos y Productos Sanitarios, BOE 27.7.2006.

71. Así, H-H. TRUTE, «Die demokratische Legitimation der Verwaltung», en *Grundlagen des Verwaltungsrechts*, cit. (nota 18), p. 372.

72. Subraya este fenómeno general D. CANALS I AMETLLER, *El ejercicio por particulares de funciones de autoridad: control, inspección y certificación*, Comares, Granada, 2003, p. 69.

73. Sobre estos procedimientos no meramente aplicativos, dentro de los que se situarían los de gestión del riesgo ver, J. BARNES, en: «Sobre el procedimiento administrativo: evolución y perspectivas», en *Innovación y reforma...*, cit. (nota 26), pp. 268-271.

do con la legislación general española, como sucede con otras tantas leyes nacionales, los actos de instrucción necesarios para la determinación, conocimiento y comprobación de los datos en virtud de los cuales deba pronunciarse la resolución, se realizan de oficio por el órgano encargado de tramitar el procedimiento[74]. A la vez, la legislación general de procedimiento administrativo, en algunos casos, limita el ámbito de cooperación de los interesados en el procedimiento, en el sentido de que sólo en los casos previstos por una ley están obligados a facilitar a la Administración informes, inspecciones y otros actos de investigación[75].

La legislación de gestión de riesgo impone amplios deberes de instrucción, documentación e información, y altera, en consecuencia, esa regla general. De ahí se deriva, pues, que los solicitantes tengan que aportar cuanto conocimiento experto esté disponible, y prestarse a realizar cuantas comprobaciones sean necesarias, salvo en los casos expresamente previstos por el Derecho[76]. El fin que la norma persigue justifica la imposición de esas obligaciones y sujeciones, a la vez que opera como límite respecto de la intensidad y extensión de esas obligaciones de colaboración.

---

74. Así, en el caso español, ver el artículo 78.1 de la Ley 30/1992.

75. Así, en el caso español, artículo 39.1 de la Ley 30/1992, en lo que fue calificado por J.A. SANTAMARÍA PASTOR, como el establecimiento de una reserva de ley al respecto. Así en «La actividad de la Administración», en *Comentario Sistemático a la Ley de Régimen Jurídico de las Administraciones Públicas y del Procedimiento Administrativo Común*, AA.VV., Carperi, Madrid, 1993, p. 154.

76. Un ejemplo de esto podría localizarse en la legislación española, en el artículo 16.1 de la Ley 29/2006, de 21 de julio de Garantías y Uso Racional de los Medicamentos y Productos Sanitarios, por el que se apodera a la Agencia Española de Medicamentos y Productos Sanitarios para «requerir al solicitante para que aporte documentación, estudios, datos o informaciones complementarias, siendo de aplicación la normativa comunitaria, la específica de desarrollo de esta Ley y, en su defecto, la normativa reguladora del procedimiento administrativo común».

b) La especial intensidad de la información sobre el riesgo

Una de las funciones de los procedimientos administrativos que se refuerzan en el caso de los procedimientos administrativos de gestión del riesgo es la de suscitar el *consenso*, favorecer la aceptación de los interesados y del público en general[77]. Al servicio de esa función, la regulación de estos procedimientos prevé numerosos cauces de información mediante los que se da lugar a densos flujos de comunicación. No podría ser de otra forma, pues las decisiones que se toman en el seno de esos procedimientos, por lo general, afectan a muchos y variados intereses.

En los procedimientos de gestión del riesgo, la comunicación a todos los posibles afectados no se limita a una actuación aislada en el seno del procedimiento. Dentro del procedimiento inicial de gestión del riesgo se observa la tendencia general al aumento de densidad normativa de las relaciones de comunicación entre los interesados en y alrededor del procedimiento administrativo[78]. La pulcritud en el modo de conducir el procedimiento y la transparencia respecto de la toma en consideración de los distintos intereses implicados, se concreta en muchas ocasiones en obligaciones específicas de información[79].

La información sobre el riesgo se configura, también, como una obligación que permanece en el tiempo, en virtud de las distintas inci-

---

77. La búsqueda de la aceptación por los afectados de las decisiones de la Administración es considerada por W. Hoffmann-Riem como una de las reglas de corrección en la aplicación del Derecho que debe caracterizar a toda buena Administración. Así en «Methoden einer anwendungsorientierten Verwaltungsrechtswissenschaft», en *Methoden der Verwaltungsrechtswissenschaft*, E. Schmidt-Aßmann y W. Hoffmann-Riem, Baden-Baden, 2004, p. 49-50.

78. La expresión es de A. Vosskuhle, «Strukturen und Bauformen...», cit. (nota 4), p. 344.

79. Así debe entenderse, por ejemplo, la regla del artículo 59.3 y 4 del Reglamento (CE) n. 726/2004, cit. (nota 34), en el que se impone, en caso de discrepancia acerca de aspectos científicos entre una agencia comunitaria o un comité científico u organismo nacional, la obligación de inmediata publicación del documento conjunto que explique los aspectos científicos controvertidos.

dencias que pudieran presentarse[80]. El procedimiento desborda así las actuaciones encaminadas a la inicial de toma de decisión, constituyendo un sistema permanente de comunicación en el seno de la relación jurídica continuada de gestión del riesgo, en la que se acoplan quienes promueven el fenómeno (producto, instalación o actividad) generador de riesgo, la Administración, los posibles afectados y el público en general[81].

Otra dimensión de la continuada comunicación en torno al riesgo es la obligación de las Administraciones, en algunos supuestos, de informar al público en general de la naturaleza del riesgo, indicando su origen y las medidas que se deban adoptar para prevenir, reducir o eliminar ese riesgo[82]. Estamos ante casos claros de previsiones legales de prestaciones informativas de las autoridades administrativas al público de las que dan contenido al derecho a recibir una información veraz que, en algún caso, puede tener trascendencia constitucional[83].

---

80. Por ejemplo, obligaciones de los profesionales sanitarios, de los laboratorios farmacéuticos y de los almacenes mayoristas de comunicar a las autoridades sanitarias la anomalías en los productos farmacéuticos autorizados de las que tuvieren noticia. En la legislación española esta obligación se establece el artículo 12.5 de la Ley 29/2006, de 21 de julio, de Garantías y Uso Racional de los Medicamentos y Productos Sanitarios, BOE de 27.7.2006.

81. Un ejemplo de esto son las extensas obligaciones de información que recaen sobre los titulares de autorizaciones de comercialización de medicamentos de uso humano, en la legislación española concretado en el artículo 8 del Real Decreto 711/2002, de 19 de julio, por el que se regula la farmacovigilancia de medicamentos de uso humano, BOE de 20.7.2002. Otro ejemplo se encuentra en las previsiones sobre las obligaciones de información de los explotadores de empresas alimentarias previstas en el artículo 19 del Reglamento (CE) n. 178/2002, cit. (nota 34).

82. Así lo prevé por ejemplo, el artículo 10 del Reglamento (CE) n° 178/2002, cit. (nota 34), para las autoridades sanitarias cuando existan motivos razonables para sospechar que un alimento o un pienso puede presentar un riesgo para la salud de las personas o de los animales.

83. En España pudiera entenderse esa vulneración como contraria a lo previsto en el artículo 20.1.d) de la Constitución. De esa opinión es, respecto del derecho a prestaciones informativas cuando están previstas legalmente, F. VELASCO CABALLERO, *La información administrativa al público*, Montecorvo, Madrid, 1998, p. 126 y 134.

c) La importancia de la opinión experta

La relación entre el conocimiento y el riesgo es ambivalente. El saber constituye el presupuesto para que el riesgo sea conocido y, a la vez, informa las estrategias de reacción frente al riesgo. Pero el saber es también factor de producción de riesgos y medio decisivo para su prevención[84].

La determinación del riesgo de un nuevo producto, instalación o actividad, en los términos expresados anteriormente, suele requerir profundos conocimientos técnicos y científicos, no siempre disponibles dentro de la estructura de la Administración llamada a decidir sobre dichas innovaciones. Se produce así, con cierta frecuencia, una dependencia de la Administración respecto de la opinión experta externa, en un elemento central del proceso de toma de decisiones[85]. El recurso a expertos individuales o a comisiones de expertos agrupadas en torno a instancias variadas influye decisivamente en la determinación del riesgo y, por tanto, en las decisiones relativas a su gestión. Los problemas que ello plantea son, entre otros[86], la elección de los expertos, la transparencia del procedimiento de designación y la vinculación de la Administración a los dictámenes de los expertos[87].

---

84. Así, I. Appel, «Methodik des Umgangs mit Ungewissheit», cit. (nota 21), p. 328, al tratar de la «ambivalencia» de la Ciencia.

85. Lo destacan en términos parecidos, W. Hoffmann-Riem, «Verwaltungsverfahren und Verwaltungsverfahrensgesetz...», cit. (nota 5), p. 58 y A. Vosskuhle, «Strukturen und Bauformen...», cit. (nota 4), p. 341.

86. Los señala W. Hoffmann-Riem, «Verwaltungsverfahren und Verwaltungsverfahrensgesetz...», cit. (nota 5), p. 58.

87. Significativo a este respecto puede ser lo previsto en el artículo 16.2 y 3 de la Ley española 29/2006, de 21 de julio, de Garantías y Uso Racional de los Medicamentos y Productos Sanitarios: «2. En el procedimiento de evaluación de los medicamentos, la Agencia Española de Medicamentos y Productos Sanitarios contará, a efectos de la emisión de los informes que correspondan, con comités u órganos de asesoramiento que incorporen a expertos cualificados del mundo científico y profesional. 3. En el procedimiento de autorización se podrá someter el medicamento, sus materias primas, productos intermedios y otros componentes a examen de los laboratorios oficiales de control de la Agencia Española de Medicamentos y Productos Sanitarios, que podrá solicitar la colaboración de otro laboratorio nacional acreditado a tal

A las anteriores cuestiones pueden sumarse otras, tales como el uso que se puede dar a ese conocimiento experto fuera del procedimiento en el que se suscita; la comunicación de los dictámenes[88]; las consecuencias de la contradicción entre los informes de expertos recabados[89]; y los modos de proceder ante dictámenes de resultados no conclusivos o de resultados negativos sobre la posibilidad de alcanzar, en el actual estado de la ciencia o de la técnica, conclusión alguna respecto de la determinación del riesgo del fenómeno evaluado.

Más allá del carácter interno o externo de las personas o las instancias llamadas a dar la opinión experta en la determinación de riesgo, los problemas señalados en último lugar manifiestan la distinta textura de la determinación y de la gestión del riesgo. La primera se confronta con la realidad de las cosas y su objetivo final es contar con el mejor conocimiento posible. La segunda trata de la adopción de una decisión en unas circunstancias dadas y tiene como meta tomar la decisión más adecuada.

Se establecen así dos «poderes», el científico encargado de la determinación del riesgo y el poder de gestión orientado a la toma de decisiones, encomendados frecuentemente a instancias diferentes. El «poder científico» se atribuye con frecuencia a Agencias o Comités de nueva creación llamados a obrar con independencia para el cumplimento de sus funciones; el «poder político y regulador» se confía a los órganos políticos e institucionales ya existentes[90]. El poder científico tiene funciones de información, dictamen y, en definitiva, de valora-

---

efecto por la propia Agencia, de un laboratorio oficial de control comunitario o de un tercer país».

88. En decir del inciso final del artículo 16.2 y 3 de la Ley 29/2006 citada en la nota anterior: «la confidencialidad no impedirá la publicación de los actos de decisión de los órganos colegiados de asesoramiento técnico y científico del Ministerio de Sanidad y Consumo relacionados con la autorización de medicamentos, sus modificaciones, suspensiones y revocaciones».

89. Situación nada infrecuente, prevista explícitamente, entre otros en los Reglamentos (CE) sobre seguridad alimentaria y autorización de medicamentos, como ya se expuso en la nota 34.

90. Así, J. ESTEVE PARDO, quien considera la creación de esas agencias y comités como una «institucionalización de la apreciación y la valoración científica», en «Ciencia y Derecho ante los riesgos para la salud. Evaluación, decisión y gestión», *Documentación Administrativa,* núm. 265-266, 2003, pp.142 y 144.

ción de riesgos, pero no de decisión. De la ciencia no pueden proceder las decisiones, no es ése su objetivo, por más que sus dictámenes condicionen la posterior gestión del riesgo. La aplicación del Derecho es la sede en la que decidir, en cada caso, previa ponderación de los informes científicos, sobre si un determinado riesgo es o no asumible o si puede ser aceptado por la sociedad[91].

Ejemplos de instancias creadas para facilitar la obtención del mejor conocimiento científico son la Autoridad Europea de Seguridad Alimentaria y la Agencia Europea de Medicamentos[92]. También como instancias gestoras de conocimiento merecen ser citados los Comités científicos en el ámbito de la seguridad de los consumidores, la salud pública y el medio ambiente, cuya creación obedece a la necesidad de disponer en su debido momento de asesoramiento científico de calidad para las propuestas, las Decisiones y la política de la Comisión relacionadas con esos ámbitos[93].

Determinar cuándo es suficiente la participación de los expertos es otra cuestión íntimamente relacionada. Con carácter general, la *incertidumbre* y la *provisionalidad* de los conocimientos asociados a situaciones de riesgo requieren fijar criterios en tal sentido, para evitar que la fase de averiguación se prolongue indefinidamente. Esas reglas han sido calificadas en la doctrina alemana como «Stopregeln» o criterios para acordar la finalización de la actividad instructora[94]. En

---

91. Sobre la tolerancia al riesgo y su aceptación hasta unos determinados límites, M. Rebollo Puig y M. Izquierdo Carrasco, «El principio de precaución y la defensa de los consumidores», *Documentación Administrativa,* núm. 265-266, 2003, pp. 228 y ss.

92. Creadas por los Reglamentos (CE) n. 178/2002 y n. 726/2004, cit. (nota 34). En ambos casos se trata de instituciones «gestoras del conocimiento», como se desprende de los preceptos que en ambas normas regulan sus funciones: artículos 22 y 23 del Reglamento (CE) n. 178/2002 y artículo 57 del Reglamento (CE) n. 726/2004.

93. Estos Comités se encuentran actualmente establecidos en virtud de la Decisión de la Comisión 2004/210/CE, de 3 de marzo de 2004, DOCE de 4.3.2004. Recientemente modificada respecto del mandato de los miembros de los Comités científicos por la Decisión de la Comisión 2007/263/CE, de 23 de abril de 2007, DOCE de 1.5.2007.

94. W. Hoffmann-Riem, «Methoden einer anwendungsorientierten Verwaltungsrechtswissenschaft» en *Methoden der Verwaltungsrechtswissenschaft,* E. Schmidt-Aßmann y W. Hoffmann-Riem, Baden-Baden, 2004, p. 64.

los ámbitos de riesgo, la relatividad de los conocimientos empíricos dificulta la búsqueda de una estabilidad de las expectativas, a la que tradicionalmente aspira el Derecho. Es vana la pretensión en estos ámbitos de una seguridad jurídica que excluya la relatividad de los conocimientos científicos con relevancia jurídica[95]. Las reglas para determinar la finalización de la instrucción están llamadas a desempeñar un importante papel respecto del posible control de legalidad de las decisiones tomadas por las Administraciones públicas en ámbitos de riesgo y respecto de las posibles exigencias de responsabilidad patrimonial que puedan deducirse frente a decisiones en esos ámbitos de las que se sigan daños.

d) PROVISIONALIDAD DE LAS DECISIONES, ESTABILIDAD DE LA RELACIÓN PROCEDIMENTAL

La resolución que pone fin al procedimiento aparece, entre nosotros, revestida de toda una serie de garantías de estabilidad y permanencia en el tiempo. El procedimiento administrativo se ha entendido tradicionalmente como algo auxiliar respecto de lo que sería su culminación «natural»: la resolución[96]. El procedimiento está llamado a finalizar por una u otra vía, mientras que la resolución que se obtenga como consecuencia del procedimiento, está llamada a permanecer. En realidad, las cosas no son tan sencillas, como ya se ha puesto de manifiesto, y buena muestra de ello son las distintas regulaciones sobre la gestión de riesgo.

Las resoluciones adoptadas en procedimientos de gestión de riesgo se caracterizan por su *provisionalidad*. Esas resoluciones generan relaciones jurídicas multipolares de contenido procedimental, en las que

---

95. En ese sentido, ver la obra y página citados en la nota anterior.

96. Es el caso del ordenamiento español, donde La Ley 30/1992, de forma significativa, dedica un Capítulo entero (el IV dentro del Título VI dedicado a las disposiciones generales sobre los procedimientos administrativos) a regular la «finalización» del procedimiento.

influye el procedimiento inicial y respecto del que pueden considerarse como su continuación necesaria. Las decisiones tomadas en condiciones de incertidumbre podrían ser consideradas como provisionales, como instantáneas tomadas en el seno de una relación procedimental duradera[97]. De alguna manera la relación jurídica con soporte en un procedimiento administrativo de esta naturaleza es, en estos casos, más estable que la resolución que puso fin al procedimiento inicial.

En los procedimientos de gestión del riesgo se eleva sensiblemente el grado de provisionalidad y modificabilidad del acto definitivo frente a la tradicional permanencia de las resoluciones administrativas. Esa reversibilidad se manifiesta en la frecuente limitación temporal de las autorizaciones, en el aumento de las posibilidades de revocación[98], en la admisión de condiciones impuestas «a posteriori», y en las generosas disposiciones sobre suspensión temporal de la eficacia de las resoluciones[99].

Los procedimientos de gestión de riesgo constituyen una manifestación de la tendencia general a la «perpetuación del procedimiento», consecuencia de la mayor intensidad de las relaciones de comunicación, de la existencia de controles permanentes, de la atribución de potestades de inspección y del establecimiento de obligaciones periódicas de información[100]. En realidad, estos procedimientos de gestión de riesgo no tienen un verdadero punto final[101]. En un sentido en parte

---

97. En un sentido parecido, A. Vosskuhle, «Strukturen und Bauformen...», cit. (nota 4), p. 341.

98. Por ejemplo, en el ordenamiento español las causas de revocación previstas en el artículo 22 de la Ley 29/2006, de 21 de julio, de Garantías y Uso Racional de los Medicamentos y Productos Sanitarios, BOE de 27.7.2006.

99. Destaca esas manifestaciones de provisionalidad A. Vosskuhle, «Strukturen und Bauformen...», cit. (nota 4), p. 341. Como ejemplo en el Derecho español véase la Ley 29/2006, de 21 de julio, de Garantías y Uso Racional de los Medicamentos y Productos Sanitarios, BOE de 27.7.2006, fundamentalmente en el artículo 22.

100. La expresión y la idea es de A. Vosskuhle, «Strukturen und Bauformen...», cit. (nota 4), p. 345.

101. Así, A. Vosskuhle, «Strukturen und Bauformen...», cit. (nota 4), p. 34. Salvo, lógicamente, que los procedimientos iniciales concluyeran con una resolución que denegara la autorización, o posteriormente se produjera la extinción de ésta.

distinto, podría decirse que son procedimientos generadores de obligaciones de seguimiento[102].

Un ejemplo de la prolongación del procedimiento lo constituyen los planes específicos de farmacovigilancia y de gestión de riesgos, establecidos conforme a las «Buenas Prácticas de Farmacovigilancia para la Industria Farmacéutica»[103], que los solicitantes de autorización de medicamentos deben acompañar junto a la acreditación de su capacidad para realizar una adecuada vigilancia post-comercialización[104]. Las obligaciones de los solicitantes, titulares después de la autorización, asociadas a la farmacovigilancia, hacen de la relación entre el titular de la autorización y la Administración una relación continuada, correlato y prolongación lógicos del procedimiento inicial. Ciertamente, esas obligaciones proceden de la norma, no de la autorización[105] y deben entenderse como prolongación de un mismo discurrir que comenzó con el inicio del procedimiento, alcanzó un punto significativo en el otorgamiento de la autorización y se prolonga hacia el futuro. En ese sentido, los datos obtenidos en el procedimiento de autorización despliegan su virtualidad respecto de la toma de decisión y, más allá, en las fases posteriores a la autorización, como punto de referencia de las actuaciones que en su caso se realicen en torno a los posibles riesgos generados por el producto.

Un dato ilustrativo de la estabilidad y continuidad de la relación procedimental es la trazabilidad que se exige, por ejemplo, en relación con los alimentos, los piensos, los animales destinados a la producción de alimentos y de cualquier sustancia destinada a ser incorporada en un alimento o un pienso, o con probabi-

---

102. Sobre el concepto de seguimiento ver, G. DOMÉNECH PASCUAl, «El seguimiento de normas y actos jurídicos», en *Revista de Administración Pública*, mayo-agosto 2005, pp. 98-100.

103. Son estas Buenas Prácticas un supuesto de autorregulación regulada con lo que se permite que pueda ser exigida, en última instancia, por parte de los poderes públicos correspondientes. Al respecto, M. DARNACULLETA I GARDELLA, *Autorregulación y Derecho Público: La Autorregulación Regulada*, Marcial Pons, 2005, pp. 141 y 159.

104. Estos planes son exigidos en el ordenamiento español por el artículo 12.3 de la Ley 29/2006, de 21 de julio, de Garantías y Uso Racional de los Medicamentos y Productos Sanitarios, BOE de 27.7.2006. Su contenido se concreta en el artículo 8 del Real Decreto 711/2002, de 19 de julio, por el que se regula la farmacovigilancia de medicamentos de uso humano, BOE de 20.7.2002.

105. Destaca este dato, con carácter general, respecto de las autorizaciones de funcionamiento, J.C. LAGUNA DE PAZ, *La autorización administrativa*, Thomson-Cívitas, 2006, p. 274.

lidad de serlo[106]. La obligación de las empresas alimentarias de poder identificar a cualquier persona que haya suministrado cualquiera de las anteriores elementos, es paralela a la obligación de los explotadores de dichas empresas de asegurar que en todas las etapas de la producción bajo su control se cumplen todos los requisitos de la legislación alimentaria; a su vez, las autoridades alimentarias de los Estados miembros verifican el cumplimiento de estas obligaciones[107].

e) LA MAYOR RELEVANCIA DE LOS VICIOS DE FORMA

Como ya notábamos (apartado III.4 precedente), en los procedimientos administrativos de gestión de riesgo se opera un fortalecimiento de las funciones de garantía jurídica (como parámetros de legalidad) y de garantía de acierto (como parámetros de oportunidad entre múltiples variantes). Ese fortalecimiento es inherente a la menor determinación de las normas en estos ámbitos producto de la incertidumbre y complejidad que se asocia a la presencia del riesgo. En este contexto, los defectos de procedimiento que se encuadran dentro de los vicios de forma cobran también especial trascendencia.

Los procedimientos administrativos de gestión de riesgos no constituyen una mera pieza auxiliar respecto de la toma de una decisión prefigurada por la norma. Por el contrario, estos procedimientos desempeñan un papel central en la toma de decisiones correctas desde el punto de vista de su conformidad con la legalidad y desde la perspectiva de la eficacia. Esa sustantividad del procedimiento se proyecta sobre la teoría de la invalidez reforzando la fuerza invalidante de la omisión o insuficiencia de trámites, a la vez que restringe las posibilidades de convalidación y la operatividad del principio de economía procedimental. El defecto de procedimiento que impida el cumpli-

---

106. Prevista en el artículo 18 del ya citado Reglamento (CE) n. 178/2002, cit. (nota 34). Por trazabilidad en el sentido de este Reglamento (artículo 3.15) se entiende la posibilidad de encontrar y seguir el rastro, a través de todas las etapas de producción, transformación y distribución, de un alimento, un pienso, etc.

107. Conforme al artículo 17 del mismo Reglamento (CE) n. 178/2002, cit. (nota 34).

miento de las funciones legalmente previstas determina, por regla general, la carencia de los requisitos formales indispensables para que la decisión adoptada alcance su fin[108]. La mayor importancia de las funciones que desempeñan los procedimientos de gestión del riesgo dota de una mayor trascendencia invalidante a los vicios en que la Administración pueda incurrir durante su tramitación.

f) La proliferación de medidas provisionales

Las situaciones de riesgo provocadas por productos, instalaciones o actividades, requieren con frecuencia de la reacción rápida de la Administración[109]. El procedimiento, que es garantía de legalidad y de acierto, tiene un coste en tiempo. La reacción provisional frente a situaciones de riesgo, incluso antes del comienzo de la tramitación del respectivo procedimiento, resulta posible por la previsión de medidas provisionales en los procedimientos administrativos.

La adopción de una medida provisional da origen a una decisión, declaración, o disposición para el caso concreto. La adopción es unilateral e implica el ejercicio de poder público incidiendo favorable o desfavorablemente en la situación jurídica de los afectados por la misma. La Administración, al emitir la medida provisional, establece el Derecho para un caso concreto; si bien de forma temporal y subordinada a lo que acontezca en el procedimiento principal del que esa medida es auxiliar. Esos parámetros son los propios de cualquier acto administrativo entendido en sentido estricto. La medida provisional tiene una eficacia temporal limitada; posee carácter instrumental respecto de la

---

108. En el Derecho español ésta es una de las causas que determinan la invalidez del acto conforme al artículo 63.2 de la Ley 30/1992.

109. J. A. Carrillo Donaire, «Seguridad y calidad productiva: de la intervención policial a la gestión de riesgos», cit. (nota 68), destaca el plus de provisionalidad y reversibilidad que impregna las resoluciones de los procedimientos de riesgo, como consecuencia de la importancia que el elemento temporal adquiere en estos procedimientos.

resolución principal; tiene contenido declarativo propio; y resulta en muchos casos susceptible de ejecución forzosa. No debe confundirse con el acto de trámite; ni, aunque a veces la distinción pueda no resultar clara, con actos de mera ejecución.

La legislación de procedimientos administrativos de gestión de riesgo se caracteriza por habilitar a la Administración para que adopte una pluralidad de medidas provisionales, tanto dentro del procedimiento, como con carácter previo al inicio del procedimiento formal[110]. La tutela de los bienes jurídicos amenazados por el producto, instalación o actividad que genera riesgo lleva asociada, en los términos anteriormente expuestos, una perpetuación del procedimiento a la vez que justifica la adopción de resoluciones administrativas provisionales, claramente de gravamen, adoptadas casi sin procedimiento administrativo alguno. Esta paradoja caracteriza la regulación de los procedimientos administrativos de gestión del riesgo y manifiesta, una vez más, la necesidad de ajustar la regulación a la realidad de las cosas a la que se pretende dar respuesta.

---

110. En el Derecho español resultan ilustrativas las previsiones del Capítulo III del Real Decreto 1801/2003, de 26 de diciembre, sobre Seguridad General de los Productos, BOE de 10.1.2004. Ahí se establece una regulación exhaustiva y minuciosa de medidas administrativas no sancionadoras de restablecimiento o garantía de la seguridad, que deben adoptar los órganos administrativos con la máxima celeridad o incluso inmediatamente, cuando resulten necesarias para garantizar la salud o seguridad de los consumidores y que incluyen inmovilización y retirada de productos, recuperación de productos de los consumidores, suspensión de actividades, ventas, ofertas o promociones y cualesquiera otras similares siempre que, lógicamente, se consideren necesarias para garantizar la salud y seguridad de los consumidores.

IV
CONCLUSIÓN

Las características del riesgo tecnológico condicionan vigorosamente la regulación con el propósito de mantener en términos razonables las posibilidades de generación de daños futuros derivados de situaciones de riesgo. La relación entre Derecho y riesgo resulta enormemente cambiante debido a la sofisticación y multiplicación de fuentes de riesgo y al aumento de bienes jurídicos protegidos frente a los posibles efectos negativos de las innovaciones de la ciencia y de la técnica.

El análisis de la regulación sectorial dedicada a establecer estrategias adecuadas frente a situaciones de riesgo permite observar dos fenómenos: el protagonismo que adquieren los procedimientos administrativos en la gestión del riesgo, en coherencia con las características de éste y, estrechamente relacionado con lo anterior, la responsabilidad que asume la Administración, en colaboración con la sociedad. Estos fenómenos afectan a la posición relativa, en este ámbito, que la Administración ocupa respecto de la ley parlamentaria. Por lo demás, resalta el interés del estudio de los procedimientos administrativos relacionados con el riesgo y su diseño legislativo.

La inducción a partir de las normas que regulan las situaciones de riesgo permite también identificar un tipo de procedimientos administrativos a los que se puede calificar como procedimientos administrativos de gestión del riesgo. Esa categoría se constituye por la concurrencia de un conjunto de funciones y elementos estructurales comunes. La especificidad radica, no en las funciones y estructuras en sí, sino en la intensidad de las funciones asignadas y la peculiar asociación que se produce de los diferentes elementos estructurales con los que se ordena de forma en parte novedosa el papel de los expertos (la ciencia y la técnica), la posición de los interesados y las responsabilidades de la Administración.

La legislación general de procedimiento responde, en muchos casos, a la tradicional función de aplicación de la legalidad material.

No hace justicia, sin embargo, con la pluralidad de funciones que los procedimientos administrativos actualmente desempeñan, a la vista de las peculiaridades de los distintos sectores de la realidad sobre los que esos procedimientos se proyectan.

CAPÍTULO IV

PROCEDIMIENTO ADMINISTRATIVO Y SOCIEDAD DE LA INFORMACIÓN Y DEL CONOCIMIENTO

Ricardo García Macho*

* Ricardo García Macho, Catedrático de Derecho Administrativo, Universidad Jaume I, Castellón, España.

ÍNDICE

Con la colaboración del Proyecto de Investigación SEJ2007-65002/JURI.

E L objeto de este trabajo reside en el estudio de los efectos que la sociedad de la información y el conocimiento deparan sobre el procedimiento administrativo y su reordenación a la luz de lo que se ha llamado la «reforma del Derecho Administrativo»*. En efecto, la estructura del procedimiento administrativo tradicional es insuficiente para las necesidades que el intercambio de información entre ciudadano y Administración exigen en la sociedad de la información. Aquél, entonces, necesita una reorientación, adaptada a los retos de la participación del ciudadano en determinados campos de referencia (así, por ejemplo, el medio ambiente o el urbanismo). El estudio de estos temas constituye el núcleo del capículo, en el que se ponen de relieve las insuficiencias de ese procedimiento administrativo tradicional y algunas posibles vías de adaptación a los cambios producidos en la sociedad actual.

I
LA SOCIEDAD DE LA INFORMACIÓN Y
EL PROCEDIMIENTO ADMINISTRATIVO

1. REFERENCIA A LA SOCIEDAD DE LA INFORMACIÓN Y DEL CONOCIMIENTO

El concepto de «sociedad de la información» surge en los años sesenta como categoría básica desde una perspectiva política, económica y científica para explicar los cambios que se están produciendo en la

---

* La reforma del Derecho Administrativo surge como consecuencia de una cierta pérdida de efectividad del modelo de ordenamiento liberal y el surgimiento de nuevos conceptos como capacidad directiva de la Administración, información, eficiencia, flexibilidad y capacidad de innovación, privatización, etc. Estos nuevos planteamientos llevaron a algunos profesores alemanes (por ejemplo, E Schmidt-Aßmann, W. Hoffmann-Riem y G.F. Schuppert) a investigar y crear nuevas bases dogmáticas del Derecho Administrativo, a partir de una revisión de las bases tradicionales. Surge así una colección de monografías tituladas «Schriften zur Reform des Vewaltungsrecht» (Escritos para la reforma del Derecho Administrativo), impulsadas esencialmente por los dos primeros autores citados. Ello ha dado lugar a lo largo de los años 90 y primeros años del nuevo siglo, al desarrollo de unas bases dogmáticas sobre la «reforma». En

sociedad industrial[1]. En el caso español, el término se ha expandido con rapidez en el campo del Derecho[2], pero también en muy diversos ámbitos como la economía, la política, la sociología, etc. Se trata, sin embargo, de un término que, aunque se ha consolidado de manera definitiva en el lenguaje científico, resultan discutibles los límites respecto a su contenido, pues se aplica a diferentes conceptos y sirve para la fijación de múltiples criterios de diferenciación, lo que hace difícil su determinación[3]. A pesar de ello, la doctrina alemana ha establecido esencialmente tres diferentes ámbitos de interpretación[4], no sólo para describir los cambios que se producen en la sociedad de la información, sino para fijar los principios de delimitación que la hacen comprensible. El punto de partida para comprender los profundos cambios producidos radica en que la sociedad de la información ha reemplazado a la sociedad industrial.

Un primer punto de interpretación y caracterización de la sociedad de la información es su consideración como una economía de la información[5]. Los dos indicadores que marcan la existencia de un

---

España han sido L. Parejo Alfonso, los traductores de la obra de E. Schmidt-Aßmann *La teoría general del Derecho Administrativo como sistema*, coordinados por J. Barnes, y el libro *Innovación y reforma en el Derecho Administrativo*, editado por J. Barnes, los que principal, aunque no únicamente, impulsan estos nuevos planteamientos dogmáticos sobre el Derecho Administrativo.

1. *Vid.* sobre esta cuestión J. Tauss/J. Kollbeck/J. Mönikes, «Einfürung: Wege in der Informationsgesellschaft», en la obra colectiva *Deutschlands Weg in der Informationsgesellschaft*, ed. de J. Tauss-J. Kollbeck-J. Mönikes, Baden-Baden, 1996, p. 18.

2. Véase J.L. Piñar Mañas, «Revolución tecnológica, Derecho Administrativo y Administración Pública. Notas provisionales para una reflexión», en Publicaciones de la Asociación Española de Profesores de Derecho Administrativo *(Actas del I Congreso de la Asociación Española de Profesores de Derecho Administrativo)*, Thomsom-Cívitas, 2007, pp. 54 y ss.

3. En este sentido véase W. Hoffmann-Riem, «Verwaltungsrecht in der Informationsgesellschaft-Einleitende Problemskizze», en *Verwaltungsrecht in der Informationsgesellschaft*, ed. de W. Hoffmann-Riem/E. Schmidt-Aßmann, Baden-Baden, 2000, p. 10.

4. Así se manifiestan M. Kloepfer, «Die transparente Verwaltung», Berlín, 2003, pp. 10 y ss. y J. Tauss/J. Kollbeck/J. Mönikes, «Einführung: Wege in der Informationsgesellschaft», cit. (nota 1), pp. 19 y ss.

5. Se trata de un concepto ya acuñado como «Information Economy», o bien como «Informationswirtschaft».

impulso vigoroso de la economía por medio de la información son la cadena de creación de riqueza y el creciente número de empleados en este sector. Por otra parte, la sociedad de la información implica la existencia de una sociedad postindustrial, en la que el cambio consiste en el paso de unas estructuras de producción y distribución masiva de mercancías a una sociedad de servicios que genera información. Finalmente, el tercer punto de caracterización de la sociedad de la información reside en su consideración como una sociedad informatizada, que se desarrolla sobre la base de las tecnologías de la comunicación e información, su entrelazamiento y velocidad de difusión[6]. Debe, sin embargo, destacarse que la sociedad de la información no se limita a los cambios tecnológicos producidos, sino que se pregunta por el modo en que van a ser utilizados esos cambios, lo cual hace surgir una perspectiva política de la cuestión, que es nuclear para percibir cómo va a desarrollarse esa sociedad de la información[7].

Estos criterios de descripción y delimitación de la sociedad de la información ponen de manifiesto que se ha producido un desarrollo de técnicas de comunicación e información con efectos decisivos sobre la conducta del individuo, sociedad e instituciones privadas y estatales, de tal manera que en la actualidad la información constituye la fuente vital de actuación en cualquier ámbito de la vida social, económica y política[8]. La sociedad de la información se fundamenta en los cambios revolucionarios producidos en el desarrollo de las nuevas tecnologías en la esfera de la información y la comunicación.

Así, por una parte, se ha producido un aumento de las fuentes de información como consecuencia de la digitalización de la información electrónica y la cantidad de datos que pueden ser acumulados y trans-

---

6. Sobre estas cuestiones *vid.* en profundidad J.TAUSS/J. KOLLBECK/J. MÖNIKES, «Einführung : Wege in die Informationsgesellschaft», cit. (nota 1), pp. 19 y ss.

7. *Vid.* para una perspectiva del tema J. BARNES, «Sobre el Derecho Administrativo de la Información», en la *Revista catalana de Dret Públic,* nº35, 2007, pp. 3 y ss.

8. Sobre la revolución en las tecnologías de la información véase M. CASTELLS, «La era de la información», vol. 1, Alianza, Madrid, 2005, pp. 59 y ss., y especialmente 103 y ss.

mitidos, lo que permite un intercambio de información casi sin limitaciones; por otra parte, como consecuencia de la descentralización y globalización, cualquier persona desde cualquier punto de la Tierra puede transmitir, solicitar y ofrecer información, por ejemplo, a través de Internet; asimismo, en tercer lugar, se produce una convergencia entre los medios de comunicación de masas y los individuales (vídeo, televisión de pago, telebanco, telecomercio, etc.), que facilitan la comunicación, o bien, finalmente, puede intercambiarse información sin pausa y prácticamente sin restricciones a través del teléfono, fax y correo electrónico[9].

Estos cambios ponen de manifiesto que la sociedad de la información se caracteriza por el uso intensivo que se lleva a cabo de esa *información* y por el valor que ésta adquiere no sólo en el terreno cultural o educativo, sino también, y muy en particular, económico[10], lo cual plantea interrogantes políticos importantes que aquí no pueden ser tratados[11]. La relevancia adquirida por la información nos lleva a otro concepto básico, el de su *transmisión*, que se puede realizar hoy en día

---

9. Sobre la evolución de los medios de información y comunicación *vid.* R. STRANSFELD, «Rechtliche Herausforderung der Informationsgesellschaft«, en J. Tauss/J. Kollebeck/J. Mönikes, cit. (nota 1), pp. 684 y ss.; A. VOSSKUHLE, «Der Wandel von Verwaltungsrecht und Verwaltungsprozessrecht in der Informationsgesellschaft», en *Verwaltunsrecht in der Informationsgesellschaft,* cit. (nota 3), pp. 351 y ss.; K. STOHRER, *Informationspflichten Privater gegenüber dem Staat in Zeiten von Privatisierung, Liberalisierung und Deregulierung,* Berlin, 2007, pp. 29 y ss. y M. GÓMEZ PUENTE, «La Administración electrónica», en *Actas del I Congreso de la Asociación Espanola...,* cit. (nota 2), pp. 94 y ss.

10. En este sentido N. Luhmann ha puesto de relieve que la sociedad de la información tiene sobre todo un valor económico, fundamentado en el binomio producción/consumo, de tal manera que se utiliza cada vez más tiempo de trabajo para la producción de información, y cada vez más, se necesita más trabajo y tiempo libre para su consumo. Con ello la información se convierte en una mercancia que se produce, transmite y consume, o sea, un producto de desecho, lo cual plantea no pocos interrogantes sobre el concepto de la información, pues no parece que sean realmente potenciales informaciones, en el sentido que en este contexto se está utilizando el concepto de información, o sea, como medio de que esa información se convierta en conocimiento; *Die Gesellschaft der Gesellschaft,* tomo II (capítulos 4-5), Frankfurt, 1997, pp. 1088 y ss.

11. Sobre el tema con un carácter crítico sobre la utilización de la información *vid.* W. GELLNER, «Individualisierung und Globalisierung. Die Privatisierung der Öffentlichkeit?», en *Politik und Demokratie in der Informationsgesellschaft,* Baden-Baden, 1997, pp. 25 y ss.

de manera masiva con los medios tecnológicos existentes. La información se transmite con la intención de que sea conocida por instituciones públicas y privadas, empresas, grupos sociales, etc., lo cual conduce directamente al tercer concepto básico, el *conocimiento*[12], a través del cual se adquiere una comprensión e interpretación de la información, que es fundamento esencial para la decisión[13]. Conocimiento se considera como información elaborada, de tal forma que aquél surge cuando la información se hace comprensible, se clasifica y se hace útil, o sea, se convierte en conocimiento disponible[14]. Con un carácter más general, el concepto de la sociedad del conocimiento se entiende como el intento de una aclaración sistemática de los distintos procesos de transformación que se producen en la esfera de una sociedad industrial desarrollada y compleja[15].

La sociedad de la información no puede implementarse sin un Derecho de la información desarrollado sistemáticamente y que se extiende al Derecho Público y Privado[16]. En este trabajo, sin embargo,

---

12. En torno a este tema *vid.* M. CASTELLS, «La era de la información», vol. 1, cit. (nota 8), pp. 43 y ss., y asimismo 94 y ss.

13. De manera muy clara y precisa ha sido puesto de manifiesto por N. STEHR la diferencia entre información y conocimiento, destacando que el conocimiento es más profundo y exige una capacidad intelectual, por lo que es restrictivo, mientras que la información es un hecho más general, y en su recepción no exige una alta capacidad intelectual. La información no está situada en el mismo nivel que el conocimiento, pero la primera es requisito necesario para el ejercicio del segundo; *The Fragility of Modern Societies (Knowledge and Risk in the Information Age)*, London, 2001, pp. 41 y ss.

14. Véase sobre el tema W. HOFFMAN-RIEM, «Verwaltunsrecht in der Informationsgesellschaft –Einleitende Problemskizze», cit. (nota 3), p. 12 y A. SCHERZBERG, «Die öffentliche Verwaltung als informationelle Organisation», cit. (nota 3), p. 200.

15. Sobre el tema existe una ingente bibliografía que se preocupa de conocer una materia de difícil aprehensión, que sólo puede ser abordada interdisciplinarmente (sociología, psicología, historia, derecho, etc.); alguna bibliografía sería, por ejemplo: *Die Wissensgesellschaft*, ed. de U. H. BITTLINGMAYER/U. BAUER, Wiesbaden, 2006; *Zur Kritik der Wissensgesellschaft*, ed. de D. TÄNZLER, Konstanz, 2006 y *Das Wissen des Staates*, ed. de P. COLLIN/T. HORSTMANN, Baden-Baden, 2004.

16. Esto ha sido llevado a cabo por M. KLOEPFER en su obra *Informationsrecht*, München, 2002.

la perspectiva se limita, dado que solamente se hará referencia a los efectos de la sociedad de la información en el procedimiento administrativo, eso sí, enmarcado en la esfera del Derecho Administrativo de la Información, al ser la información un elemento esencial para el Derecho Administrativo[17]. Así, ha sido destacado por R. Pitschas[18] que el Derecho Administrativo de la Información acoge aquellas normas jurídico-públicas que regulan las relaciones estatales en la esfera de la información y comunicación, y que ordenan asimismo las conductas concernientes a las relaciones de los funcionarios entre sí, y en su comunicación con los ciudadanos. Esta descripción del Derecho Administrativo de la Información la ha reordenado y ampliado en trabajos posteriores Pitschas[19], incluyendo una Parte General (normas que regulan las tecnologías de la información y comunicación, las referentes al suministro básico de información a los ciudadanos, o bien las relativas a las distintas opciones que tiene el Estado respecto de la protección de datos y el derecho de la información, etc.) y una Especial (normas sobre tratamiento de la información e intercambio entre Estado y ciudadano, o entre las distintas Administraciones en cada uno de los sectores, o bien normas sobre sectores especiales como telecomunicaciones, etc.). Además, este Derecho cumple una función de *dirección* o gobernanza, vinculada con el Derecho Constitucional de la Información, y asimismo, finalmente, contiene modelos específicos de regulación para la comunicación en casos de riesgo (entre otros, ingeniería genética, productos químicos, o energía nuclear).

---

17. La bibliografía que se ha ocupado del tema información y Derecho Administrativo desde diversas perspectivas es ya muy extensa en el Derecho español, y parte importante de ella se encuentra recogida por L.A. BALLESTEROS MOFFA, *La privacidad electrónica*, Valencia, 2005, en la cita 1 recogida en las páginas 25-27.

18. «Allgemeines Verwaltungsrecht als Teil der öffentlichen Informationsordnung», en *Reform des Allgemeines Verwaltungsrecht*, ed. de W. Hoffman-Riem/E. Schmidt-Aßmann/G.F. Schuppert, Baden-Baden, 1993, pp. 241 y ss. y 279 y ss.

19. Se hace referencia a un artículo publicado en español, pero en él hay otra bibliografía de este autor: «El Derecho Administrativo de la Información. La regulación de la autodeterminación informativa y el gobierno electrónico», en *Innovación y reforma en el Derecho Administrativo*, ed. de J. Barnes, Sevilla, 2006, pp. 237 y ss.

Con una perspectiva amplia del Derecho Administrativo de la Información, Barnes[20] considera que éste, por una parte, debe ir más allá de la implantación de las nuevas tecnologías de la información, y, por otra, acoger el entorno de desenvolvimiento del conocimiento, la información y la comunicación (economía global, sociedad del riesgo, etc.) y sus efectos o consecuencias (nuevos métodos regulatorios y formas de Administración), con lo que se pretende destacar el «modo de ser» de esa información.

2. SIGNIFICADO DE LA INFORMACIÓN PARA EL DERECHO ADMINISTRATIVO

Si se hace alusión a la sociedad de la información, alguna referencia ha de hacerse al término *información* (a pesar de las dificultades para determinarlo[21]), al menos en relación con la Administración. La información se ha convertido en objeto del Derecho[22]. De hecho el «Derecho de la Información» o el «Ordenamiento de la Información» es ya un concepto acuñado, y se ha convertido en una disciplina jurídica[23], que se aplica a la sociedad de la información. En el caso de la Administración es evidente que el desarrollo de las tecnologías de la información y comunicación (TIC) ha tenido efectos decisivos, como se manifiesta en la creciente automatización de la actuación administrativa y el desarrollo de la Administración electrónica, de lo que es

---

20. En «Sobre el Derecho Administrativo de la Información», cit. (nota 7), pp. 5 y ss.

21. En este sentido T. HOEREN destaca que nadie sabe lo que es información, aunque todos hablan de ello, pero sin concretar su significado; «Zur Einführung: Informationsrecht», en JuS 2002, pp. 947 y ss.

22. Sobre el significado de la información para el derecho ampliamente *vid.* M. ALBERS, «Information als Neue Dimension im Recht», en *Rechtstheorie*, 2002, pp. 61 y ss., y en especial 77 y ss.

23. Desde esta perspectiva lo entiende M. KLOEPFER; véase su obra *Informationsrecht*, cit. (nota 16), en su Prólogo (Vorwort), pp. V y VI, y K. STOHRER, *Informationspflichten Privater gegenüber dem Staat...*, cit. (nota 9), pp. 44 y ss.

ejemplo la recientemente publicada Ley 11/2007, de 22 de junio, de acceso electrónico de los ciudadanos a los Servicios Públicos. Esta norma representa un primer paso, pero importante, en el desarrollo de la Administración electrónica, en el contexto de la relación de la Administración con el ciudadano, con referencia muy somera a las relaciones *ad intra* e interadministrativas[24].

En la actualidad no se plantea ya tanto la mera automatización de las actividades de la Administración, cuanto la idea de «gobierno electrónico» («Electronic Government») con el propósito de que la actividad interna de la Administración se realice electrónicamente y también en su relación con los ciudadanos, sobre la base de ciertos valores y modelos. El objetivo es el establecimiento de relaciones interinstitucionales, no jerárquicas, en las que la Administración dirija el proceso de su actuación a través de un sistema de *management*, con una informatización plena, lo cual está lejos de conseguirse en la práctica cotidiana[25].

---

24. Es una Ley restrictiva desde el punto de vista de la sociedad de la información, que se ocupa esencialmente de las relaciones bilaterales entre el ciudadano y la Administración, y no ofrece, por tanto, un planteamiento innovador sobre procedimiento administrativo, en el sentido de que la Administración genere información y la transmita más allá de los interesados en el procedimiento. Es una Ley en definitiva con una fijación a la idea de procedimiento tradicional, el delineado en la Ley 30/92. No obstante, si la Ley se implementa adecuadamente, acerca la Administración a los ciudadanos, y hace a ésta más eficaz y transparente, lo cual es un primer paso en el desarrollo de la sociedad de la información, y asimismo de un Derecho Administrativo de la Información; una crítica en profundidad de la Ley se encuentra en J. BARNES, «Sobre el Derecho Administrativo de la Información», cit. (nota 7), punto II.1.

25. La idea de gobierno electrónico (e-Government) está asociada en el caso alemán a la reforma y modernización de la Administración con la consecución de una Administración electrónica plena, lo cual plantea problemas importantes de financiación, tecnológicos, de dirección, coordinación y organización, dado que es necesario conocer de forma muy minuciosa y concreta el funcionamiento diario de la Administración, lo cual para los ciudadanos es un obstáculo importante, pues les exige un conocimiento de ésta que no tienen, como también un conocimiento técnico de los medios electrónicos, que tampoco posee una parte importante de la ciudadanía, e incluso los propios funcionarios; sobre el tema en profundidad *vid.* G. BRITZ, «Elektronische Verwaltung», en *Grundlagen des Verwaltungsrechts*, ed. de W. Hoffmann-Riem/E. Schmidt-Aßmann, A. Voßkuhle, tomo II, München, 2008, pp. 410 y ss. Véase también, desde otra perspectiva, el capítulo quinto de la presente obra.

Parece claro que el aumento tanto cualitativo como cuantitativo de la información tiene influencia en la actuación de la Administración y en su ordenamiento jurídico, por lo que el Derecho Administrativo deberá reaccionar ante la nueva situación planteada, en la que surgen problemas inéditos, a los que hay que encontrar soluciones.

Por ejemplo, el Derecho de la información no puede limitarse a la protección de datos, sino que deberá entenderse en un sentido más amplio, que permita a la Administración cumplir sus nuevas tareas y responsabilidades. En efecto, es importante la perspectiva de defensa, en el ámbito de los derechos fundamentales frente al Estado, y el mantenimiento de la intimidad que otorga el derecho a la protección de datos personales, pero también lo es el derecho a disponer de información y a recibirla, en cuya tarea la Administración tiene un papel trascendental de prestación[26], pues la información permite al ciudadano participar de manera adecuada en la toma de las decisiones que le afectan. Todo ello sitúa a la Administración y al Derecho Administrativo ante nuevos desafíos, que están modificando sus fines y medios de actuación[27].

En este contexto, la estructura de las tareas de la Administración debe reorientarse, pues la necesidad de obtener información se convierte en un objetivo primordial, no sólo porque ha de suministrar información al ciudadano, sino además porque la disponibilidad de información mejora su capacidad de actuación y eficiencia. En determinadas esferas, como es la del Derecho del medio ambiente y del urbanismo, de la planificación, o de las telecomunicaciones, en las que han de adoptarse «decisiones administrativas complejas»[28], la capaci-

---

26. La información para la creación de una opinión pública que pueda participar activamente y con capacidad de influencia en la vida social y política no sólo la suministra la Administración, sino que también participan los medios de comunicación en sentido amplio, además de asociaciones con diversa tipología, foros diversos, etc., todos lo cuales crean un flujo de comunicación que conforma una opinión pública informada, con capacidad de control y decisión; sobre esta cuestión *vid.* J. HABERMAS, *Facticidad y validez*, Madrid, 1998, pp. 439 y ss.

27. Sobre la cuestión véase E. SCHMIDT-ASSMANN, «La Teoría General del Derecho Administrativo como sistema», Madrid-Barcelona, 2003, pp. 288 y ss.

28. El concepto fue acuñado muy tempranamente por E. SCHMID-ASSMANN, a propósito de las dificultades con las que se encontraban los Tribunales contencioso-administrativos para resol-

dad informativa de la Administración resulta limitada, y, en consecuencia, ha de acudir a otras fuentes, primordialmente privadas, que suministren la información, lo que refuerza la necesidad de una fuerte *cooperación* entre el Estado y el ciudadano.

En definitiva, en la actuación de la Administración juega un papel central lo referente a la *información*, el *conocimiento* y su *transmisión*. De ahí que se evidencie la necesidad de un ordenamiento jurídico-público específico y propio de la información, como ha apuntado Vosskuhle[29], con cuatro círculos de regulación de la materia. En primer lugar, un ordenamiento jurídico de la comunicación administrativa, en el que se construya un sistema de acción y de procedimiento administrativo, y en que se regule la información y comunicación entre el ciudadano y la Administración[30], para que ésta cumpla eficazmente sus fines en colaboración con aquél. En segundo término, un Derecho de la organización administrativa de la información, que adecue las estructuras y organización interna de la Administración a las nuevas necesidades que se le plantean, lo que exige un giro esencial en su

---

ver los asuntos que se les presentaban en las esferas de la construcción de viales y carreteras, procedimientos de ordenación del territorio o fomento de la economía, entre otros, y que planteaban problemas para que se produjese en las sentencias una plena protección judicial y una distribución adecuada de la responsabilidad entre el tercer poder y la Administración; *vid.* «Verwaltungsverarwortung und Verwaltungsgerichtsbarkeit», en VVDStRL, Bd. 34 (1976), Berlín-New York, pp. 222 y ss.

29. «Der Wandel von Verwaltungsrecht und Verwaltungsprozessrecht in der Informationsgesellschaft», cit. (nota 3), pp. 355 y ss.; también en el mismo sentido SCHMIDT-ASSMANN hace suya la división establecida por Voßkuhle sobre estos cuatro ámbitos de regulación para la existencia de un ordenamiento del Derecho Administrativo de la información, en: *Das allgemeine Verwaltungsrecht als Ordnungsidee*, 2ª ed., Berlín, 2006, p. 280.

30. El acceso sin restricciones a los expedientes, instrucciones o documentos administrativos, o un reforzamiento de la obligación de cooperación en el procedimiento administrativo son medios de mejorar la información y comunicación entre la Administración y el ciudadano, que va más allá del mero suministro de noticias o datos por parte de la Administración. En este sentido, la potenciación y desarrollo en profundidad del artículo 105 CE desde la perspectiva de un Derecho Administrativo en que la información juegue un papel de primer orden, lo cual no se ha hecho suficientemente, sino contrariamente se ha restringido por el legislador sus potencialidades, sería un medio de mejora de la información y comunicación entre el ciudadano y la Administración.

actuación de comunicación de la información, o bien de elaboración del conocimiento para su transmisión al ciudadano. Con ello se hace referencia a los retos planteados como consecuencia del cruce e intercambio de datos e informaciones ya en el ámbito europeo e internacional[31], o bien a los que derivan de la accesibilidad del ciudadano a la enorme cantidad de datos que se generan como consecuencia de los profundos cambios producidos a raíz de las tecnologías de la información y de la comunicación (TIC).

Surgen problemas que es necesario resolver, por ejemplo, en relación con la seguridad y el control de los datos; la forma de trabajar en común y de cooperar de la Administración, tanto en el plano interno como externo; o la gestión de esos datos y de la información disponible[32].

El tercer ámbito objeto de regulación lo constituye el sector de la información de las personas privadas, en el que se han de ordenar las relaciones de las personas privadas entre sí, para permitir el acceso a las fuentes de información privada y del comercio a todas aquellas personas que lo deseen.

En la consecución de estos objetivos destaca la Directiva 2000/31/CE, de 8 de junio, sobre comercio electrónico, que pretende el desarrollo de la sociedad de la información en un espacio sin fronteras interiores, incrementando la competitividad y facilitando el crecimiento de la empresa europea, con especial referencia a las pequeñas y medianas. Además del adecuado funcionamiento del mercado interior (art. 1) la Directiva tiene el fin de garantizar la protección del interés general, en especial la protección de los menores[33], la dignidad humana, el consumidor y la salud pública (art. 3.4). La Directiva se propone el establecimiento,

---

31. Por ejemplo en el caso del Sistema de Información de Schengen.

32. Con un carácter general sobre el tema *vid.* M. GÓMEZ PUENTE, «La Administración electrónica», cit. (nota 9), pp. 116 y ss.

33. Sobre la protección que el legislador debe dispensar a los menores L. MARTÍN-RETORTILLO se ha ocupado en profundidad y de manera pionera; *vid. La Europa de los derechos humanos*, Madrid, 1998, pp. 299 y ss., y en especial 309 y ss.

en el marco de la sociedad de la información, de un modelo de mercado competitivo, y al mismo tiempo la protección de los consumidores y menores, para lo cual se hace imprescindible una regulación normativa de los Estados miembros. En desarrollo de esta Directiva se promulgó en España la Ley 34/2002, de 11 de julio[34], que regula los servicios de la sociedad de la información y de comercio electrónico, y que tiene como finalidad el establecimiento de un modelo de mercado con criterios de competitividad (art. 1), con determinadas excepciones de restricción de los servicios de la sociedad de la información, que afectan al orden público, salud pública o protección de menores (art. 8). Otras normas, como la Ley General de Telecomunicaciones, 32/2003, de 3 de noviembre, se han ocupado de que se facilite la información (art. 9)[35] en el ámbito de la sociedad de la información, respetando el fomento de la competencia efectiva en el mercado de las telecomunicaciones (art. 3-a)[36], o bien la Ley 26/2003, de 17 de julio, de reforma del mercado de valores y del régimen de las sociedades anónimas, y por la que se modifica la Ley 24/1988, de 28 de julio, del mercado de valores, y el Texto Refundido de la Ley de sociedades anónimas[37], que tiene como fin reforzar la transparencia de las sociedades anónimas, a cuyo propósito fortalece los deberes de información y transparencia[38]. Las normas enunciadas son parte del Derecho Administrativo económico español y europeo, y se refieren plenamente al Derecho Administrativo de la Información. En esta línea de fomento de la com-

34. Existe un proyecto de Ley de Medidas de impulso de la sociedad de la información, enmarcado en el Plan 2006-2010 para el desarrollo de la sociedad de la información, que introduce modificaciones importantes en la Ley 34/2002 y en otras Leyes como la de telecomunicaciones o de firma electrónica. Este proyecto de Ley busca el fomento de las tecnologías de la información, y la garantía de los derechos de los ciudadanos en la sociedad de la información.

35. El suministro de esta información está sujeta a límites tipificados, pero si se tiene el derecho su incumplimiento implica una infracción administrativa muy grave; vid. J.J. LAVILLA RUBIRA, comentario al artículo 9, en *Comentarios a la Ley General de Telecomunicaciones*, coordinados por E. García de Enterría-T. de la Cuadra-Salcedo, Madrid, 2004, pp. 139 y ss.

36. Sobre el tema vid. J.F. MESTRE DELGADO, comentario al artículo 3, en *Comentarios a la Ley...* , cit. (nota 35), pp. 70 y ss.

37. Real Decreto Legislativo 1564/1989, de 22 de diciembre.

38. Así en la modificación de la Ley del mercado de valores, se añade un artículo 116 que garantiza la información dentro de las sociedades anónimas cotizadas, y en la reforma del Texto Refundido de la Ley de sociedades anónimas se introduce el artículo 112, que establece el derecho de información de los accionistas frente a los administradores. En este sentido S. MUÑOZ MACHADO se ha referido a la importancia de la información y transparencia en la actuación de las empresas, al hilo del modelo americano; *Tratado de Derecho Administrativo y Derecho Público General I*, 2ª ed., Madrid, 2006, pp. 1217 y ss.

petitividad en el sector privado y de la accesibilidad de los ciudadanos a la información que la Administración detenta, cabe destacar la legislación de reutilización de la información del sector público[39], dictada en transposición de la Directiva 2003/98/CE, relativa a la reutilización de la información del sector público[40], y cuyo objeto consiste en la transparencia y accesibilidad de los ciudadanos a la información administrativa, y la mejora de la competitividad y del empleo para la pequeña y mediana empresa, mediante la reutilización de la documentación del sector público para desarrollar un mercado europeo de la información.

Finalmente, el cuarto círculo de regulación se refiere al régimen jurídico del tráfico de datos, que impregna los otros tres. En sentido amplio, concierne a la protección del individuo en el seno de la sociedad de la información, con el significado que ésta tiene de generación y comunicación de datos en un mundo globalizado. Esta perspectiva acoge la ponderación entre el derecho fundamental del individuo a la protección de sus datos personales (art. 18.4 CE) frente al derecho a participar directamente en los asuntos públicos y el derecho a disponer y comunicar información (arts. 23.1 CE y 20.1-d CE, respectivamente), teniendo en cuenta que no hay una prevalencia del primer derecho, que es un derecho de libertad, sobre los otros dos, que son derechos de prestación[41]. Es evidente que el Derecho Administrativo

---

39. El Proyecto de Ley ha aparecido en el Boletín Oficial de las Cortes Generales del Congreso de los Diputados de 25 de mayo de 2007 (121/000136 Reutilización de la información del sector público).

40. La Directiva 2003/98/CE tiene como objetivos, el acceso del ciudadano al conocimiento en la esfera de la sociedad de la información, lo que se fija en el preámbulo (punto 2) y en el artículo 1.1, así como la publicidad de los documentos de libre disposición en poder del sector público, pues es instrumento esencial para el desarrollo del conocimiento, que constituye un principio básico de la democracia (punto 16 del preámbulo).

41. Sobre la ponderación de estos derechos fundamentales véase R. GARCÍA MACHO, «Derecho de acceso a la información y protección de datos en la sociedad de la información», trabajo de próxima publicación en el homenaje al prof. L. Martín-Retortillo. Sobre el tema *vid.* también E. GUICHOT, *Datos personales y Administración Pública*, Thomsom-Cívitas, 2005, pp. 279 y ss. y J.L. PIÑAR MAÑAS, «Revolución tecnológica, Derecho Administrativo y Administración Pública. Notas provisionales para una reflexión», cit. (nota 2), pp. 65 y ss.

de la Información no puede restringirse a una defensa de la intimidad del individuo con un mero maquillaje de adaptación a los cambios estructurales producidos por la sociedad de la información.

3. TRANSFORMACIONES EN EL PROCEDIMIENTO ADMINIS-TRATIVO

El crecimiento de los medios electrónicos y la generación permanente de información, que se encuentran en la base misma de la Administración electrónica, posee un significado trascendental para el Derecho Administrativo, de tal forma que hoy en día conceptos como «información», «comunicación» o «conocimiento» gozan de la misma relevancia para la actual ciencia del Derecho Administrativo, y desde luego para el procedimiento administrativo, que la que en su día tuvieron para el Derecho Administrativo tradicional conceptos como «actividad de la Administración» o «resolución administrativa»[42]. Con ello quiere ponerse de manifiesto que no se trata solamente de construir una Administración electrónica, como se ha destacado en el punto anterior (I.2)[43], sino de algo más: que a través del procedimiento administrativo se obtiene y procesa información, bajo la responsabilidad de la Administración[44]. Esta nueva perspectiva respecto a los objetivos del procedimiento administrativo representa una novedad, dado que tradicionalmente su producto final ha consistido en el dictado de una resolución, no en la generación de información.

---

42. *Vid.* sobre esta cuestión T. Vesting, «Die Bedeutung von Information und Kommunikation für die verwaltungsrechtliche Systembildung» en *Grundlagen des Verwaltungsrechts*, tomo II, cit. (nota 25), pp. 4 y 5.

43. *Vid.* también sobre esta cuestión J. Barnes, «Sobre el procedimiento administrativo: evolución y perspectivas», en *Innovación y reforma en el Derecho Administrativo*, cit. (nota 19), pp. 302 y ss.

44. En este sentido E. Schmidt-Assmann, «Pluralidad de estructuras y funciones de los procedimientos administrativos en el Derecho alemán, europeo e internacional», (punto I.1), en el presente volumen.

El desarrollo y configuración de un procedimiento administrativo capaz de elaborar información y transmitirla por medio de un acceso amplio a ella ha sido potenciado con fuerza por el Derecho Comunitario, la Carta de Derechos Fundamentales de la Unión Europea y la Constitución española.

a) REFERENCIAS AL PROCEDIMIENTO ADMINISTRATIVO SOBRE LA INFORMACIÓN EN LOS TEXTOS CONSTITUCIONALES EUROPEOS

El acceso a los documentos públicos se encuentra regulado en el artículo 255 del Tratado Constitutivo de la Comunidad Europea (TCE), en el que se regula el acceso a los documentos del Parlamento Europeo, del Consejo y de la Comisión (art. 255.1), y los principios generales, con arreglo al procedimiento previsto en el artículo 251 (art. 255.2). Sin embargo, hasta el Reglamento (CE) 1049/2001, de 30 de mayo, no se ha desarrollado el ejercicio de ese derecho, como se pone de manifiesto en su propia Exposición de Motivos. Este Reglamento se ha constituido en el marco general del acceso a los documentos públicos de las instituciones europeas, y su objetivo es garantizar el acceso más amplio posible a los documentos comunitarios, además de promover buenas prácticas administrativas (art. 1-a y b). En el TCE se hace también referencia a la motivación de reglamentos y actos administrativos (art. 253), siendo este precepto también un medio de acceso a la información, en tanto la Administración da publicidad de los motivos de su decisión. Estas disposiciones del Tratado tienen efectos vinculantes para el procedimiento español en cuanto se dictan para su aplicación en el Derecho interno, y en el caso del Reglamento 1049/2001 tiene también efecto directo.

El artículo 41 de la Carta de Derechos Fundamentales de la Unión Europea, que se refiere al derecho a una buena administración, constituye una disposición que potencia el procedimiento administrativo en relación con el derecho a la información, dado que incluye en su párrafo segundo el derecho de audiencia de toda persona cuando se pretenda adoptar una medida que le afecte desfavorablemente (art. 41.2), el derecho de acceso de toda persona al expediente que le afecte con protección de los intereses legítimos de la confidencialidad y secreto profesional y comercial (art. 41.2) y la obligación de la Administración de motivar sus decisiones (art. 41.2). Asimismo, es también una regla trascendental de fomento del acceso a la información el artículo 42 de la Carta, que regula el derecho de acceso a los documentos del Parlamento Europeo, del Consejo y de la Comisión. Este precepto, por cierto, tiene un contenido idéntico al del artículo 255.1 del TCE, por lo que su justiciabilidad se refuerza.

Los efectos jurídicos de los Tratados comunitarios en el Derecho interno son más fuertes que los de la Carta[45], puesto que ésta no tiene el mismo valor jurídico formal que los Tratados, tal como se deduce de los artículos 51 y ss. de la Carta. El valor de la Carta, sin embargo, no es meramente simbólico, sino que los tribunales, especialmente el Tribunal de Justicia, buscan inspiración en ella, por lo que a través de su interpretación encuentran un campo de aplicación.

b) Efectos de la Constitución española sobre el procedimiento administrativo de la información

Existen algunos preceptos constitucionales que influyen y condicionan la configuración del procedimiento administrativo, en particular, en lo que ahora interesa, cuando su objeto consiste en la generación de información, desemboque o no en la toma de decisiones, y en la transmisión de información a los ciudadanos, y asimismo la tarea de poner las bases de una Administración transparente.

El derecho fundamental del artículo 20.1-d de la Constitución, entendido como derecho a recibir información y consecuentemente a ser informado[46], está conectado con el derecho de acceso de los ciudadanos a los archivos administrativos (art. 105-b CE)[47], dado que el

---

45. Sobre la justiciabilidad de la Carta véase B. Tomás Mallén, *El derecho fundamental a una buena administración*, Madrid, 2004, pp. 241 y ss.

46. El citado precepto establece que la Constitución reconoce y protege el derecho «a comunicar o recibir libremente información veraz por cualquier medio de difusión. La Ley regulará el derecho a la cláusula de conciencia y al secreto profesional en el ejercicio de estas libertades». I. Villaverde Menéndez ha estudiado en profundidad el derecho fundamental del artículo 20.1-d) CE, ocupándose con especial interés de su vertiente de derecho del ciudadano a ser informado; en *Estado democrático e información: el derecho a ser informado*, Oviedo, 1994, pp. 49 y ss.

47. El art. 105.b CE dispone que la Ley regulará el «acceso de los ciudadanos a los archivos y registros administrativos, salvo en lo que afecte a la seguridad y defensa del Estado, la averiguación de los delitos y la intimidad de las personas». Sobre la relación entre esos dos bienes jurí-

derecho del individuo a ser informado no se limita solamente a los medios de comunicación, sino que incluye también el acceso a la información de la que disponen los poderes públicos, entre los que se encuentra la Administración. Este planteamiento potencia el acceso, pero también el suministro de información de la Administración al ciudadano, a través del cauce del procedimiento administrativo.

El derecho de los ciudadanos a participar directamente en los asuntos públicos (art. 23.1 CE) es un derecho fundamental que está vinculado a su participación en el procedimiento administrativo[48], lo que supone un medio de gran efectividad para la participación del ciudadano en lo «público». Tiene connotaciones con el interés general y el bien común, y se sitúa frente a la esfera privada y el secreto[49]. Su reconocimiento como derecho fundamental representa un estímulo decisivo para la participación de la opinión pública en las cuestiones que le conciernen. De un lado, facilita el acceso a los documentos públicos, y, de otro, fomenta que la propia Administración transmita la información para incentivar la actuación de esa opinión pública en sus labores de control y consecución de transparencia. Este derecho fundamental debe, asimismo, en su vertiente procedimental, ampliar la

---

dicos *vid*. F. GARRIDO FALLA, comentario al artículo 105, en *Comentarios a la Constitución*, por él dirigidos, Madrid, 1985, p. 1453; J.M. CASTELLS ARRECHE, «El derecho de acceso a la documentación de la Administración Pública», en *Cuestiones finiseculares de las Administraciones Públicas*, Madrid, 1991, p. 200; J. BERMEJO VERA, «El secreto en las Administraciones Públicas. Principios básicos y regulaciones específicas del Ordenamiento jurídico español», en REDA nº 57, 1988, p. 22; J.R. PARADA VÁZQUEZ/M. BACIGALUPO SAGGESE, «Comentario al artículo 105 CE», tomo VIII, en: *Comentarios a la Constitución de 1978*, dirigidos por O. Alzaga Villamil, Madrid, 1998, pp. 535 y ss. y F. VELASCO CABALLERO, *La información administrativa al público*, Madrid, 1998, pp. 126 y ss.

48. Como se ha indicado, el art. 23.1 CE reconoce que «los ciudadanos tienen el derecho a participar en los asuntos públicos directamente o por medio de representantes, libremente elegidos en elecciones periódicas por sufragio universal». E. García de Enterría-T.R. Fernández, consideran que el artículo 23 CE no sólo se refiere a la participación del ciudadano a través de representantes, sino «directamente» en los asuntos públicos, lo que lo vincula a la participación en el procedimiento administrativo; *Curso de Derecho Administrativo II*, Madrid, 9ª ed., 2004, p. 456.

49. Sobre la cuestión *vid*. E. SCHMIDT-ASSMANN, «La Teoría General del Derecho Administrativo como sistema», cit. (nota 27), pp. 122 y ss.

legitimación de los interesados y, más ampliamente, del público, para que puedan participar en el procedimiento, como se hace, por ejemplo, en la esfera del medio ambiente, y asimismo de la ordenación del territorio y urbanismo[50].

El artículo 105 de la Constitución en lo que se refiere a su letra «a» establece que la ley regulará «la audiencia de los ciudadanos, directamente o a través de las organizaciones y asociaciones reconocidas por la Ley en el procedimiento de elaboración de las disposiciones administrativas que les afecten». En el momento de su promulgación supuso una novedad importante por lo que tiene de ampliación de la participación en el procedimiento administrativo a un mayor número de personas (no sólo a los interesados). Se pusieron así unas bases para el impulso del Derecho Administrativo de la Información. En efecto, la audiencia de los ciudadanos «directamente» en la elaboración de normas administrativas que les «afecten», significa que el procedimiento administrativo ha de prever la participación en sentido amplio de cualquier ciudadano que *se sienta afectado*, no sólo cuando «afecte a los derechos e intereses legítimos de los ciudadanos»[51], pues interés legítimo, y más aún derechos, es una expresión más restrictiva que la recogida en el artículo 105-a) CE.

Por ejemplo, si el Gobierno elabora una norma sobre medio ambiente o urbanismo, conforme a este precepto cualquier ciudadano podría acceder a la información sobre su elaboración. En cambio, según el artículo 24.1-c) de la Ley 50/1997, del Gobierno, sólo podrían acceder los que tuviesen un interés legítimo[52]. Por otra parte, el plazo de audiencia establecido en este artículo 24.1-c) es

---

50. La nueva Ley de suelo (8/2007), modificada por el Texto Refundido de la Ley del Suelo (Real Decreto Legislativo 2/2008, de 20 de junio) reconoce, por una parte, a los ciudadanos el derecho de acceso a la información sobre ordenación del territorio, urbanismo y medio ambiente (art. 4-c), y, por otra, a ser informados por la Administración en cuestiones urbanísticas (art. 4-d).

51. El artículo 24-c Ley 50/1997, de 27 de noviembre, de Organización, Competencia y Funcionamiento del Gobierno, utiliza esa expresión, cuando se refiere a la audiencia de los ciudadanos en el procedimiento de elaboración de los reglamentos del Gobierno de la Nación.

52. El citado precepto establece lo siguiente: «Elaborado el texto de una disposición que afecte a los derechos e intereses legítimos de los ciudadanos, se les dará audiencia, durante un plazo

muy corto, más aún teniendo en cuenta que vivimos en una sociedad compleja, lo que significa, en algunas ocasiones, dificultades de carácter técnico y de excesivo volumen de documentación que examinar para obtener la información precisa acerca de la norma que se está elaborando. También debe ser destacado, finalmente, el artículo 35.-a) de la Ley 30/1992, de 26 de noviembre, sobre el procedimiento administrativo común (Ley 30/1992), de acuerdo con el cual el ciudadano tiene derecho a «conocer, en cualquier momento, el estado de la tramitación de los procedimientos en los que tengan la condición de interesados…». Limita de este modo el conocimiento en la tramitación de los procedimientos a los interesados y genera así una restricción en relación con el artículo 105.-a) de la Constitución que la reconoce a los ciudadanos.

El artículo 105-b) de la Constitución antes citado implicó en su momento un cambio trascendental en el funcionamiento de la Administración, pues la obligaba a hacerse, si se comparaba con el pasado, mucho más transparente, a lo cual no era ajeno el impulso del principio democrático que la Constitución postula desde su inicio (art. 1.1 CE). El acceso de los ciudadanos con carácter general a los archivos y registros administrativos con las tres excepciones bien delimitadas significaba para aquéllos la posibilidad de acceder a la información que las Administraciones tenían, lo cual era un paso importante en la consecución de la sociedad de la información y de una Administración abierta al ciudadano. El artículo 105-b) también tuvo como consecuencia la necesidad de realizar cambios de calado en el procedimiento administrativo, de tal forma que la Ley 30/92, sobre el procediminto administrativo común (Ley 30/1992), en su desarrollo incluyó varios preceptos (art. 35 y ss.) para regular el acceso a los archivos y registros administrativos.

Sin detenernos en el análisis del desarrollo del precepto constitucional llevado a cabo por el artículo 37 de la Ley de Procedimiento Administrativo (Ley 30/1992), sí puede destacarse que es más restrictivo que el artículo 105.b) de la Constitución.

---

razonable y no inferior a quince días hábiles, directamente o a través de las organizaciones y asociaciones reconocidas por la Ley que los agrupen o los representen y cuyos fines guarden relación directa con el objeto de la disposición. La decisión sobre el procedimiento escogido para dar audiencia a los ciudadanos afectados será debidamente motivada en el expediente por el órgano que acuerde la apertura del trámite de audiencia. Asimismo, y cuando la naturaleza de la disposición lo aconseje, será sometida a información pública durante el plazo indicado». Estos argumentos son también válidos para las organizaciones y asociaciones reconocidas por Ley, pues también a ellas se les restringe el acceso a la información con este precepto.

Así, por ejemplo, el primer párrafo del artículo 37 permite el acceso sólo a expedientes «terminados», exigencia no planteada en el precepto constitucional, que no distingue entre expedientes terminados y en tramitación. El párrafo cuarto del artículo 37 permite tan amplia discrecionalidad a la Administración en la valoración del derecho de acceso a los archivos, que no parece respete el texto constitucional[53]. Este párrafo 4º, establece, en efecto, que el derecho de acceso de los ciudadanos a los documentos puede «ser denegado cuando prevalezcan razones de interés público» o «por intereses de terceros más dignos de protección», lo cual significa que la Administración puede, aunque sea con motivación, restringir el derecho de acceso a los documentos administrativos. El derecho de acceso está recogido en la Constitución (art. 105-b), y, por tanto, ni la Administración ni tan siquiera el legislador libremente, pueden denegarlo, ni tan siquiera restringirlo, tal como ha puesto de manifiesto J.F. Mestre Delgado[54]. De la misma forma, el artículo 37.7 de la Ley de Procedimiento Administrativo (Ley 30/1992) resulta restrictivo al exigir que se haga una petición indivualizada del documento que se pretende examinar, cuando en ocasiones para conocer el documento exacto se hace imprescindible conocer el conjunto previamente. Las críticas al artículo 37 Ley 30/1992 han sido duras[55], pero están justificadas, en mi opinión, pues la redacción de algunos de sus preceptos es ambigua y restrictiva del artículo 105-b) de la Constitución.

---

53. El citado párrafo 4º del art. 37 dispone: «El ejercicio de los derechos que establecen los apartados anteriores podrá ser denegado cuando prevalezcan razones de interés público, por intereses de terceros más dignos de protección o cuando así lo disponga una Ley, debiendo, en estos casos, el órgano competente dictar resolución motivada». En este sentido *vid.* R. García Macho, *Secreto profesional y libertad de expresión del funcionario*, Valencia, 1994, pp. 50 y ss.

54. En *El derecho de acceso a archivos y registros administrativos (Análisis del artículo 105.b de la Constitución)*, 2ª ed., Madrid, 1998, p. 188.

55. En este sentido J.R. Parada Vázquez/M. Bacigalupo Saggese, «Comentario al artículo 105 CE», cit. (nota 47), pp. 538 y ss. y S. Fernández Ramos, *El derecho de acceso a los documentos administrativos*, Madrid, 1997, pp. 377 y ss.

II
INSUFICIENTE ADECUACIÓN DE LAS NORMAS DEL PROCEDIMIENTO ADMINISTRATIVO COMÚN A LAS EXIGENCIAS DE LA SOCIEDAD DE LA INFORMACIÓN

1. LA ACCIÓN ADMINISTRATIVA Y LA MULTIFUNCIONALIDAD DEL PROCEDIMIENTO ADMINISTRATIVO

ENTRE la norma y la realidad frecuentemente existen diferencias importantes, lo cual resta eficacia a la norma. Y esto es lo que sucede en el caso del procedimiento administrativo. Éste, en efecto, debe adaptarse a las necesidades que se le plantean para adecuarse a una acción de la Administración que pueda actuar eficazmente sobre las situaciones reales, lo cual no parece ocurrir con el procedimiento regulado en la Ley 30/92. Parece que existe un problema al que no se le dan las soluciones propias de una acción administrativa tan variada[56].

Los trascendentales cambios desencadenados en la sociedad, y que afectan en su núcleo esencial al Estado, se refieren, entre otros, a la información, privatización, desregulación, europeización, cooperación, etc.[57], lo que sitúa ante nuevos retos a la Administración. Es necesario dotarle de la capacidad de pilotaje para resolver los problemas que en la realidad se presentan. En este contexto, juega un papel de primer orden el procedimiento administrativo, entendido como medio para estructurar las nuevas acciones que respondan a esos cambios. En efecto, a partir de la obra de Luhmann *Legitimation durch*

---

56. Hoy en día la actividad de la Administración va más allá de la clasificación clásica de Jordana de Pozas (actividad de policía, fomento y servicio público), o la de Garrido Falla (acción de coacción, fomento y prestación), que describen los tres ámbitos típicos de actuación de la Administración, utilizando una terminología parcialmente diferente.

57. Sobre el tema véase R. Schmidt, «Die Reform von Verwaltung und Verwaltungsrecht» en Verwaltuns-Archiv, 2000, pp. 150 y ss. y A. Voßkuhle, «Schlüsselbegriffe der Verwaltungsrechtsreform», en Verwaltungs-Archiv, 2001, pp. 203 y ss.

Verfahren[58] se ha producido una evolución y crecimiento del procedimiento como teoría dentro de la sociología, pero también del procedimiento en la esfera del Derecho, por ejemplo, en los ámbitos del procedimiento legislativo, judicial, electoral, etc., y desde luego también del procedimiento administrativo. En relación con este último, destaca N. Luhmann[59] su creciente complejidad, y, en este contexto, que el proceso de decisión administrativa sea racional, eficiente y participativo, lo cual ha tenido como consecuencia el surgimiento de nuevas exigencias, entre ellas en el ámbito de la información, que plantea nuevos objetivos, más allá de las funciones tradicionales que el procedimiento administrativo venía realizando, y que seguirá realizando, de protección de derechos e intereses individuales y de control de la Administración.

En el contexto de los nuevos desarrollos del Derecho Administrativo, al procedimiento administrativo se le plantea la realización de diversas funciones, entre las que se encuentran la de información, protección de derechos individuales, de representación de intereses, búsqueda de consenso y equilibrio, de control y legitimación[60]. Se produce, además, como ha puesto de relieve Schmidt-Assmann[61], una *procedimentalización* de esferas a las que se les venía tratando como temas de Derecho material. Entre estas esferas puede destacarse la de que el procedimiento sea un medio de legitimación democrática, con lo que

---

58. N. LUHMANN pone de relieve las importantes limitaciones que tienen las elecciones políticas en la consecución de los fines que los ciudadanos buscan con su voto; es decir, como medio de expresar la voluntad general. A partir de esta tesis, y como medio de paliar, en alguna medida, los fallos de legitimación que esta situación supone, desarrolla una teoría del procedimiento aplicable al mundo del derecho; Frankfurt am Main, 1983, pp. 11 y ss.

59. En *Legitimation durch Vefahren*, cit. (nota 58), pp. 203 y ss.

60. Sobre el tema *vid*. W. HOFFMANN-RIEM, «Verwaltungsverfahren und Verwaltungsverfahrensgesetz», en *Verwaltungsverfahren und Verwaltungsverfahrensgesetz*, ed. de W. Hoffmann-Riem/E. Schmidt-Aßmann, Baden-Baden, 2002, pp. 28 y ss. y E. SCHMIDT-ASSMANN, «Der Verfahrensgedanke im deutschen und europäischen Verwaltungsrecht» en *Grundlagen des Verwaltungsrechts*, tomo II, cit. (nota 25), pp. 497 y ss.

61. En este sentido E. SCHMIDT-ASSMANN, «Der Verfahrensgedanke im deutschen und europäischen Verwaltungsrecht», en *Grundlagen des Verwaltungsrechts*, tomo II, cit. (nota 25), pp. 491 y ss.

no se alude exactamente al carácter procedimental de la democracia, sino que se hace referencia a la participación en ciertos procedimientos administrativos complejos, por ejemplo, en materia de medio ambiente o de planificación urbanística. Se trata de procedimientos políticos, en el sentido de que la concreción y desarrollo de la norma a través del procedimiento administrativo tiene un perfil político o de dirección, que se estimula por la participación y representación de intereses, la generación de información, clarificación de intereses, y aceptación de la decisión a través del procedimiento[62].

Como consecuencia de la heterogeneidad de la actividad administrativa debido a los cambios sociales y económicos producidos, ha sido necesaria una ampliación sustancial de las funciones del procedimiento administrativo. Esta diversidad de actuaciones de la Administración hay que situarla, por otra parte, en el contexto de una relativa autonomía de la Administración[63], por lo que esas diferentes actividades pueden adaptarse a una enorme diversidad de clasificaciones[64]. Lo relevante es que éstas incluyan las diferentes esferas sociales y económicas en las que la Administración debe actuar, y hacerlo con una capacidad de dirección eficaz. Se sigue aquí una clasificación convencional[65], que en realidad se solapa con otras, al menos en lo que se refiere a las dos primeras actividades de la acción administrativa. Lo importante es que responde, en mi opinión, a los retos a los que se enfrenta la actividad administrativa.

---

62. Sobre la cuestión en profundidad véase H-H. TRUTE, «Die demokratische Legitimation der Verwaltung», en *Grundlagen des Verwaltungsrechts*, ed. de W. Hoffmann-Riem/E. Schmidt-Aßmann/ A. Voßkuhle, tomo I, München, 2006, pp. 337 y ss.

63. Se está haciendo referencia a la autonomía de la Administración frente a los otros poderes, en el sentido de la capacidad de elegir entre diversas opciones y decidir sobre ello, o bien los límites de actuación de la Administración, teniendo en cuenta que es un poder vinculado a la legislación.

64. *Vid.* por ejemplo la clasificación sobre las acciones de la Administración de L. PAREJO ALFONSO, *Derecho Administrativo*, Barcelona, 2003, pp. 633 y ss.

65. Se sigue la división establecida por W. HOFFMANN-RIEM; «Eigenständigkeit der Verwaltung», en *Grundlagen des Vewaltungsrechts*, tomo I, cit. (nota 62), pp. 702 y ss.

En primer lugar, puede aludirse a una actuación administrativa imperativa (de policía), que es una de las tradicionales, y se caracteriza por la instauración de obligaciones al ciudadano, cuyo incumplimiento supone una sanción. Su ámbito de actuación es muy amplio, y no sólo afecta a las esferas clásicas de actuación administrativa, sino también a los campos más modernos del Derecho, como el medio ambiente, las telecomunicaciones o el urbanismo, esferas donde la actividad de policía es imprescindible. Un segundo ámbito de actuación de la Administración sería la de fomento (también una actividad clásica), en la que ya no se produce una actuación imperativa de aquélla, sino que a través, por ejemplo, de subvenciones a los particulares, con una regulación procedimental determinada, se pretende estimular la economía, la cultura o la ciencia. El tercer campo de acción de la Administración sería el de los cambios o innovaciones producidos en la esfera social y económica, a través de la capacidad administrativa de dirección.

Los ámbitos de actuación de aquélla podrían encaminarse al otorgamiento de ayudas a empresas, instituciones sociales, o incluso personas, que sirvan al bien común; por ejemplo utilizando procedimientos administrativos flexibles que faciliten la investigación, o bien ayudas a ciertas empresas, que tienen objetivos innovadores, como, por ejemplo, una investigación en un campo tecnológicamente avanzado, o la introducción de un nuevo producto en el mercado. También puede incluirse lo que se ha llamado el «diálogo competitivo» en la contratación pública, con procedimientos que faciliten la relación para negociar entre la Administración y los licitadores y que sirven de base para la presentación posterior de las ofertas[66]. La flexibilidad y el carácter innovador son característicos de este tipo de actividades administrativas.

El último campo de acción de la Administración al que se refiere Hoffmann-Riem[67] es precisamente el de la preparación y transmisión

---

66. Sobre el tema *vid.* M. OLLER RUBERT, *Saneamiento de aguas residuales y reforma del Derecho Administrativo*, Barcelona, 2008, pp. 315 y ss.

67. Se sigue la clasificación de este autor, tal como se ha dicho en la cita 65, esencialmente debido a que recoge esta última actividad de la Administración, o sea, la de preparación y transmisión de la información.

de la información. Esta actividad supone un reto para la nueva ciencia del Derecho Administrativo. En la sociedad del conocimiento, como se ha puesto antes de manifiesto, resulta cada vez más importante que la Administración ponga a disposición del ciudadano la información necesaria, teniendo en cuenta que ésta se ha convertido en un bien jurídico. Parece imprescindible que la Administración tenga capacidad para procesar la información[68] e infraestructuras para transmitirla. La intensa relación de la Administración con la información determina el nacimiento del Derecho Administrativo de la Información.

El acceso a la información adecuada resulta esencial para la toma de decisiones por parte de la Administración, pero también lo es para el ciudadano. Es necesario configurar un nuevo régimen jurídico que discipline el tráfico de la información entre la Administración con el ciudadano, en el ámbito de una misma Administración, y de las Administraciones entre si.

2. CARÁCTER GARANTIZADOR DE PROTECCIÓN DE DERECHOS E INTERESES INDIVIDUALES DEL PROCEDIMIENTO ADMINISTRATIVO COMÚN DE LA LEY 30/1992: ESPECIAL REFERENCIA A LA INSTRUCCIÓN

El procedimiento administrativo, tal como está diseñado en la Ley 30/1992 (art. 68 y ss.), está dirigido desde su inicio, a través de actos administrativos concatenados, a dictar una resolución final[69]. Tiene un

---

68. No se trata de datos, que no es lo mismo que la información, puesto que la información implica que los datos han sido interpretados, y se les ha dado un sentido. De la misma manera, si se habla de comunicación, no se suscita sólo su transferencia, sino una selección, y en ese sentido debe entenderse cuando se hace referencia a la elaboración de la información; sobre el tema: T. VESTING, «Die Bedeutung von Information und Kommunikation für die verwaltungsrechtliche Systembildung», en *Grundlagen des Verwaltungrechts*, tomo II, cit. (nota 25), pp. 17 y ss.

69. En este sentido se manifiesta prácticamente de manera unánime la doctrina; *vid.*, entre otros, E. GARCÍA DE ENTERRÍA-T.R. FERNÁNDEZ, *Curso de Derecho Administrativo II*, cit. (nota 48), pp. 453 y ss., y L. PAREJO ALFONSO, *Derecho Administrativo*, cit.(nota 64), pp. 708 y ss.

marcado carácter formalista. Su objeto, por otra parte, consiste en resolver las exigencias individuales planteadas, sin menoscabo de los intereses generales. Esta es la característica propia de un procedimiento administrativo de tipo sancionador, de declaración de derechos, o de constitución de una situación jurídica determinada.

La importancia de este tipo de procedimientos administrativos es evidente, y una parte de las tareas de la Administración se encamina en esta dirección, pero para adecuarse a la multifuncionalidad de la actividad administrativa no basta un procedimiento administrativo tipo, cuyo objeto consista esencialmente en dictar una resolución[70], que resuelva sobre el interés o derecho que esté en liza. Existen otras actuaciones administrativas, que, al menos de manera inmediata, no requieren el dictado de una resolución que ponga fin al procedimiento, puesto que la Administración realiza una tarea de ponderación de intereses, de búsqueda de una solución consensuada, de elaboración y transmisión de información, etc., o bien actúa con sujeción al Derecho privado[71]. Estas actuaciones administrativas, y señaladamente, la actividad administrativa sujeta al Derecho Privado, no encuentran suficiente respuesta ni cauce adecuado en el procedimiento administrativo pergeñado en la citada Ley 30/92.

El carácter judicialista del procedimiento administrativo tipo desde el punto de vista de la sucesión de trámites procedimentales[72] es de difícil adecuación a la sociedad de la información. Ello se pone de

---

70. En este sentido, ponen de manifiesto E. García de Enterría-T.R. Fernández que el procedimiento administrativo es el modo de producción de los actos administrativos, con un fin determinado, la resolución; *Curso de Derecho Administrativo II*, cit. (nota 48), pp. 452 y ss.

71. Sobre esta cuestión en profundidad y con una perspectiva dogmática diferente de la tradicional, véase J. Barnes, «Sobre el procedimiento administrativo: evolución y perspectivas», cit. (nota 19), pp. 295 y ss.

72. Materialmente existen diferencias importantes entre el procedimiento administrativo y el judicial; entre ellas y, ello es sustancial, en el primero la Administración es juez y parte, mientras que en el segundo el juez es independiente. Existen otras diferencias que a veces son tópicas y sólo en parte ciertas; *vid.* F. Garrido Falla-J.M. Fernández Pastrana, *Régimen jurídico y procedimiento de las Administraciones Públicas*, 3ª ed., Madrid, 2000, p. 304.

manifiesto, por ejemplo, en la instrucción del procedimiento (art. 78 y ss. Ley 30/1992).

De manera sistemática en estos preceptos se percibe que la instrucción está planteada, de manera muy especial, para la búsqueda de la satisfacción de las pretensiones individuales. Esta perspectiva restringe la instrucción a los interesados (arts. 78, 79, 80, 81, 84, etc.), y solamente en el trámite de información pública (art. 86.2) se menciona que el acceso se abre a los ciudadanos, «si la naturaleza del procedimiento lo requiere» (art. 86.1), lo cual es ya una limitación, pudiendo en este caso, si se hacen alegaciones, obtener una respuesta de la Administración, aunque no adquiera la condición de interesado[73]. Se trata, en definitiva, de una instrucción dirigida, esencialmente, a la protección de los derechos de los interesados[74], que desemboca en una resolución singular. Este modelo de instrucción no está abierta a otro tipo de instrucciones, necesarias, por ejemplo, en la esfera del medio ambiente, urbanismo o seguridad alimentaria, en las que gran número de ciudadanos están interesados, dado que las decisiones que la Administración toma, concierne a sus intereses, aunque tal vez no tengan un derecho subjetivo o interés directo. Esta situación se produce en materia de urbanismo, y a ello se hace referencia en el punto III.2 de este trabajo, o bien también en el caso de empresas colaboradoras privadas, por ejemplo, en materia de saneamiento de aguas residuales[75], que realizan funciones públicas, en cuya actuación se produce una cooperación del procedimiento administrativo y del privado, si bien la Administración tiene la última palabra[76].

---

73. Sobre el tema *vid.* A. Fanlo, «Disposiciones generales sobre los procedimientos administrativos: iniciación, ordenación e instrucción», en La Nueva Ley de Régimen Jurídico de las Administraciones Públicas y del Procedimiento Administrativo Común, direc. J. Leguina Villa-M. Sanchez Morón, Madrid, 1993, pp. 242 y ss.

74. El hecho de que en la instrucción se haga referencia a la participación de los interesados, y no de los ciudadanos, es revelador de su carácter restrictivo, y poco flexible, que no facilita el intercambio de información entre el ciudadano y la Administración, al menos de manera generalizada.

75. Sobre la cuestión en profundidad M. OLLER RUBERT, «Saneamiento de aguas residuales y reforma del Derecho Administrativo, cit. (nota 66), pp. 301 y ss.

76. Sobre el tema *vid.* J. BARNES, «Sobre el procedimiento administrativo: evolución y prospectivas», en *Innovación y reforma en el Derecho Administrativo*, ed. de J. Barnes, cit. (nota 19), pp. 311 y ss.

Es cierto, por otra parte, que el producto final al que tiende el procedimiento, de manera habitual, es la resolución, no la información[77]. No obstante, la información cumple una función nuclear de apoyo a aquélla. Aunque, por tanto, la información no constituya el objetivo final del procedimiento, sin embargo, éste se basa en la información y la comunicación. Por ello, en la instrucción del procedimiento administrativo se da cabida al intercambio de información entre la Administración y los interesados, pero incluyendo, además, a los ciudadanos con carácter general, con exclusiones en situaciones tasadas[78]. Ello facilitaría que la resolución fuese adecuadamente ponderada. En efecto, la información hace posible la racionalización de la resolución, máxime cuando no se puede aventurar a priori el resultado final, sino que éste depende de la información obtenida a través de nuevos hechos, de las alegaciones realizadas por los interesados o el público en general. Sólo así la decisión que haya de adoptarse, en su caso, será ponderada y equitativa. De la misma forma, informaciones facilitadas a lo largo de las distintas fases procedimentales podrán acelerar la decisión final o evitar otras instrucciones, y finalmente, la comunicación entre las partes a través del intercambio de información puede facilitar acuerdos para la resolución[79].

---

77. En este sentido se manifiesta H. ROSSEN, *Vollzug und Verhandlung (Die Modernisierung des Verwaltungsvollzugs)*, Tübingen, 1999, pp. 112 y ss.

78. Por ejemplo, las exclusiones podrían producirse en las tres situaciones de prohibición de acceso a los archivos administrativos del artículo 105-b) de la Constitución, y otras situaciones muy determinadas, pero reduciendo la discrecionalidad todo lo posible.

79. Sobre el tema amplia y detalladamente E. SCHMIDT-ASSMANN, «Verwaltungsrecht in der Informationsgesellschaf-Perspektiven der Systembildung», en *Verwaltungsrecht in der Informationsgesellschaft*, cit. (nota 3), pp. 421 y ss. y CH. GUSY, «Informationsbeziehung zwischen Staat und Bürger«, en *Grudlagen des Verwaltungsrechts*, tomo II, cit. (nota 25), pp. 246 y ss.

3. NUEVAS PERSPECTIVAS DEL PROCEDIMIENTO ADMINISTRATIVO EN EL ÁMBITO DEL DERECHO ADMINISTRATIVO DE LA INFORMACIÓN

Las nuevas perspectivas y necesidades que la sociedad de la información plantean al Derecho Administrativo no se recogen, o al menos lo hacen de manera muy restringida, en la estructura del procedimiento administrativo de la Ley 30/1992, dado que la elaboración e intercambio de información entre la Administración y el ciudadano se encuentran muy limitados, cuando no resultan claramente insuficientes. Por otra parte, el procedimiento administrativo en la citada Ley está construido sobre la base de la relación entre la Administración y los interesados, no de los ciudadanos, lo cual supone ya de por sí un acotamiento considerable.

El intercambio de información entre Administraciones se halla regulado, entre otros preceptos, en los artículos 4.1-c) Ley 30/1992[80] y 55-c) Ley 7/1985, de 2 de abril, Bases del Régimen Local (LBRL). Se plantea una doble cuestión: cuáles hayan de ser los efectos prácticos de esa normativa; y las consecuencias del intercambio de información de cara a un mayor y más eficaz suministro de información a los ciudadanos, destinatarios principales de la actividad administrativa[81].

a) La relación entre la Administración y el ciudadano

En el ámbito de la sociedad de la información y del conocimiento, el procedimiento administrativo debe estar abierto no sólo a los interesados, también a los ciudadanos, dado que los que no puedan parti-

---

80. Dice ese art. 4. 1-c: «Principios de las relaciones entre las Administraciones Públicas: c) Facilitar a las otras Administraciones la información que precisen sobre la actividad que desarrollen en el ejercicio de sus propias competencias».

81. Establece el susodicho artículo 55-c: «Para la efectividad de la coordinación y la eficacia administrativas, las Administraciones del Estado y de las Comunidades Autónomas, de un lado, y las Entidades locales, de otro, deberán en sus relaciones recíprocas: c) Facilitar a las otras Administraciones la información sobre la propia gestión que sea relevante para el adecuado desarrollo por éstas de sus cometidos».

cipar en un procedimiento concreto quedarán excluidos de las relaciones de intercambio de información que se entablen con la Administración. Estas personas no tienen acceso a la información, ni pueden exigirla a la Administración, por lo que «el apagón informativo» en el que se encuentran sumidos tiene consecuencias fundamentales en su capacidad de decisión.

El procedimiento contemplado en la Ley 30/1992 está sustancialmente abierto a los interesados, y sólo muy restringidamente a los ciudadanos, lo que se manifiesta, como se acaba de examinar, en la instrucción (art. 78 y ss.). Pero es que, además, si el procedimiento administrativo implica un proceso de comunicación entre la Administración y los ciudadanos, ha de realizarse bajo las premisas de los principios generales del artículo 3 de la Ley, de acuerdo con el cual, en su actuación la Administración debe observar los principios de eficiencia y servicio a los ciudadanos (art. 3.2), además de, en su relación con los ciudadanos, los principios de transparencia y participación (art. 3.5). Ese proceso de comunicación no se cumple, o al menos se hace de manera insuficiente, con las restricciones al acceso a la información de los ciudadanos, establecidas en la instrucción, y en general en todo el procedimiento. Por otra parte, la restricción al acceso a la información y a la participación de los ciudadanos limita el principio de participación del artículo 9.2 de la Constitución, según el cual los poderes públicos han de «facilitar la participación de todos los ciudadanos en la vida política, económica, cultural y social»[82]. Asimismo, el acceso a la información de los ciudadanos regulado en los artículos 35 y 37 de la Ley 30/1992 encarna una opción restrictiva, tal como se ha señalado anteriormente (apartado I-3-b), en relación con los artículos 20.1-d), 23.1 y 105-b) de la Constitución[83].

---

82. Véase M. SÁNCHEZ MORÓN, *Derecho Administrativo (Parte General)*, 3ª ed., Madrid, 2007, pp. 77 y ss.

83. Llegados a este punto del trabajo debe puntualizarse el trasfondo de la crítica que se realiza del procedimiento administrativo regulado en la Ley 30/1992, que creo es deducible de la propia argumentación, pero intentaré aclararlo más. La crítica no se hace al clásico procedimiento de gravamen, en cuyo caso el procedimiento delineado en la ley 30/1992 es adecuado, y es lógi-

El procedimiento es esencialmente comunicación entre la Administración y los ciudadanos. Y, este parece ser un objetivo primordial de la Ley 11/2007, de 22 de junio, de acceso electrónico de los ciudadanos a los Servicios Públicos[84], a tenor del encabezamiento de la Ley y de algunos de los fines a los que se refiere la Exposición de Motivos.

Así, por ejemplo, se dice que la Ley «asume su responsabilidad de contribuir a hacer realidad la sociedad de la información». No obstante, cuando se abordan los derechos de los ciudadanos y se hace referencia al acceso a la tramitación de los procedimientos, ya se restringe a los interesados (art. 6.2-d). De la misma manera en el capítulo II del Título IIIº, que se ocupa de la tramitación de los procedimientos con medios electrónicos –respecto a la iniciación (art. 35.9), instrucción (art. 36), e incluso el acceso a la información (art. 37)–, se limita a los interesados, no permitiendo la participación de los ciudadanos. Se trata de una importante restricción que dificulta hacer realidad la sociedad de la información, pues desde el respeto a la confidencialidad y protección de los datos, no se entiende que el procedimiento no se amplíe a los ciudadanos, especialmente en aquellos procedimientos que no tengan como objetivo sólo y exclusivamente la protección de derechos, e incluso en estos casos puede haber ciudadanos o asociaciones concernidas, que, sin embargo, no sean interesados, a los que no se les permitirá acceder a la información. Es decir, la Ley 11/2007 se ha elaborado en el mismo registro que la Ley 30/1992, de un procedimiento que desemboca en una resolución singular, sin tener en consideración, a pesar de ser una ley promulgada hace poco tiempo, otro tipo de procedimientos, en los que la participación de los ciudadanos es necesaria.

Por otra parte, debe recordarse que concretamente los artículos 6, 35 y 37.1 tienen carácter básico (Disposición final primera), lo cual significa que esos pre-

---

ca la restricción a la participación de terceros. Los reparos se plantean en la aplicación de ese procedimiento en determinados ámbitos como el medio ambiente o el urbanismo, en los que la participación de los ciudadanos en general o el público es imprescindible. Una cuestión que podría aludirse a continuación sería si los cambios necesarios deberían hacerse en la misma ley 30/1992 por el legislador, o bien en una nueva ley. Aparte de ello, se hace perentorio la elaboración por la doctrina de nuevos planteamientos dogmáticos sobre la materia.

84. El artículo 45 LRJ-PAC sirve de impulso a la Administración electrónica así como otras normas promulgadas anteriormente a la Ley 11/2007; *vid.* R. Rivero Ortega, *El expediente administrativo (de los legajos a los soportes electrónicos)*, Thomsom-Cívitas, 2007, pp. 155 y ss.

ceptos se aplicarán a las normas sobre acceso electrónico de los ciudadanos que promulguen las Comunidades Autónomas. Tal como destaca Barnes, esta Ley 11/2007, de acceso electrónico de los ciudadanos a los Servicios Públicos, corre paralela a la Ley 30/1992 en lo que se refiere al procedimiento administrativo, con muy pequeños avances, si es que los hay, respecto a aquélla[85]. A pesar de que el artículo 3 de la Ley, cuando se refiere a los fines de esta Ley, menciona el acceso a la información del ciudadano por medios electrónicos, o bien la proximidad de la Administración con el ciudadano y la transparencia administrativa[86], la cuestión, sin embargo, es que su concreción práctica parece bastante limitada cuando se entra en la tramitación del procedimiento, esfera en la que realmente deben hacerse efectivos los derechos de información del ciudadano.

El artículo 6 de la Ley, en efecto, representa una novedad, puesto que hay un reconocimiento del derecho a relacionarse con la Administración por medios electrónicos (art. 6.1), además de la introducción de una mayor flexibilidad, transparencia y eficacia en la relación de los ciudadanos con las Administraciones (art. 6.2 y 3). Sin embargo, cuando se hace referencia a los procedimientos (art. 6.2-c y d) hay una restricción en el acceso a los documentos, dado que sólo se permite a los interesados, con lo que se concibe en una línea paralela al procedimiento de la Ley 30/1992. No se prevé la perspectiva de procedimientos (medio ambiente, urbanismo, sanidad pública, ciencia, educación, etc.) en los que la información, el intercambio de información y participación de los ciudadanos es imprescindible, y deben poder participar en ellos como medio necesario para mejorar el funcionamiento de la Administración[87].

---

85. «Sobre el procedimiento administrativo: evolución y perspectivas», cit. (nota 19), p. 307, especialmente los argumentos recogidos en la cita 71 de esa página.

86. *Vid.* en este sentido J.L. BLASCO DÍAZ, «Los derechos de los ciudadanos en su relación electrónica con la Administración», trabajo elaborado para el libro en homenaje al Prof. L. Martín-Retortillo, de próxima publicación.

87. Ese artículo 6 además es restrictivo, puesto que los derechos reconocidos en él sólo podrán ejercerse a partir del 31 de diciembre de 2009, y en el caso de las Comunidades Autónomas y Entidades locales, sólo si lo permiten las disponibilidades presupuestarias (Disposición final tercera), con lo que se establecen ya a priori unas restricciones sustanciales en la aplicación de ese precepto; *vid.* sobre el tema: J. VALERO TORRIJOS, «La nueva regulación legal del uso de las tecnologías de la información y las comunicaciones en el ámbito administrativo: ¿el viaje hacia un nuevo modelo de Administración, Electrónica?», en *Revista Catalana de Dret Públic*, nº 35, 2007, pp. 227 y ss.

b) Las relaciones entre Administraciones

En su tarea de decidir, las Administraciones necesitan información, por lo que en los procedimientos de decisión la elaboración de información y los derechos de información están presentes. En el procedimiento de toma de decisión puede ocurrir que el funcionario u órgano administrativo responsable se encuentre ante un déficit de información, que en determinadas situaciones acudiendo a otros funcionarios de la misma Administración o de otra diferente puede resolverse, o al menos mejorarse. En este contexto, se hará referencia solamente a los derechos de información en las relaciones entre las diferentes Administraciones Públicas, dejando a un lado el acceso a la información en las relaciones intraadministrativas[88].

La Ley 30/1992, cuando se refiere a los principios generales (art. 3) que debe caracterizarla, introduce en las relaciones entre Administraciones los principios de cooperación y colaboración (art.3.2). Probablemente de haberse consagrado en la Constitución de 1978 un precepto que hubiese mencionado esa *colaboración* entre Administraciones, se le habría dado una mayor fuerza a esa cooperación[89]. Sin embargo, haberla introducido entre los principios generales de la Ley de Régimen Jurídico y del Procedimiento Administrativo Común debe

---

88. Se trata de un tema de gran interés, pues el intercambio de información dentro de la misma Administración es trascendental para su buen funcionamiento y eficacia en su actuación. Asimismo, es relevante su organización y funcionamiento a través de normas internas (órdenes, instrucciones, ordenanzas, etc.), o bien como se regulan las relaciones de información y comunicación entre órganos administrativos separados con competencias diferentes (relación horizontal), o entre órganos jerárquicamente organizados (relación vertical).

89. Por ejemplo, en la línea del artículo 35.1 de la Ley Fundamental, que menciona la asistencia administrativa mutua entre las autoridades administrativas de la Federación y los Länder. Esta cooperación administrativa entre autoridades y funcionarios de las distintas Administraciones implica el establecimiento de puentes entre ellas frente a la tendencia a la existencia de compartimentos estancos entre ellas, así como también que la información que una Administración posee no es un bien exclusivo de ella, sino que debe ser compartida con otras; sobre el tema: *vid.* B. HOLZNAGEL, «Informationsbeziehungen in und zwischen Behörden», en *Grundlagen des Verwaltunsrechts*, tomo II, cit. (nota 25), pp. 314 y ss.

facilitar, pues obliga a las autoridades administrativas, el intercambio de información entre Administraciones.

El artículo 4.1-c) de la Ley 30/1992 establece el deber, por motivos de lealtad institucional, de facilitar a otras Administraciones Públicas la información que precisen en el ejercicio de sus competencias. Este deber se refuerza con la obligación que tienen las Administraciones, a las que se dirige la solicitud, de suministrarla sin reservas (art. 4.2)[90], aunque existen límites en el párrafo 3º[91] de ese artículo que restringen el deber de información. Estas excepciones[92] son ambiguas y otorgan un margen de discrecionalidad muy amplio a la Administración que las facilita, por lo que se socava el deber de informar. Y ello a pesar de la obligación que tiene esa Administración de motivar la denegación de la información.

También el artículo 55-c) de la LBRL se refiere al intercambio de información entre las Administraciones del Estado, Comunidades Autónomas y Entidades locales, vinculando la necesidad de este intercambio a la eficacia y coordinación administrativa, pues una información suficiente facilita la propia gestión, y asimismo la posibilidad de actuar conjuntamente. Por otra parte, hay una concreción de ese deber de información en el artículo 56.1 y 2, que obliga a los Entes locales a informar sobre su actividad municipal, incluso con exhibición de expedientes y emisión de informes, al Estado y Comunidades Autónomas cuando se lo soliciten. Se ha convertido, como ha sido destacado[93], la llamada reciprocidad

---

90. Dispone el artículo 4.2: «A efectos de lo dispuesto en las letras c) y d) del apartado anterior, las Administraciones públicas podrán solicitar cuantos datos, documentos o medios probatorios se hallen a disposición del ente al que se dirija la solicitud. Podrán también solicitar asistencia para la ejecución de sus competencias».

91. Dice el artículo 4.3: «La asistencia y cooperación requerida sólo podrá negarse cuando el ente del que se solicita no esté facultado para prestarla, no disponga de medios suficientes para ello o cuando, de hacerlo, causará un perjuicio grave a los intereses cuya tutela tiene encomendada o al cumplimiento de sus propias funciones. La negativa a prestar la asistencia se comunicará motivadamente a la Administración solicitante».

92. Concretamente las excepciones a las que se hace referencia son la falta de medios suficientes para prestarla, o bien perjuicio grave a los intereses de la Administración que suministra la información (art.4.3).

93. Sobre el tema véase A. GRIFO BENEDICTO: *Los Entes locales en las relaciones interadministrativas*, tesis doctoral sin publicar, pp. 79 y ss. y 162 y ss.

de información del artículo 55 entre las tres Administraciones territoriales para hacer efectivos los principios de eficacia y coordinación, en un deber de informar impuesto a los Entes locales frente al Estado y Comunidades Autónomas, que si se generaliza su utilización y no se hace de manera tasada, podría socavar el principio de autonomía local.

Estos preceptos de la LBRL mencionados ponen de manifiesto una cierta rigidez en el procedimiento de intercambio de información entre Administraciones, cuando no una situación de subordinación de los Entes locales en ese intercambio frente al Estado y Comunidades Autónomas. Asimismo esas normas traslucen una cierta desconfianza a facilitar información entre Administraciones. Esta situación se compagina mal con la sociedad de la información, en la que el intercambio de información debe ser fluido y concebido de forma flexible. Por otra parte, entre las Administraciones Públicas, en su objetivo de servicio a los intereses generales, debe existir una cooperación y actuación eficaz entre ellas, para lo que el intercambio de información es un requisito imprescindible.

La Ley 6/1997, de 14 de abril, de Organización y Funcionamiento de la Administración General del Estado (LOFAGE), en su artículo 3, se ocupa de los principios de organización y funcionamiento, e introduce y vincula los principios de cooperación y coordinación con las otras Administraciones (art. 3.2-h). Coordinación, cooperación y colaboración son principios imprescindibles para un funcionamiento eficiente interadministrativo[94]. Y, en este sentido, a título de ejemplo, el nuevo Estatuto de Autonomía de la Comunidad Valenciana[95], cuando se ocupa de la Administración Local y su relaciones con la Generalitat (art. 62.2 y 3) ha introducido esos principios, lo que ha sido considerado por la doctrina[96] un refuerzo de la cooperación entre la Generalitat y los Entes locales. El reforzamiento de esos principios, sin embargo, no podrá hacerse plenamente efectivo sin un intercambio de información permanente entre las diversas Administraciones. De hecho, el legislador es consciente de esta situación y vincula la coordinación de competencias interadministrativas al intercambio de información (art. 18.1 Ley 30/1992).

---

94. Sobre la relación entre estos principios generales de organización administrativa *vid*. L. Parejo Alfonso, *Derecho Administrativo*, cit. (nota 64), pp. 413 y ss.

95. Ha sido modificado por la Ley Orgánica 1/2006, de 10 de abril.

96. En este sentido R. Martín Mateo/J. Rosa Moreno, «La Administración Local. Planteamiento General», en *Comentarios al Estatuto de Autonomía de la Comunidad valenciana*, dir. J.M. Baño León, Thomsom-Cívitas, 2007, pp. 510 y ss.

La cuestión que se ha de resolverse es si ese intercambio de información es realmente efectivo y está desarrollado procedimentalmente. No parece que esto sea así, de tal manera que los preceptos que han sido mencionados se sitúan en el ámbito de los principios, sin un desarrollo procedimental concreto, que establezca cauces de un rápido intercambio de información entre Administraciones. Esto exigiría la introducción de ciertos preceptos en las leyes de procedimiento administrativo tanto estatal, como autonómicas que se refiriesen a la obligación de comunicación de información entre Administraciones.

Así, por ejemplo, la obligación entre éstas de suministrar informes de manera escrita u oral sobre hechos del propio órgano administrativo o de personas privadas, o bien la regulación de comunicación permanente entre Administraciones al margen de preguntas concretas entre éstas, o también la obligación de traspasar informes entre Administraciones de manera automática sobre determinados temas, que sean de interés común. Este intercambio de información entre Administraciones debe hacerse respetando la legislación sobre la protección de datos, pero desde luego, si se estableciese un procedimiento con la obligación de intercambio de información entre las diversas Administraciones, se conseguiría una fluida cooperación entre ellas, que en estos momentos no se produce. Sin esa fluida cooperación entre Administraciones podría producirse una patrimonialización de la información por parte de las Administraciones Públicas, con grave menoscabo de principios básicos del moderno Estado compuesto (lealtad institucional, cooperación, coordinación, servicio del interés general, etc.).

III

EL IMPULSO DEL DERECHO COMUNITARIO EN MATERIA DE PROCEDIMIENTO ADMINISTRATIVO

Como ha sido puesto de relieve por Schmidt-Aßmann[97] el procedimiento administrativo es uno de los sectores que ha sido más influido por el Derecho Comunitario. Esta influencia se manifiesta de manera muy especial en el ámbito del medio ambiente, entendido en un sentido amplio, como lo hacen las Directivas de la segunda generación (por ejemplo, la 2003/4/CE o la 2003/35/CE), y como consecuencia de ello también sobre otros sectores que en su desarrollo tienen impacto ambiental, como el urbanismo y la ordenación del territorio. En estos últimos sectores, que tienen efectos muy directos sobre la calidad de vida del individuo en general, se han potenciado los cauces procedimentales de información de la Administración, lo que debería permitir a la Administración actuar racionalmente, con una procedimentalización de la resolución.

1. ACCESO DEL PÚBLICO A LA INFORMACIÓN A TRAVÉS DEL PROCEDIMIENTO

La Directiva 1985/337[98] potencia el procedimiento administrativo de modo innegable[99]. Dispone que determinados proyectos públicos

---

97. En *La Teoría General del Derecho Administrativo como sistema*, cit. (nota 27), pp. 368 y ss.

98. Se trata de la Directiva 1985/337/CEE, de 27 de junio, de evaluación de las repercusiones de determinados proyectos públicos y privados sobre el medio ambiente, que ha sido modificada en lo que se refiere a la participación del público en la elaboración de planes y programas relacionados con el medio ambiente por la Directiva 2003/35/CE, de 26 de mayo.

99. La trascendencia procedimental de la Directiva 1985/337 ha sido puesta de relieve por la doctrina, que ha destacado tres obligaciones subyacentes a su contenido: la información al

y/o privados[100] deben someterse a evaluación ambiental (art. 4.2), introduciéndose en el procedimiento de autorización el deber de suministrar información al público (personas físicas y jurídicas, grupos, asociaciones, etc.), y asimismo al público interesado, o sea, a aquellos que puedan verse afectados en el procedimiento de toma de decisiones medioambientales o tengan un interés en ese procedimiento. El deber de información de los poderes públicos o personas privadas se extiende a los interesados, que es lo tradicional, pero también al público en general, que en aquella fecha representó un cambio esencial, al ensanchar notablemente la participación ciudadana en el procedimiento de toma de decisiones. La Directiva 1985/337 fue modificada a través del artículo 3 de la Directiva 2003/35, que profundiza en los derechos de información y participación de los ciudadanos, y amplía la información del público y de los interesados[101] desde una fase temprana del procedimiento, lo que daba opción a éstos a una participación real en los diversos trámites procedimentales. Estos cambios nucleares en el procedimiento permiten una amplia participación del público, y posibilitarán poner de relieve las necesidades medioambientales de la opinión pública, que podrán posteriormente ser ponderadas con los intereses públicos y privados afectados.

La Directiva 1990/313/CEE, de 7 de junio[102], establece los cauces de existencia de una opinión pública informada con capacidad de con-

_____

público sobre la actividad proyectada, la consulta al público en el proceso de toma de decisiones y la información al público sobre la decisión adoptada; vid. J.A. Razquin Lizarraga/A. Ruiz de Apodaca Espinosa, *Información, participación y justicia en materia de Medio Ambiente (Comentario sistemático a la Ley 27/2006, de 18 de julio)*; Thomsom-Cívitas, 2007, pp. 58 y ss.

100. En el Anexo II de la Directiva se hace mención a todo tipo de proyectos, como agricultura, industria extractiva, energética, química, de productos alimenticios, etc., proyectos de infraestructura (entre los cuales se incluye los de ordenación urbana) y finalmente otros proyectos (entre éstos, están incluidos complejos hoteleros, instalaciones de eliminación de residuos industriales, o bien estaciones de depuración).

101. Se comienza definiendo con la nueva directiva lo que es el «público» y el «público interesado», añadiendo estas definiciones en el artículo 1, párrafo 2º, lo que va a clarificar los límites y el contenido de cada uno de estos conceptos.

102. Esta Directiva 90/313 ha sido derogada por la 2003/4/CE, de 28 de enero, también de acceso del público a la información medioambiental.

trol de los poderes públicos y privados. Esta Directiva, en efecto, marcó un hito, pues fija un procedimiento de acceso de cualquier persona física o jurídica a la información medioambiental, a pesar de las excepciones introducidas, muy indeterminadas (art. 3.2), además de otras insuficiencias[103]. Por otra parte, este amplio acceso sólo se extendía a la llamada «información medioambiental», entendido en un sentido bastante restringido (art. 2-a). La Directiva 2003/4, que deroga la anterior, profundiza en la ampliación del derecho de acceso a la información, potenciado por el reconocimiento de este derecho en los Tratados fundacionales[104]. Por otra parte, las excepciones al acceso a la información (art. 4) están más concretadas que en la anterior Directiva, y el concepto de «información medioambiental» es muy amplio, extendiéndose a muy diversas esferas (art. 2.1). Asimismo, el procedimiento de acceso (art. 3) está especificado, con plazos breves, transparente (con exigencias detalladas a las autoridades públicas para que esa transparencia se haga efectiva) y facilita la participación del público (personas físicas y jurídicas) en sentido extenso.

El procedimiento establecido en las normas comunitarias apuntadas pone de relieve la existencia de unos cauces de información al público que posibilitan la existencia de una opinión pública con capacidad de decisión, lo que permite su participación en las decisiones que les conciernen. Por una parte, esta normativa potencia el derecho fundamental de un acceso a la información en el Derecho español, que tiene un anclaje constitucional en los artículos 20-1-d) y 23.1 de la Constitución española[105]. De otra, esta normativa ha puesto las bases para el desarrollo en el Derecho interno de un procedimiento adminis-

---

103. A estas carencias se han referido J.A. RAZQUIN LIZARRAGA/A. RUIZ DE APODACA ESPINOSA, *Información, participación y justicia en materia...*, cit. (nota 99), p. 59.

104. En el Tratado Constitutivo de la Comunidad Europea se reconoce el derecho de acceso a los documentos del Parlamento Europeo, del Consejo y de la Comisión (art. 255.1 TCE).

105. Sobre el tema R. GARCÍA MACHO, «Derecho de acceso a la información y protección de datos en la sociedad de la información», en libro en homenaje a L. Martín-Retortillo, de próxima publicación.

trativo entendido éste como un modelo de ordenamiento que permitiría hacer efectivos los principios generales de eficiencia, servicio a los ciudadanos, transparencia y participación, principios todos ellos recogidos en el artículo 3 de la Ley 30/1992, en una norma, por tanto, aplicable a todas las Administraciones públicas. En el caso de la Administración del Estado, la Ley 6/1997 (LOFAGE) introduce una serie de principios de organización (proximidad a los ciudadanos) y funcionamiento (racionalización y agilidad de los procedimientos administrativos, objetividad, transparencia de la actuación administrativa), que ponen las bases de un procedimiento administrativo con un amplio acceso del público a la información.

2. EFECTOS DE ESTA EVOLUCIÓN NORMATIVA SOBRE EL PROCEDIMIENTO ADMINISTRATIVO ESPAÑOL

Se han producido cambios sustanciales dentro del procedimiento administrativo en la legislación española sobre medio ambiente como consecuencia de la transposición del Derecho Comunitario, de tal forma que en el iter procedimental el acceso a la información en poder de las Administraciones públicas se ha ampliado al público en general; por tanto, la legitimación para intervenir en el procedimiento se extiende bastante más allá del círculo de los interesados. En este sentido debe tenerse en consideración que hay individuos y/o asociaciones que sin tener un derecho subjetivo o interés directo, sin embargo sí lo tienen como ciudadanos o público.

Estos cambios se manifiestan, por ejemplo, en la Ley 27/2006[106], en cuya Exposición de Motivos se diferencia entre público en general e interesados, comprendiendo como público toda persona física y jurídica, así como asociaciones y

---

106. Se trata de la Ley 27/2006, de 18 de julio, por la que se regulan los derechos de acceso a la información, de participación pública y de acceso a la justicia en materia de medio ambiente (incorpora las Directivas 2003/4/CE y 2003/35/CE).

organizaciones (art. 2.1)[107]. Asimismo, la citada Ley pone de relieve que en el ejercicio del derecho a un medio ambiente adecuado «todos» pueden exigirlo (art. 3). Esta novedosa perspectiva de la Ley significa que en el procedimiento administrativo, las Administraciones públicas entre sus objetivos se dedican a conseguir y elaborar la información, que posteriormente transmitirán a todas las personas que lo soliciten[108]. Por otra parte, la Ley 27/2006 entiende el significado de «información ambiental» de manera muy amplia (art. 3)[109], lo cual confiere al concepto de medio ambiente una extensión que abarca campos muy diversos, salud, agua, ordenación del territorio, vivienda, energía, etc., que tiene una plasmación en un procedimiento administrativo entendido en sentido amplio, vinculado a la reforma del Derecho Administrativo, yendo más allá del fin tradicional que ha tenido el procedimiento, que es dictar una resolución en el contexto de un litigio entre dos partes con intereses antagónicos.

El entendimiento de la idea de información ambiental que tiene la Ley 27/2006 incluye también el suelo, y por tanto se extiende a la ordenación del territorio, urbanismo y vivienda, y desde esta perspectiva se elabora la Ley 8/2007, de 28 de mayo, que tiene una evidente conexión con la 27/2006. En efecto, se parte de que el derecho a un medio ambiente adecuado es un principio que informa cualquier actividad en relación con el suelo, y así se manifiesta en su Exposición de Motivos y en diversos preceptos del articulado (por ejemplo artículos 1 y 2). El fundamento de ello está en el Derecho Comunitario[110], como asimismo en la Constitución española (arts. 45[111] y 47[112]), y finalmente en la situa-

---

107. Sobre el significado del contenido y extensión de lo que es el público en general vid. J.A. RAZQUIN LIZARRAGA/A. RUIZ DE APODACA ESPINOSA, *Información, participación y justicia en materia...*, cit. (nota 99), pp. 116 y ss.

108. Se recoge en el artículo 13 de la Ley 27/2006 una amplia panoplia de excepciones, pero que, sin embargo, deben interpretarse de manera restrictiva (art. 13.4), lo cual debe evitar una posible vía de desvirtuación de la Ley.

109. Sobre la cuestión vid. B. LOZANO CUTANDA, *Derecho Ambiental Administrativo*, 8ª ed., Madrid, 2007, pp. 223 y ss.

110. Alguna de las normas de Derecho Comunitario aludidas en esa Exposición de Motivos, como por ejemplo las Directivas 90/313/CEE, 2003/4/CE o bien 2003/35/CE, han sido examinadas en el punto anterior dentro de este Apartado III.

111. Dispone el artículo 45.1: «Todos tienen el derecho a disfrutar de un medio ambiente adecuado para el desarrollo de la persona, así como el deber de conservarlo».

112. Señala el artículo 47: «Todos los españoles tienen derecho a disfrutar de una vivienda digna y adecuada. Los poderes públicos promoverán las condiciones necesarias y establecerán las normas pertinentes para hacer efectivo este derecho, regulando la utilización del suelo de acuerdo con el interés general para impedir la especulación».

ción de deterioro medioambiental de nuestro país como consecuencia de un urbanismo desarrollista con perspectiva sólo económica, que hacía imprescindible situar el desarrollo sostenible como punto de referencia a partir del cual se puede concebir y desarrollar una política de suelo[113].

Las políticas de suelo que realizan los poderes públicos tienen una influencia determinante sobre la calidad de vida de los ciudadanos, por lo que su participación en el proceso de desarrollo urbano es imprescindible desde la perspectiva del principio democrático. El reconocimiento del derecho a la información de los ciudadanos en la legislación que se elabore sobre ordenación territorial y urbanística que introduce el artículo 3.2-c) de la Ley 8/2007 significa que los ciudadanos serán informados por la Administración en el procedimiento administrativo sobre ordenación del territorio y urbanística. Ese reconocimiento del derecho a la información como principio general se concreta como derecho de los ciudadanos en el artículo 4-c) y d) de la Ley con una doble vertiente. Por una parte, en el párrafo c) como acceso a la información de la que ya disponen las Administraciones sobre ordenación del territorio, urbanística y su evaluación ambiental, así como obtener copia o certificación de las disposiciones o actos administrativos, lo cual concreta, completa y amplia lo establecido en los artículos 35 y 37 de la Ley 30/1992, teniendo en cuenta el carácter restrictivo que tiene ese artículo 37[114]. Por otra parte, en el párrafo d) se trata de la vertiente como derecho de prestación, que obliga a las Administraciones públicas a informar por escrito sobre el régimen y condiciones urbanísticas de una finca. Este edificio normativo se completa con la Disposición adicional primera de la Ley, que establece un sistema público de información[115] sobre suelo y urbanismo que el Estado en colaboración con las Comunidades Autónomas

---

113. Sobre el tema en profundidad *vid*. L. Parejo Alfonso, «Condiciones básicas de igualdad de los ciudadanos y régimen básico del suelo en la LS», en *Ciudad y Territorio (Estudios Territoriales)*, Ministerio de Vivienda, nº 152-153, 2007, pp. 313 y ss.; M. Vaquer Caballería, «Estudio preliminar: Constitución, Ley de suelo y ordenamiento territorial y urbanístico», en *Comentarios a la Ley de Suelo (Ley 8/2007, de 28 de mayo)*, L. Parejo Alfonso/G. Roger Fernández, Madrid, 2007, pp. 28 y ss. y R. García Macho, «Ordenación del territorio y urbanismo en el Estatuto de Autonomía Valenciano», en *Comentario al Estatuto de Autonomía de la Comunidad valenciana*, cit. (nota 96), pp. 674 y ss.

114. Sobre el carácter restrictivo de ese precepto en relación con el artículo 105 de la Constitución *vid*. Apartado III.1 de este trabajo y la bibliografía allí recogida.

115. Sobre el tema *vid*. L. Parejo Alfonso/G. Roger Fernández, *Comentarios a la Ley del Suelo...*, cit. (nota 113), pp. 103 y 389.

debe poner a disposición de los ciudadanos en el ámbito del procedimiento administrativo sobre la materia[116].

Las Directivas comunitarias examinadas en el epígrafe anterior y las leyes españolas aludidas en éste parten de un concepto de procedimiento administrativo que tiene entre sus fines la búsqueda y elaboración de información por la Administración para su transmisión posterior al público y ciudadano, lo que le aleja de la concepción tradicional y mucho más estrecha de que el único fin del procedimiento es dictar una resolución. A esta concepción tradicional se adecua el procedimiento de la Ley 30/92, que debe ser mantenido, pero también ampliado para responder a las nuevas necesidades que plantea la sociedad de la información y del conocimiento. Esta nueva situación exige una reforma en profundidad de la Ley 30/1992 a partir de los artículos 35 y 37 para posteriormente introducir cambios en las Disposiciones generales sobre el procedimiento administrativo (Título VI de la Ley), que se ajusten a los principios generales que la informan (art. 3).

---

116. Sobre el tema *vid.* L. PAREJO ALFONSO/G. ROGER FERNÁNDEZ, *Comentarios a la Ley del Suelo...*, cit. (nota 113), pp. 103 y 389.

CAPÍTULO V

LA COLABORACIÓN INTERADMINISTRATIVA A TRAVÉS DEL PROCEDIMIENTO ADMINISTRATIVO NACIONAL

Javier Barnes[*]

* Catedrático de Derecho Administrativo, Universidad de Huelva, España.

ÍNDICE

Una versión anterior y más reducida de este trabajo ha sido publicada en el libro *Allgemeines Verwaltungsrecht – zur Tragfähigkeit eines Konzepts*, editado por H.-H. Trute, T. Groß, H.C. Röhl y C. Möllers, Mohr Siebeck, Tübingen, Alemania, 2008, pp. 255-279.

L A colaboración de las Administraciones públicas a través del procedimiento administrativo constituye un fenómeno visible en el espacio administrativo europeo. Menos atención ha merecido, sin embargo, esa forma de colaboración interadministrativa en el plano interno a impulsos del Derecho Comunitario.

Cuando se habla de procedimiento como mecanismo de colaboración, en realidad se parte de un entendimiento amplio de la institución: el procedimiento como sistema de comunicación entre Administraciones y de éstas con los ciudadanos[1], y no como un simple proceso formal de toma de decisiones, o como mera herramienta para aplicar y ejecutar el Derecho, al modo judicial.

En primer lugar, se subraya en este capítulo la relación entre método o estrategia regulatoria, de un lado, y el procedimiento administrativo, de otro, para poner de relieve que la colaboración no es sino una seña de identidad de las nuevas formas de regulación y gobernanza. En segundo término, se recuerda que la colaboración de las Administraciones no se circunscribe al ámbito europeo, sino que se inicia a nivel interno. Por último, se apuntan algunas características de esa colaboración, a propósito de los ejemplos que brindan la evaluación estratégica ambiental y el gobierno electrónico. Más allá, sin embargo, de esas cuestiones laten otras de más largo alcance, como las que se refieren a los nuevos modelos y técnicas de procedimiento como cauce de colaboración.

I
INTRODUCCIÓN.
LA RELACIÓN ENTRE EL PROCEDIMIENTO ADMINISTRATIVO Y LOS MÉTODOS DE DIRECCIÓN Y REGULACIÓN. EL PROCEDIMIENTO COOPERATIVO COMO MECANISMO AL SERVICIO DE LAS NUEVAS ESTRATEGIAS REGULATORIAS

El sistema del Derecho Administrativo tradicional ha crecido al amparo de un método de regulación característico, cuyas notas princi-

---

1. Tal es la perspectiva que se adopta en los trabajos de este volumen. Puede verse, además, en español, E. SCHMIDT-ASSMANN, «El procedimiento administrativo entre el principio del Estado

pales, por lo que se refiere a la producción normativa, podrían sintetizarse así: a) el Estado ostenta el monopolio de la creación del Derecho; b) las leyes poseen carácter vinculante; c) el contenido de éstas se resuelve en prohibiciones y mandatos; y d) la ley pretende contemplarlo todo en su propósito de sujetar a la Administración mediante programaciones «condicionales» (si concurre el presupuesto de hecho, entra en escena la consecuencia jurídica prevista)[2].

La estructura administrativa que sirve al legislador y al ejecutivo en este esquema es jerárquica, cerrada y piramidal. La Administración actúa mediante decisiones unilaterales e imperativas, en aplicación de normas emanadas desde un centro superior. El procedimiento administrativo en este contexto se construye sobre el esquema del proceso judicial, y constituye un mecanismo instrumental o adjetivo en beneficio de una mejor *aplicación* de la *legalidad material*. Este modelo se identifica en parte con lo que en nuestro sistema se conoce como «actividad administrativa de policía», aunque excede de esta forma de Administración y de la etapa del Estado liberal en la que fue alumbrado. Es más conocido en el mundo anglo-americano como modelo del «command and control regulation»[3].

Sin embargo, las insuficiencias y déficits de los métodos tradicionales de gobierno, asentados sobre el viejo esquema legal de la prohibición y el mandato y en las herramientas coercitivas, han dado paso a otros *modelos, mecanismos* e *instrumentos* complementarios, convertidos ya en signos de nuestro tiempo en tantos ámbitos: la cooperación entre la Administración y el ciudadano, como socios que se necesitan en la búsqueda del bien común; los fenómenos de autorregulación y privatización; la coordinación y cooperación de todas las Adminis-

de Derecho y el principio democrático», en: J. Barnes (ed.), *El procedimiento administrativo en el Derecho Comparado*, Cívitas, Madrid, 1993, p. 317; E. Schmidt-Assmann, *La Teoría General del Derecho Administrativo como sistema*, Marcial Pons, Madrid, 2003, p. 358; Javier Barnes, «Sobre el procedimiento administrativo: evolución y perspectivas», en: J. Barnes, *Innovación y reforma en el Derecho Administrativo*, Editorial Derecho Global, Sevilla, 2006, p. 267.

2. Véase la introducción del presente libro.

3. *Ibídem.*

traciones implicadas, en el plano interno y exterior, sea éste el espacio europeo o la arena internacional; la información como instrumento regulador; la participación de una opinión pública bien informada; la simplificación de las cargas administrativas; principios y prácticas para producir una mejor regulación en un entorno de intrínseca complejidad e incertidumbre; leyes con programación finalista; diseño de procedimientos administrativos como foro donde hallar la solución más idónea; decisiones pensadas desde su misma gestación para ser eficaces en su aplicación; la instrucción privada del procedimiento –la transferencia de la carga de obtener la información necesaria al sujeto privado; instrumentos de Derecho indicativo o Derecho blando–; etc.

La acción administrativa más allá de las fronteras nacionales (en el plano europeo e internacional) o la cooperación con el sector privado para la consecución de determinadas prestaciones, por citar tan sólo dos fenómenos representativos, suponen desde luego una clara evolución de la Administración contemporánea y de sus medios de acción. En última instancia, esos fenómenos se resuelven o sintetizan en nuevas formas de dirección y gobierno. Y, con ello, de los instrumentos a su servicio. Es claro que, si adoptamos una visión panorámica más alta, la asunción de esos nuevos métodos y estrategias de regulación y gobernanza habrán de alumbrar consecuencias sobre el conjunto del Derecho Administrativo clásico[4].

Lo que aquí interesa registrar, sin embargo, es su impacto sobre el procedimiento administrativo o, dicho de otro modo, cómo se refracta esta clásica institución en función del modelo o de la estrategia regulatoria a la que en cada caso sirva. «Procedimiento administrativo» y «métodos y estrategias de regulación, dirección y gobernanza» son cuestiones estrechamente entrelazadas[5]. En los nuevos escenarios emergentes, el análisis del procedimiento administrativo –como el de

---

4. Véase la aproximación a este tema de RICHARD B. STEWART, «Administrative Law in the Twenty-First Century», 78 N. Y. U. L. Rev. 437, 2003, p. 454.

5. Para mayor abundamiento, véase la introducción de la presente obra colectiva.

otras instituciones básicas– no puede ser concebido al margen de las diversas *formas de regulación.*

En primer lugar, y en un sentido más inmediato, porque el procedimiento se encuentra presente en la sustancia de los mismos métodos y estrategias de regulación, sean éstos tradicionales[6], alternativos o complementarios[7]. Los diversos sistemas e instrumentos de regulación se hacen realidad a través de procedimientos[8].

En segundo término, en un sentido más profundo y de mayores consecuencias, porque cada método o estrategia de regulación y gobierno (sistema tradicional; autorregulación; colaboración interadministrativa; etc.) condiciona –y, a su vez, explica– la estructura, naturaleza y función de los respectivos procedimientos que hayan de seguirse en el seno de cada uno de los modelos[9]. Muchas de las tendencias apreciables a nivel nacional, regional y global en la institución del

---

6. Por ejemplo, en el sistema clásico, como herramienta de aplicación del Derecho preestablecido, para otorgar autorizaciones, etc. Es lo que podríamos denominar procedimientos «aplicativos».

7. Por ejemplo, en las fórmulas de gobernanza administrativa en el seno de la UE, encontramos procedimientos específicos de comitología, en el seno de las Agencias, en relación con el método abierto de coordinación, etc. Para una introducción a estos métodos de regulación, ALEXANDRA GATTO, «Governance in the European Union: a Legal Perspective», 12 Colum. J. Eur. L. 487, 2006. Sobre el método abierto de coordinación, *vid.* JONATHAN ZEITLIN, «Introduction: The Open Method of Co-ordination in Question», en Pochet & Zeitlin, *The Open Method of Co-ordination in Action: the European Employment and Social Inclusion Strategies* (2005); DAVID M. TRUBEK & LOUISE G. TRUBEK, «New Governance & Legal Regulation: Complementarity, Rivalry, and Transformation», 13 COLUM. J. EUR. L. 551.

8. Por ejemplo, la aplicación de métodos de «regulatory choice» utilizan procedimientos especiales, tanto para adquirir una mayor legitimidad, cuanto para asegurar una mejor evaluación de los costes y beneficios, una mayor racionalidad en la decisión. Véase, por ejemplo, M. EIFERT, «Regulierungsstrategien», en Hoffmann-Riem/Schmidt-Aßmann/Voßkuhle, *Grundlagen des Verwaltungsrechts*, tomo I, Beck, München, 2006, p. 1309.

9. Por ejemplo, con el objeto de alcanzar un acuerdo medioambiental, se han ensayado procedimientos administrativos de negociación informal que permitan, como traje a la medida, establecer las reglas de juego para cada caso, en el marco de la ley, en lugar de dictar normas abstractas y generales. Véase, por ejemplo, RICHARD B. STEWARD, «A New Generation of Environmental Regulation?», 29 Cap. U.L. Rev. 21, 2001, p. 61.

procedimiento administrativo[10] no se podrían aprehender en su entero significado si no es en el contexto de los distintos modelos de regulación a los que sirven y en los que se insertan[11]. Esta relación de *subordinación* e *instrumentalidad* es muy clara en algunos casos. Por ejemplo, la tendencia hacia la regulación negociada que ha caracterizado algunas de las formas de elaboración de los reglamentos en EE.UU. requiere un proceso más cooperativo, global y participativo, de un lado, y menos bilateral y contradictorio entre las partes y los grupos de intereses, de otro[12]. En otros casos, la influencia del sistema de regulación sobre el procedimiento puede no resultar tan evidente a primera vista, aunque no por ello sea menos importante[13].

Es en ese contexto donde ha de situarse la función de *colaboración* entre las distintas Administraciones que al procedimiento le ha sido atribuida dentro de las *nuevas formas de regulación y gobernanza*[14].

---

10. Véase por ejemplo J. BARNES, «Sobre el procedimiento administrativo: evolución y perspectivas», en: J. Barnes, *Innovación y reforma en el Derecho Administrativo*, cit. (nota 1), pp. 301 y ss.

11. *Vid.* la introducción de la presente obra colectiva.

12. Otro ejemplo que proviene del ordenamiento norteamericano de posguerra: uno de los ejes en que se ha basado la transformación del Derecho Administrativo norteamericano ha consistido en la creciente ampliación de los derechos de participación en el seno del procedimiento administrativo, en la justa medida en que se atribuían nuevas potestades de regulación en favor de las agencias. La atribución de más poder debe ir acompañada de la extensión de esos derechos procedimentales. *Cfr.* RICHARD STEWART, «The Reformation of American Administrative Law», 88 Harv. L. Rev. 1669, 1670 (1975).

13. Por ejemplo, la extensión de normas de procedimiento al sector privado que opera en ámbitos en los que la técnica de regulación se expresa en la llamada autorregulación regulada (sectores como las telecomunicaciones, energía, correos, etc.) obedece a una estrategia de regulación basada en la cooperación entre el Estado y la sociedad: el Estado garantiza un resultado final, aunque no preste por sí mismo la actividad o el servicio, cuya realización confía al sector privado, bajo una estrecha relación de cooperación. A tal fin, por ejemplo, se establecen reglas de procedimiento entendidas en sentido amplio que los operadores privados deben de observar, para asegurar así la transparencia y la rendición de cuentas, la solvencia técnica, la neutralidad o imparcialidad, la participación de expertos y de la opinión pública, la adecuada resolución de conflictos, etc.

14. Por ejemplo, la colaboración posee una relevancia menor cuando el procedimiento tiene por objeto el dictado de una resolución singular cuyo contenido ha sido ya preestablecido en la ley

Una consecuencia elemental que se infiere de este enfoque reside en la necesidad de utilizar las reglas y herramientas de carácter procedimental que se estimen más adecuadas en cada caso, en virtud del *modelo de regulación* y *dirección* en que se inserte el procedimiento de que se trate. Los instrumentos y técnicas característicos de los procedimientos propios de un modelo de regulación estatal de carácter vinculante no son extrapolables sin notables ajustes y adaptaciones a los procedimientos llamados a coordinar la acción administrativa en el ámbito de la gobernanza.

Así, las técnicas de colaboración que se siguen en los procedimientos que se utilizan en el marco del método tradicional (por ejemplo, la evacuación de informes de una Administración a otra en los procedimientos de elaboración del planeamiento territorial) resultan pobres e insuficientes en otros muchos casos en los que la colaboración no se agota en un encuentro puntual, ni se basa en una relación jerárquica, ni se asienta sobre las premisas de una posición fragmentada entre Administraciones (como sucede, por ejemplo, en el caso del gobierno electrónico).

Los procedimientos de naturaleza colaborativa sirven a la cooperación informal de la acción administrativa en áreas en las que se aspira a mejorar la flexibilidad, la participación y la organización del trabajo entre los múltiples niveles de gobierno[15].

Desde la perspectiva que proporciona el prisma de la regulación, se entiende en mayor profundidad que el procedimiento sea un precia-

---

y cuya aplicación corresponde a una única Administración (por ejemplo, una autorización municipal reglada para instalar un pequeño establecimiento comercial). Por el contrario, la colaboración constituye el presupuesto, por ejemplo, del método abierto de cooperación, en la medida en que se trata de un procedimiento de comparación sistemática que coordina las políticas nacionales, mediante instrumentos de diverso tipo (guías, indicadores, evaluaciones a nivel europeo; etc.). Véase sobre este ejemplo la bibliografía citada en nota 7.

15. Así sucede, por ejemplo, en la Directiva marco en el sector del agua, y de sus instrumentos de desarrollo: Directiva 2000/60/CE del Parlamento Europeo y del Consejo, de 23 de octubre de 2000, por la que se establece un marco comunitario de actuación en el ámbito de la política de aguas, y el trabajo de DAVID M. TRUBEK & LOUISE G. TRUBEK, «New Governance & Legal Regulation: Complementarity, Rivalry, and Transformation», 13 COLUM. J. EUR. L. 539, 550.

do objeto de deseo para el legislador, puesto que, como se viene advirtiendo en las últimas décadas, sirve para controlar[16] y dirigir[17] a la Administración. Un diseño legislativo inteligente permite, en efecto, condicionar de forma decisiva y con efectos multiplicadores el futuro comportamiento de la Administración, y, en consecuencia, asegurar no ya su mera sujeción, en sentido negativo o limitativo, a la Ley y al Derecho, sino, en clave positiva, la eficacia de sus actividades y prestaciones (art. 103.1 C.E.), en la dirección pretendida[18]. Y ello porque en determinadas estrategias y escenarios donde la ley no puede anticiparse a la realidad, ni, por tanto, predeterminar la solución que quepa adoptar en cada caso (piénsese, por ejemplo, en la legislación del suelo), la configuración legal del procedimiento puede condicionar, en una alta proporción, qué decisión adoptar[19]. El ejemplo del procedimiento de evaluación estratégica ambiental, al que más abajo se hace referencia, puede constituir un caso ilustrativo.

---

16. De «control político» a través del procedimiento se habla en EE. UU. desde la teoría política positiva a partir del clásico trabajo de MATTHEW D. MC CUBBINS, ROGER G. NOLL, BARRY R. WEINGAST, «Administrative Procedures as Instrument of Political Control», 3 J. INT'L L. ECON. & ORG. 243 (1987).

17. De «dirección» de la Administración mediante el procedimiento se habla en el movimiento de reforma del Derecho Administrativo en Alemania, desde la perspectiva que aporta la llamada ciencia de la dirección. Véase, por todos, SCHMIDT-ASSMANN, *Das allgemeine Verwaltungsrecht als Ordnungsidee*, 2ª edición, Springer, 2004, pp. 203, 305. Del mismo autor, en español, *La Teoría General del Derecho Administrativo como sistema*, cit. (nota 1), capítulo primero.

18. Para mayor abundamiento, J. BARNES, «Sobre el procedimiento administrativo: evolución y perspectivas», cit. (nota 1), pp. 267 y ss.

19. Sobre el tema se insiste en la presente obra colectiva. En particular, pueden verse la introducción y los capítulos de E. Schmidt-Aßmann y J.-P. Schneider.

II
LA IMAGEN DE LA ADMINISTRACIÓN «EN RED»

1. LA ADMINISTRACIÓN «EN RED»

La colaboración interadministrativa se ha convertido en un artículo de primera necesidad. El futuro de la Administración depende de su capacidad de trabajo en común o «en red». La distinción entre jerarquía y red hace referencia a la estructura y al modo de trabajo dentro de, o entre Administraciones. Por decirlo en forma simple, en una organización *jerárquica*, la coordinación se consigue a través de una cadena de mando que desciende desde las unidades superiores hacia las inferiores. Las *redes*, por el contrario, operan tanto de modo horizontal como vertical, y se sirven de la *cooperación* antes que de la orden o el mandato[20].

Las ciencias sociales utilizan la metáfora de las redes para explicar numerosos fenómenos sociales, económicos, políticos o tecnológicos de nuestro tiempo. En términos muy sencillos, una red constituye un sistema de elementos o nodos, donde cada nodo representa una intersección del flujo o circulación dentro de la red. Qué se entienda por nodo depende en última instancia, como sostiene M. Castells, de la clase de red de la que se trate[21]. Los nodos se conectan entre sí a través de procesos de intercambio. Para el Derecho Administrativo, la red de flujos puede concebirse como un proceso que conecta distintas unidades administrativas al objeto de tomar decisiones, prestar servicios, realizar actividades, intercambiar información, etc. Desde esa perspectiva, el procedimiento administrativo representa un instru-

---

20. Véase, por ejemplo, CHRIS ANSELL, «The Networked Polity: Regional Development in Western Europe», *Governance: An International Journal of Policy and Administration*, Vol. 13, No. 3, July 2000, pp. 303-333.

21. Véase, por ejemplo, en *The Rise of the Network Society* (2000), p. 501.

mento de *interconexión* o de colaboración interadministrativa. Aquí el procedimiento administrativo de carácter cooperativo juega un papel destacado.

2. REDES EUROPEAS Y NACIONALES

El principio de cooperación forma parte fundamental del Derecho Administrativo europeo[22]. Afecta a numerosos actores y actividades administrativas a nivel horizontal y vertical. La cooperación se realiza por medio de intercambio de *información*; a través de la interacción en el seno de *organizaciones* específicas (como las agencias); y mediante la participación en *procedimientos* administrativos. El procedimiento representa, pues, una de esas formas de colaboración; constituye una estrategia integradora, de colaboración estable y continuada.

El procedimiento administrativo no es sólo garantía de acierto en la toma de decisiones, instrumento de protección o tutela individual, cauce de participación ciudadana, o vía para imprimir mayor eficacia a la acción administrativa. Es también una herramienta para la *colaboración* entre Administraciones[23].

En rigor, esa cooperación comienza a nivel *interno*. En primer lugar, porque todas las Administraciones están llamadas a participar en la formulación, desarrollo y aplicación del *Derecho Comunitario*, en virtud de sus respectivas competencias. En segundo término, porque la red constituye una *unidad*, y la red administrativa europea integra o involucra de algún modo a todas las Administraciones, aun cuando éstas operen en un limitado espacio. Por otra parte, los sistemas nacionales conocen ya algunos procedimientos *internos* con un marcado

22. Por todos, E. SCHMIDT-ASSMANN, *La Teoría General del Derecho Administrativo como sistema*, cit. (nota 1), capítulo VII *in totum*.

23. Sobre la función de colaboración del procedimiento, véase también el primer capítulo de la presente obra colectiva, a cargo de E. SCHMIDT-ASSMANN.

carácter cooperativo y evidente influencia comunitaria –como sucede con los de evaluación estratégica ambiental o con los inherentes al gobierno electrónico, a los que luego se hará referencia–, y en los que se dan cita acciones administrativas a nivel local, regional y nacional dentro del propio Estado. A la Unión Europea, nótese bien, no le es indiferente la colaboración de las Administraciones a nivel interno.

III
PROCEDIMIENTOS ADMINISTRATIVOS DE CARÁCTER COOPERATIVO: DOS EJEMPLOS DE COLABORACIÓN EN EL ÁMBITO INTERNO A IMPULSOS COMUNITARIOS

1. PROCEDIMIENTOS ADMINISTRATIVOS DE EVALUACIÓN AMBIENTAL ESTRATÉGICA

a) INTRODUCCIÓN. LA EVALUACIÓN ESTRATÉGICA AMBIENTAL Y EL DERECHO ADMINISTRATIVO NACIONAL

LAS políticas medioambientales y la gestión de los recursos naturales han experimentado un profundo cambio en las últimas décadas: de un enfoque sectorial, jerárquico y basado predominantemente en normas y reglas imperativas se ha pasado a un nuevo modelo de gobernanza, que pretende dirigir los ecosistemas de un modo integral y comprensivo, a través de un esquema policéntrico, cooperativo y en red, orientado a la resolución de los problemas[24].

En ese contexto se inscribe la «evaluación ambiental estratégica» (EAE), convertida hoy en una técnica preventiva ampliamente difundida. Como es sabido, consiste en el análisis sistemático, integral y transversal de los efectos medioambientales de planes y programas[25]. Las consideraciones medioambientales se incorporan en la preparación y adopción de los planes y programas que puedan tener repercusiones significativas sobre el medio ambiente[26].

---

24. *Cfr.* BRADLEY C. KARKKAINEN, «Managing Transboundary Aquatic Ecosystems: Lessons from the Great Lakes», *Pacific McGeorge Global Business & Development Law Journal*, 2006, 19 Pac. McGeorge Global Bus. & Dev. L.J. 209.

25. *Cfr.* BARRY DALAL-CLAYTON & BARRY SADLER, *Strategic Environmental Assessment: A Sourcebook and Reference Guide to International Experience*, Cromwell Press, 2005, pp. 1, 4.

26. *Cfr.* considerando núm. 4 de la Directiva 2001/42/CE del Parlamento Europeo y del Consejo, de 27 de junio de 2001, relativa a la evaluación de los efectos de determinados planes y programas en el medio ambiente.

De acuerdo con el modelo instaurado en la Unión Europea[27], el sistema de evaluación corre a cargo de las Administraciones nacionales, aun cuando en ocasiones implique a las Administraciones transfronterizas[28]. La acción administrativa en solitario o de carácter sectorial resulta ineficiente puesto que, por definición, opera sobre ecosistemas que no conocen divisiones administrativas, ni fronteras políticas. De ahí que la colaboración a todos los niveles sea una consecuencia obligada o impuesta por la propia naturaleza. Los procedimientos de evaluación estratégica pretenden ofrecer una visión más integral y coherente[29]. La Directiva comunitaria se resuelve en normas de *procedimiento*[30]: participación y colaboración; intercambio de información, transparencia y motivación; supervisión y ágil revisión del plan en función de los efectos para el medio ambiente; etc.[31]

A lo largo del procedimiento administrativo se asegura la colaboración de todas las Administraciones afectadas por el plan o programa que se proyecte. Ello significa que las propuestas y alternativas formuladas inicialmente como fruto de esa colaboración e integración de las distintas perspectivas intra- o interadministrativas podrán exceder en mucho del ámbito competencial de la Administración responsable del plan o programa.

La política de medio ambiente que expresa el sistema de evaluación se sustenta sobre la premisa de la obtención de la mejor información disponible, tanto desde el punto de vista científico, como económico[32]. Sin embargo, muchas decisiones se han de tomar necesariamente sobre una información incompleta e incierta, pese a los esfuerzos que se realizan para obtener y procesar la mejor

---

27. Directiva 2001/42/CE cit. (nota 26).

28. Art. 7 de la Directiva.

29. *Vid.* considerando número 5 de la Directiva.

30. *Vid.* considerando número 9 de la Directiva; arts. 4 y ss.

31. J. BARNES, «Sobre el procedimiento administrativo: evolución y perspectivas», cit. (nota 1), pp. 287 y ss.

32. *Vid.* Decisión núm. 1600/2002/CE, del Parlamento europeo y del Consejo, de 22 de Julio de 2002, por la que se establece el Sexto Programa de Acción Medioambiental.

información. El sistema de evaluación estratégica es consciente de ello e intenta asegurar la consecución de una buena comunicación y diálogo entre todos los sujetos públicos y privados participantes, que todas sus posiciones sean consideradas y que la información posea la máxima calidad.

La naturaleza *dinámica* de esta evaluación –y su constante revisión y control– supone que las decisiones no sean nunca del todo *definitivas*. Si se producen –una vez aprobado el plan o programa, con su respectiva evaluación estratégica– efectos medioambientales negativos, indeseados o no previstos, será necesario proceder a su reforma o modificación. El sistema de evaluación estratégica ambiental induce así a una nueva concepción del planeamiento territorial, de plan o programa: de un concepto estático –de foto fija–, a una «imagen en movimiento». Si las decisiones por las que se aprueban los planes y programas no son definitivas y están, por tanto, sujetas a una constante supervisión en función de la evolución real del medio ambiente, la *colaboración* interadministrativa tampoco podrá detenerse en la aprobación de aquéllas, y se transforma en *permanente* para abarcar el ciclo completo de la política pública: desde los estadios iniciales de su preparación, hasta la consecución de los objetivos planteados. El procedimiento administrativo cooperativo comprende, pues, el entero proceso de toma de decisiones, la gestión y aplicación, hasta su término, del plan o programa.

b) El procedimiento administrativo de evaluación estratégica ambiental como instrumento de ponderación y mecanismo de dirección del proceso de toma de decisiones

Según nos consta, la Directiva de evaluación estratégica ambiental establece el marco *procedimental* mínimo[33] en relación con los planes y programas más relevantes que se elaboren con respecto a la agricul-

---

33. *Vid.* considerando núm. 6 de la Directiva.

tura, la silvicultura, la pesca, la energía, la industria, el transporte, la gestión de residuos, la gestión de recursos hídricos, las telecomunicaciones, el turismo, la ordenación del territorio urbano y rural o la utilización del suelo.

El procedimiento administrativo tradicional ha puesto el acento en la resolución final, y su control judicial, más que en el proceso en sí mismo. Una nueva generación de procedimientos, como los que tienen por objeto la evaluación estratégica ambiental, se concentra en su *estructura interna*: participación del público, colaboración interadministrativa, ponderación de intereses, etc. La evaluación estratégica ambiental representa un elocuente ejemplo de procedimientos administrativos diseñados por el legislador para dirigir y condicionar la decisión que la Administración pueda adoptar en el futuro, así como para compensar el déficit o incapacidad de la ley sustantiva en la previsión de las respuestas[34].

c) La evaluación estratégica ambiental como procedimiento administrativo cooperativo

El sistema de evaluación estratégica ambiental requiere una intensa *colaboración* en todas las fases del procedimiento[35]. Sus elementos, a nuestro limitado propósito, se podrían diseccionar en la siguiente secuencia[36]:

– Exploración del plan o programa proyectado al objeto de determinar, primero, si cae dentro del ámbito de aplicación del sistema y, segundo, cuál pueda ser su relevancia para el medio ambiente. El primer producto del procedimiento es la

---

34. Véase la introducción de este capítulo, así como la de la presente obra colectiva; y J. Barnes, «Sobre el procedimiento administrativo: evolución y perspectivas», cit. (nota 1), pp. 270 y ss., 287.

35. Arts. 5 y 6 de la Directiva.

36. Algunos de los instrumentos o herramientas que a continuación se exponen no constituyen una exigencia de la Directiva sobre evaluación ambiental estratégica, como tampoco lo son las eventuales fases en las que se articula el procedimiento, aun cuando sean recomendadas por numerosos instrumentos de «soft law» o Derecho indicativo, esto es, por guías de buenas prácticas.

declaración o informe sobre esa exploración inicial («screening statement»). La Administración medioambiental ha de ser consultada en determinados casos[37].

– Determinación del ámbito de la evaluación: selección de los elementos básicos del plan o programa; identificación de las cuestiones medioambientales más esenciales; obtención y procesamiento de la información relevante a nivel local, regional, nacional e internacional sobre estándares y objetivos medioambientales relacionados; esbozo de objetivos, indicadores, y fases que permitan la evaluación basada en datos fiables; propuesta de medios alternativos para la consecución de los fines estratégicos de los planes y programas; etc. El debate y la deliberación resultan esenciales en esta fase. Concluye con un informe sobre el ámbito de la evaluación («scoping report»)[38]. La Administración competente en materia de medio ambiente tiene que ser consultada en todos los extremos[39].

– Identificación, predicción, evaluación, y reducción de los potenciales efectos negativos para el medio ambiente. A tal propósito, esta fase del procedimiento ha de establecer las coordenadas ambientales, presentes y futuras; la previsión, evaluación y modulación del impacto negativo; la justificación de la alternativa elegida. Aquí se elabora el informe de evaluación estratégica, cuyo borrador debe ser objeto de un análisis de calidad independiente. La Administración medioambiental ha de tener la oportunidad para hacer comentarios o alegaciones al informe[40].

– Consultas, revisión, actuaciones posteriores. El procedimiento administrativo tiene por objeto aquí revisar las alegaciones que se realicen sobre la aplicación del sistema; el intercambio de información para la constante puesta al día en torno a las modificaciones que puedan experimentar los planes y programas; elaborar el informe de evaluación; iniciar el control ambiental de la ejecución del plan o programa; revisar el programa de control periódicamente; informar de los resultados de la supervisión; etc.[41] El informe medioambiental se remite a las Administraciones afectadas[42].

---

37. Art. 3.6 de la Directiva.

38. Véase, por ejemplo, *Practical Guidance on Applying European Directive 2001/42/EC «on the assessment of the effects of certain plans and programmes on the environment»*, Office of the Deputy Prime Minister, London, 2005, p. 26.

39. Art. 5.4 de la Directiva.

40. Art. 6.5 y 7 de la Directiva.

41. *Cfr.* P. SCOTT & P. MARSDEN, *Development of SEA Methodologies for Plans and Programmes in Ireland*, Environmental Protection Agency, 2003.

42. Art. 9.1 de la Directiva.

d) Algunas características del procedimiento de evaluación estratégica ambiental

La Directiva no establece cuál haya de ser la mejor solución desde la óptica de la sostenibilidad medioambiental, sino *cómo* ha de buscarse. Todo remite al procedimiento, entendido como foro de encuentro, e instrumento de ponderación y de dirección política de la Administración pública. Con las herramientas tradicionales del Derecho Administrativo no resulta fácil la transposición o traslado de esa noción en el seno de los sistemas nacionales, si se persigue, más allá de una transferencia meramente nominalista, la adecuada instalación en el ordenamiento interno de los instrumentos que establece: un diálogo real público-privado para determinar la mejor solución desde el punto de vista de la sostenibilidad medioambiental del plan o programa objeto de informe; la transformación de los planes y programas en decisiones no definitivas para ajustarse con flexibilidad ante las desviaciones que se detecten; etc.[43]

El centro de gravedad se localiza en el procedimiento mismo, antes que en el resultado, como se ha observado, puesto que la ley ha prescrito una forma de hallar la solución, pero no la solución en sí. Lo relevante, en efecto, es el proceso de elaboración de la decisión a adoptar, la ponderación de los bienes e intereses en conflicto, el análisis de las alternativas, la obtención y procesamiento de la mejor información posible, etc. Naturalmente, una concepción *integral* del proceso de toma de decisiones requiere, como presupuesto obligado, una Administración y un procedimiento también *cooperativos*. La colaboración interadministrativa durante el procedimiento, como ya notábamos, es permanente y sistemática:

---

43. Cuando el legislador nacional, en los Estados sin previa tradición de evaluación estratégica ambiental, se ha limitado a una simple transposición de la Directiva sin adiciones apreciables, el procedimiento administrativo ha quedado pobremente articulado con viejas técnicas. Mientras la legislación nacional en muchos casos no ha sabido entender lo que significa esta nueva generación de procedimientos auspiciados por el Derecho Comunitario, las recomendaciones de buenas prácticas, por el contrario, sí han hecho de ordinario propuestas innovadoras.

– Cubre todas las fases, desde las previas a la elaboración de la política pública, hasta la consecución de los objetivos perseguidos;

– Se extiende a todas las funciones (obtención de la mejor información disponible; intercambio y procesamiento de la información; ponderación de los intereses en presencia; supervisión y control; etc.);

– La cooperación permite la convergencia, a través de las reglas de procedimiento, de las distintas unidades administrativas (Administraciones responsables, medioambientales, de otros niveles, etc.).

La colaboración por medio del procedimiento puede seguir, bien un patrón tradicional –una secuencia de actos de autoridad encadenados, en la que la participación de cada Administración se ubica en un punto determinado de la línea–, o bien un modelo más moderno, flexible e informal, de naturaleza no secuencial, sino abierta y en ocasiones simultánea o en forma «de estrella»[44] (conferencias, reuniones, foros, etc.). La ley en este último caso tiende a no prescribir de modo rígido las técnicas o instrumentos cooperativos que procedan en cada momento, y atribuye a las Administraciones participantes, dirigidas de ordinario por la Administración responsable, la elección de los medios apropiados (reuniones de expertos; encuentros con el público; foros interadministrativas; conferencias para la consecución del consenso; comités de asesoramiento; grupos de dirección; etc.)[45].

---

44. Así se le denomina en Alemania a ciertos procedimientos autorizatorios en los que se reúnen las Administraciones implicadas y el interesado, para resolver lo procedente. Véase el trabajo de J.-P. SCHNEIDER en la presente obra colectiva.

45. Son numerosas las propuestas de buenas prácticas –más flexibles e informales- en pro de la cooperación interadministrativa. Puede verse, a título de ejemplo, P. SCOTT & P. MARSDEN, cit. (nota 41), *in totum*.

2. SOBRE LA NATURALEZA COOPERATIVA DEL GOBIERNO ELECTRÓNICO

a) GOBIERNO ELECTRÓNICO Y DERECHO ADMINISTRATIVO

El modelo organizativo de la Administración clásica habrá de verse profundamente afectado como consecuencia de las nuevas formas de trabajo en común. Tanto la Unión Europea, como los Estados miembros, postulan que el ciudadano se erija en el centro y eje del sistema y que la Administración pública se construya y diseñe de un modo innovador para hacer posible una estrecha colaboración entre todos los niveles de gobierno[46]. En ese contexto, la emergencia del gobierno electrónico no hace sino contribuir a esa transformación. Y ello no ya sólo porque entrañe abandonar viejas fórmulas organizativas en beneficio de una Administración más abierta, comunicativa y en red, o porque se sirva de las nuevas tecnologías de la información y de la comunicación para mejorar las relaciones y los servicios hacia el ciudadano, sino también porque a la postre terminará por sumarse a la creciente relativización de la rígida división entre la creación y aplicación del Derecho, entre el plano normativo (y/o decisional), de un lado, y el aplicativo, de otro, auspiciada por las nuevas formas de regulación y dirección[47].

---

46. Pueden verse a título de ejemplo algunos de los informes nacionales sobre el tema: «EU: eGovernment in the European Countries», http://www.epractice.eu/document/3090, October 2007; particularmente, *eGovernment in Sweden* (visitada septiembre de 2007), p. 10. Aun cuando esos informes se centren en Europa, es claro que su sustancia es compartida por otros muchos países. Véase, por ejemplo, US E-Government Act of 2002, UN Global E-government Readiness Reports (2004, 2005): http://www2.unpan.org/egovkb/global_reports/05report.htm.

47. Y ello tanto por razones de eficacia ante las ineficiencias del modelo tradicional de regulación, al que apenas le interesaba la aplicación si no era más que desde la perspectiva coercitiva, lo que obliga a contemplar el proceso de normación-aplicación como un ciclo o circuito inescindible, cuanto por coherencia con la existencia de leyes que ya no son compatibles con ese viejo modelo, puesto que ellas, por sí mismas, no «crean» Derecho material, más allá de fines, objetivos, garantías, sino que lo difieren a la Administración (piénsese en el ejemplo paradigmático de la legislación del suelo). Ahí no tiene sentido proyectar el esquema creación-aplicación, en el que el segundo elemento merecía menor atención. El Derecho se crea en el seno del procedimiento en muchos casos (en el de evaluación estratégica ambiental, por ejemplo) y, en consecuencia, la

El concepto de «gobierno electrónico» o de «Administración electrónica» hace referencia desde luego a muchas más cosas que a la mera oferta de mejores servicios a los ciudadanos y a las empresas a través de los nuevos canales electrónicos de información y de prestación de servicios. Se asocia además a la instauración de nuevos valores y actitudes. Se habla así de fortalecer la legitimidad democrática de la Administración a través de una mayor transparencia y participación ciudadana en la preparación de las políticas públicas y en la toma de decisiones[48]. O de mejorar la eficacia y la calidad de las actividades y servicios que la Administración presta a la sociedad[49]. En otras palabras: el gobierno electrónico no se construye sólo sobre la tecnología, aunque sea ésta su presupuesto, sino en primer lugar sobre valores políticos[50].

De entre las múltiples cuestiones que este tema encierra, interesa tan sólo aludir, siquiera sea brevemente y como supuesto para la reflexión, al procedimiento administrativo y su función cooperativa o de colaboración[51].

«aplicación» ha de ser tratada como «creación» y, a tal propósito, debe diseñarse el procedimiento. Véase la introducción de la presente obra colectiva.

48. *Vid.*, por ejemplo, el documento de la Comisión europea «The Role of eGovernment for Europe's future» COM (2003) 567 final; *eGovernment in Sweden*, cit. (nota 46).

49. Sobre la relevancia que adquiere el ciudadano en el sistema y la eficacia de los resultados, véase, por ejemplo, US E-Government Act of 2002, cit. (nota 46).

50. A título de ejemplo de los desafíos que las nuevas tecnologías presentan –y la necesidad de definir las opciones polítcas-, puede verse *Bringing Together and Accelerating eGovernment Research in EU, FP6 Projects Reports (prepared for the eGovernment and CIP Operations Unit DG Information Society and Media European Commission) A-116* (2007), en http://ec.europa.eu/information_society/activities/egovernment/studies/trendswatch/docs/20080804-01-d02-egovr-id1-2-4_2_2_2-analysis_of_egov_research_projects-annual_reports.10-online.pdf.

51. Por ejemplo, la prestación de servicios, la realización de transacciones electrónicas, la participación en la elaboración de disposiciones y normas administrativas, etc., requiere una intensa colaboración intra e interadministrativa, y ello, a su vez, el recurso a reglas de procedimiento –de comunicación– entre las distintas unidades y Administraciones implicadas, con el ciudadano.

b) Gobierno electrónico y procedimiento administrativo

El procedimiento administrativo constituye un elemento clave de la «infraestructura legal» de esta nueva forma de administrar. El gobierno electrónico, en efecto, se sustenta en última instancia sobre el intercambio de información entre las distintas Administraciones (y de éstas con el ciudadano, aun cuando este extremo quede ahora fuera de nuestra consideración). Y el procedimiento, en un sentido más moderno, es mucho más que una mera secuencia de actos de autoridad encadenados, para transformarse en un sistema de comunicación, como ya se ha notado. Por tanto, la institución del procedimiento, desde una perspectiva jurídica, está llamada a erigirse en pieza clave del sistema.

El procedimiento, en otras palabras, sirve para dar coherencia y estructura a la diversidad de normas que derivan de los distintos sectores implicados: puntos de contacto o ventanillas únicas; derechos de acceso a la información en poder de la Administración; reglas de intercambio de información; protección de datos personales; identificación y autenticación; mecanismos de individuación de la participación de cada Administración; principios de actuación (celeridad, informalidad, etc.); adjudicación electrónica de contratos; etc.[52] Y, en lo que ahora importa, permite además articular la función de colaboración interadministrativa: técnicas de colaboración, consecuencias y efectos de la participación interadministrativa, etc.

La legislación ha ofrecido soluciones *sectoriales* (protección de datos, firma electrónica, etc.), en función de objetivos *específicos* (digitalización de determinados procesos; inclusión digital; etc.), y a través de etapas sucesivas[53]. No basta, sin embargo, la mera adición o

---

52. Además, la legislación de procedimiento ha de diseñar la arquitectura del sistema, esto es, la interoperabilidad organizativa, técnica y semántica; el software necesario; etc. En este contexto, no ha de olvidarse el poder regulador del software, tanto en el plano de los derechos como de los valores políticos en liza, lo que remite, a su vez, en cierta medida a normas de procedimiento en sentido amplio.

53. Tal es el caso, por ejemplo, en el plano nacional, de la Ley 11/2007, de 22 de junio, de acceso electrónico de los ciudadanos a los Servicios Públicos, y los plazos que establece para muchas de sus disposiciones; o, en el ámbito europeo, de la estrategia de Lisboa. Véase Oluf Nielson,

renovación de normas sobre procedimiento. Es necesario que ésta se produzca a partir de un nuevo modelo de procedimiento más integrador y cooperativo[54].

La estructura tradicional del procedimiento administrativo nacional no está diseñada para facilitar el flujo e intercambio de información entre las Administraciones, al menos en la forma adecuada para hacer efectivo el gobierno electrónico (por ejemplo, para prestar los servicios básicos o de referencia que la Unión Europea postula)[55].

c) EL ÁMBITO DE LA COLABORACIÓN

La cooperación resulta obligada a todos los niveles: político, jurídico, técnico y económico[56]. Y se extiende a todos los ámbitos: marco legal común, procesos, interoperabilidad de los sistemas y aplicaciones, reorganización interna, capital humano, etc. Al fin y al cabo, se trata de un cambio fundamental –el paso de la *Administración del papel* a la *Administración electrónica*–. La cuestión previa, pues, como se ha observado, es de naturaleza *política*, y consiste en determinar la clase de Administración que deseamos darnos[57]. Se trata de repensar la polí-

---

i2010 – A European Information Society for Growth and Employment (2005), disponible en http://info.worldbank.org/etools/docs/library/145274/i2010.pdf.

54. J. BARNES, «Sobre el procedimiento administrativo: evolución y perspectivas», cit. (nota 1), pp. 267, 333. Véase la introducción a la presente obra colectiva.

55. Véanse, por ejemplo, las conclusiones del Consejo de la Unión Europea en Estocolmo, de 23 y 24 de marzo de 2001, sobre las prestación de servicios en red, tanto para los ciudadanos como para las empresas. Muchos de estos servicios están fragmentados entre los distintos niveles de gobierno.

56. *Vid.* las referencias que sobre este punto se hacen en la versión inglesa de este artículo en la presente obra colectiva.

57. *Vid.* J. BARNES, «Sobre el Derecho Administrativo de la Información», *Revista Catalana de Dret Public*, núm. 35, 2007, p. 121; del mismo, «Sobre el procedimiento administrativo: evolución y perspectivas», cit. (nota 1), p. 302. Por ejemplo, la participación electrónica en los procedimientos de elaboración de reglamentos y disposiciones administrativas admite una multiplicidad de formas y variantes, con la tecnología disponible que, a su vez, puede ser rediseñada para expresar los

tica antes que automatizarla («rethinking things before automating them»). A estos efectos, baste una breve consideración acerca de las consecuencias y la inspiración que, para el diseño del procedimiento, pueden extraerse de principios constitucionales como el del Estado de Derecho, el principio democrático y el principio de eficacia.

d) La perspectiva de los principios del Estado de Derecho, democrático y de eficacia

Un modelo de organización multinivel basado en la cooperación requiere una «lengua común» para las Administraciones participantes, esto es, criterios sobre el modo en que se obtiene información, se procesa, se intercambia, y se actúa; sus efectos jurídicos; el control y el reparto de responsabilidades; etc.

La transformación y adaptación del procedimiento a los nuevos escenarios de colaboración obliga a considerar, en primer término, el principio del Estado de Derecho. Algunos de los requerimientos que cabe derivar para la configuración legal del procedimiento podrían ser:

– La identificación de responsabilidades y obligaciones de las Administraciones actuantes en el seno del procedimiento, al objeto de determinar el reparto de funciones, la responsabilidad, y el control de cada una, habida cuenta de que la colaboración no diluye la autonomía, ni las potestades o competencias que cada Administración tenga atribuida.

– La implantación de una mayor transparencia en los procedimientos, para potenciar la participación efectiva y el control, tanto mayor cuantas más sean las Administraciones intervinientes.

– La aplicación de reglas y estándares comunes o equivalentes de procedimiento, en punto a los criterios de infracción, reclamaciones, e igualdad de trato.

---

valores que el legislador quiera transplantar. En relación con este ejemplo, puede verse Stuart Minor Benjamin, «Evaluating e-rulemaking: Public Participation and Political Institutions», 55 Duke L. J. 893, 898 (2006). En un sentido más amplio, sobre la revision y proyección de la participación ciudadana en general, Beth Simone Noveck, «Designing Deliberative Democracy in Cyberspace: The Role of the Cyber-lawyer», 9 B. U. J. Sci. & Tech. L. 1, 89 (2003).

– El fomento de la interoperabilidad de los sistemas y aplicaciones; la determinación del software adecuado para garantizar la transposición de los valores elegidos; la colaboración en la gestión a todos los niveles.

– El equilibrio entre la protección de datos y la obtención y acceso a la información; la evitación del riesgo de abuso de las potestades administrativas de recolección de datos en el ejercicio del control y vigilancia. Cooperación en materia de seguridad de la información.

– El adecuado equilibrio entre la automatización de los procedimientos «manuales» o en papel, de un lado, y la necesaria individualización de las circunstancias específicas de cada caso, de otro, puesto que la respuesta –y la motivación– automática o seriada pueden resultar contrarias a la justicia del caso concreto.

La legitimidad democrática puede verse fortalecida mediante procedimientos más *transparentes* (relevancia de la información disponible, seguimiento, «tracking», etc.) y *participativos* (canales más fluidos e intensos), con la ayuda de las tecnologías de la información y del conocimiento.

Desde la perspectiva del principio de eficacia, podrían inferirse, entre otros, los siguientes criterios y objetivos:

– La simplificación y celeridad de los procedimientos administrativos. El modelo cooperativo requiere una clara definición de las tareas que a cada participante corresponden.

– La compatibilidad de procedimientos y la evitación de solapamientos.

– La consecución del consenso en el menor tiempo posible.

– Mutuo acceso a la información administrativa, basado en reglas compartidas.

– Vigilancia y control de la calidad de los servicios prestados a través del procedimiento.

e) Algunas notas de los procedimientos administrativos de carácter cooperativo en el ámbito del gobierno electrónico

Dos extremos merecen ahora reiterarse: primero, la colaboración interadministrativa comienza, en el gobierno electrónico como en tantos otros terrenos, a nivel interno[58]; segundo, el gobierno electrónico demanda un radical ajuste de la estructura tradicional del procedimiento para servir de vehículo a una cooperación cuyo alcance e intensidad se extienden a límites hasta ahora desconocidos. En efecto, la colaboración puede ser:

– Horizontal y vertical entre las distintas plantas administrativas.
– Intra- e interadministrativa.
– Local, regional, estatal y supranacional.
– Sistemática, comprensiva y permanente; o, por el contrario, puntual y específica.
– Dirigida hacia los ciudadanos como destinatario final, o al servicio de otras Administraciones.
– De naturaleza transversal o sectorial.
– Para la prestación de servicios[59], el fortalecimiento de la participación, y/o la representación de intereses[60].

---

58. Piénsese, por ejemplo, en los procedimientos administrativos que tienen por objeto mejorar la regulación, señaladamente en aquéllos cuyo diseño trae causa de las políticas europeas relativas a «regular mejor», a la evaluación de impacto regulatorio, a los sistemas de planeamiento, etc. *Vid.*, por ejemplo, European Commission Staff, Working Paper on Impact Assessment and Ex Ante Evaluation, COM (2005)119 final, 2005; o «Regulatory Management Capacities of Member States of the European Union that Joined the Union on 1 may 2004, Sustaining regulatory management improvements through a Better Regulation Policy», Sigma Paper nº 42, pp. 26–29.

59. Por ejemplo, Directiva 2006/123/EC del Parlamento europeo y del Consejo, de 12 de diciembre 2006, artículos 6, 7.3, 7.4, 8, 34.1 (procedimientos para la prestación de servicios en el mercado interno).

60. La insistencia de la Unión Europea en la prestación de servicios, explicable en función de las competencias que tiene atribuidas, no significa que éste sea su único objeto. Como se ha notado, permite fortalecer la participación en otros muchos procedimientos (planeamiento territorial y urbanístico, medioambientales, de elaboración de reglamentos, etc.).

El gobierno electrónico no se limita, pues, a un único tipo de *actividad administrativa* (fomento, policía, garantía, prestación, etc.) o a un *sector* determinado, sino que, por el contrario, se proyecta sobre toda la vida y acción de la Administración, en cualesquiera de sus expresiones (prestacional, de seguridad y orden públicos, de garantía, etc.). La arquitectura reticular en la que se insertan las Administraciones a través del gobierno electrónico no es *efímera*. Ha venido para quedarse. Los elementos constructivos de que se sirve son organizativos, técnicos u operativos, y también, en medida nada despreciable, *procedimentales.*

El trabajo en común obligará, por ejemplo, a redefinir o remodelar numerosos procedimientos administrativos basados en el papel, a fin de obtener las ventajas que las nuevas tecnologías ofrecen; la colaboración entre las Administraciones implicadas en cada caso; y la consecución de los fines que para cada tipo de procedimiento se pretendan alcanzar[61]. La simplificación de los procedimientos administrativos para los ciudadanos supone y entraña procedimientos mucho más cooperativos y sofisticados.

La participación de varias Administraciones puede hacerse, desde luego, mediante procedimientos escalonados y formales (como sucede, por ejemplo, en el procedimiento expropiatorio o en la elaboración del planeamiento urbanístico). Sin embargo, la colaboración no supone necesariamente la transformación del procedimiento en un procedimiento administrativo compuesto, con fases formalizadas y plazos cerrados en los que se produce la entrada de otras Administraciones en el seno de un mismo y único procedimiento[62]. Obviamente, el procedimiento aquí, en cuanto sistema de comunicación, no puede repre-

---

61. Por ejemplo, la delimitación de las diferentes fases de la adjudicación electrónica de los contratos administrativos; el establecimiento de una competencia más abierta; etc. *Vid.*, por ejemplo, *State of the Art Report*, volume I, Cases Studies on European Electronic Pubic Procurement Projects, European Comission, July 2004, p. 26.

62. Sobre el tema en el plano europeo, *vid.* S. CASSESE, «European Administrative Proceedings», 68 Law & Contemp. Probs. 21, 2004; y, en particular, el capítulo segundo a cargo de RÖHL en la presente obra.

sentarse con una línea, como en el proceso judicial, sino, más bien, como una *red*.

La cooperación en el marco de los procedimientos administrativos al servicio del gobierno electrónico puede consistir en la mera prestación de un servicio de información a otra Administración[63] o también en el uso de una común infraestructura de gestión del conocimiento.

En síntesis, puede decirse que el procedimiento administrativo, en el marco del gobierno electrónico, constituye un instrumento particularmente idóneo para estructurar la dimensión jurídica de las nuevas formas de trabajo[64]; para racionalizar el sistema de relaciones y de comunicación intra- e interadministrativo, y de las Administraciones con los ciudadanos; y, finalmente, para establecer principios de colaboración administrativa a todos los niveles.

---

63. La colaboración puede limitarse a proporcionar información a otra Administración, como servicio electrónico, sin participar en el resultado final, ni tomar decisión alguna.

64. La prestación de servicios requiere sistemas de ventanilla única y «back offices». *Vid.*, a título de ejemplo, y en relación con los servicios pan-europeos, Decision 2004/387/EC of the European Parliament and of the Council, of 21 April 2004 on interoperable delivery of pan-European eGovernment services to public administrations, businesses and citizens (IDABC), 14.

IV
UNA REFLEXIÓN FINAL

Los ejemplos examinados (procedimientos en materia de evaluación estratégica ambiental y de gobierno electrónico) sugieren que el Derecho Administrativo nacional está expuesto a una fuerte *transformación* a resultas de la influencia que la Unión Europea ejerce sobre las funciones, ámbito y estructura del procedimiento tradicional. Las funciones características de los procedimientos administrativos del espacio europeo y aun internacional (eficacia, transparencia, instrumento de dirección política)[65] se dejan sentir con fuerza en el plano interno en los incipientes procedimientos nacionales de nueva generación. La creciente necesidad de *cooperación* interadministrativa refleja un cambio en los principios y procedimientos tradicionales.

«Administración en red» y «colaboración interadministrativa» (a través del procedimiento, en este caso) no son términos reservados al plano europeo. La misma Comunidad extiende el fenómeno al plano nacional, bien *directamente* (procedimientos de evaluación ambiental)[66], bien de forma implícita o *indirecta* sin fijar la forma en que deban configurarse (simplificación de procedimientos para la prestación de servicios en el mercado interior)[67], o a través de otras vías de regulación *blanda* o de influencia (procedimientos al servicio del gobierno electrónico)[68], más allá, por tanto, del sistema de Administración indirecta del Derecho Comunitario. Con todo, la necesidad de la cooperación a nivel interno excede en mucho de lo que la Unión Europea pueda exigir o

---

65. *Vid.* E. Schmidt-Assmann, *La Teoría General del Derecho Administrativo como sistema,* cit. (nota 1), pp. 358 y ss.

66. Supra III.1.

67. Aun cuando la Directiva de servicios (2006/123/EC) no puede cuestionar el sistema de distribución de competencias a nivel local o autonómico (por ejemplo, art. 10.7), exige implícitamente una fuerte coordinación y cooperación interna entre las Administraciones implicadas a todos los niveles (véanse, por ejemplo, los artículos 6, 7.3, 7.4, 8, 34.1, etc.).

68. Supra III.2.

fomentar en virtud de las (limitadas) competencias que tiene atribui-das[69]. La colaboración es una respuesta obligada ante la *globalización* y las *nuevas formas* de dirección, regulación y gobernanza[70].

El modelo de la *separación* de las distintas Administraciones nacionales en el plano organizativo, y la *cooperación* de todas ellas en el plano funcional, característico del espacio administrativo europeo[71], también puede reproducirse a nivel interno (local, regional y nacional), de acuerdo con las respectivas estructuras constitucionales, como consecuencia de la colaboración dentro de cada Estado impulsada por Europa. Las Administraciones públicas se hacen más dependientes unas de otras cuando establecen objetivos comunes que satisfacer. El procedimiento administrativo encarna muchas de las cuestiones de la cooperación funcional.

Cada forma de cooperación presenta problemas específicos y una concreta conexión funcional entre los diferentes ámbitos o espacios de actuación de los distintos actores.

La actitud más flexible en la búsqueda de soluciones y en la adopción de decisiones a través de la colaboración permite una mayor integración entre las distintas fases del proceso legal (normación, aplicación, ejecución forzosa, resolución de conflictos, etc.). En efecto, y por contraste con el planteamiento de los métodos más tradicionales de dirección y regulación, en las nuevas formas de colaboración se produce una interacción dinámica entre esas fases y desaparecen las rígidas barreras entre cada una de ellas[72].

La necesidad de colaboración en el plano interno no siempre ha sido debidamente comprendida o desarrollada[73], a juzgar por las viejas

---

69. Supra II.2 (nota 60).

70. *Vid.* la introducción de la presente obra. Asimismo, TRUBEK & TRUBEK, cit. (nota 7), p. 539.

71. *Vid.* E. SCHMIDT-ASSMANN, *Das allgemeine Verwaltungsrecht als Ordnungsidee*, cit. (nota 17), p. 381-384.

72. *Vid.* la introducción de la presente obra. Asimismo, ORLY LOBEL, «The Renew Deal: The Fall of Regulation And The Rise of Governance in Contemporary Legal Thought», 89 MINN. L. REV. 342, 391 (2004).

73. En algunos casos, como en España, la colaboración se ha concebido en términos sorprendentemente estrechos, como consecuencia del efecto acumulado del proceso constitucional de

y escasas técnicas de cooperación que contienen de ordinario las legislaciones generales sobre procedimiento administrativo[74], o a la vista también de la excesiva dependencia que muestra el sistema nacional respecto de los impulsos comunitarios[75], y la escasa iniciativa que, por consecuencia, el legislador interno muestra en ocasiones para diseñar procedimientos cooperativos en otros ámbitos cuando no existe esa iniciativa europea.

Asistimos a un cambio de paradigma: de un sistema de cooperación tradicional –de carácter formal, específico y asistemático, basado en procedimientos escritos cuasi-judiciales–, hacia procedimientos más flexibles e informales, concebidos como sistemas de intercambio de comunicación permanente, dirigidos a promover formas de cooperación y participación menos jerárquicas.

El Derecho Administrativo tradicional ha estado al servicio del Estado de Derecho y de la protección de las libertades. El procedimiento ha operado como garantía de acierto e imparcialidad en las decisiones y como tutela de los derechos individuales. En otras palabras, ha predominado la función *negativa*, de limitación o defensa, del Derecho Administrativo[76].

En décadas más recientes, sin embargo, el Derecho Administrativo ha asumido también funciones *positivas*[77]. Así, el procedimiento se utiliza no ya sólo como mecanismo para asegurar la legalidad, sino como instrumento que permita un ejercicio de las potestades discrecionales

---

descentralización del Estado iniciado en 1978, todavía centrado en la acción individualizada de las Administraciones públicas, de un lado, y la mala y descontextualizada interpretación que se ha hecho de la escasa jurisprudencia constitucional sobre la coordinación estatal y la cooperación interadministrativa, de otro.

74. El ejemplo de la transposición nacional de la citada Directiva de evaluación ambiental estratégica parece elocuente, limitada en tantos casos a procedimientos lineales y formalizados, de acuerdo con los esquema tradicionales.

75. El gobierno electrónico representa un ejemplo claro en esa dirección. Las iniciativas nacionales se circunscriben con frecuencia a secundar lo establecido a nivel europeo.

76. R. B. Stewart, «Administrative Law in the Twenty-First Century», cit. (nota 4), p. 439.

77. *Vid.* J. Barnes, «Sobre el procedimiento administrativo: evolución y perspectivas», cit. (nota 1), pp. 267 y ss.

de la Administración más responsable y eficaz, capaz de ponderar todos los intereses en presencia, de involucrar a todas las Administraciones afectadas, de generar consenso, y, en definitiva, de hallar la solución más adecuada (bien sea para el desarrollo sostenible, para la creación de ciudad, etc.)[78]. En términos más generales, ello implica la necesidad de elaborar un sistema de Derecho Administrativo para esos nuevos escenarios que sirva tanto para controlar, en sentido negativo, el ejercicio del poder, como, en sentido positivo, dirigir su acción[79].

La *colaboración interadministrativa* pertenece a la dimensión *positiva* o afirmativa del procedimiento administrativo: su objetivo prioritario consiste en asegurar la *eficacia* y la *calidad* del producto final (decisión, prestación material, regulación), una mejor representatividad, la participación y cooperación de la sociedad. La dimensión positiva del Derecho Administrativo en su pretensión de estructurar la discrecionalidad hará un creciente uso de instrumentos y herramientas que no se encuentran ya en la órbita del control judicial[80], limitado a garantizar, en su característico lenguaje binario (legal o ilegal), la función de control «ex post», pero no apto para asegurar la excelencia, la mejor solución «ex ante».

La legislación nacional, en suma, habrá de hacerse eco de las nuevas señas de identidad de la moderna colaboración administrativa y de las distintas formas de acción administrativa que derivan de los nuevos modos de dirección y regulación. Entender la complejidad y la interdependencia de las relaciones a las que el Derecho Administrativo ha de dar respuesta constituye el primer paso para el desarrollo de un nuevo procedimiento cooperativo en el ámbito interno.

---

78. R. B. Stewart, «Administrative Law in the Twenty-First Century», cit. (nota 4), p. 439. *Vid.* asimismo J. Barnes, «Sobre el procedimiento administrativo: evolución y perspectivas», cit. (nota 1), p. 267.

79. R. B. Stewart, «Administrative Law in the Twenty-First Century», cit. (nota 4), p. 457. También E. Schmidt-Assmann, *Das allgemeine Verwaltungsrecht als Ordnungsidee*, cit. (nota 17), pp. 16-26.

80. R. B. Stewart, «Administrative Law in the Twenty-First Century», cit. (nota 4), p. 454. *Vid.* también la introducción a la presente obra y el CUADRO 3.

CAPÍTULO VI

UN MODELO DE PROCEDIMIENTO ADMINISTRATIVO PARA LAS PRESTACIONES DE SERVICIOS O MATERIALES. EL EJEMPLO DE LA PRESTACIÓN DE ASISTENCIA SANITARIA

José María Rodríguez de Santiago*

* Profesor de Derecho Administrativo, Universidad Autónoma de Madrid, España.

ÍNDICE

L A construcción sistemática de un Derecho Administrativo moderno que pretenda tener en cuenta la realidad de la actuación administrativa actual exige una revisión y una ampliación del concepto de procedimiento administrativo, que lo desvinculen de su dependencia clásica del acto administrativo. El Derecho Administrativo regulador de las prestaciones sociales materiales (no pecuniarias) es un adecuado «sector de referencia» cuyo material normativo puede aprovecharse fructíferamente para esta tarea de construcción teórico-sistemática. Un concepto amplio de procedimiento administrativo es posiblemente la idea teórica más útil y adecuada para explicar la regulación normativa vigente del desarrollo de la prestación de asistencia sanitaria.

I. INTRODUCCIÓN: DOS TIPOS DE ADMINISTRACIÓN SOCIAL PRESTADORA Y DOS TIPOS DE PROCEDIMIENTO PARA LA CONCRECIÓN DE LA PRESTACIÓN SOCIAL

Una de las contribuciones que puede realizar el Derecho Administrativo social a la Parte general del Derecho Administrativo es precisamente la aportación del material positivo idóneo para cumplir con la tarea necesaria de ampliar el concepto de procedimiento administrativo[1], conforme a las exigencias derivadas de una comprensión y construc-

---

1. E. SCHMIDT-ASSMANN, «Zur Reform des Allgemeinen Verwaltungsrechts –Reformbedarf und Reformansätze-», en Hoffmann-Riem/Schmidt-Aßmann/Schuppert, *Reform des Allgemeinen Verwaltungsrechts. Grundfragen, Schriften zur Reform des Verwaltungsrechts*, tomo 1, Baden-Baden, 1993, p. 33. La utilización de modelos regulativos de los denominados «sectores de referencia» (entre los que se incluye el Derecho Administrativo social) para la construcción deductiva e inductiva del Derecho Administrativo como sistema es uno de los pensamientos que más claramente recorren la obra de este autor *Das allgemeine Verwaltungsrecht als Ordnungsidee. Grundlagen und Aufgaben der verwaltungsrechtlichen Systembildung*, 1ª ed., Heidelberg, 1998 (hay edición posterior alemana y traducción española de la primera edición: *La Teoría General del Derecho Administrativo como sistema. Objeto y fundamentos de la construcción sistemática*, Marcial Pons/Instituto Nacional de Administración Pública, Madrid, 2003), en especial, pp. 8-10, 118-125. En adelante se citará esta obra como *Ordnungsidee*. Se refiere a la idea del texto ya JAVIER BARNES, «Sobre el procedimiento administrativo: evolución y perspectivas», en BARNES (ed.), *Innovación y reforma en el Derecho Administrativo*, Sevilla, Editorial Derecho Global, 2006, en especial, pp. 319-321.

ción sistemáticas de la realidad de las funciones administrativas que lleva a cabo el moderno Estado social prestador. Junto al concepto estricto del procedimiento administrativo –creación dogmática del Estado de Derecho–, vinculado a la decisión final que se expresa en la forma jurídica del acto administrativo (o del convenio jurídico-público, como forma de la terminación convencional del procedimiento), es necesaria la construcción teórica de otro tipo de procedimiento que sirva de cauce a la concreción y al desarrollo de las prestaciones de servicios o materiales[2]. Junto al que aquí se denominará «procedimiento decisorio», hay que construir un modelo de «procedimiento prestacional».

Es conveniente, no obstante, comenzar situando los conceptos a los que acaba de hacerse referencia en su contexto. Por lo que se refiere al concepto de *Administración social prestadora*[3] creo que resulta más gráfico ofrecer aquí una descripción que una definición. A los efectos que nos interesan, se entiende por tal la Administración a la que se asignan las tareas que caen bajo términos constitucionales suficientemente conocidos: prestaciones de la *seguridad social* (arts. 41 y 149.1.17 CE), relativas a la *salud* y la *sanidad* (arts. 43 y 149.1.16 CE) y de la *asistencia social* (art. 148.1.20 CE)[4].

---

2. SCHMIDT-ASSMANN, *Ordnungsidee*, cit. (nota 1), pp. 288-289; PETER J. TETTINGER, «Verwaltungsrechtliche Instrumente des Sozialstaates», *Veröffentlichungen der Vereinigung der Deutschen Staatsrechtslehrer*, tomo 64, Berlín, 2005, p. 213, que, en apoyo de esta demanda, afirma que «el moderno Derecho Administrativo está más necesitado de *criterios* que dirijan con carácter general la actividad administrativa que de la doctrina de las *formas* de actuación» (la cursiva no es original).

3. Puede verse, sobre esto, JOSÉ MARÍA RODRÍGUEZ DE SANTIAGO, *La Administración del Estado social*, Madrid-Barcelona, 2007, en especial, pp. 89-90. Las ideas que se exponen en este trabajo se contienen de forma más desarrollada en esa obra.

4. Sobre la distinción entre los conceptos de «Seguridad Social» (art. 149.1.17 CE: materia en la que el Estado ejerce competencias decisivas) y de «asistencia social» (art. 148.1.20 CE: materia, en principio, exclusiva de las Comunidades Autónomas), distinción clave desde la perspectiva del reparto constitucional de competencias entre el Estado y las Comunidades Autónomas, y articulada –en una primera idea inicial y necesitada de muchos matices- sobre el carácter contributivo de las prestaciones de la seguridad social y el no contributivo de las prestaciones de la asistencia social, puede verse BORJA SUÁREZ CORUJO, *La protección social en el Estado de las autonomías*, Madrid, 2006, en especial, pp. 255-270; JOSÉ MARÍA ALONSO SECO y BERNARDO GONZALO GONZÁLEZ, *La asistencia social y los servicios sociales en España*, 2ª ed., Madrid,

Ese extenso campo de actividad administrativa es atravesado por una línea divisoria estructural –en el plano de la construcción teórica– que es la que separa las prestaciones *dinerarias* (derivadas de accidente, incapacidad temporal o permanente, maternidad, jubilación, desempleo, etc.) y las prestaciones *de servicios o materiales* (tratamiento médico, atención a personas dependientes –domiciliaria o en una residencia–, etc.)[5]. Las diferencias estructurales de los dos tipos de prestaciones que se sitúan bajo el concepto común de las prestaciones sociales administrativas determinan dos tipos también notablemente distintos de Administración, con formas jurídicas de actuar propias, estructuras organizativas diferenciadas, fórmulas diversas de garantizar las posiciones jurídicas del ciudadano e –incluso– necesidades de reforma específicas.

Puede distinguirse, de acuerdo con lo expuesto, entre un tipo de Administración *ejecutiva*, cuya función consiste en la estricta aplicación de las normas que regulan las prestaciones dinerarias, y otro tipo administrativo caracterizado por una función *conformadora,* la de concretar el contenido de las prestaciones materiales y de servicios, que se resisten a ser reguladas por programas normativos materiales de tipo

---

2000, pp. 112 y ss.; MIGUEL ÁNGEL MARTÍNEZ-GIJÓN MACHUCA, *Protección social, seguridad social y asistencia social. España y la Unión Europea*, Consejo Económico y Social, Madrid, 2005, en especial, pp. 155-208; y MARCOS VAQUER CABALLERÍA, *La acción social. (Un estudio sobre la actualidad del Estado social de Derecho)*, Valencia, 2002, en especial, pp. 94 y ss. La –no muy precisa– situación de la jurisprudencia constitucional sobre esta cuestión se sintetiza en la STC 239/2002, de 11 de diciembre: «la noción de nuestro Derecho positivo en el momento de aprobarse la Constitución acerca del régimen de Seguridad Social se sustentaba en la cobertura de riesgos de carácter contributivo, no incluyendo en su ámbito otras situaciones de necesidad» (FJ 3); pero nada impide que se incluya en el sistema de Seguridad Social «no sólo a las prestaciones de carácter contributivo, sino también a las no contributivas» (FJ 3); si bien esta expansión posible de la Seguridad Social «sobre el alcance que dicha materia tenía al aprobarse la Constitución» no permite «que se merme o restrinja el ámbito propio de la asistencia social», lo que podría conducir al «vaciamiento de esta última materia» y, por tanto, «al menoscabo de las competencias autonómicas» (FJ 5).

5. Sobre la diferencia entre ambos tipos de prestaciones puede verse RODRÍGUEZ DE SANTIAGO, *La Administración...*, pp. 94-101. De esta distinción parte, por ejemplo, la exhaustiva exposición de JOSÉ MARÍA ALONSO SECO y BERNARDO GONZALO GONZÁLEZ, *La asistencia social...*: «prestaciones de servicios» (pp. 260 y ss.) y «prestaciones económicas» (pp. 429 y ss.).

condicional[6], de forma tal que el Derecho dirige esta actividad administrativa regulando la *organización* y el *procedimiento*, y se entrega a la Administración la decisión sobre la concreción de las prestaciones en cada caso[7].

Ha sido tradicional en la dogmática jurídico-administrativa enfrentar al modelo de la Administración de policía el de la Administración prestadora. Una exposición de esa clase tiende a pasar por alto, precisamente, que *la Administración prestadora no constituye un bloque homogéneo desde la perspectiva de su caracterización tipológica*, sino que hay que distinguir entre esa Administración ejecutiva que tramita en forma masiva las prestaciones dinerarias de la seguridad social, por una parte, y la que tiene como función la atención directa de concretas necesidades personales *in natura* en los servicios sociales: la Administración de las relaciones de «alta intensidad personal»[8], la Administración de las prestaciones «a la medida de la persona»[9].

---

6. La actividad de la Administración está, en ocasiones, regulada por normas formuladas condicionalmente, según el esquema: «cuando una determinada situación real sea subsumible bajo los elementos de este supuesto de hecho, procederá esta (o estas, o alguna de estas) consecuencia(s) jurídica(s)». Normas de este tipo dirigen la actividad administrativa mediante *programas condicionales*. Éste es el caso, según acaba de exponerse en el texto, de las normas reguladoras de las prestaciones económicas: «a quien reúna estos requisitos corresponderá tal prestación dineraria». La actividad de la Administración, sin embargo, también puede dirigirse mediante *programas finales* que imponen la consecución de fines o metas que deben perseguirse en las decisiones administrativas «en la medida de lo posible», solucionando conflictos de intereses y de principios. Y, otras veces, la norma no predetermina directamente el contenido de la decisión administrativa (mediante programas condicionales o finales), sino que se puede hablar sólo de una dirección indirecta a través de la regulación de los presupuestos de la decisión: la organización y el procedimiento.

7. RAINER WAHL, «Die Aufgabenabhängigkeit von Verwaltung und Verwaltungsrecht», en Hoffmann-Riem/Schmidt-Aßmann/Schuppert, *Reform des Allgemeinen Verwaltungsrechts. Grundfragen, Schriften zur Reform des Verwaltungsrechts*, tomo 1, Baden-Baden, 1993, pp. 203-208. *Vid.*, también, con referencia expresa a estos dos tipos administrativos de la Administración social prestadora, SCHMIDT-ASSMANN, *Ordnungsidee*, pp. 121-122 (nota 1); y, del mismo autor, «Verwaltungsorganisatiosrecht als Steuerungsressource – Einleitende Problemskizze» en Schmidt-Aßmann/Hoffmann-Riem, *Verwaltungsorganisationsrecht als Steuerungsressource, Schriften zur Reform des Verwaltungsrechts*, tomo 4, Baden-Baden, 1997, pp. 29 y 30.

8. Expresión que utiliza SCHMIDT-ASSMANN, «Zur Reform...», cit. (nota 1), p. 31, tomada de KRAUSE, «Empfiehlt es sich, soziale Pflege und Betreuungsverhältnisse gesetzlich zu regeln?»,

La Administración ejecutiva que aplica los programas materiales relativos a las prestaciones dinerarias utiliza como forma típica de actuación el acto administrativo dictado como resultado de la tramitación de un procedimiento administrativo que responde al concepto clásico de procedimiento y que aquí se denominará procedimiento administrativo «decisorio», por su vinculación a la forma de la decisión que le pone término.

Puede afirmarse que existe un procedimiento administrativo *decisorio-social*, que responde a las reglas comunes del procedimiento administrativo (*vid.* disposición adicional 25ª del Texto Refundido de la Ley General de la Seguridad Social), si bien moduladas por alguna regla específica que rinde tributo a una idea de «lo social»: por ejemplo, la prohibición general de que la Administración revise por sí misma sus actos administrativos declarativos de derechos en perjuicio de los beneficiarios; y la carga de solicitar esa declaración de ilegalidad de las prestaciones de los órganos judiciales del orden social [art. 145 de la Ley de Procedimiento Laboral (LPL)]; o la atribución de la competencia para resolver los conflictos en esta materia –aunque haya existido un previo pronunciamiento por acto administrativo– a esos mismos órganos judiciales [disposición adicional 6ª LRJPAC y art. 2 b) LPL], a los que se supone una especial sensibilidad tuitiva adecuada al ámbito regulativo en el que se sitúan estas prestaciones.

No es este procedimiento administrativo decisorio, sin embargo, el que ahora nos interesa. Lo que constituye el objeto directo del presente trabajo es el que más arriba se ha denominado «procedimiento prestacional»: la estructura de carácter procedimental de la que se vale la Administración social para desarrollar y concretar las prestaciones de servicios o materiales. Como regulación de referencia se utilizará la de la prestación de asistencia sanitaria.

Verhandlungen des zweiundfünfzigsten deutschen Juristentages, Dictamen E, tomo 1 (dictámenes), Múnich, 1978, p. 11.

9. Expresión que utiliza PITSCHAS, «Formelles Sozialstaatsprinzip, materielle Grundrechtsverwirklichung und Organisation sozialer Dienstleistungen», *Vierteljahresschrift für Sozialrecht*, 1977, tomo 8, p. 152.

Debe advertirse que no tiene este análisis el objeto de formular –como conclusión del mismo– la propuesta de una regulación nueva que no sea Derecho vigente. No hay aquí demandas de *lege ferenda*. Lo que se pretende sobre todo es *explicar* conforme a la idea de procedimiento administrativo la regulación ya existente de la prestación sanitaria. Se trata de una pretensión de construcción teórica que se valga de conceptos que permitan integrar en un contexto más amplio regulaciones parciales, conforme a las exigencias de orden, unidad y coherencia que definen «lo sistemático».

Utilizar la idea de procedimiento administrativo para la explicación del desarrollo de la prestación de servicios o material tiene sus ventajas metodológicas frente a otros planteamientos que podrían considerarse como más tradicionales en nuestra Parte general del Derecho Administrativo: por ejemplo, los planteamientos que se sirvieran de los conceptos de *servicio público* o de *relación jurídica* (en concreto, la relación jurídica de uso, en el marco del servicio público).

El tratamiento clásico del *servicio público* pone demasiado el acento –para lo que aquí interesa– en las cuestiones generales relativas a las formas de gestión y organización del sistema prestacional de que se trate, o, a lo sumo, en la cuestión –también situada en un plano muy abstracto– del derecho subjetivo de los usuarios al servicio publico[10], mientras que la idea de procedimiento que aquí será utilizada permite centrar más la atención en el desarrollo y el éxito de la *concreta* prestación personal.

---

10. Puede constatarse ese planteamiento en nuestros viejos y nuevos manuales de la parte general del Derecho Administrativo; *vid.*, por ejemplo: SANTIAGO MUÑOZ MACHADO, *Tratado de Derecho Administrativo y Derecho Público general*, tomo I, 1ª ed., Madrid, 2004, pp. 980-995; JUAN ALFONSO SANTAMARÍA PASTOR, *Principios de Derecho Administrativo*, vol. II, Madrid, 1999, pp. 328-336; Eduardo GARCÍA DE ENTERRÍA y TOMÁS RAMÓN FERNÁNDEZ, *Curso de Derecho Administrativo II*, 10ª ed., Madrid, 2006, pp. 67-83; RAMÓN PARADA, *Derecho Administrativo I*, 16ª ed., Madrid-Barcelona-Buenos Aires, 2007, en especial, pp. 390-393; LUCIANO PAREJO ALFONSO, ANTONIO JIMÉNEZ BLANCO y LUIS ORTEGA ÁLVAREZ, *Manual de Derecho Administrativo*, 3ª ed., Barcelona, 1994, pp. 423-427; LUIS MORELL OCAÑA, *Curso de Derecho Administrativo*, tomo II, Pamplona, 1996, pp. 119-145.

En las exposiciones habituales sobre el servicio público el usuario del mismo es, típicamente, un «tercero». Utilizar la idea de procedimiento administrativo sirve para situar al beneficiario de la prestación –sujeto dotado de dignidad personal (art. 10.1 CE)– en una posición *central*. Para expresarlo gráficamente, podría decirse que el servicio público se vale de un esquema explicativo triangular, mientras que el procedimiento administrativo destaca el carácter bipolar de la relación de «alta intensidad personal».

Naturalmente, no es necesario sustituir por completo una concepción por otra. Ambas explicaciones son útiles a efectos diferentes. Se trata de completar con lo que es útil de la idea del procedimiento administrativo los avances que vinieron de la mano del concepto de servicio público.

Por su parte, el concepto de *relación jurídica* atiende, sobre todo, al elemento *estático* de las posiciones jurídicas recíprocas de las partes (organización prestadora y destinatario de la prestación), situadas una frente a otra. El concepto de procedimiento, sin embargo, destaca especialmente el carácter *dinámico* de una relación (en este caso, el desarrollo de la prestación) que, por su propia naturaleza, está estructurada en función de un fin, de un éxito final: que la prestación solucione adecuadamente la situación de necesidad que constituye su causa y su elemento teleológico. Ese concepto amplio de procedimiento ofrece un cauce explicativo más adecuado a la sucesión de actuaciones de interacción entre personas físicas (aunque una de ellas impute su actividad a una organización) de carácter cooperativo en que consiste la relación prestacional directa de asistencia sanitaria.

II. «PROCEDIMIENTO DECISORIO» Y «PROCEDI-MIENTO PRESTACIONAL MATERIAL»

No existe ningún motivo dogmático convincente para limitar el concepto de procedimiento administrativo al tipo del que se resuelve mediante una decisión formal. Como en el «procedimiento decisorio», se da en el procedimiento a través del que se llevan a cabo estas prestaciones «reales» un proceso de obtención y elaboración de información[11] dirigido a la consecución de un fin perteneciente al ámbito de la actuación administrativa, por mucho que ese fin no consista en la adopción de una decisión en forma de acto administrativo.

La idea directiva del concepto de procedimiento administrativo sirve, en primer término, para *reconducir a una unidad* los múltiples contactos que la Administración entabla con un ciudadano (o con otro sujeto jurídico-público)[12] para la consecución de un fin concreto. En torno a esa misma construcción de la idea de procedimiento se han articulado las *garantías para la defensa* de los derechos e intereses de los ciudadanos: «el concepto de procedimiento administrativo es, en cuanto a su existencia y a su configuración, una derivación de los principios propios del Estado de Derecho para el ámbito de la actuación administrativa; en el desarrollo de ese expediente muestra expresamente la Administración al interesado que la manera de afectar a sus derechos se mantiene en el marco de lo que exige la vinculación a la ley y al Derecho»[13]. Las reglas del procedimiento administrativo disciplinan, además, la *obtención y el tratamiento de la información* necesaria para decidir correctamente qué información puede o debe utilizarse y con qué requisitos; quién debe suministrar ese material instructo-

---

11. Así define el procedimiento administrativo SCHMIDT-ASSMANN, *Ordnungsidee*, p. 288 (nota 1): «la sucesión ordenada de actuaciones dirigidas a la obtención y a la elaboración de información que tiene lugar bajo la responsabilidad de una Administración pública».

12. SCHMIDT-ASSMANN, *loc. cit.*

13. THOMAS SIMONS, *Verfahren und verfahrensäquivalente Rechtsformen im Sozialrecht*, Baden-Baden, 1985, p. 48, con cita de BADURA.

rio y por qué cauces; a quién corresponde la carga de acreditar lo que se alega y a quién se atribuye la competencia de valorar la información; qué datos deben suministrarse al ciudadano; etc.

Ninguna de las finalidades destacadas remite a aspectos que no sea necesario disciplinar en la actuación administrativa de prestación de servicios o material. También la multiplicidad de los contactos entre la Administración social prestadora y el destinatario de una concreta prestación deben reconducirse a una unidad ideal de actuación para poder ser manejable jurídicamente. Asimismo, deben ser reguladas las garantías del ciudadano en el contexto de estas actuaciones materiales de la Administración, que pueden introducirse de forma mucho más incisiva en esferas de autodeterminación del individuo que el acto administrativo formal. De la misma manera que también estas relaciones prestacionales pueden concebirse teóricamente como procesos de intercambio y elaboración de información que deben ser regulados por normas de Derecho.

En definitiva, no parece posible –a mi juicio– invocar fundamento sólido alguno para reducir el concepto de procedimiento administrativo exclusivamente al conjunto de actuaciones que preceden a la decisión formalizada, si se tiene en cuenta que la Administración no actúa frente al ciudadano sólo mediante actos que adopten la forma de acto administrativo (o de convenio); y que esa otra clase de actividad administrativa, material –no formalizada–, muestra en su forma de llevarse a cabo las mismas necesidades regulativas que la que tradicionalmente se ha construido dogmáticamente a través de la figura del acto administrativo.

Para contribuir a esa –en mi opinión– necesaria ampliación del concepto de procedimiento administrativo con el tipo del procedimiento de las prestaciones administrativas de servicios o materiales –«procedimiento prestacional»– se utilizará aquí el ejemplo de la concreta prestación de asistencia sanitaria, regulada por un material de Derecho positivo suficientemente desarrollado como para servir de base de este ensayo teórico. En principio, un modelo de procedimiento adecuado a esas prestaciones debe constar de:

a) Reglas relativas a la *sucesión (lógico-temporal) de actuaciones* en el desarrollo de la prestación. Esa estructuración ordenada de la forma de actuar pertenece a la idea básica de lo que se entiende por procedimiento. Estas reglas serán, por lo general, más flexibles que las propias del «procedimiento decisorio». Con mucha más frecuencia que en el procedimiento que precede al acto administrativo deberá aceptarse que no todos los casos deberán someterse a la misma ordenación de actuaciones[14]. La iniciación del procedimiento responderá, en ocasiones, a un acuerdo formal adoptado por una instancia pública (administrativa o judicial), pero cabe pensar que en la generalidad de los casos el procedimiento comienza con la simple visita del enfermo al médico. El procedimiento terminará con el alta otorgada tras la ejecución del tratamiento prescrito o con el alta voluntaria del paciente que no acepte dicha prescripción (forma de desistimiento). Entre la iniciación y la terminación se situarán: el diagnóstico, la fase de información al paciente, la prestación del consentimiento por éste, la ejecución del tratamiento, etc.

b) Reglas relativas a la *posición de las partes, con sus derechos y obligaciones.* Aquí se incluirá la regulación de las condiciones subjetivas del profesional que actúa por la organización prestadora y sus facultades, así como las obligaciones, cargas y derechos del destinatario de la prestación y las formalidades con que deben adoptarse determinadas decisiones. En atención al principio objetivo de la seguridad jurídica y como garantía del paciente es frecuente, por ejemplo, la exigencia de la forma escrita para determinados actos de especial trascendencia. Detrás de estas reglas relativas a la posición de las partes se encuentra la directiva clave de *neutralizar la situación de natural desequilibrio* que se da entre las partes que aquí intervienen: un paciente en situación de necesidad y, por ello, de potencial dependencia, y un profesional en la posición de superioridad que le otorgan sus conocimientos técnicos. El Derecho ha de contrapesar ese desequilibrio fáctico, para generar –en la medida de lo posible– una situación de igualdad que permita la interacción personal, la participación del paciente en el proceso de su tratamiento, su propio compromiso con las medidas de intervención que él ha de aceptar y –facilitado por todo lo anterior– el éxito de la prestación[15].

---

14. Así, en síntesis, SIMONS, *Verfahren...*, p. 63 (nota 13): al contrario de lo que sucede con el «procedimiento decisorio» no es posible hablar de una estructura sólida unitaria del procedimiento cooperativo (el autor se refiere con esta expresión –en lo que ahora nos interesa– a ese modelo de procedimientos marcados por la necesidad de la interacción personal); los procedimientos cooperativos no suelen ofrecer una estructura de actuación determinada para el discurso entre las partes, sino que introducen garantías jurídicas para la relación entre las partes, cuya conformación, en lo demás, permanece abierta.

15. La idea de la neutralización de la situación de desigualdad en el procedimiento prestador constituye el eje central de la tesis de SIMONS, *Verfahren...*, en especial, pp. 48-64 (nota 13): para

c) Reglas relativas a la *resolución de los conflictos* que surjan durante el propio desarrollo de la prestación. Es cierto que nada impide hoy plantear un conflicto entre la Administración prestadora y el ciudadano ante la jurisdicción contencioso-administrativa bajo la forma del control judicial de la actuación material de aquélla (arts. 25.2, 29 y 30 LJCA). Con las reglas a las que aquí se alude no se hace referencia, sin embargo, primariamente, a estas vías de alcance general de solución judicial contenciosa de conflictos, sino a fórmulas procedimentales más flexibles, sencillas y rápidas que ofrezcan soluciones sin necesidad de tener que aceptar que se interrumpa temporalmente el procedimiento mientras se sustancia la controversia.

Desde la perspectiva que aquí nos ocupa, puede afirmarse que la Ley 41/2002, de 14 de noviembre, básica reguladora de la autonomía del paciente y de derechos y obligaciones en materia de información y documentación clínica, es, en buena medida, *la Ley reguladora del procedimiento administrativo de la prestación sanitaria*. Es el propio legislador el que, para referirse a la idea de procedimiento, que, en realidad, se encuentra en la naturaleza de las cosas, define la prestación como «proceso asistencial» (art. 20). Las ideas que se han expuesto recorren el completo articulado de la norma.

Latente en la regulación de sus «principios básicos» se encuentra la consideración –clave en esta materia– de que son los derechos fundamentales del paciente los que determinan una determinada configuración del procedimiento prestador: estos derechos fundamentales («la dignidad de la persona humana, el respeto a la autonomía de su voluntad y a su intimidad», art. 2.1) no actúan aquí garantizando la posición del ciudadano que «rechaza» una intervención estatal, sino

---

superar la estrechez del concepto tradicional de procedimiento administrativo (vinculado a la decisión), propone el autor la creación de un *concepto funcional* de procedimiento administrativo, un concepto que se base en un elemento (su función) situado en un plano más abstracto que el que se ha considerado determinante tradicionalmente (la decisión en forma de acto administrativo); la función del procedimiento es la defensa de derechos materiales a través de la técnica de hacer girar en torno a ellos el discurso jurídico (p. 56), estructurando el marco de ordenación externa del intercambio argumentativo (p. 58); con esta ordenación se pretendería, sobre todo, salir al paso de las situaciones de desigualdad en las que el desequilibrio en las posiciones jurídicas de las partes podría llevar a poner en peligro el contenido mismo de los derechos de la parte más débil (p. 58); la función de cualquier procedimiento es la neutralización del desequilibrio entre las partes (p. 60); y, en concreto, la del procedimiento que regula la prestación sanitaria es la ordenación de la cooperación, del común acuerdo, entre partes fácticamente desiguales (p. 61).

otorgando al legislador directivas para la regulación del *status activus processualis* del paciente («toda actuación en el ámbito de la sanidad requiere, con carácter general, el previo consentimiento de los pacientes o usuarios», art. 2.2) en el desarrollo de la actuación estatal prestadora; estableciendo una *reserva procedimental* para este tipo de acción (la prestación no puede llevarse a cabo si no existe el procedimiento en el que se preste el «consentimiento informado» definido en el art. 3); y, en definitiva, imponiendo la exigencia de una determinada configuración de un procedimiento en el que los mencionados derechos se hacen realidad en el curso mismo del desarrollo de la prestación.

También está latente, al comienzo mismo de este articulado, la idea de que el procedimiento administrativo es un conjunto de reglas que se refieren a un proceso de obtención y elaboración de información: las reglas procedimentales referidas, sobre las que se proyecta la eficacia de los mencionados derechos fundamentales, se describen como una «actividad encaminada a obtener, utilizar (…) y transmitir (…) información» (art. 2.1).

No es éste el lugar de analizar pormenorizadamente el contenido de la Ley 41/2002. Bastará, para ilustrar la estructura del procedimiento descrita más arriba, con hacer referencia a la *sucesión y ordenación de las actuaciones* del mismo (cuyo desglose se deduce indirectamente, pero con detalle, por ejemplo, de la regulación de la «historia clínica», art. 15.2), con referencia expresa a la terminación normal del procedimiento tras el alta, «finalizado el proceso asistencial» (art. 20), o por «alta voluntaria» del paciente que no acepta «el tratamiento prescrito» (art. 21.1); a la *obligación del profesional* que interviene en el procedimiento de proporcionar «toda la información disponible» (art. 4); al *derecho* al «consentimiento libre y voluntario» tras la recepción de la información relevante (art. 8); a las *formalidades específicas* que deben adoptarse para actos de especial trascendencia[16] (renuncia al derecho a ser informado –art. 9.1–, consentimiento en determinados casos –art. 8.2–); y a una específica *fórmula de solución del conflicto* consistente en que un paciente no acepte el alta: la dirección del centro, previa comprobación del informe clínico, concederá audiencia al interesado y, si éste persiste en su negativa, se pondrán los hechos en conocimiento del juez para que éste confirme o revoque la decisión (art. 21.2).

---

16. Sobre estos requisitos formales especiales, como técnica de defensa de la parte que ocupa la posición más débil en la relación prestacional, con respecto a actos jurídicos que debe adoptar ella misma (asunción de obligaciones, renuncia a derechos, etc.), *vid.* SIMONS, *Verfahren…*, p. 63 (nota 13).

III. LA LIMITADA FUNCIÓN DEL ACTO ADMINISTRA-TIVO EN EL ÁMBITO DEL «PROCEDIMIENTO PRESTACIONAL MATERIAL»

COMO ya se ha expuesto, en el ámbito de la Administración social prestadora puede trazarse una línea de diferenciación estructural que separa las prestaciones dinerarias, de las prestaciones de servicios o materiales. Las prestaciones dinerarias se fijan por acto administrativo. En el contexto de las prestaciones de servicios personales, sin embargo, al acto administrativo, con su función típica de concreción del Derecho y estabilización de las situaciones jurídicas, le corresponde un papel muy limitado, a pesar de que la indeterminación normativa sobre el contenido de estas prestaciones haría pensar en la idea de que la concreción del contenido de la prestación la entregaría el legislador a la Administración para que ésta la realizara a través de esta forma jurídica.

Desde luego, no es posible afirmar que el acto administrativo esté por completo ausente en este contexto. Es posible encontrar en el Derecho positivo decisiones que la Administración de las prestaciones personales adopta en forma de acto administrativo. Con carácter general se trata de resoluciones que se limitan a *constatar de forma vinculante la concurrencia de los requisitos para el acceso* a una prestación[17]. Pero constatar por acto administrativo que se tiene el derecho a acceder a una prestación es decir muy poco sobre el contenido de la misma. El contenido decisorio y regulativo de esas resoluciones administrativas es escaso. El desarrollo de la misma prestación; las precisas medidas que deberán adoptarse para atender a la situación de necesidad del ciudadano; o a cuánto ascenderá el valor económico final del tratamiento dispensado, por ejemplo, son aspectos que de ninguna manera se deciden en ese acto administrativo, ni pueden deducirse «a priori»

---

17. TETTINGER, «Verwaltungsrechtliche Instrumente...», cit. (nota 2), p. 215.

de él. El acto administrativo aquí tiene una eficacia regulativa muy limitada y se ciñe a fijar los límites externos, el marco, de un derecho prestacional necesitado de concreción en cuanto a su contenido.

En algunos sectores de la asistencia social existe ese acto administrativo que reconoce el derecho a recibir prestaciones por razón de dependencia tras una evaluación de las necesidades personales, esto es, el derecho a acceder a la prestación. Puede examinarse, por ejemplo, la regulación del art. 65 («evaluación de necesidades») de la Ley 11/2003, de 27 de marzo, de Servicios Sociales de la Comunidad de Madrid[18]. En el campo de la atención sanitaria, sin embargo, con carácter general ni siquiera aparece ese tipo de acto administrativo: el procedimiento de prestación comienza cuando el enfermo se dirige directamente al médico. La finalidad propia de la prestación de asistencia sanitaria –que se recobre la salud tan pronto como sea fácticamente posible– parece oponerse ya a la exigencia de tener que iniciar un procedimiento administrativo para que se reconociera el derecho a la prestación por la resolución que pusiera fin a aquél[19]. No obstante, tampoco puede excluirse aquí la existencia de alguna decisión administrativa relativa a la existencia del derecho[20].

Pero la circunstancia sobre la que quiere llamarse la atención es que, exista o no ese acto administrativo relativo al acceso a la presta-

---

18. Puede verse también la regulación de los arts. 28 («procedimiento para el reconocimiento de la situación de dependencia») y 29 («Programa Individual de Atención») de la Ley 39/2006, de 14 de diciembre, de promoción de la autonomía personal y atención a las personas en situación de dependencia. El art. 28.2 dispone que el reconocimiento de la situación de dependencia, tras la tramitación de un procedimiento tramitado a instancia de parte, «se efectuará mediante resolución expedida por la Administración autonómica»; la resolución incorporará el Programa Individual de Atención, en el que se determinan «las modalidades de intervención más adecuadas» a las necesidades del beneficiario (art. 29), y «determinará los servicios o prestaciones que corresponden al solicitante» (art. 28.3).

19. Así, ANDREAS WAHL, *Kooperationsstrukturen im Vertragsarztrecht*, Berlín, 2001, p. 76.

20. Por Real Decreto 1088/1989, de 8 de septiembre, se decidió reconocer el derecho a las prestaciones de la asistencia sanitaria de la Seguridad Social a todos los españoles que tengan establecida su residencia en territorio nacional y carezcan de recursos económicos suficientes (art. 1 del citado RD 1088/1989). Pues bien, el reconocimiento personal de ese derecho tendrá lugar mediante una resolución administrativa dictada tras un procedimiento tramitado «de oficio o a solicitud de los interesados»; y «una vez reconocido el derecho» se expedirá «un documento acreditativo para el acceso a los servicios sanitarios» (art. 3).

ción, la concreción del contenido de ésta no se realiza en dicha decisión administrativa. El acto administrativo carece de eficacia regulativa con respecto a la prestación completa, no sirve como instrumento formal de concreción de la situación que se trata de estructurar jurídicamente. La prestación se define y se fija en sus contornos precisos *durante* el desarrollo del procedimiento en el que aquélla se realiza.

Tiene aquí sentido utilizar los conceptos de *relación básica* y de *relación prestacional directa* como instrumento explicativo[21]. El eventual acto administrativo que reconoce el derecho al acceso a la prestación (y que, ciertamente, fija el marco o las fronteras externas de lo que se concede) se dicta en el contexto de la *relación básica* que se da entre el destinatario y la Administración competente[22]. Pero la concreción del contenido de la prestación conforme a las necesidades del individuo (en el marco que, en su caso, haya establecido la mencionada decisión administrativa) se lleva a cabo como resultado de una *relación prestacional directa* de interacción personal entre el profesional que actúa por la organización prestadora (puede ser la Administración o un sujeto privado integrado en la red del servicio) y el destinatario de la prestación[23]. La fijación concreta del contenido de la prestación se presenta como resultado de este procedimiento cuyo desenlace permanece abierto mientras se desarrolla[24].

Por último, debe destacarse, para el concreto sector que nos ocupa del procedimiento de la asistencia sanitaria, que –a mi juicio– carecería de sentido calificar las decisiones del médico que interviene en aquél como *actos administrativos*[25]. Las decisiones del médico tienen, sin duda, relevancia jurídica y, en concreto, relevancia jurídico-administrativa, porque concretan el contenido del derecho prestacional que

21. Sobre estos conceptos puede verse RODRÍGUEZ DE SANTIAGO, *La Administración...*, cit. (nota 3), pp. 115-118.

22. SIMONS, *Verfahren...*, cit. (nota 3), p. 111.

23. SIMONS, *Verfahren...*, cit. (nota 3), p. 112.

24. SIMONS, *Verfahren...*, cit. (nota 3), p. 137.

25. ANDREAS WAHL, *Kooperationsstrukturen...*, cit. (nota 19), p. 78.

se ostenta frente a la Administración que tiene la asistencia sanitaria como competencia propia. El médico, si se integra en una organización jurídico-pública, actúa *por* esa organización, o, lo que es lo mismo, la organización actúa *a través* de dicho profesional, que imputa sus decisiones a aquélla. Pero no es función del médico tomar decisiones *jurídicas* por la persona jurídico-pública, sino adoptar decisiones *médicas* que jurídicamente –en virtud de las normas del Derecho de organización– se imputan a dicha persona jurídica.

Sería por completo inadecuado a las necesidades regulativas de la actividad real que se está analizando aplicar a las decisiones médicas, por ejemplo, las reglas relativas a la firmeza e inmutabilidad de lo decidido, que el principio de seguridad jurídica proyecta sobre la decisión administrativa adoptada en forma de acto administrativo: principios sobre la revisión o revocación de actos administrativos declarativos de derechos, etc. Las decisiones sobre la terapia y el tratamiento médico requieren de una flexibilidad y mutabilidad permanentes, que encajan mal en las regulaciones mencionadas sobre la resolución administrativa[26].

---

26. ANDREAS WAHL, *Kooperationsstrukturen...*, cit. (nota 19), p. 79.

IV. LA REGULACIÓN DE LAS CONDICIONES SUBJETIVAS DE LA «PERSONA PRESTADORA». LA DIRECCIÓN DE LA ACTIVIDAD ADMINISTRATIVA A TRAVÉS DE LA FORMACIÓN PROFESIONAL

No es difícil caer en la cuenta de la importancia que tiene, en el contexto de la tarea de configurar un procedimiento administrativo para la prestación de la asistencia sanitaria, la regulación del *elemento personal* de esa relación jurídica prestadora, en beneficio, por una parte, de la salud de los destinatarios; y, por otra, del interés público, por ejemplo, el que consiste en la contención dentro de los límites de lo necesario del gasto público sanitario. Esta consideración ya permite plantear, en primer término, la eventual conveniencia de aplicar –en lo que procediera– algunos supuestos de la regulación de la *abstención* y *recusación* de la legislación común sobre procedimiento administrativo a la relación procedimental prestadora (arts. 28 y 29 LRJPAC). Piénsese en las posibilidades de un gasto sanitario excesivo o innecesario como consecuencia de una relación de estrecho parentesco o amistad íntima entre el médico y el paciente.

En casi ningún otro ámbito de la actuación administrativa ocupa una posición tan destacada la *persona física* que actúa por la organización prestadora[27]. En términos muy generales, puede afirmarse que una de las ideas teóricas más relevantes del Derecho de organización del Estado moderno consiste en propiciar la «desaparición» de la persona física bajo las estructuras del sujeto jurídico-público. El Derecho de organización de la burocracia sitúa en primer plano el *cargo*, como concepto teórico que permite que las personas físicas que lo ostentan sean entre sí sustituibles. En eso consiste la completa separación entre

---

27. Así, en síntesis, RAINER PITSCHAS, «Organisationsrecht als Steuerungsressource in der Sozialverwaltung», en Schmidt-Aßmann/Hoffmann-Riem, *Verwaltungsorganisationsrecht als Steuerungsressource, Schriften zur Reform des Verwaltungsrechts*, tomo 4, Baden-Baden, 1997, pp. 182-184.

la actividad oficial del cargo y el ámbito de lo personal del sujeto que lo ocupa que se cita como una de las características centrales de una organización burocrática[28].

En el sector que nos ocupa, por el contrario, las cualidades personales del profesional que actúa en la prestación juegan un papel importante y las reglas jurídicas que disciplinan la actividad así lo aceptan y lo reconocen. Si se admite el derecho a elegir y, en consecuencia, también, a cambiar de médico, sin vincular el ejercicio de ese derecho a la carga de acreditar que el facultativo que se rechaza cumpla negligentemente con sus obligaciones, es porque el ordenamiento jurídico parte de la base de que las cualidades personales cumplen aquí una función, sin necesidad de reconducir la cuestión a un problema de más o menos diligente cumplimiento de las obligaciones profesionales. El Derecho tiene que dar cauce jurídico a algo tan poco regulable como una relación de confianza personal, que se considera como presupuesto del éxito de la prestación. No se trata sólo de poner a disposición del destinatario de la prestación un profesional cualificado, sino también una persona que se va a introducir en ámbitos de la esfera individual y en la que debe ser posible depositar una confianza que las reglas jurídicas no pueden forzar[29]. Todo esto justifica, desde un punto de vista terminológico, que pueda utilizarse aquí la expresión «persona prestadora».

Por supuesto, estas consideraciones no rompen la relación orgánica entre el profesional y la organización jurídico-pública en que se integra. La persona física imputa su actividad a la organización, actúa *por* la organización; de forma tal que, como consecuencia de esa imputación, la actividad médica del profesional se convierte en actividad jurídico-*administrativa*.

El médico aparece aquí como «figura central»[30] de la prestación. En primer lugar, porque a través de su actuación *se concreta el dere-*

---

28. *Vid.*, por ejemplo, WINFRIED KLUTH, en: WOLFF/BACHOF/STOBER, *Verwaltungsrecht*, tomo 3, 5ª ed., Munich, 2004, p. 8.

29. SIMONS, *Verfahren...*, cit. (nota 13), pp. 529-530.

30. Utiliza la expresión DAGMAR FELIX, «Verwaltungsrechtliche Instrumente des Sozialstaates», *Deutsches Verwaltungsblatt*, 2004, p. 1073.

cho prestacional del que es titular el paciente que a él acude, tras «dirigir» un procedimiento de interacción personal con el enfermo que, por su escasa predeterminación normativa material, permite hablar de una actividad administrativa «conformadora».

El carácter central de la posición del médico en este procedimiento prestacional se pone de manifiesto, en segundo término, cuando se considera que a él *reserva* el Derecho una actividad prestacional pública que en el mercado se ofrece con mayor libertad[31]. Fuera del sistema público de asistencia sanitaria existe una libertad prestadora que permite al ciudadano utilizar modalidades menos convencionales de tratamientos para la curación: formas de la denominada medicina oriental, curanderos, etc. En la prestación pública, sin embargo, la ley establece un monopolio para la realización de una determinada actividad (diagnóstico, indicación de la terapia y ejecución de la misma, control de los resultados, etc.) a favor de la concreta profesión del médico[32].

Y, en tercer lugar, la posición central del médico se hace incluso gráfica cuando se llama la atención sobre su condición de *sujeto directivo y desencadenante de prestaciones que se ofrecen por parte de otros terceros*[33]: dispensación de medicamentos con receta médica[34], obtención de prótesis externas o de vehículos para inválidos[35], prestaciones de la denominada «atención sociosanitaria»[36], etc.

---

31. ANDREAS WAHL, *Kooperationsstrukturen…*, cit. (nota 19), p. 55.

32. *Vid.* art. 2.2 del Real Decreto 63/1995, de 20 de enero, de ordenación de prestaciones sanitarias del sistema nacional de salud: las prestaciones sanitarias «serán realizadas (…) por los profesionales y servicios sanitarios de atención primaria y por los de las especialidades a que se refieren los apartados 1 y 2 del Anexo del Real Decreto 127/1984, de 11 de enero, de especialidades médicas (…)».

33. ANDREAS WAHL, *Kooperationsstrukturen…*, cit. (nota 19), p. 80.

34. *Vid.* art. 31.1 de la Ley 25/1990, de 20 de diciembre, del medicamento: «como norma general, los medicamentos sólo serán dispensables con receta».

35. *Vid.* Anexo I (apartado 4, «prestaciones complementarias») del Real Decreto 63/1995, de 20 de enero, de ordenación de prestaciones sanitarias del sistema nacional de salud.

36. *Vid.* art. 14.1 de la Ley 16/2003, de 28 de mayo, de cohesión y calidad del sistema nacional de salud: la atención sociosanitaria comprende –más allá de la mera atención médica– «el conjunto de cuidados destinados a aquellos enfermos, generalmente crónicos, que por sus especia-

El carácter «conformador» de la actividad del médico hace de ésta una actuación difícilmente dirigible. El Derecho cumple su función directiva regulando fundamentalmente el marco organizativo y procedimental de la prestación; y, dentro de ese marco, en concreto, la *formación profesional*. Dirección a través de formación.

No es extraño, por eso, que la legislación reguladora de esta actividad administrativa preste detallada atención a la formación profesional precisamente desde esta perspectiva que la considera como un recurso o instrumento directivo.

Los arts. 34 a 39 de la Ley 16/2003, de 28 de mayo, de cohesión y calidad del sistema nacional de salud, tienen la formación de los profesionales que aquí intervienen como objeto de su regulación, con la que se pretende, entre otras finalidades, «la revisión permanente de las enseñanzas y de la metodología educativa en el campo sanitario, para la mejor adecuación de los conocimientos profesionales a la evolución científica y técnica y a las necesidades sanitarias de la población» [art. 34 c) de la citada Ley 16/2003]. Para ello, una «Comisión de Recursos Humanos» dará traslado a los órganos competentes en materia de educación universitaria de «criterios para la adaptación de los planes de estudios (…) que conjuguen la adquisición simultánea de conocimientos, habilidades y actitudes (…)» (art. 36 de la Ley 16/2003). Se trata, en definitiva, de que la actividad profesional del personal lleve en sí misma –a través de las habilidades profesionales obtenidas, de las actitudes y de la motivación– el «programa material» de la función prestadora[37] que no se deja fijar legislativamente mediante normas de estructura condicional.

---

les características pueden beneficiarse de la actuación simultánea y sinérgica de los servicios sanitarios y sociales para aumentar su autonomía, paliar sus limitaciones o sufrimientos y facilitar su reinserción social».

37. RAINER WAHL, «Die Aufgabenabhängigkeit von Verwaltung und Verwaltungsrecht», en Hoffmann-Riem/Schmidt-Aßmann/Schuppert, *Reform des Allgemeinen Verwaltungsrechts. Grundfragen, Schriften zur Reform des Verwaltungsrechts*, tomo 1, Baden-Baden, 1993, p. 207. La misma idea de la dirección a través de la formación del personal, aunque referida a los servicios de asistencia social en establecimientos de atención estacionaria, en: KRAUSE, «Empfiehlt es sich, soziale Pflege und Betreuungsverhältnisse gesetzlich zu regeln?», *Verhandlungen des zweiundfünfzigsten deutschen Juristentages*, Dictamen E, tomo 1 (dictámenes), Múnich, 1978, p. 103.

V. EL DERECHO DEL DESTINATARIO DE LA PRESTACIÓN A LA ELECCIÓN DEL MÉDICO

EL reconocimiento al destinatario de la prestación de asistencia sanitaria del derecho a elegir el profesional que haya de atenderle constituye, por una parte, una solución encontrada por el Derecho para favorecer la *relación de confianza* (que no puede imponerse por reglas jurídicas), un fluido desarrollo de la relación prestacional y, con ello, el éxito mismo de la prestación[38]; y, por otra, el primer *derecho de configuración*[39] que se otorga al paciente para que participe e influya en el desarrollo del procedimiento destinado a concretar el contenido de la prestación[40].

No debe perderse de vista que el reconocimiento de esta libertad introduce un elemento de *competencia de mercado* en aquellos sistemas prestacionales que permiten que la retribución del médico esté de alguna manera vinculada al número mayor o menor de pacientes que atiende.

Piénsese, por ejemplo, en los profesionales privados que tienen encomendada la asistencia médica de los funcionarios en virtud del sistema de conciertos suscritos entre la Mutualidad General de Funcionarios Civiles del Estado con entidades de seguro de asistencia sanitaria[41].

Este elemento de *competencia* puede favorecer indirectamente la mejora de las prestaciones al actuar como factor motivador de una asis-

---

38. ANDREAS WAHL, *Kooperationsstrukturen…*, cit. (nota 19), p. 82.

39. Así lo califica expresamente *(Gestaltungsrecht)* SIMONS, *Verfahren…*, cit. (nota 13), p. 536.

40. ANDREAS WAHL, *Kooperationsstrukturen…*, cit. (nota 19), p. 83.

41. Puede verse el contenido de esos conciertos en el Anexo de la Resolución de 22 de diciembre de 2005 *(BOE de 5 de enero de 2006)*, de la Mutualidad General de Funcionarios Civiles del Estado, por la que se publican los conciertos suscritos por la misma para la prestación de asistencia sanitaria en territorio nacional durante el año 2006.

tencia de calidad atractiva para un mayor número de pacientes. Aunque tampoco puede desconocerse el riesgo que la libertad de elección contiene, cuando el reclamo al público no es una prestación de más calidad, sino la mayor disposición a ceder a irrazonables pretensiones del destinatario, que pueden conducir a que se eleve injustificadamente el gasto público sanitario. Para hacer frente a este riesgo es necesaria la previsión de algún mecanismo de control que preste atención, especialmente, a los casos de profesionales que causen gastos sanitarios por encima de ciertos valores medios estadísticos[42].

El derecho a la libre elección de médico no es absoluto. Lo reconoce el ordenamiento regulador de las prestaciones sanitarias en el marco de ciertos condicionamientos derivados de los recursos del sistema de salud, como es, por ejemplo, el número de habitantes del núcleo de población de que se trate (vid. art. 10.13 y arts. 14 y 15 de la Ley 14/1986, de 25 de abril, general de sanidad)[43]. En términos generales, puede afirmarse que es responsabilidad de la Administración la garantía de una *oferta suficientemente plural*, así como *informar* al ciudadano previamente de las concretas posibilidades de elección (art. 13 de la Ley 41/2002, de 14 de noviembre, básica por la que se regula la autonomía del paciente y loa derechos y obligaciones en materia de información y documentación clínica: «derecho a la información para la elección de médico y de centro»; en adelante, se citará esta norma, simplemente, como Ley 41/2002).

---

42. Esta solución se da al problema en el Derecho alemán –vid. SIMONS, *Verfahren...*, cit. (nota 13), p. 560–, cuyo sistema de salud se basa en la asistencia sanitaria a través de profesionales privados que se integran en una red organizativa pública.

43. El Real Decreto 1575/1993, de 10 de septiembre, regula la libre elección del médico en los servicios de atención primaria del Instituto Nacional de Salud; y el Real Decreto 8/1996, de 15 de enero, el ejercicio de ese derecho en los servicios de atención especializada.

VI. DERECHOS (Y CORRESPONDIENTES OBLIGACIONES) DE INFORMACIÓN

La oferta de una información completa es presupuesto para que pueda prestarse el consentimiento al tratamiento médico por parte del destinatario de la prestación. Dicho consentimiento debe obtenerse «después de que el paciente reciba una información adecuada» (art. 2.2 Ley 41/2002). Esa información adecuada es, en cuanto a su *contenido*, en principio, «toda la información disponible» sobre la actuación médica de que se trate, y comprende, como mínimo, «la finalidad y la naturaleza de cada intervención, sus riesgos y sus consecuencias» (art. 4.1 Ley 41/2002): consecuencias relevantes, riesgos relacionados con las circunstancias personales, riesgos probables en condiciones normales y contraindicaciones (art. 10.1 Ley 41/2002).

Por lo que se refiere a la *forma* en que ha de proporcionarse esa información, esta obligación del médico se cumple, como regla general, «verbalmente, dejando constancia en la historia clínica» (art. 4.1 Ley 41/2002), y debe ofrecerse de manera «compresible y adecuada» a las necesidades del paciente, de forma que le ayude «a tomar decisiones de acuerdo con su propia y libre voluntad» (art. 4.2 Ley 41/2002). Con todo ello, queda desterrada jurídicamente del ámbito de la prestación sanitaria la institución de los «silencios del médico»[44].

Esta información ofrece una doble perspectiva jurídica[45]. Desde el punto de vista del *correcto desarrollo de la prestación sanitaria*, sólo

---

44. A esos «silencios» se refiere Andreas Wahl, *Kooperationsstrukturen…*, cit. (nota 19), p. 122.

45. La doble perspectiva en Simons, *Verfahren…*, cit. (nota 13), pp. 541 y 547. Peter Häberle, «Grundrechte im Leistungsstaat», *Veröffentlichungen der Vereinigung der Deutschen Staatsrechtslehrer*, tomo 30, Berlín, 1972, p. 128, explica las obligaciones administrativas de información en el ámbito de la seguridad social y de las demás prestaciones del Estado social como una garantía procedimental *ex ante* derivada de la vertiente objetiva de los derechos fundamentales con los que esas prestaciones están en conexión: donde no hay transparencia e información falta el fundamento para la autodeterminación del individuo y, también, para la efectividad prestadora, que es un principio clave que ha de regir la actuación del Estado prestador.

cuando el destinatario está suficientemente informado sobre materias que, en principio, le son desconocidas, puede tener lugar una conversación con contenido sobre el tratamiento, se pueden manifestar las propias preferencias y se puede prestar un consentimiento «con conocimiento de causa». Por otra parte, desde el punto de vista de una eventual exigencia (al médico o a la Administración, según los casos) de *responsabilidad* penal, civil o administrativa, sólo cuando la información fue suficientemente completa podrá hablarse de un consentimiento informado como causa de exclusión de dicha responsabilidad.

El derecho a ser informado durante el desarrollo de la prestación sanitaria es, no obstante, un derecho renunciable. La Ley se refiere a un derecho a no ser informado (art. 4.1 Ley 41/2002) que, sin embargo –a mi juicio–, debe entenderse como una renuncia al derecho a la información, que –en garantía de su titular– debe formularse expresamente y en forma documental (art. 9.1 Ley 41/2002).

VII. EL PRINCIPIO DEL CONSENTIMIENTO

EL destinatario de la prestación sanitaria tiene un derecho a una «conformación cooperativa» del desarrollo de la misma y de su contenido, que se fundamenta en su derecho a la autodeterminación y que se concreta en el derecho al «consentimiento informado»[46]. «Toda actuación en el ámbito de la sanidad requiere, con carácter general, el previo consentimiento» del paciente (art. 2.2 Ley 41/2002). Este consentimiento se califica como «informado» y se define como «la conformidad libre, voluntaria y consciente de un paciente, manifestada en el pleno uso de sus facultades después de recibir la información adecuada, para que tenga lugar la actuación que afecta a su salud» (art. 3 Ley 41/2002). El consentimiento informado es la forma procedimental de ejercer el derecho a la dignidad personal (art. 10.1 CE), al libre desarrollo de la personalidad (art. 10.1 CE) y a la integridad física y moral (art. 15 CE) en el desarrollo de la relación prestacional. Esa garantía reconoce al paciente como *sujeto* en dicha relación[47] –y no como *objeto* de una actuación externa a él[48]– y

---

46. ANDREAS WAHL, *Kooperationsstrukturen…*, cit. (nota 19), p. 82.

47. ANDREAS WAHL, *Kooperationsstrukturen…*, cit. (nota 19), p. 81.

48. La dignidad de la persona (art. 10.1 CE) contiene en sí la directiva de que el ser humano es (y como tal ha de ser tratado) *un fin en sí mismo y nunca simple objeto o medio*. Vid., por ejemplo, expresamente, MATTHIAS HERDEGEN, en: Maunz/Dürig/Herzog, *Kommentar zum Grundgesetz* (febrero de 2005), art. 1, número marginal 33 (con cita de la denominada «fórmula del objeto» –*Objektformel*– de DÜRIG, en las anteriores ediciones de esa obra, como una de las formas de dotar de contenido a la garantía de la dignidad de la persona con fundamento en la ética kantiana); y HANS J. WOLFF/OTTO BACHOF, *Verwaltungsrecht I*, 9ª ed., Múnich, 1974, p. 216, donde también se contiene la cita de IMMANUEL KANT, *Grundlegung zur Metaphysik der Sitten*, 1785, pp. 74-79 (curiosamente la precisa y gráfica frase de la persona como «fin en sí mismo y nunca simple objeto» –y sólo ella– ha desaparecido en la 11ª edición de WOLFF/BACHOF/STOBER, *Verwaltungsrecht*, tomo 1, Múnich, 1999, p. 490). Junto al pensamiento filosófico ilustrado-secularizado, se encuentra también la idea en el pensamiento filosófico-antropológico cristiano, ya, por ejemplo, en el sugerente título de la obra de ROBERT SPAEMANN, *Personen. Versuche über den Unterschied zwischen «etwas» und «jemand»* (ensa-

define el *status activus processualis* del destinatario en el procedimiento de la prestación.

Desde luego, no se trata de reconocer al paciente la facultad de llevar a cabo por sí mismo la concreción de su derecho a la prestación en el marco del derecho genérico que le reconoce la ley[49]. Pero tampoco la libertad terapéutica del médico puede por sí sola decidir a qué tratamiento debe someterse el destinatario de la prestación, imponiéndose a los derechos de autodeterminación de éste[50]. Ni el paciente puede exigir del médico un tratamiento determinado, ni el médico puede imponerlo al paciente en contra de su voluntad. La libertad terapéutica del médico debe ejercerse en cooperación con la autodeterminación del paciente. O, dicho de una forma gráfica: la libertad terapéutica del médico y la autodeterminación del paciente están llamadas a encontrarse[51]. La determinación del contenido concreto de la prestación sanitaria requerida se realiza por el acuerdo de los dos sujetos que intervienen en el procedimiento[52].

Ese encuentro entre la libertad terapéutica del médico y la autodeterminación del ciudadano se reconoce como un derecho de éste «a decidir libremente, después de recibir la información adecuada, entre las opciones clínicas disponibles» (art. 2.3 Ley 41/2002). El consentimiento se expresa verbalmente por regla general, aunque debe hacerse constar por escrito en casos de intervenciones de especial importancia (art. 8.2 Ley 41/2002) y es revocable –también en forma escrita– en cualquier momento (art. 8.5 Ley 41/2002).

Sólo en casos excepcionales –por ejemplo, riesgo para la salud pública a causa de razones sanitarias establecidas por la ley– puede un

---

yos sobre la diferencia entre «algo» y «alguien»), 2ª ed., Stuttgart, 1998. Sobre la dignidad de la persona, recientemente, en castellano y con abundante material alemán, IGNACIO GUTIÉRREZ GUTIÉRREZ, *Dignidad de la persona y derechos fundamentales*, Madrid-Barcelona, 2005.

49. ANDREAS WAHL, *Kooperationsstrukturen...*, cit. (nota 19), p. 81.

50. ANDREAS WAHL, *Kooperationsstrukturen...*, cit. (nota 19), p. 83.

51. ANDREAS WAHL, *Kooperationsstrukturen...*, cit. (nota 19), pp. 82-84.

52. SIMONS, *Verfahren...*, cit. (nota 13), p. 541.

facultativo llevar a cabo operaciones clínicas indispensables para la salud del paciente sin necesidad de contar con su consentimiento (arts. 2.4 y 9.2 Ley 41/2002).

VIII. FÓRMULAS PROCEDIMENTALES DE RESOLUCIÓN DE CONFLICTOS

YA se ha dicho más arriba[53] que la regulación de un procedimiento administrativo para las prestaciones de servicios o materiales ha de prever la posibilidad de que surjan conflictos –que puedan calificarse como normales– durante su desarrollo y ofrecer soluciones flexibles para sustanciarlos con la menor afectación posible del ordinario desenvolvimiento de la relación prestacional.

En el ámbito de la prestación de asistencia sanitaria que nos ocupa prioritariamente, la libertad de elegir médico –que puede transformarse en un derecho a cambiar de profesional– ya contiene en sí misma un cauce general de superación de situaciones de conflicto. El paciente que no está satisfecho con la prestación desarrollada por un profesional o que no puede llegar a un acuerdo con él terminará solucionando la discrepancia por la vía del cambio de médico[54].

Para grupos de conflictos que pudieran caracterizarse como típicos puede la norma contener regulaciones específicas. Así, por ejemplo, para el caso de que un paciente no acepte el tratamiento prescrito se establece la propuesta de la firma del alta voluntaria, con la posibilidad de disponer unilateralmente, en circunstancias determinadas, el alta forzosa (art. 21.1 Ley 41/2002). En el supuesto de que un paciente no acepte el alta, la dirección del centro, previa comprobación del informe clínico, concederá audiencia al interesado y, si éste persiste en su negativa, se pondrán los hechos en conocimiento del juez para que éste confirme o revoque la decisión (art. 21.2 Ley 41/2002).

---

53. *Vid., supra*, 1.
54. SIMONS, *Verfahren...*, pp. 553-554 (nota 13).

IX. OBLIGACIONES DE COOPERACIÓN DEL DESTINATARIO DE LA PRESTACIÓN

SE ha hablado hasta ahora de *derechos* del destinatario a la «conformación cooperativa» del desarrollo del procedimiento de la prestación y de la concreción de su contenido (libertad de elección de médico, principio del consentimiento), así como de *obligaciones* que ha de cumplir por la Administración la «persona prestadora» (obligaciones de informar del médico). El ordenamiento jurídico también conoce, sin embargo, ciertos tipos de *obligaciones de cooperación del destinatario* de la prestación con el tratamiento médico.

Se trata técnicamente de *cargas* de colaboración que se imponen al ciudadano, cuyo incumplimiento se sanciona vinculando al mismo la pérdida total o parcial del derecho a otras prestaciones sociales. La carga actúa, pues, como una coacción indirecta[55] –no se ejecuta forzosamente ninguna medida que se refiera *directamente* al tratamiento médico– que dirige en un sentido cooperativo la conducta del destinatario de la prestación sanitaria.

El derecho al subsidio por incapacidad temporal puede ser suspendido, por ejemplo, cuando el beneficiario, sin causa razonable, rechace o abandone el tratamiento que le fuera indicado (art. 132.2 del Texto Refundido de la Ley General de la Seguridad Social). Y el derecho a ese mismo subsidio se extingue por la incomparecencia injustificada del beneficiario a cualquiera de las convocatorias para los exámenes y reconocimientos establecidos por los médicos habilitados (art. 131 bis del mismo texto legal).

Todavía está formalmente vigente el art. 102 del Texto Refundido de la Ley General de la Seguridad Social de 1974[56], que impone al

---

55. Simons, *Verfahren...*, pp. 551-552 (nota 13).

56. *Vid.* la disposición derogatoria única del Real Decreto Legislativo 1/1994, de 20 de junio, por el que se aprueba el vigente Texto Refundido de la Ley General de la Seguridad Social, que no deroga el precepto citado del Texto Refundido de 1974.

beneficiario de la asistencia sanitaria la obligación de «observar las prescripciones de los facultativos que le asisten». «Cuando sin causa razonable *rechace* o *abandone* el tratamiento que le fuere indicado podrá ser sancionado con la suspensión del derecho al subsidio que pudiera corresponderle o, en su día, con la pérdida o suspensión de las prestaciones por invalidez».

Una regulación de tan amplio alcance parece que puede entrar, en algunos casos, en colisión con el derecho a la autodeterminación que está detrás del derecho al «consentimiento informado», aunque no sea por la vía directa de que se someta forzosamente al paciente a un tratamiento que rechaza, sino por la indirecta de que si el paciente no se somete al mismo pierde otros derechos sociales. La situación de tensión que, sin duda, existe entre estas obligaciones de cooperación y el principio del consentimiento se soluciona en parte cuando se considera que este derecho a la autodeterminación, cuando su eficacia se proyecta –más allá del derecho a la propia integridad corporal– sobre prestaciones que gravan el erario público y los sistemas de solidaridad colectiva, no puede tener como contenido la arbitraria libertad de rechazar tratamientos sin justificación alguna.

X. RECAPITULACIÓN

Dos sucintas conclusiones sirven como colofón a este trabajo.

La primera destaca el valor de la construcción sistemática para la tarea de explicar e interpretar el Derecho positivo. Y es que las ideas directivas contenidas en el concepto de procedimiento administrativo (reconducción a la unidad de una multitud de contactos para la consecución de un fin, garantías para la neutralización del desequilibrio entre las partes, obtención y tratamiento de la información para decidir correctamente, etc.) son posiblemente el contexto teórico más adecuado para interpretar la regulación de detalle de la prestación de asistencia sanitaria.

La segunda se fija en la dirección inversa: el Derecho positivo regulador de la prestación de asistencia sanitaria aporta un útil material para la labor intelectual de construir un concepto de procedimiento administrativo más adecuado que el tradicional a la actividad administrativa del moderno Estado social.

CAPÍTULO VII

LOS PROCEDIMIENTOS DE ELABORACIÓN DE REGLAMENTOS Y DISPOSICIONES ADMINISTRATIVAS EN EE.UU.

Peter L. Strauss*

* Catedrático de Derecho Administrativo, Universidad de Columbia, Nueva York.

ÍNDICE

PRIMERA PARTE

NOTA INTRODUCTORIA*

Los procedimientos administrativos de elaboración de disposiciones reglamentarias y administrativas (*rulemaking*)** se utilizan para una multiforme variedad de supuestos: para el establecimiento de las tasas de los servicios públicos; la elaboración de normas de obligado cumplimiento para todos los operadores de un determinado sector; o la publicación de documentos o declaraciones de carácter no vinculante, a modo de recomendación o guía de una concreta política pública, con el propósito de generar un mayor grado de consenso y de eficacia en el cumplimiento de los objetivos[1]. La definición que contiene la Ley federal de Procedimiento Administrativo norteamericana (en adelante, APA) de «norma» o «regla» cuya producción está sujeta a esta clase de procedimientos comprende desde luego esos casos[2]. Los artículos 552 y 553 APA regulan esta actividad administrativa (art. 5 del Código de Estados Unidos o U.S.C.), que ha sido calificada por un

---

* Esta introducción constituye un extracto del libro *Administrative Justice in the United States*, 2ª edición, 2003, publicado en Carolina Academic Press of Durham, North Carolina, pp. 219 y ss., del Profesor Peter L. Strauss. El editor agradece al autor su autorización para traducir y publicar el presente *resumen*, para la mejor comprensión del sistema norteamericano y de las reflexiones que contiene el capítulo del mismo autor en la presente obra. Traducción de Javier Barnes.

** «Rule» (regla) es un término legal mucho más amplio que el de «reglamento». «Rulemaking» hace referencia, pues, tanto a la elaboración de normas jurídicas de carácter imperativo, cuanto a otros instrumentos no vinculantes (reglas interpretativas, recomendaciones, manuales, criterios técnicos, recomendaciones, declaraciones, etc.). Aquí se traduce como elaboración de reglamentos y disposiciones. Sobre el tema, véase asimismo la segunda parte de este capítulo («Cuestiones contemporáneas sobre la elaboración de normas reglamentarias y disposiciones administrativas en los Estados Unidos»).

1. También el procedimiento administrativo que tiene por objeto el dictado de una resolución singular, que queda ahora fuera de nuestra consideración, comprende un amplio abanico de supuestos.

2. Es decir, tasas, reglamentos, «soft law». Véase *supra* la nota (**).

eminente académico como «una de las grandes invenciones del gobierno moderno[3]». Esos preceptos reflejan la diversidad de supuestos y establecen en correspondencia tres modelos procedimentales distintos: uno basado en la mera publicación («publication model») para la formulación de reglas interpretativas, guías, directrices, etc., y otras formas de Derecho blando; otro que se sustenta en el anuncio de la iniciativa de elaborar un proyecto de norma reglamentaria y en las alegaciones que realicen los participantes («notice and comment model»); y, finalmente, un modelo más solemne, estructurado en torno a una audiencia formal («hearing model»), para la aprobación por ejemplo de las tasas de determinados servicios públicos. Salvo en los casos en que se encuentren implicadas cuestiones militares, materias relacionadas con la política exterior o con los bienes del gobierno, estos modelos se aplican en la elaboración de toda clase de disposiciones administrativas y reglamentos.

LOS MODELOS DE ELABORACIÓN DE DISPOSICIONES ADMINISTRATIVAS Y REGLAMENTARIAS DE LA LEY DE PROCEDIMIENTO ADMINISTRATIVO NORTEAMERICANA (APA)

a) EL MODELO DE ELABORACIÓN DE DISPOSICIONES REGLAMENTARIAS BASADO EN EL ANUNCIO DEL PROYECTO Y EN ALEGACIONES

Parece útil comenzar con el modelo más básico e importante en la práctica, conocido también como procedimiento «informal». Se trata del modelo que ha venido en llamarse abreviadamente de «anuncio y de alegaciones». Este es el procedimiento al que de ordinario se hace referencia cuando se habla en EE.UU. del procedimiento de elaboración de reglamentos. La Ley se limita a establecer unos criterios míni-

---

3. K.C. DAVIS, *vid.* p. 520 del libro de P. L Strauss.

mos para que la norma adquiera, si resulta válida, la fuerza y el efecto de una ley material[4]. Las normas reglamentarias emanadas a través de esos procedimientos, denominadas a veces normas «sustantivas» o «legislativas», constituyen la mayor parte de las disposiciones que se publican en el Código de Reglamentos Federales[5].

Ha de notarse que el contenido de los reglamentos sólo puede modificarse si se sigue el mismo procedimiento que para su elaboración, del mismo modo que acontece con la ley formal.

El Tribunal Supremo ha reiterado[6] la necesidad de que el Congreso delegue de forma explícita esa autoridad o potestad legislativa en favor de la agencia para que el reglamento sea válido. Con todo, la jurisprudencia admite que las delegaciones legislativas se lleven a cabo en términos muy amplios o genéricos[7].

El procedimiento de elaboración de reglamentos es el que más modificaciones y reformas ha experimentado desde su creación. Aunque la Ley, originariamente, lo concibió con una cierta simplicidad, en la actualidad, sin embargo, ha adquirido una notable complejidad, como consecuencia de las muchas reformas y exigencias sobrevenidas a lo largo del tiempo, bien por obra de la Ley de la Libertad de Información (FOIA), de indudable trascendencia, o bien a resultas de una jurisprudencia notablemente alejada de los designios iniciales de la APA. A lo que cabe añadir los múltiples elementos procedimentales introducidos en ulteriores iniciativas legislativas y presidenciales, tales como la publicación semestral de las agendas regulatorias de las agencias, y una pluralidad de evaluaciones de impacto a los que han de someterse los proyectos de reglamentos a lo largo del procedimiento. Se ha pasado, pues, de una regulación legal sencilla y escasamente for-

---

4. Véase la segunda parte de este capítulo.

5. Las referencias al reglamento («regulation») en estos dos capítulos se entienden hechas a esta a clase de normas con efectos vinculantes para todos los actores, sean públicos (agencias, tribunales), o privados, producidas, en efecto, a través de esta especie de procedimiento.

6. Chrysler Corp. v. Brown, 441 U.S. 281 (1979).

7. National Petroleum Refiners Assn. v. Federal Trade Comm., 482 F.2d 672 (D.C. Cir. 1973), cert. denied 415 U.S. 951 (1974).

malizada a un régimen mucho más complejo[8]. Con todo, tiene pleno sentido comenzar por describir, siquiera sea brevemente, el diseño *legal* de este procedimiento, pues sólo así podrá comprenderse en su justa medida lo que hay de continuidad y de cambio sustancial en la práctica contemporánea.

El procedimiento de elaboración de normas reglamentarias basado en el sistema de anuncio de la regla proyectada y en las alegaciones del público se regula en el art. 553 APA[9]. Se inicia el procedimiento con la publicación de la propuesta de reglamento en el Registro Federal, el diario oficial del Gobierno federal. Esta publicación puede producirse en un período ya muy avanzado de la gestación interna de sus líneas generales. Por ello, algunas de las reformas más recientes han exigido que ese anuncio vaya precedido cuando menos de la publicación de una breve noticia de la actividad normativa proyectada, en la denominada «Agenda Unificada de Reglamentos Federales[10]», que tiene carácter semestral. El anuncio abre un período que oscila entre treinta y sesenta días, durante el cual toda persona interesada puede alegar por escrito lo que tenga por conveniente («datos, opiniones o argumentos») ante la agencia responsable. Por su parte, la agencia puede ofrecer nuevas oportunidades de participación al público mucho más elaboradas, bien por medio de audiencias orales (asimiladas de ordinario a las propias del proceso legislativo, más que a las de carácter judicial); o bien de comentarios y alegaciones más profundos y sistemáticos; o de la apertura de una segunda ronda.

La agencia ha de considerar todo el «material relevante» presentado a lo largo del procedimiento y publicar a continuación una breve declaración general sobre los fundamentos y los objetivos que se pretenden, con la norma que decide adoptar[11]. El art. 553 dispone que, de

---

8. *Vid.* P. L. STRAUSS, «From Expertise to Politics: The Transformation of American Rulemaking», 31 Wake Forest L. Rev. 745 (1996); P. L. STRAUSS, «Changing Times: The APA at 50», 63 U. Chi. L. Rev. 1389 (1996). Asimismo, la segunda parte de este capítulo.

9. Una traducción del precepto legal se recoge en la segunda parte de este capítulo (nota 42).

10. Unified Agenda of Federal Regulations.

11. 5 U.S.C. § 553(c).

no concurrir una especial justificación, el reglamento no puede entrar en vigor antes de los treinta días.

Por encima de cualquier otra consideración, la característica más relevante de este procedimiento del art. 553 reside justamente en su informalidad. La Ley define en términos un tanto genéricos en qué ha de consistir ese anuncio. Más allá de algunos detalles de procedimiento, como los que se refieren al plazo para presentar alegaciones, o al ejercicio de la potestad reglamentaria otorgada, la Ley tan sólo dispone que se publiquen, *bien* los términos, *o* la sustancia del reglamento proyectado, *o bien* la descripción de los temas o cuestiones que se encuentran implicados[12]. El anuncio mismo no ha de producirse, de acuerdo con la regulación originaria, hasta un momento ya avanzado de la elaboración de la norma, como se ha notado. Y si la participación se limita a una simple ronda de alegaciones dentro un plazo común para todos, no hay espacio para la réplica o la discusión sobre los datos, opiniones o argumentos presentados por los demás participantes. Tampoco se encuentran aquí las garantías propias de procedimientos más formalizados cuyo objeto es la aprobación de resoluciones singulares que afectan directamente a derechos individuales («formal adjudication»), como las que se refieren a la formación o instrucción de expediente, la propuesta de resolución, y la separación entre el órgano proponente y el órgano que resuelve.

Por último, la Ley regula de un modo mucho más relajado que en los procedimientos formales la obligación de explicar y motivar la decisión que finalmente se adopta. La agencia sólo ha de publicar, siempre según la Ley, una «genérica y concisa declaración» sobre los fundamentos y los objetivos del reglamento, expresión ésta, desde luego corroborada por la práctica desde la misma entrada en vigor de la Ley de Procedimiento o *APA*, que en inglés puede ser entendida sencillamente como un breve resumen[13].

---

12. 5 U.S.C. § 553(b).

13. La evolución de este régimen es tratada en la segunda parte de este capítulo.

b) El modelo de elaboración de disposiciones administrativas basado en la publicación[14]

Cuando una agencia o alguno de sus departamentos pretende aprobar reglas interpretativas, declaraciones generales sobre una determinada política pública, reglas sobre la organización de la agencia, procedimiento o práctica, no ha de seguirse en principio el procedimiento de anuncio y de alegaciones al que se acaba de hacer referencia (art. 553). Ello no obstante, las normas de creación de la agencia podrían disponer que la aprobación de tales instrumentos se someta al procedimiento de elaboración de reglamentos.

Ha de tenerse en cuenta que esos y otros documentos, como los manuales, las guías y directrices que elabora el personal al servicio de la agencia, se consideran como declaraciones que sirven para explicitar su posición en asuntos que son de su competencia. Sin embargo, a diferencia de lo que ocurre con los reglamentos, no poseen el efecto jurídico vinculante propio de las leyes. Desde las reformas introducidas por la Ley de la Libertad de Información de 1966, el art. 552(a)(2) de la APA[15] dispone que las decisiones definitivas adoptadas en procedimientos singulares, las opiniones, las declaraciones políticas, las interpretaciones, los manuales del *staff* o las instrucciones que afecten al público pueden ser consideradas, utilizadas e invocadas como precedente por parte de agencia frente a terceros, siempre que hayan sido oportunamente *publicadas*[16]. En consecuencia, sus efectos o consecuencias podrían asimilarse con mayor propiedad a los del precedente judicial. Los órganos y el personal jerárquicamente subordinado se someten a estos instrumentos. Ahora bien, la agencia puede cambiar

---

14. Sobre este tema, véase el núm. III de la segunda parte de este capítulo, en donde se abordan las cuestiones contemporáneas del «soft law», cuya aprobación ha de seguir, en principio, el presente procedimiento administrativo.

15. De acuerdo con este precepto, toda agencia habrá de poner a disposición del público esos instrumentos, de acuerdo con reglas de publicidad previamente establecidas.

16. Sobre estas cuestiones, *vid.* P. L. STRAUSS, «The Rulemaking Continuum», 41 Duke L. J. 1463 (1992) and P. L. STRAUSS, «Publication Rules in the Rulemaking Spectrum: Assuring Proper Respect for an Essential Element», 53 Admin. L. Rev. 803 (2001).

las reglas que ha publicado con la misma informalidad con las que las crea[17]. Tanto para la agencia misma como para los tribunales, son las leyes y los reglamentos la única fuente de las obligaciones legales. Los tribunales consideran las opiniones de la agencia como una interpretación que sirve para dar peso y sentido a las conclusiones respecto de los problemas legales implicados[18]. Desde esta perspectiva, pues, la publicación de una regla puede desde luego tener un impacto significativo para la posición que adopte la agencia en el futuro y también de cara a la carga argumental que habrá de levantar si desea variar su interpretación, pero para el mundo exterior la validez de una regla publicada no se constituye en fuente de obligaciones legales.

Las reglas interpretativas y otros instrumentos análogos se ocupan con frecuencia de cuestiones técnicas de detalle. Y en contra de lo que pudiera pensarse, la dirección de la agencia presta mucha atención a esta clase de disposiciones. Suponen además un volumen de documentación y actividad reguladora muy superior al que representan las normas jurídicas.

Entre otros ejemplos, podrían citarse las opiniones de algunos departamentos o agencias (*Internal Revenue Service*, por ejemplo) sobre el significado del Derecho fiscal; o los estándares de la Comisión de Regulación Nuclear (*Nuclear Regulatory Commission*) en los que se informa a los solicitantes de licencias sobre cómo cumplir los requisitos técnicos legalmente establecidos; o los manuales del personal del Departamento de Interior sobre los procedimientos que han de seguirse para cumplir con determinadas tareas; etc. De ordinario, son elaborados por el personal técnico, antes que por la dirección política de la agencia, que es, sin embargo, según opinión dominante, la única autorizada para establecer reglas. Estos documentos se encuentran a disposición de todos en Internet. En virtud de la reforma legal de 1996 de la Ley de Libertad de Información Electrónica (*FOIA*), las agencias deben mantener una «habitación electrónica» a disposición del público para la lectura de sus documentos y disposiciones. «Habitación electrónica»

---

17. United States v. Mead Corp., 533 U.S. 218 (2001).

18. Id.; Pacific Gas & Electric Co. v. Federal Power Comm., 506 F.2d 33 (D.C. Cir. 1974); Skidmore v. Swift & Co., 323 U.S. 134 (1944).

que, por cierto, resulta mucho más eficaz que las habitaciones físicas que antes de esa reforma se ponían a disposición del ciudadano que deseaba consultar los documentos de la agencia, tal como preveía el art. 552 APA. El resultado es que las colecciones de documentos, un tanto oscuras y especializadas, que tenía cada agencia son ahora fácilmente accesibles, en cómodos formatos de lectura y búsqueda[19].

Aun cuando carezcan de la fuerza legal propia de los reglamentos, estas opiniones e interpretaciones juegan un papel muy importante en la práctica. De un lado, condicionan y determinan la conducta y las acciones de los sujetos públicos y privados del sector de que se trate, de un modo que no consiguen los tribunales. De otro, pueden influir en la legislación y en la jurisprudencia, con la *auctoritas* o la fuerza persuasiva que les da el hecho de haber sido elaboradas en el seno de una agencia competente e integrada por expertos[20]. Las agencias recurren a estos instrumentos justamente para dirigir y determinar la acción de los sujetos privados, evitando así, en esa misma medida, acudir a normas vinculantes y técnicas de ejecución forzosa. Por esta razón, se recomiendan vivamente los procedimientos de consulta y asesoramiento para su elaboración[21]. En la práctica se utilizan con frecuencia. Y en ocasiones es la propia ley la que demanda su utilización.

Se sospecha que se ha producido una cierta huida del procedimiento administrativo de elaboración de reglamentos, a resultas de la sobrevenida complejidad que ha adquirido con el correr del tiempo. Y que, por ello, las agencias han podido verse tentadas a usar el procedimiento de elaboración de disposiciones basado en el modelo de la *publicación* como sustitutivo de aquél. A esa conclusión han llegado en ocasiones los tribunales de apelación[22].

---

19. Véase, por ejemplo, la «habitación de lectura» de E-FOIA de la National Highway Transportation and Safety Administration, http://www.nhtsa.dot.gov/nhtsa/whatsup/foia/index.html, o las opiniones de su Consejo General interpretando su propia regulación en http://www.nhtsa.dot.gov/cars/rules/interps/.

20. United States v. Mead Corp., 533 U.S. 218 (2001).

21. La agencia intenta a través de estos procedimientos que el público se implique. Véanse como ejemplo las «good guidance practices» de la FDA (US Food and Drug Administration).

22. Sobre el tema se abunda en la segunda parte de este capítulo.

La agencia ha de seguir el procedimiento de publicación si quiere que su interpretación u opinión sea conocida y goce de una cierta deferencia o margen de apreciación ante los tribunales. Algo obvio, por otra parte, si se pretende que esa posición tenga una mínima visibilidad e influencia.

Además de *publicar* las interpretaciones y las directrices de las políticas emprendidas, la agencia ha de garantizar el derecho de los interesados a solicitar la notificación, modificación o revocación de una regla[23], incluidas desde luego las reglas interpretativas e instrumentos análogos de los que aquí nos hemos ocupado.

c) El procedimiento formal de elaboración de normas y disposiciones

Algunas leyes sectoriales han dispuesto que la agencia elabore las reglas o normas sobre la sola base de la información obtenida en el seno del procedimiento y después de haber evacuado el trámite formal de audiencia[24]. En esos casos, se sustituyen los trámites del procedimiento informal antes descrito, para la elaboración de reglamentos (de anuncio y alegaciones), por otros más solemnes. Así, se reemplaza la fase de alegaciones y el trámite de justificación de la regla proyectada (con la breve indicación de su fundamento y objetivos) por una *audiencia formal*, semejante a la que ha de darse en los procedimientos autorizatorios (para el otorgamiento de licencias provisionales). La restricción que supone decidir y resolver con base en la información recabada a lo largo del procedimiento no se aplica a todos los supuestos, sino sólo a aquéllos en los que es necesario aportar pruebas y argumentos[25]. Las conclusiones a que llegue la agencia en un procedimiento de esta natu-

---

23. 5 U.S.C. § 553(e).

24. 5 U.S.C. § 553(c).

25. Las «partes» tienen aquí amplia participación. En realidad, la idea de elaboración de normas o disposiciones, siempre generales, no resulta fácilmente reconciliable con la idea de «partes».

raleza han de ser razonadas y motivadas con la suficiente profundidad y coherencia. Sin embargo, y al igual que sucede con el otorgamiento de licencias provisionales, en esta clase de procedimientos, la audiencia o la separación orgánica entre el instructor y el órgano que resuelve, no se exigen tan estrictamente como en los procedimientos en los que se trata de dictar un acto administrativo singular que puede ser de gravamen («adjudication»). En realidad, y de la misma manera que sucede con las autorizaciones provisionales (que son también resoluciones singulares), el procedimiento formal de elaboración de normas posee una naturaleza mixta: una marcada dimensión individual, que se expresa con el reconocimiento de importantes derechos de participación, de un lado; y una perspectiva policéntrica y no contradictoria, de otro.

La fijación de los precios o las tarifas de los servicios públicos esenciales y de los proveedores de servicios en red ha de seguir esta clase de procedimiento formal. El titular del servicio o de la red tiene derecho a ser oído formalmente en pública audiencia, para hacer valer así su pretensión de obtener un razonable reintegro de las inversiones que haya realizado, derecho éste que, de acuerdo con la jurisprudencia, hunde sus raíces en la propia Constitución[26].

Estos procedimientos formales resultan de muy difícil gestión en la práctica, habida cuenta de la expansividad que poseen los temas que son objetos de regulación y el elevado número de personas que, en consecuencia, desean participar[27]. Por ello, la jurisprudencia se muestra cautelosa a la hora de determinar si una ley requiere que las reglas se elaboren a través de un procedimiento formal. E interpreta en forma muy estricta los términos en que se expresa antes de concluir que resulta exigible[28].

---

26. ICC v. Louisville & Nashville R. Co., 227 U.S. 88 (1913).

27. R. HAMILTON, «Procedures for the Adoption of Rules of General Applicability: The Need for Procedural Innovation in Administrative Rulemaking», 60 Calif. L. Rev. 1276 (1972).

28. De ordinario, la jurisprudencia exige que la ley haya establecido expresamente que la cuestión ha de resolverse en función de lo que obre en el expediente («on the record»), como dato para concluir que no es suficiente el procedimiento informal. *Vid.* United States v. Florida East Coast Railway Co., 410 U.S. 224 (1973).

* * *

Algunas de las cuestiones contemporáneas más relevantes que se suscitan en torno a la elaboración de normas reglamentarias y disposiciones administrativas en los Estados Unidos son analizadas, a continuación, en la parte siguiente*.

---

* Asimismo, para mejor comprender la transformación operada en estos procedimientos administrativos, en particular, en relación con los de elaboración de reglamentos, resulta de sumo interés la remisión al epígrafe «The Transformation of Rulemaking», reproducido en la parte primera del capítulo séptimo, en su versión inglesa.

La traducción de esta segunda parte ha sido realizada por Salvador Rodríguez Artacho e Ignacio Carbajal Iranzo, con la colaboración de Javier Barnes.

CUESTIONES CONTEMPORÁNEAS SOBRE LA ELABORACIÓN DE NORMAS REGLAMENTARIAS Y DISPOSICIONES ADMINISTRATIVAS EN LOS ESTADOS UNIDOS

EL ordenamiento jurídico norteamericano, como la práctica totalidad de los Estados, tiene establecida una jerarquía de textos normativos o instrumentos escritos creados para y/o por el gobierno. Tales instrumentos gozan, de ordinario, de efectos jurídicos vinculantes. Y cuando no es así, no por ello dejan de ejercer una considerable influencia sobre la actividad de los ciudadanos y de las empresas. Dicha jerarquía puede caracterizarse de la siguiente forma:

UNA CONSTITUCIÓN APROBADA POR «EL PUEBLO»

CIENTOS DE LEYES APROBADAS POR UN CONGRESO ELEGIDO DEMOCRÁTICAMENTE

MILES DE REGLAMENTOS APROBADOS POR LOS CARGOS DEL EJECUTIVO, RESPONSABLES EN TÉRMINOS POLÍTICOS

Decenas de miles de instrumentos o documentos interpretativos y directrices (recomendaciones, guías, etc.) aprobados por los órganos administrativos competentes

Un sin número de cartas o escritos con recomendaciones y asesoramiento, notas de prensa, y otras declaraciones generadas por funcionarios individuales

* * *

El presente capítulo analiza algunas de las más relevantes cuestiones contemporáneas que presenta el Derecho norteamericano en lo que respecta al tercer y cuarto nivel. El tercer escalón, se refiere a los reglamentos y constituye lo que se denomina «hard law» («Derecho duro»), o, lo que es lo mismo, una norma jurídicamente vinculante, que resulta legalmente exigible a todos los actores, públicos y privados, incluida la propia Administración o agencia que la haya aprobado. Este nivel equivale, en el contexto europeo, a las normas reglamentarias, integradas plenamente en el ordenamiento jurídico. El cuarto nivel comprende guías y documentos interpretativos y consiste en lo que se denomina «*soft law*» o «Derecho blando» (o Derecho indicativo). Su objeto consiste en suscitar o generar adhesión, aun cuando no resulte formalmente exigible su cumplimiento a los sujetos privados, ni sea vinculante para la propia Administración. El quinto nivel, en el que se integran diversos tipos de actos de funcionarios, carece de toda relevancia jurídica en los Estados Unidos (si bien puede afectar a decisiones individuales de los administrados) y no será objeto del presente estudio.

La Ley federal de Procedimiento Administrativo (*Administrative Procedure Act*, APA)[1], que conforma el marco básico general del Derecho Administrativo norteamericano, define como «reglas» o «normas» («rules») los textos que se encuentran en los niveles tercero y cuarto*. En este artículo nos referiremos a las reglas («rules») del tercer nivel como «normas reglamentarias» o reglamentos y a las reglas (también «rules») del cuarto nivel como «criterios interpretativos», «directrices» o «soft law» (Derecho blando). Por «procedimiento de elaboración» de esas reglas («rulemaking») hacemos referencia, pues, a los procedimientos administrativos que han de seguirse para aprobar cada una de esas clases de instrumentos o productos: normas jurídicas de carácter imperativo e instrumentos no vinculantes.

Para profundizar en las cuestiones que aquí se suscitan se invita al lector a consultar los siguientes textos: *A Guide to Federal Rulemaking* de Jeffery Lubbers[2], *How Government Agencies Write Law and Make Policy* de Cornelius Kerwin[3], y *Administrative Justice in the United States*, del autor del presente artículo[4]. Extraído de este último trabajo citado, se publica en la presente obra colectiva un resumen que sirve de marco e introducción general a la Ley y a las distintas clases de procedimiento de elaboración de disposiciones administrativas y reglamentarias, al que en primer término nos remitimos.

La estructura interna del presente capítulo se divide en tres partes. La primera alude a cuestiones generales de carácter básico relacionadas con las institu-

---

1. 5 U.S.C. 551 y ss.

* *Vid.* la introducción general del propio autor en la parte primera de este capítulo.

2. Amer. Bar Ass'n, 2006.

3. CQ Press, 2003.

4. Carolina Academic Press, 2002.

ciones y el Derecho Público estadounidense, para tener la perspectiva adecuada. La segunda y la tercera parte tratan sobre cuestiones de actualidad relacionadas con las normas reglamentarias (Derecho duro) y con las reglas interpretativas (Derecho blando), respectivamente.

I. EL PRESIDENTE, EL CONGRESO, Y LAS AGENCIAS ADMINISTRATIVAS DE LOS ESTADOS UNIDOS

La Constitución de los Estados Unidos consagra la completa separación del poder ejecutivo y del poder legislativo de una forma muy distinta a la existente en los sistemas parlamentarios. De acuerdo con la Constitución, el Congreso carece de potestad reglamentaria, aunque le corresponde atribuir por ley las potestades administrativas necesarias en cada caso (como la reglamentaria); aprobar las partidas presupuestarias para financiar la actividad gubernamental; revocar, en su caso, mediante ley las normas reglamentarias aprobadas por la Administración[5]; y controlar de modo informal la actuación de las agencias mediante comisiones parlamentarias de investigación; etc. Los parlamentarios, al igual que cualquier otro ciudadano, pueden intentar influir en el procedimiento normativo mediante la remisión de alegaciones, si bien una vez que se ha reconocido la potestad reglamentaria, el ejercicio de dicha potestad, en términos jurídicos, queda en la esfera competencial del ejecutivo. Por otra parte, la Constitución prohíbe expresamente que los miembros del Congreso ejerzan cargos en el poder ejecutivo. De esta forma, la separación entre el segundo y el tercer nivel de la jerarquía antes esbozada resulta bastante estricta. El Congreso legisla, pero la potestad reglamentaria compete al ejecutivo[6].

---

5. Si una agencia adopta una norma, el Congreso sólo puede derogarla mediante la aprobación de una norma legal. No existe base constitucional para ningún otro tipo de procedimiento de supervisión normativa.

6. Los Tribunales Federales también pueden crear reglas, pero sólo en relación con cuestiones de procedimiento, prueba y otras materias accesorias, que en ningún caso regulan directamente la conducta de los ciudadanos.

En los sistemas parlamentarios se distingue entre controles «políticos» y «administrativos» (o burocráticos). Se suele adscribir el control «político» al parlamento, y el «administrativo» a los actores del poder ejecutivo, que se conciben a sí mismos como entes técnicos antes que políticos. Ello resulta natural en un sistema donde existe una dependencia recíproca entre el mandato ministerial y el legislativo, y en donde sólo se elige al legislativo (aun cuando pueda conocerse de antemano la persona o personas que, en el caso de obtener el apoyo parlamentario suficiente, asumirán las responsabilidades gubernamentales). Además, en los sistemas parlamentarios el Gobierno suele tener naturaleza colegiada; un «primer» ministro no es más que eso –un *primus inter pares*–, cuya acción de gobierno depende del consenso permanente entre los Ministros y los miembros de las Cámaras legislativas que han dado su confianza al ejecutivo y de cuyo apoyo depende su continuidad.

Esa forma de dependencia recíproca del legislativo y del ejecutivo, y el mismo carácter colegiado del ejecutivo, no se dan en los Estados Unidos. El Presidente de los Estados Unidos, de un lado, y los miembros del Congreso, de otro, se eligen de forma separada y para un período fijo y distinto. Estos mandatos –dos años para la Cámara de Representantes, seis años para el Senado, cuatro años para la Presidencia– no coinciden y es inusual que terminen anticipadamente, pues el Gobierno no dimite como consecuencia de la pérdida de un voto de confianza. El Presidente ostenta en solitario el único cargo ejecutivo de elección directa[7]. Aun cuando el nombramiento presidencial de los altos cargos (departamentos ministeriales y agencias) requiere la aprobación del Senado, lo cierto es que, una vez elegidos, responden únicamente ante el Presidente. Con la excepción del complejo procedimiento de «impeachment», el Congreso no puede cesar a ningún cargo del poder ejecutivo, desde el Presidente hasta los niveles más bajos. Aunque el cese no requiere la aprobación del Senado, la realidad

---

7. El Vicepresidente es también elegido, pero carece de funciones claramente determinadas más allá de la asunción de la presidencia en caso de ausencia del Presidente. No se le elige separadamente, sino de modo conjunto con el Presidente.

política ofrece, sin embargo, una cierta protección, habida cuenta que el Presidente sabe bien que debe contar con la aprobación del Senado para nombrar al sucesor de un alto cargo cesante. Y, al mismo tiempo, cualquier miembro del Gobierno o de la dirección de las agencias es consciente de que se mantiene en el cargo porque goza de la confianza del Presidente y de que puede, en principio, ser destituido en cualquier momento y por cualquier razón, sin que quepa recurso alguno[8]. El resultado de todo ello es que el control que ejerce el ejecutivo sobre la acción administrativa –incluida por tanto la potestad reglamentaria– tiene una doble naturaleza, «política» y «administrativa».

La consecuencia que se desprende de estas coordenadas es una cierta dificultad en la ubicación del Derecho Administrativo norteamericano, situado como está en una línea intermedia, compleja y evanescente, entre la política y el Derecho. Esta tensión se puso ya de manifiesto en el primer asunto de carácter constitucional resuelto por el Tribunal Supremo: *Marbury contra Madison*, y en el que se reconocería que los tribunales de los Estados Unidos estaban facultados para controlar la constitucionalidad de las leyes[9]. Con esa doctrina, esta famosa Sentencia, redactada por el Magistrado Presidente Marshall, estableció el papel que corresponde a los tribunales de justicia en el entramado constitucional de los Estados Unidos. El Magistrado Presidente trató de distinguir, en aquel célebre caso, entre actos susceptibles de control por los tribunales y aquellos que no lo eran. Así, negó la posibilidad de control jurisdiccional de las *órdenes* del Presidente a sus subordinados. De acuerdo con esa Sentencia, cuando un cargo público:

---

8. En algunas circunstancias tasadas, y muy especialmente en el caso de los organismos reguladores independientes, como la Comisión del Mercado de Valores, el Congreso ha establecido que el director de la agencia sólo puede ser destituido si existe «causa suficiente». Sobre el significado de esta expresión no hay aún jurisprudencia. En cualquier caso, corresponde al Presidente determinar la existencia de la causa, y dicha determinación podrá ser sólo revisada por los tribunales, que probablemente tendrán una cierta deferencia hacia cualquier explicación que sea consistente o creíble. La existencia de la causa no está sujeta, y de hecho, constitucionalmente, no puede estarlo, a la previa ratificación del Congreso.

9. Marbury v. Madison, 5 U.S. (1 Cranch) 137 (1803).

«cumpla con precisión la voluntad del Presidente, se convierte en un mero órgano a través del cual dicha voluntad se transmite. Las acciones de dicho cargo, en cuanto tales, no son susceptibles de control por los tribunales. (...) La jurisdicción de los tribunales consiste exclusivamente en tomar decisiones acerca de los derechos de los ciudadanos, no en controlar cómo el ejecutivo, o los cargos ejecutivos ejercen sus funciones en materias en las que gozan de discrecionalidad. *Este tribunal no puede conocer de asuntos* que, bien por su naturaleza política o en virtud de la Constitución o las leyes, correspondan al ejecutivo»[10],

El cargo público en cuestión en aquel caso era el de Secretario de Estado (o Ministro de Asuntos Exteriores). El juez Marshall pretendía hacer una distinción entre las acciones administrativas que se incardinan en el ámbito de la política exterior del Estado (y son de carácter político), de un lado, y otra clase de actuaciones que en aquel tiempo eran también de su competencia, el otorgamiento de comisiones (y que, por el contrario, carecían de naturaleza política, puesto que el cargo público tenía *ex lege* derecho a tales comisiones).

¿Significa ello entonces que los tribunales americanos carecen de toda competencia para revisar los actos del Gobierno cuando el ejecutivo posee cierta «discrecionalidad»? La respuesta negativa se impone, desde luego. En realidad, pocos expertos describirían hoy las decisiones que adopta la Agencia de Medio Ambiente (*Environmental Protection Agency*, EPA)[11] sobre la calidad del aire, por ejemplo, en los

---

10. Ídem 166,170 (la cursiva es del autor).

11. La EPA es una agencia del ejecutivo que no depende de ningún departamento ministerial. Dirigida por un único Administrador cuyo nombramiento requiere la confirmación del Senado y que depende de la confianza del Presidente, sus competencias son casi exclusivamente reguladoras, y no políticas en el sentido al que hace referencia el Magistrado Presidente Marshall. Los departamentos ministeriales, dirigidos por Secretarios, suelen ejercer competencias reguladoras y políticas. Sus actividades reguladoras están encomendadas a subdivisiones internas, encabezadas por cargos de confianza también política, cuyas funciones son, como las de la EPA, casi enteramente reguladoras. Ejemplo de ello sería la agencia conocida como Administración de Alimentación y Productos Farmacéuticos (FDA, en sus siglas en inglés) dependiente del Departamento de Sanidad y Servicios Humanos; la Administración de Salud e Higiene en el Trabajo (OSHA, en sus siglas en inglés) en el Departamento de Trabajo; y la Administración Federal de Aviación (FAA, en sus siglas en inglés) en el Departamento de Transporte. Los organismos reguladores independientes, como la Comisión del Mercado de Valores

términos en los que lo hizo el Juez Marshall cuando aludía a las resoluciones que tomaba el Secretario de Estado en política exterior. El
Secretario de Estado ejerce la discrecionalidad en el sentido más pleno
de la palabra, que para ser gráficos podríamos escribir con mayúscula:
DISCRECIONALIDAD. En esa sede, se hace referencia a escenarios en
los que no hay Derecho que aplicar y en los que, por consecuencia, las
decisiones «no pueden ser revisadas por tribunal alguno». Este gran
juez en aquel caso no estaba pensando obviamente en esa «discrecionalidad» que el legislador le ha atribuido, por ejemplo, a la Agencia de
Medio Ambiente –la EPA–, para resolver cuestiones en las que se
entremezcla el Derecho y la política. Cuestiones como las que se refieren a la determinación de los estándares de calidad del aire forman
parte del Derecho Administrativo. Y los tribunales pueden revisar esas
determinaciones en concepto de un eventual «ejercicio abusivo de la
discrecionalidad», tal como dispone la Ley federal de Procedimiento
Administrativo (APA)[12]. Justamente, podríamos decir que la efectividad de la tutela judicial para revisar esa clase de decisiones resulta *esencial* para que se pueda justificar la constitucionalidad del sistema; es
una condición *sine qua non*. Se presume que las resoluciones de las
agencias se basan en *juicios objetivos* de la realidad, esto es, en elementos de hecho (como, por ejemplo, el grado de riesgo que representan
para la vida humana ciertas cantidades de ozono en la atmósfera) y no
en una mera manifestación de *voluntad política*. Se considerará que la
delegación es inconstitucional si no existen criterios para que los tribunales puedan valorar la legalidad de las decisiones y actos de las agencias sobre estas materias[13]. Éstas *no* son cuestiones que deban ser deci-

---

(SEC, en sus siglas en inglés), poseen competencias también enteramente reguladoras. Las consideraciones de este artículo, salvo que se diga otra cosa, se aplican a todos los órganos mencionados, EPA, FDA o SEC.

12. 5 U.S.C. § 706 (2) (A).

13. Véase, v. gr., Ethyl Corp. V. EPA, 542 F.2d 1, 68 (D.C. Cir. 1976) (Leventhal, J., a favor)
(«El Congreso está dispuesto a ejercer una delegación amplia de sus poderes legislativos, y los
tribunales han confirmado dicha delegación, puesto que existe un control jurisdiccional para
garantizar que la agencia ejercita sus poderes delegados de acuerdo con los límites establecidos

didas con criterios políticos, o por los políticos, y por lo tanto *pueden* ser controladas por los tribunales. El límite entre la política y el Derecho posee, en consecuencia, una especial relevancia.

¿En qué medida está legitimado entonces el Presidente para fijar objetivos y resultados, función ésta de naturaleza política, cuando su concreta determinación corresponde, por voluntad del Congreso, a agencias administrativas como la EPA? ¿Hasta qué nivel de profundidad pueden introducirse criterios políticos en la agencia? ¿Cuál es el umbral a partir del cual puede decirse que el trabajo del Gobierno se difiere a los funcionarios que, aunque sujetos a la supervisión de la dirección política, actúan ya más con criterios «administrativos» que «políticos»? En las últimas décadas, han surgido dos grandes tendencias en el Derecho Administrativo norteamericano: por una parte, una creciente confianza en los reglamentos para fijar los elementos de detalle (aunque con frecuencia de enorme trascendencia) de la regulación del sector; y, por otra, una más profunda penetración de la política en el aparato de la agencia y un mayor interés por el control político de sus resultados y logros.

Que se haga un uso creciente de los reglamentos no es sino una consecuencia natural de nuestra mayor conciencia acerca de la interdependencia social y del riesgo medioambiental. Al mismo tiempo que la existencia humana ha supuesto un aumento de elementos artificiales de repercusiones desconocidas a largo plazo, nuestra capacidad tecnológica permite identificar y evaluar cada vez mejor los riesgos. El momento de más intensa producción reglamentaria tuvo lugar precisamente en la década de los sesenta y setenta del pasado siglo, cuando se produce la eclosión de la legislación relativa a la salud, la seguridad y la protección del medio ambiente. El siglo XIX, sin embargo, no contaba con los medios e instrumentos para detectar los efectos negativos que se estaban produciendo sobre el calentamiento global, las enfermedades laborales y otros riesgos para la salud. Acaso había otros problemas y riesgos más evidentes e inmediatos de los que ocuparse. La valoración que podamos hacer con el nuevo caudal de conocimientos adquiridos y nuestra mayor sensibilidad hacia el riesgo –por ejemplo, respecto del nivel de ozono en la atmósfera tolerable para la salud– es algo que requiere un grado de detalle y de especialización que no puede transferirse fácilmente a la legislación general. Tal como sugiere el esquema piramidal con el que se abre esta segunda parte del presente capítulo, se espera que sean las asambleas legislativas las que establezcan los criterios generales en la materia, y que cedan a los técnicos, esto es, a la Administración, la determinación en detalle de los niveles adecuados para cada sustancia en particular, como el ozono.

La fuerte separación de las funciones ejecutivas y legislativas en los Estados Unidos (o, dicho de otro modo, la ausencia de responsabilidad política del legislativo respecto de los resultados que se generen con los reglamentos aprobados por las agencias) no hace sino fortalecer la tentación o la tendencia a transferir la regulación al reglamento, lo que cuenta por otra parte con el apoyo de la escuela norteamericana de la «public choice[14]». La única necesidad política que ha de satisfacer el Congreso para gozar de la credibilidad del público por su «acción» consiste en *comparecer* como el órgano que se ha ocupado del problema. En realidad, no necesita hacer tanto como podría para resolver políticamente el problema, pues así puede, si las cosas salen peor de lo previsto, responsabilizar a otros. En consecuencia, algunas de las materias que corresponde resolver en el segundo nivel de la escala jerárquica a la que se ha hecho referencia se difieren al tercer nivel.

---

en la ley»); Skinner v. Mid-Atlantic Pipeline Co., 490 U.S. 212, 218 (1989) («En la medida en que el Congreso establece las directrices que han de seguir las agencias en el ejercicio de sus facultades, y un tribunal pueda, por lo tanto, determinar si la voluntad del Congreso ha sido obedecida, la delegación de la potestad legislativa no vulnera el principio de separación de poderes».

14. La «public choice» constituye una corriente doctrinal y una disciplina académica que tiene por objeto la proyección del razonamiento económico al ámbito de la política. Ha experimentado un enorme auge respecto del análisis del comportamiento del legislativo, y trata de explicar sus decisiones en función de los incentivos que los parlamentarios puedan tener para asegurarse la reelección, así como de los comportamientos que probablemente les van a permitir alcanzar dicho objetivo. Aunque algo escéptico sobre las consecuencias normativas que pudieran derivarse de considerar el mundo de la política como un «mercado», resulta útil como introducción para el contexto norteamericano el texto de DANIEL A. FARBER y PHILLIP P. FRICKLEY, *Law and Public Choice: A Critical Introduction* (University of Chicago Press, 1991). *Vid.* también, DANIEL A. FARBER y PHILLIP P. FRICKLEY, «The Jurisprudence of Public Choice», 65 Tex. L. Rev. 873 (1987).

No se ha encontrado ninguna solución efectiva para corregir este fallo institucional. La respuesta natural sería que la Constitución estableciera un límite a las potestades del Congreso para otorgar poderes al ejecutivo[15]. En teoría, dicha limitación existe, y se conoce con el nombre de «delegación». Las restricciones que cabe derivar de la doctrina de la «delegación» son suficientes para evitar que se otorgue esa *DISCRECIONALIDAD,* con mayúscula, en aquellos ámbitos en los que los tribunales concluirían con seguridad que se hallan en la posición de determinar la legalidad de la acción del ejecutivo, esto es, allí donde puedan concluir que para consentir o tolerar la potestad administrativa otorgada es necesario que exista una ley que aplicar. Por ello, los letrados del Gobierno raramente argumentan que no cabe control jurisdiccional en un sector de la realidad administrativa, sino que tratan de convencer a los tribunales de que la actuación de la agencia es conforme a la legalidad.

Aunque debiera haber, en consecuencia, «criterios inteligibles» y operativos a los que se tenga que sujetar la Administración[16], lo cierto es que el test para determinar su existencia resulta extremadamente permisivo. Casi podría decirse que es suficiente con que el ejecutivo reconozca la necesidad de demostrar la legalidad a la luz de las leyes aplicables[17]. Los tribunales se ven obligados, por ello, a trabajar muy

---

15. La Constitución norteamericana no define el concepto de gobierno de los Estados Unidos, pues sólo alude a las tres ramas del poder: el Congreso, el Presidente y el Tribunal Supremo. La definición de todo lo demás, como los departamentos ministeriales, los tribunales inferiores, las agencias independientes, e incluso las dimensiones concretas del Tribunal Supremo, corresponde a la Ley aprobada por el Congreso, de acuerdo con su facultad general de aprobar leyes «necesarias y apropiadas» para cumplir con los fines fijados por la Constitución. U.S. Const. Art. I Pár. 8. *Vid.* PETER L. STRAUSS, «The Place of Agencies in Government: Separation of Powers and the Fourth Branch», 84 Colum. L. Rev. 573 (1984).

16. *J.W. Hampton, Jr., & Co. v. Estados Unidos*, 276 U.S. 394, 409 (1928) («Si el Congreso establece por ley un criterio inteligible que deba conformar la actuación de la persona u órgano encargado de fijar los criterios, dicha disposición legal no constituye una delegación prohibida del poder legislativo»).

17. En el caso *Estado de Dakota del Sur v. Departamento del Interior de los Estados Unidos*, 69 F. 3d 878 (8º Cir. 1995), el Gobierno argumentó ante el tribunal de apelación del Octavo Distrito que el tribunal era incompetente para revisar una resolución del Secretario del Interior en un asunto sobre la concesión de un permiso a una tribu india para realizar en su reserva

duro para resolver *ese* problema a base de interpretación, en lugar de afirmar que el Congreso no ha legislado suficientemente. Los tribunales han lamentado la inexistencia de un criterio o estándar que sea manejable judicialmente para poder identificar cuándo nos encontramos ante la ausencia de base legislativa suficiente[18]. Los jueces tratan de identificar un «criterio inteligible» que sirva para medir la validez de la delegación legislativa de la actividad reglamentaria en favor de la agencia, que en consecuencia permita ulteriormente valorar la legalidad de la actuación de la agencia. Con todo, la jurisprudencia admite una amplia discrecionalidad en relación con temas para los que los tribunales carecen de conocimientos técnicos y especializados (por ejemplo, las consecuencias para la salud o para el medio ambiente de determinadas concentraciones de ozono).

Así, la regulación del sector que deriva de este proceso implica una valoración que a un tiempo:

- genera importantes consecuencias sociales (la elección de un nivel de ozono en lugar de otro puede tener importantes efectos económicos y de otro tipo en varios sectores sociales);

---

actividades de juegos y apuestas, puesto que la ley en la que se basaba la resolución otorgaba *DISCRECIONALIDAD* al Secretario; y ninguna ley era de aplicación al caso. *Id.* en 881. Asombrado, el tribunal consideró que la ley suponía una delegación contraria a Derecho. *Id.* en 885. El caso llegó al Tribunal Supremo y, mientras que estaba pendiente de examen, los abogados del Gobierno informaron al Tribunal que el Secretario había llegado a la conclusión de que existía una norma legal a la que debía conformarse la resolución, por lo que el Tribunal *a quo* podía revisar la legalidad de la resolución recurrida. Sin entrar en el fondo del asunto, el Tribunal Supremo anuló la sentencia del tribunal del Octavo Distrito y le devolvió el asunto para que procediera a revisar la resolución, al no existir ya impedimentos legales para ello. Dept. Of Interior v. South Dakota, 519 U.S. 919 (1996).

18. *Vid.*, v. gr. Whitman v. Amer. Trucking, 531 U.S. 457, 474-75 (donde se cita a Mistretta v. Estados Unidos, 488 U.S. 361, 416 (1989) (Scalia, J, en desacuerdo) («Casi nunca nos hemos considerado competentes para deducir la voluntad del Congreso en lo que se refiere al grado de tolerancia respecto de juicios políticos que pueden realizar aquéllos que están encargados de la ejecución o aplicación del derecho.»); Mistretta, 488 U.S. en 415 (Scalia, J., en desacuerdo) (se afirmó que «la doctrina de la delegación inconstitucional [...] no es susceptible de ser aplicable sin más por los tribunales»).

- se presenta con un carácter objetivo –puesto que es fruto de la determinación de los expertos–, cuando lo cierto es que no existe una única solución «correcta», y que por ello son necesarias muchas valoraciones científicas;
- es susceptible de control judicial en una limitada medida;
- no resulta atribuible políticamente al Congreso o al partido político que en aquel momento representara el equilibrio del poder;
- y, sin embargo, podría atribuirse al Presidente, en la medida en que, aun realizada por una agencia integrada por expertos (en el ejemplo, la de Medio Ambiente, o EPA), ha nombrado a su director y tiene sus propias prioridades sobre las cuestiones a regular.

Por ello, se entiende fácilmente que con el paso del tiempo y a medida que los reglamentos adquirían una mayor relevancia los Presidentes hayan pretendido ponerlos bajo su control político. Han tratado de introducir criterios políticos y su propia voluntad en supuestos en los que se presume que el ejercicio de tal autoridad corresponde a la agencia porque se trata de una resolución racional basada en una valoración técnica.

En su expresión más extrema, consecuencia de la popularidad que en los últimos años ha acompañado a la Administración del Presidente George W. Bush, se ha llegado a sostener que mediante la creación de un ejecutivo único y «unitario», la Constitución permite al Presidente decidir en última instancia sobre cualquier materia que el Congreso le haya encargado a una agencia dependiente del ejecutivo[19]. He tratado este asunto extensamente en otro lugar[20], pero puede ser útil recordar aquí algunos elementos de dicho análisis con el objeto de perfilar el tema:

---

19. Las obras más significativas en defensa de cada una de las tesis son las siguientes: en favor de que la Constitución confiere al Presidente potestad decisoria: *vid.*, por ejemplo, STEVEN G. CALABRESI y SAIKRISHNA B. PRAKASH, «The President's Power to Execute the Laws», 104 Yale L. J. 541, 549-50 (1994); CHRISTOPHER S. YOO, STEVEN G., CALABRESI y ANTHONY J. COLANGELO, «The Unitary Executive in the Modern Era, 1945-2004», 90 Iowa L. Rev. 601, 730 (2005); tesis de que la Constitución no otorga al Presidente potestad decisoria, pero se debe presumir que el Congreso la confiere, como consecuencia de la realidad de la administración moderna: *vid.*, por ejemplo, ELENA KAGAN, «Presidential Administration», 114 Harv. L. Rev. 2245, 2251 (2001); LAWRENCE LESSIG y CASS R. SUNSTEIN, «The President and the Administration», 94 Colum. L. Rev. 1, 2-3 (1994); y, en favor de que el Presidente sólo tiene facultades de supervisión salvo que cuente con autorización expresa: *vid.*, por ejemplo, CYNTHIA R. FARINA, «The Consent of the

La Constitución es, cuando menos, ambivalente respecto de la cuestión considerada. Por una parte, desde el frontispicio del artículo II se sitúa todo el poder ejecutivo en manos del Presidente, y la convención de Filadelfia en términos claros y categóricos, como es bien sabido, rechazó cualquier forma de organización del ejecutivo en forma colegiada[21].

La doctrina más favorable a un ejecutivo unitario bajo la dirección del Presidente argumenta que cuando el Congreso delega en favor de un órgano concreto del ejecutivo una determinada materia, en realidad lo hace por razones de oportunidad y conveniencia, puesto que en términos constitucionales le corresponde al Presidente[22].

Por otra parte, la Constitución emplea dos veces los términos «deberes» o «poderes» con referencia a otros cargos distintos del Presidente[23]. El artículo II le concede al Presidente tan sólo la facultad de solicitar la opinión por escrito de esos altos cargos en relación al ejercicio por parte de éstos de esos deberes (es decir, el precitado artículo no dice que la facultad consista en ordenar el cumplimiento de los deberes encomendados)[24]. El precepto concluye que el Presidente

Governed: Against Simple Rules for a Complex World», 72 Chi.-Kent L. Rev. 987, 987-89 (2007); KEVIN M. STACK, «The President's Statutory Powers to Administer the Laws», 106 Colum. L. Rev. 263, 267 (2006); PETER L. STRAUSS, «Presidential Rulemaking», 72 Chi.- Kent L. Rev. 965, 984-86 (1997).

20. PETER L. STRAUSS, «Overseer or «The Decider»? The President in Administrative Law», 75 Geo. Wash. L. Rev 695 (2007).

21. *Vid.* PETER L. STRAUSS, «The Place of Agencies in Government: Separation of Powers and the Forth Branch», 84 Colum. L. Rev. 573, 599-602 (1984).

22. *Vid.*, por ejemplo, CALABRESI y PRAKASH, cit.; YOO, CALABRESI y COLANGELO, cit. (nota 19).

23. La Constitución de los Estados Unidos, en su artículo I, párrafo 8, apartado 18, establece que el Congreso tiene facultad «para expedir todas las leyes que sean necesarias y convenientes para llevar a efecto (...) todos los demás poderes que esta Constitución *confiere* al Gobierno de los Estados Unidos *o cualquiera de sus Departamentos* o Funcionarios», y en su artículo II, párrafo 2, apartado 1, dispone que el Presidente «podrá solicitar la Opinión por escrito del Funcionario principal de cada uno de los Departamentos administrativos con relación a cualquier asunto que se relacione con los *Deberes de sus respectivos Empleos.*» (Las cursivas son del autor).

24. Artículo II, párrafo 2, apartado 1 de la Constitución de los Estados Unidos el Presidente «podrá solicitar la Opinión por escrito del Funcionario principal de cada uno de los Departamentos administrativos con relación a cualquier asunto que se relacione con los *Deberes de sus respectivos Empleos.*» (Las cursivas son del autor).

es responsable de que las leyes «se ejecuten debidamente»[25], lo que parece indicar que la ejecución de las mismas puede corresponder a otros. Desde esta perspectiva, tal como algunos *Attorneys General* –máximos asesores jurídicos del Gobierno y jefes del Departamento de Justicia– han afirmado (aunque no existe unanimidad[26]), cuando el Congreso establece mediante ley deberes que han de ser satisfechos por otros cargos, el Presidente está obligado constitucionalmente no sólo a supervisar, sino también a respetar el ejercicio independiente de dichos deberes. Al igual que el Presidente debe respetar el marco legislativo que otorga la competencia sobre los parques nacionales al Departamento de Interior y la de los bosques nacionales al Departamento de Agricultura, el Presidente deberá también, desde esa perspectiva, respetar las competencias ejecutivas atribuidas a la EPA sobre determinados asuntos relacionados con la calidad del aire, sin perjuicio de su facultad general de supervisión, que tendrá naturaleza inevitablemente política.

La diferencia entre la supervisión o control, de un lado, y la toma de decisiones, de otro, puede resultar sutil, sobre todo cuando los acuerdos importantes se toman a puerta cerrada y entre personas de la misma adscripción política, y éstas valoran la lealtad y consideran que el Presidente que les ha seleccionado es

---

25. Artículo II, párrafo 3, apartado 3 de la Constitución de los Estados Unidos.

26. La doctrina suele resaltar las diferencias entre el asesoramiento proporcionado por el *Attorney General* Wirt al Presidente Monroe, por un lado, y el proporcionado por el *Attorney General* Cushing al Presidente Pierce. Wirt afirmó que «[el papel del Presidente consiste en proporcionar] una función de dirección [sobre aquéllos a los que el Congreso ha asignado funciones ejecutivas, puesto que] no ha podido ser nunca la intención de la Constitución (...) que sea el Presidente quien ejecute personalmente las leyes (...). Si el Presidente tuviera que ejercer [una función que corresponde a otro órgano por ley], no solamente no estaría velando por la debida ejecución de las leyes, sino que las estaría incumpliendo». (The President and Accounting Officers, 1 Op. Att'y Gen. 624, 624-25 (1823). Cushing, por otra parte, afirmó que «ningún Jefe de Departamento puede legalmente realizar actos *oficiales* en contra de la voluntad del Presidente, [puesto que de lo contrario, el Congreso tendría competencia para] dividir y trasladar el poder ejecutivo hasta tal punto que subvertiría la acción de Gobierno, si bien la gestión ordinaria del Departamento [es decir, en términos legales, la gestión cuya responsabilidad corresponde a los Departamentos y no al Presidente] puede ser realizada por el Jefe del mismo, sin una dirección o control especial por parte del Presidente» (Relation of the President to the Executive Departments, 7 Op. Att'y Gen. 453, 469-71 (1855) (cursivas en el original). Estas opiniones, con comentarios interesantes, pueden consultarse en H. JEFFERSON POWELL, *The Constitution and the Attorneys General* 29-34, 131-48 (1999); *vid.* también HAROLD H. BRUFF, *Balance of Forces: Separation of Powers Law in the Administrative State* 456-59 (2006).

su líder democráticamente elegido. Sin embargo, hay una diferencia entre el respeto y la deferencia política, por una parte, y la obediencia impuesta por la ley, por otra. El subordinado debe saber en todo momento qué ha de prevalecer y cuál es su responsabilidad, y ello es importante para entender el significado de un gobierno sometido a la ley. El planteamiento del problema realizado por el Profesor Corwin hace cincuenta años es inmejorable:

Supongamos (...) que la ley atribuye nominalmente una determinada obligación a una agencia dependiente del ejecutivo. ¿Significa ello que el Presidente está facultado entonces para sustituir eventualmente la decisión de la agencia, adoptada en el ejercicio de su competencia, por la suya propia, bien sea en virtud de su «poder ejecutivo» o de su deber de velar por que «las leyes se ejecuten debidamente»? Una respuesta sin los matices necesarios nos llevaría a conclusiones sorprendentes. Así, una respuesta afirmativa permitiría convertir en discrecional todo acto dictado en ejecución de una ley, una discrecionalidad que además sería ejercida por una rama independiente del ejecutivo legalmente exenta de control. De igual modo, el Congreso, pese a los amplios poderes que tiene atribuidos en función de la cláusula «*necessary-and-proper*»*, tendría muy difícil dejar en manos de los expertos del ejecutivo determinadas decisiones de carácter técnico, con un mínimo de garantía de que esa discrecionalidad técnica no sería pervertida en aras de los fines políticos del Presidente de turno. Al mismo tiempo, una respuesta negativa también tendría consecuencias indeseadas, pues, tal como afirmó en términos bastante peculiares el Attorney General Cushing, ello permitiría al Congreso dividir y otorgarse el «poder ejecutivo» mediante ley y cambiar el sistema de gobierno de los Estados Unidos «transformándolo en un despotismo parlamentario como el de Venezuela o Gran Bretaña con un jefe del ejecutivo o Presidente meramente *nominal* sin poder real alguno»[27].

Ésta es la cuestión fundamental. Coincidiendo con la vieja doctrina[28], mi conclusión es que en el contexto del Derecho Administrativo ordinario, cuando el Congreso ha otorgado determinadas competencias o funciones a una agencia

---

* De acuerdo con el art. 8, último párrafo, de la Constitución norteamericana, el Congreso está facultado para «aprobar todas las leyes que fueren *necesarias* y *convenientes* para poner en práctica las precedentes facultades, así como todas aquellas que en virtud de esta Constitución puedan estar investidas en el Gobierno de los Estados Unidos o en cualquiera de sus departamentos o funcionarios». (La cursiva es nuestra).

27. EDWARD S. CORWIN, *The President: Office and Powers 1787-1957*, pp. 80-81 (4ª edición revisada en 1957) (cursivas en el original).

28. Por ejemplo, P. L. STRAUSS, cit. (notas 19, 20 y 21).

gubernamental, sujeta a su supervisión y al control jurisdiccional, el papel del Presidente consiste en supervisar y no en tomar decisiones, al igual que el del Congreso y el de los tribunales. Estas potestades de supervisión permiten, a mi juicio, mantener el carácter unitario del jefe del ejecutivo de conformidad con la norma constitucional, al tiempo que se evita la tiranía del ejecutivo al que alude el dilema descrito por Corwin.

La Constitución ha establecido expresamente un jefe de Estado unitario, pero deja en manos del Congreso la casi completa configuración del ejecutivo. La norma constitucional se decanta implícitamente por una labor de supervisión de la estructura, más que por una función decisoria. La estructura del gobierno establecida por el Congreso forma parte de la legalidad ordinaria por cuya «debida ejecución» ha de velar el Presidente. La Constitución anticipa que dicha estructura supondrá que los «deberes» serán impuestos a distintos cargos del ejecutivo, y serán precisados con cierto margen de discrecionalidad por el Congreso. La misma interpretación debe ser mantenida en nuestros días para un gobierno de las dimensiones y objetivos del actual, en el marco de un país caracterizado por la cláusula del Estado de Derecho y frente a cualquier poder sin contrapeso.

El Congreso puede otorgar poderes decisorios al Presidente en este contexto, y así lo ha hecho en algunas ocasiones. En sectores muy concretos (relaciones exteriores, asuntos militares, de asuntos potencialmente conflictivos) el argumento en favor de poderes decisorios inherentes al cargo de Presidente se hace más sólido. Sin embargo, en el ámbito de la gestión administrativa ordinaria, allí donde el Congreso ha delegado responsabilidades en favor de un concreto sujeto o actor del Ejecutivo que él mismo ha creado, es obvio que esa delegación forma parte del Derecho cuya debida ejecución el Presidente está obligado a garantizar[29]. La responsabilidad del Presidente es la supervisión y no la decisión.

---

29. Como ilustración de la fuerte posición de la administración del Presidente Bush en la materia, cabe citar esta afirmación pronunciada por el Presidente durante la firma de la Ley de Responsabilidad y Mejora Postal de 2006 *(Postal Accountability and Enhancement Act)*, que establecía una disposición que exigía expresamente una orden de registro para abrir cartas de primera clase en correo nacional: «el ejecutivo interpretará el artículo 404 (c) del Título 39, en la redacción proporcionada por el artículo 1010 (e) de la Ley, que permite la apertura del correo postal cerrado a la inspección, de una forma compatible, en la medida de lo posible, con la necesidad de llevar a cabo registros en circunstancias límite, como las necesarias para la protección de la vida humana frente a productos tóxicos, y la necesidad para llevar a cabo registros físicos específicamente autorizados por la ley para obtener información de fuentes extranjeras». Es decir, que, en la medida en que tiene la facultad de proteger a la nación, las disposiciones legales pueden ser ignoradas. Declaración del Presidente en H.R. 6407, The «Postal Accountability and Enhancement Act», 20 de diciembre de 2006, 2006 WL 3737548.

De ordinario, no es el Presidente mismo el que da las órdenes, sino una estructura política que opera bajo su directa responsabilidad e inmediato control. En los últimos años, se ha producido un doble fenómeno: una expansión significativa de esa estructura política en la Casa Blanca, y una mayor penetración de la dimensión política en el seno de la organización burocrática o administrativa de las agencias. Desde la Administración del Presidente Ford (1974-77), todos los Presidentes han ido estableciendo mecanismos cada vez más estrictos para la supervisión de la producción normativa y disposiciones administrativas de las agencias, susceptibles de tener un significativo impacto económico. Estos mecanismos particulares, centrados en la Oficina de Información y Análisis Normativo (OIAN)* de la Oficina Presidencial de Gestión y del Presupuesto (OPGP)**, serán objeto de estudio pormenorizado más adelante. Baste ahora subrayar que los controles de esa primera Oficina son de carácter profesional y técnico-administrativo en contraste con los controles de otras oficinas de la Casa Blanca.

Los reveladores relatos de Lisa Bressman y Michael Vanderbergh sobre las relaciones entre la EPA y la Casa Blanca, desde la perspectiva de los nombramientos políticos de la EPA, ponen de manifiesto que son muchas las voces que se han alzado en favor del control presidencial, tanto en gobiernos republicanos como demócratas[30]. Elena Kagan, posteriormente decana de la Facultad de Derecho de Harvard, ha relatado extensamente su experiencia, bajo la Presidencia de Clinton, de dirección presidencial en el ejercicio de la potestad reglamentaria de la agencia, sin tomar en consideración, en ningún momento, el papel de Oficina de Información y Análisis Normativo[31].

El incremento de personas con responsabilidad política en el seno de las agencias ha sido objeto de menor atención. Pero, desde luego, ha hecho de la «Administración americana» una estructura mucho más politizada de lo que cabría esperar en los sistemas de función pública («civil service») de muchas democracias parlamentarias.

Posiblemente la evolución en este sentido empezó con la presidencia de Jimmy Carter, cuando una reforma del derecho de la función pública permitió la creación de un Servicio Ejecutivo Superior en los niveles más altos que comprende a todas las personas responsables de la dirección política y de otros

---

* Office of Information and Regulatory Analysis (OIRA).

** President's Office of Management and Budget (OMB).

30. LISA SCHULTZ BRESSMAN y MICHAEL P. VANDERBERGH, «Inside the Administrative State: A Critical look at the Practice of Presidential Control», 105 Mich. L. Rev. 47, 47-52 (2006).

31. Cit. (nota 19).

asuntos que implican o entrañan un margen de discrecionalidad sustancialmente relevante.

Tanto en los Estados Unidos como en las democracias europeas, muchas oficinas federales o unidades de departamentos ministeriales podrían estar a cargo de un funcionario superior, o de un empleado permanente de un Gobierno, más que bajo la dirección de personas de libre designación o confianza política[32]. Aquella reforma hizo que el personal estuviera más sujeto que antes a la recompensa y a la sanción, a la movilidad y a la dirección. Si bien el personal seguía siendo formalmente funcionario, es decir, empleados permanentes, probablemente no sorprenda el hecho de que esa mayor recompensa y castigo impuesta desde arriba, trajera consigo determinadas prácticas de control político:

– La oficina de la Casa Blanca responsable de la evaluación de los nombramientos dentro del ejecutivo (y de la aceptación que el nombramiento depara en términos políticos), pasó de tener trece empleados a veintiuno durante los 25 años comprendidos entre 1982, el segundo año de la Administración Reagan, y 2008, en la última parte del segundo mandato del Presidente Bush. La oficina llegó a tener 35 empleados en 2001[33].

– Una investigación del Departamento de Justicia concluyó que Monica Goodling, enlace del Departamento en la Casa Blanca y asesora principal del Attorney General, «utilizó inadecuadamente los mismos criterios de evaluación, de naturaleza política, para la selección de los candidatos a puestos de carrera [en el Departamento de Justicia] que los usados para los cargos políticos de libre designación, en vulneración del Derecho federal y de la política del Departamento»[34].

---

32. El estudio clásico en la materia, escrito en el momento de la citada modificación legal, es HERBERT KAUFMAN, *The Administrative Behaviour of Federal Bureau Chiefs* (1981).

33. *Cfr.* FEDERAL/STATE EXECUTIVE DIRECTORY 1985 (Carroll Publishing Co., 1985) con CARROLL'S FEDERAL DIRECTORY 2008 (Carroll Publishing Co., 2008).

34. Departamento de Justicia de los Estados Unidos, *Investigation of Allegation of Politicized Hiring by Monica Goodling and Other Staff in the Office of the Attorney General* 1, 135 (2008), disponible en http://www.usdoj.gov/oig/special/s0801/final.pdf. Similares consecuencias parecen derivarse de la reacción presidencial a las exigencias del Congreso de que ciertos altos cargos políticos debían tener conocimientos en el sector relevante. Tras el desastre del huracán Katrina y las deficiencias de la Administración Federal para la Gestión de Emergencias (FEMA, en sus siglas en inglés), el Congreso aprobó una serie de leyes que exigían que la persona nombrada al frente del FEMA debía tener experiencia en la gestión de instituciones complejas y en situaciones de emergencia. *Department of Homeland Security Appropriations Act,*

– Algunos periódicos informaron de que el Vicepresidente Cheney intentó controlar decisiones tan nimias como el volumen de agua que había de ser liberada de una presa federal con el fin de proteger determinadas poblaciones de peces en peligro (en contra de las necesidades de los agricultores afectados por la sequía), lo que indicaría que existen cargos políticos dependientes de la Casa Blanca en niveles muy básicos en el seno de las agencias[35].

– Una orden ejecutiva* del Presidente, que siguió inmediatamente a la victoria del partido demócrata en el Congreso en 2006, requirió de toda agencia que situara el control sobre su producción normativa, no en manos de la dirección de la agencia, sino de una persona nombrada por la Casa Blanca[36].

– Se ha criticado de la Administración del Presidente Bush, en su segundo mandato, que intentara ejercer influencia política sobre algunos temas relacionados con la ciencia[37] (por no permitir, por ejemplo, que los científicos que trabajaban para el ejecutivo pudieran testificar sobre ciertos resultados; o en relación con la fijación de los niveles adecuados de ozono para determinar los criterios de calidad del aire; etc.).

2007 § 611 (11), 6 U.S.C. § 313. En una ley posterior, el Congreso dispuso que los altos cargos nombrados en la Comisión del Servicio Postal de los Estados Unidos debían tener experiencia en el sector. *Postal Accountability and Enhancement Act* 2006 § 501, 39 U.S.C. § 202. En la firma para la promulgación de estas extensas leyes el Presidente aludió a las citadas disposiciones (frente a otras muchas que aceptó), como contrarias a su facultad constitucional de nombrar a personas de su confianza. Declaración del Presidente George W. Bush al firmar H.R. 5441, 2006 U.S.C.C.A.N S49, S52 (4 oct. 2006) («la ley tiene como objeto limitar las calificaciones de los posibles candidatos que pueden ser nombrados por el Presidente para dichos cargos, de tal forma que excluye a un gran número de personas que poseen experiencia y conocimientos suficientes. En consecuencia, el ejecutivo interpretará el artículo 611 de acuerdo con la disposición relativa a los nombramientos contenida en la Constitución»); Declaración del Presidente George W. Bush al firmar H.R. 6407, 2006 U.S.C.C.A.N S76 (20 diciembre 2006) (realizando una declaración prácticamente idéntica a la anterior).

35. BECKER y GELMAN, «Leaving No Tracks on Environmental Policy», The Washington Post, 27 de junio de 2007, disponible en 2007 WLNR 12054552.

* Sobre el concepto de orden ejecutiva, *vid. infra* nota 47.

36. Orden Ejecutiva («OE») 13.422, 72 Fed. Reg. 2763 (23 de enero de 2007).

37. THOMAS O. MCGARITY & WENDY E. WAGNER, *Bending Science: How Special Interests Corrupt Public Health Research* (2008).

Es claro, en suma, que todas estas cuestiones se encuentran íntimamente relacionadas con la pretensión de los Presidentes de dominar, como si se tratara de un derecho propio, el trabajo del ejecutivo, para estructurarlo, en consecuencia, al servicio, no de fines de carácter administrativo, sino de naturaleza política.

Esta intensa politización de los procesos administrativos, antes considerados como un terreno para los expertos y los técnicos, no debe sorprender. De un lado, obedece a que el Congreso no responde políticamente, como lo hace el Presidente; de otro, al hecho de que los reglamentos han adquirido una enorme relevancia práctica para la economía norteamericana (y, por ello, también para los políticos); y, en fin, al hábito de las últimas décadas de situar a un partido político en la Casa Blanca y al otro en el Congreso. En ese contexto, para un Presidente que se enfrenta a la hostilidad política de la Cámara legislativa resulta fácil –y necesario– tomar el control del aparato administrativo.

El problema es que con ello se genera un ejecutivo excesivamente poderoso, como ya apuntara Corwin y la experiencia histórica acredita. Podría pensarse que la creación legislativa de pequeñas organizaciones administrativas no constituye una verdadera amenaza para los derechos y libertades. Y que, aun cuando adolezcan de un cierto déficit democrático por cuanto su responsabilidad política se reduce al vínculo que les une con el nombramiento presidencial, lo cierto es que se trata de organizaciones autónomas y dispersas: cada agencia actúa en un ámbito determinado de responsabilidad y de conocimiento especializado, y ejerce las potestades que le han sido atribuidas a través de procedimientos administrativos transparentes y sujetos al control jurisdiccional. Ahora bien, lo que sí resulta más difícil de aceptar es la idea de que todo el conjunto de facultades que el Congreso ha atribuido a las distintas agencias gubernamentales se ejerza por un único autócrata y a puerta cerrada y, como podría temerse, bajo la influencia de las necesidades de la política y no de acuerdo con criterios técnicos[38]. No olvidemos que el Congreso decidió en última instancia atribuir dichas competencias a

---

38. TODD D. RAKOFF, «The Shape of the Law in American Administrative State», 11 Tel-Aviv U. Stud. L. 9 (1992).

las agencias, y no al Presidente, y someterlas (a diferencia de lo que ocurre de ordinario con el Presidente) a control judicial y político.

En una importante sentencia de mitad del siglo XX dictada por el Tribunal Supremo en relación con los esfuerzos del Presidente Truman por ampliar sus competencias ejecutivas para hacer frente a una situación urgente en la Guerra de Corea (en un contexto ajeno al de la dirección del procedimiento de elaboración de normas y disposiciones), el magistrado ponente Hugo Black, expresando la opinión de la mayoría, estableció una doctrina que se ha hecho famosa: la facultad del Presidente, atribuida por la Constitución, de velar por la correcta ejecución de las leyes constituye una clara refutación de que pueda erigirse en productor de normas[39]. Los tribunales de los Estados Unidos aceptan, sin embargo, que las *agencias* dicten normas reglamentarias y disposiciones administrativas, lo que sin duda las convierte en legislador material. Pero ello es así porque consideran que esa producción normativa resulta atribuible a las agencias, no al Presidente. Es fácil deducir, en consecuencia, la dificultad a la que se enfrentan los argumentos en favor de un «ejecutivo unitario» fuerte, ante esa posición jurisprudencial.

Para concluir este epígrafe, permítaseme que me remita a lo que he escrito en otro lugar, en un tono informal, en relación con el Presidente y el Estado de Derecho[40]:

Neil Katyal publicó en la Revista de la Facultad de Derecho de Yale un artículo titulado «La separación interna de poderes: controlando al poder más peligroso en la actualidad desde dentro»[41]. Frente a un Congreso dividido, el autor argumentaba –y es difícil poner en duda que el Congreso *está* efectivamente dividido– que los límites jurídicos a las ambiciones políticas del Presidente deben de construirse a través del funcionariado.

A pesar de ser criticada tanto por la derecha como por la izquierda, el personal técnico y experto al servicio de la Administración cumple una función esencial. Una función pública independiente de todo color político proporciona estabilidad y una visión institucional de largo alcance.

Los partidarios del «Sí, Señor Ministro» («*Yes, Minister*»*) reconocerán que esta opinión no es exclusivamente norteamericana. La legislación de los

---

39. Youngstown Sheet y Tube Co. c. Sawyer, 343 U.S. 579, 587 (1952).

40. P. L. STRAUSS, «The President and the Rule of Law» (nov. 2007) (manuscrito no publicado).

41. NEAL KUMAR KATYAL, «Internal Separation of Powers: Checking Today's Most Dangerous Branch from Within», 115 Yale L.J. 2314 (2006).

* «*Yes, Minister*» es una serie de televisión, producida por la BBC en los años 80, y muy cono-

Estados Unidos ha apostado por una función pública de esas características, desde la Ley de Reforma de la Función Pública de 1883, que fue la primera en establecer una función pública profesional en el ámbito federal. Sin embargo, se percibe una progresiva politización de la función pública (utilización de tests políticos junto con, o en vez de, criterios técnicos, etc.). Si se plantea el problema como una elección entre el imperio de la ley o el imperio de los hombres, las consecuencias son inimaginables. Incluso si optamos por el imperio de la ley, en el mejor de los casos tendremos un sistema en el que coexistirán ambos imperios. En última instancia, se trata de someter la política a determinados límites, lo que tal vez constituye, ante todo, una cuestión de integridad.

II. EL PROCEDIMIENTO DE ELABORACIÓN DE NORMAS REGLAMENTARIAS BASADO EN EL MODELO DEL «ANUNCIO PREVIO Y ALEGACIONES» («NOTICE AND COMMENT»)**

En 1946 se aprobó la Ley federal de Procedimiento Administrativo (*Administrative Procedure Act*) y en ella se estableció un procedimiento general, basado en el sistema denominado de «anuncio y alegaciones», para la aprobación de normas reglamentarias (art. 553)[42]. Es un procedimiento de una enorme simplicidad.

_____

cida en todos los países de habla inglesa, que trata, en clave de humor, de las relaciones entre un Ministro del Gobierno británico y el funcionario jefe a cargo del Ministerio.

** Aunque resulte más familiar a la cultura del Derecho Administrativo en España y otros países hablar de procedimientos administrativos basados en la «publicidad» y en la «audiencia» (o, en este último caso, si se prefiere, de «información pública»), ambos términos resultan inexpresivos, no ya sólo por genéricos («publicidad» puede proyectarse sobre cualquier elemento del procedimiento), sino en razón de su mismo contenido, desde luego no homologable al nuestro en términos de intensidad, contenido y efectividad. El «anuncio» del reglamento proyectado representa una verdadera llamada a la participación. Y el elemento participativo a través de las alegaciones se convierte en un diálogo o debate, que no se corresponde con la práctica de la información pública en ciertos procedimientos tradicionales (por ejemplo, de elaboración del planeamiento), dejando al margen, claro está, la influencia comunitaria sobre los nuevos procedimientos (por ejemplo, de evaluación estratégica ambiental).

42. 5 U.S.C. § 553 procedimiento de elaboración de reglas:
   a) Este artículo resulta de aplicación, de conformidad con las previsiones de la Ley, excepto en el supuesto en que se afecte a:

De entrada, si se examina la definición legal del procedimiento de elaboración basado en el «anuncio y alegaciones», es fácil apreciar que la Ley tan sólo ha establecido tres elementos procedimentales mínimos en relación con la participación del público, a su vez regulados en términos muy abiertos:

– Las agencias deben anunciar con antelación suficiente que están considerando aprobar un reglamento, salvo que se trate de casos urgentes, de cuestiones internas o de detalle. Tal como se desprende de la Ley, el anuncio previo puede

---

1) una función militar o de asuntos exteriores de los Estados Unidos o
2) una cuestión relativa a la gestión o al personal de una Agencia o a la propiedad pública, préstamo, subsidio, beneficio o contrato.

b) Debe darse noticia genérica de la regla proyectada mediante publicación en el Registro Federal, salvo que las personas afectadas sean nombradas y notificadas personalmente o por cualquier otro medio tengan noticia real, de conformidad con la ley. El anuncio deberá incluir:

1) mención del plazo, lugar y naturaleza del procedimiento de elaboración normativa;
2) referencia a la autoridad legalmente competente para formular la propuesta y
3) *o bien los términos, o bien la sustancia o esencia de la regla propuesta o* una descripción de las materias y cuestiones afectadas.

Excepto en los casos en que la publicidad y la audiencia sean requeridos por ley, este apartado no es de aplicación:

- a reglas interpretativas, declaraciones generales sobre la política pública, o reglas de organización de la agencia, procedimiento interno o praxis; o
- si la agencia entiende justificadamente (e incorpora la conclusión y una breve motivación de las razones....) que el anuncio y el procedimiento público resultan en ese caso impracticables, innecesarios o contrarios al interés público.

(c) Tras realizar el anuncio exigido por este artículo, la agencia permitirá la participación de todos los interesados en el procedimiento de elaboración de la regla, lo que se realizará mediante la presentación de datos personales, escritos, opiniones, o argumentos, sean con o sin la oportunidad de una presentación oral. Después de ponderadas las cuestiones relevantes presentadas, la agencia incorporará a las normas aprobadas una breve declaración general de sus fundamentos y objetivos. Cuando la ley exija que las reglas que se están elaborando sean adoptadas sobre la base de lo obtenido en el expediente, después de una comparecencia ante la agencia, serán de aplicación los artículos 556 y 557 en vez de este apartado.

(d) La publicación o notificación de una regla sustantiva deberá realizarse en el plazo de no menos de 30 días antes de su entrada en vigor, salvo en los siguientes supuestos:

- cuando la regla sustantiva conceda o reconozca una exención o levante una restricción;
- cuando se trate de una regla interpretativa o de una declaración sobre la política pública; o
- cuando así se establezca justificadamente, por la agencia. La justificación deberá ser publicada con la regla.

(e) Las agencias deberán conceder a los interesados el derecho de solicitar la notificación, la modificación o la revocación de una regla.

ser genérico: además de indicar el procedimiento administrativo que habrá de seguirse, el anuncio debe mencionar la Administración competente que pretende adoptar la norma, así como los términos de la misma, *o* su esencia, *o* una descripción de las materias y cuestiones afectadas por el reglamento proyectado.

– Una vez que se haya producido ese anuncio, ha de darse la oportunidad de que cualquier persona interesada pueda hacer las alegaciones, orales o escritas (según disponga la agencia), que tenga por conveniente. Cualquier persona puede adquirir la condición de interesado por el mero hecho de participar en el proceso, sin que deba exigirse ningún otro requisito de legitimación. No se realiza test alguno para determinar si resulta «elegible» para participar. El tenor del precepto sugiere que basta con dar la ocasión para que pueda verter sus opiniones, de un modo análogo a como se realiza en las audiencias ante la Cámara legislativa, y no al modo propio del proceso judicial.

– En fin, una vez ponderadas las alegaciones realizadas por el público interesado respecto de la norma proyectada, la agencia ha de hacer una breve declaración general sobre sus fundamentos y objetivos. Dada la literalidad de la Ley, no hay razón para pensar que el Congreso aspirara a exigir más de lo que sugiere el propio texto, que está formulado en términos muy permisivos.

La proliferación de normas reglamentarias que se ha producido en la segunda mitad del siglo XX (complejas normas técnicas en materia de salud, seguridad, medio ambiente, etc.) ha contribuido a la transformación de este sencillo procedimiento en otro mucho más complejo[43]. Muy probablemente, los redactores de la Ley de Procedimiento de 1946 se sorprenderían si comprobaran que el procedimiento de elaboración de reglamentos basado en el modelo del «anuncio y de las alegaciones» exige hoy nuevos y más estrictos requisitos:

– El anuncio de la regla proyectada ha de ir acompañado de numerosos y detallados datos. Ello significa que si la agencia decide modificar la norma propuesta a resultas de las alegaciones recibidas o por cualquier otro motivo, habrá de reabrir el procedimiento e iniciarlo con el anuncio del nuevo proyecto de

---

43. *Vid.* PETER L. STRAUSS, «Statutes that Are Not Static: The Case of the APA», 14 J. Contemp. Leg Issues 767 (2005); PETER L. STRAUSS, «From Expertise to Politics: The Transformation of American Rulemaking», 31 Wake Forest L. Rev. 745 (1996).

reglamento para que pueda ser objeto de oportunas alegaciones. La jurisprudencia se muestra bastante rigurosa con este extremo.

– La agencia debe dar a conocer los datos en los que puede basar su decisión, de modo que también esa información pueda ser objeto de las alegaciones que sean pertinentes. Esta evolución podría entenderse como una consecuencia natural de lo dispuesto por la legislación norteamericana sobre Libertad de Información[44] que desde mediados de los años 60 ha ampliado significativamente los derechos de los ciudadanos a acceder a la información que obra en poder de las Administraciones públicas. Ello no es así, sin embargo, puesto que la Ley de Libertad de Información no ha pretendido modificar los requisitos procedimentales que el art. 553 ha establecido para la elaboración de reglamentos. De ahí que esta doctrina jurisprudencial, que ha supuesto de hecho una notable expansión de la exigencia de anuncio previo, resulte difícilmente cohonestable con lo que la Ley dispone respecto del «anuncio».

– Acaso como consecuencia de la misma tendencia, también se ha establecido el criterio de que la agencia ha de estar preparada para identificar el «expediente» completo que obre en su poder en relación con el procedimiento, lo que asimismo incluye de ordinario, porque constituye una disposición común a las agencias, referencias a las comunicaciones orales recibidas de modo informal, así como el archivo de las alegaciones realizadas.

– La «breve» memoria de los fundamentos y objetivos de la norma proyectada que sigue al trámite de alegaciones se ha transformado, al menos en lo que respecta a la elaboración de reglamentos de una cierta relevancia, en un denso escrito de decenas de páginas en el que se trata de explicar las razones generales que subyacen a la opción expresada en el proyecto de reglamento, y de proporcionar, en particular, una respuesta a las alegaciones. Los tribunales consideran insuficiente o inadecuado un informe o memoria que no aborde convincentemente los comentarios y alegaciones más relevantes. Ahora bien, como quiera que la condición de «comentarios o alegaciones más relevantes» sólo se deduce del contexto y una vez solicitada la revisión judicial a instancia de quienes denuncien que sus alegaciones no obtuvieron la debida atención, la agencia debe adelantarse a las quejas que sobre el tratamiento de las alegaciones puedan llegar a hacerse. Y ello contribuye a que las explicaciones sean muy extensas.

---

44. 5 U.S.C. § 552. Un buen texto sobre la Ley de Libertad Informativa es PATRICIA M. WALD, «The Freedom of Information Act: A Short case Study in the Perils of Legislating Democratic Values», 33 Emory L.J. 649 (1984).

– Se puede solicitar de ordinario la revisión jurisdiccional desde el momento mismo en que se apruebe el reglamento, sin necesidad de esperar a su ejecución, lo que obviamente permite a quienes se vean directamente afectados solicitar la suspensión (cuando no la anulación) de la ejecución, al impugnar la norma ante los tribunales. Este control inmediato se puede dar en un elevado número de supuestos y presenta desde luego menos problemas que si hubiera de aguardarse a la aplicación del reglamento para oponerse entonces a su ejecución. Además, puede solicitarse en nombre y representación de personas o grupos por entender que no protege suficientemente sus intereses, argumento éste que podrá esgrimirse, sin embargo, cuando el reglamento haya entrado ya en su fase de aplicación.

– El control judicial de la validez de los reglamentos es considerablemente más elevado y riguroso que el control jurisdiccional de la constitucionalidad de las leyes. Y ello tanto en lo tocante a la justificación fáctica que subyace a la norma, como en lo relativo a la racionalidad (y explicación) de los juicios o valoraciones que encierra. En 1946, fecha en la que se aprueba la Ley de Procedimiento, no habría podido hacerse tal distinción de planos. La actitud, en efecto, por parte de los tribunales en el enjuiciamiento, tanto de los reglamentos como de las leyes, era más bien permisiva o de poca profundidad. Ahora, sin embargo, se distingue con toda precisión entre ambas clases de control y se consideran dos trabajos completamente diferentes. El examen jurisdiccional de los reglamentos más relevantes se sintetiza con la expresión «hard look», esto es, un examen profundo e incisivo.

Aunque el Tribunal Supremo parecía haber resuelto en 1978 que sólo podría exigirse el cumplimiento de aquellos requisitos procedimentales que el propio sistema legal del «anuncio y las alegaciones» hubiere realmente establecido[45], lo cierto es que la evolución jurisprudencial posterior a la que se acaba de hacer referencia ha sobrevivido hasta nuestros días. La Sentencia de 1978 se concibe como una barrera a la *judicialización* del procedimiento de elaboración de reglamentos, pero *no* impide la construcción que ha hecho la jurisprudencia para

---

45. *Vid.* Yankee Nuclear Power Corp. v. Natural Res. Def Council, 435 U.S. 519, 545-46 (1978). Se participa al lector que el autor, a la sazón Letrado Jefe de la Comisión de Regulación Nuclear de los Estados Unidos, intervino en dicho asunto defendiendo la posición del Gobierno.

conseguir que los procedimientos sean más transparentes, y su control judicial más equilibrado y profundo que los originalmente previstos por el Congreso en 1946.

En las últimas décadas, nuevas leyes e iniciativas presidenciales (instrumentadas a través de las denominadas «órdenes ejecutivas[46]») han venido a añadir nuevos elementos y con ello una mayor complejidad en el procedimiento de elaboración de normas, cuando menos respecto de los reglamentos susceptibles de tener un significativo impacto en el ámbito económico o en otros terrenos:

– La legislación ha establecido un nuevo procedimiento de elaboración de normas que se basa en la búsqueda del consenso a través del debate con los interesados, y no sólo en la actividad de la estructura administrativa. Se trata de la denominada «elaboración negociada de reglamentos» («negotiated rulemaking»), en realidad más aplaudida por la doctrina que utilizado por las agencias[47]. Para que resulte funcional, no puede ser muy elevado el número de participantes y han de estar realmente dispuestos a alcanzar un compromiso.

– La Ley de Flexibilidad Regulatoria (*Regulatory Flexibility Act*), modificada por la legislación sobre las pequeñas empresas[48] exige que se evalúe particularmente el impacto que los reglamentos tienen sobre las pequeñas empresas y los ajustes o modulaciones que los requisitos generales puedan merecer, a fin de

---

46. La Orden Ejecutiva es un documento presidencial publicado en el Registro Federal y dirigido a agencias federales –en efecto, uno de los medios por el cual el Presidente ejerce su responsabilidad para que las leyes se apliquen correctamente–. Constituyen mandatos imperativos para las agencias, en la medida en que comprenden la obligación de cumplirlas y permiten la racionalización de sus actos. Sin embargo, no constituyen normas que puedan ser alegadas ante los tribunales y suelen carecer de efecto directo. Es práctica habitual que dichas órdenes sean objeto de consultas, pero no existen disposiciones legales que regulen su aprobación. El único requisito es que contenga la firma del Presidente y que sea remitida a la Oficina de Publicaciones del Gobierno para su publicación. Las Órdenes Ejecutivas son numeradas consecutivamente, siendo en la actualidad cerca de 14.000.

47. PHILIP J. HARRE, «Assesing the Assesors: The Actual Performance of Negotiated Rulemaking», 9 N.Y.U. Envtl. L.J. 32,33 («la elaboración negociada de disposiciones reglamentarias es un procedimiento por el que los representantes de los intereses que resultarían afectados por la medida propuesta, junto con la agencia competente para aprobar la medida, negocian en buena fe para alcanzar un acuerdo consensuado sobre la misma»).

48. *Small Business Regulatory Enforcement Fairness Act*. 5 U.S.C. §§ 801-808, que enmiendan los preceptos 5 U.S.C. §§ 601-612 (1980).

moderar los efectos económicos. Otro mecanismo adicional, establecido con el propósito de aumentar la transparencia de la acción del ejecutivo en el futuro inmediato, consiste en la obligación de publicar semestralmente una «agenda regulatoria» (no muy distinta del plan de trabajo de la Comisión Europea), en la que se dará cuenta de las disposiciones reglamentarias que pretendan elaborarse y se identificarán las personas de contacto en las agencias para que los posibles interesados pueden remitir sus preocupaciones y sugerencias.

– Otras normas, como las que tienen por objeto principal controlar el fenómeno de la legislación federal que dispone actuaciones y objetivos que implican gastos para los Estados (sin subvención alguna por parte de la Federación), disponen que los reglamentos sean objeto de una especial atención y análisis, si prevén que la carga financiera recaiga en buena medida sobre los sujetos privados[49].

– La Ley de Libertad de Información Electrónica[50], entre otras, establece ciertos criterios sobre el uso y creación de webs en los procedimientos de elaboración de reglamentos. Aunque se trate de un trabajo en curso, con una limitada financiación y algunos problemas derivados de la rivalidad entre agencias[51], el anuncio de la norma proyectada y las alegaciones se realizan cada vez más a través de Internet. La Agenda Regulatoria antes citada, así como todas las propuestas y anuncios de elaboración de disposiciones reglamentarias pueden consultarse en una página web única. Las alegaciones pueden presentarse por medios electrónicos (aunque no es obligario hacerlo así). Y todo el material relacionado con el procedimiento de elaboración de una norma –estudios previos, propuestas, alegaciones, etc.– resultan accesibles a través de una ventanilla única digital, un servicio federal de gestión de datos.

– La Ley para Reducción del Papel en el Trabajo (*Paperwork Reduction Act*) y sus modificaciones ulteriores[52], al igual que la E-FOIA y otras normas, ha venido a reconocer la responsabilidad del Presidente para supervisar la actividad reglamentaria, a través de las funciones de control y coordinación que realiza la

---

49. Así, la *Unfunded Mandates Reform Act* de 1995, Pub. L. No. 104-4, 109 Stat. 48 (codificado en secciones dispersas de 2 U.S.C.).

50. *Electronic Freedom of Information Act* (E-FOIA en sus siglas en inglés). 5. U.S.C. § 552.

51. *Achieving the Potential: The Future of Federal E-Rulemaking* (ABA Section of Administrative Law and Regulatory Practice, 2008).

52. *Paperwork Reduction Act* de 1980, Pub. L. No. 96-1511, 94 Stat. 2812 (1980); *Paperwork Reduction Reauthorization Act* de 1986, Pub. L. No. 99-500, 100 Stat. 1783-335 (1986); *Paperwork Reduction Act* de 1995, 44 U.S.C. §§ 3501-3520.

Oficina de Información y Análisis Normativo (ya referenciada como OINA), que forma parte de la Oficina Presidencial de Gestión del Presupuesto (referenciada como OPGP), en la Casa Blanca[53].

– Mediante una serie de órdenes ejecutivas y de directrices de la OPGP –la más reciente y relevante es la Orden Ejecutiva 12.866[54]–, el Presidente ha añadido nuevos elementos de procedimiento, previos al periodo que *precede* a la publicación de un anuncio de propuesta de disposiciones reglamentarias al tiempo que ha hecho más complicado el trámite de anuncio y de alegaciones. Veámoslo más despacio:

a) La Orden Ejecutiva, tal como ha sido modificada por el Presidente Bush en enero de 2007[55], e integrada en la agenda regulatoria prevista en la legislación sobre pequeñas empresas a la que antes se ha hecho referencia, obliga a desarrollar anualmente un plan regulatorio, sometido a la aprobación de la Oficina de Información y Análisis Normativo (OINA). Ello se lleva a cabo a través de la figura de la persona responsable de la política regulatoria, que es designada por el Presidente para cada agencia. Salvo que su evaluación fuera desautorizada expresamente por el director de la agencia, el procedimiento de elaboración del reglamento no puede continuar sin la aprobación de esa persona. Pero este proceso no es transparente. Es uno de los elementos que, en mi opinión, revela de forma evidente el creciente poder presidencial y político sobre la potestad reglamentaria de las agencias.

b) Las opciones y objetivos que las agencias se marcan con los reglamentos se han visto igualmente controladas por la OPGP. Esta Oficina, en efecto, ha establecido criterios y guías cada vez más estrictos y detallados sobre

---

53. La OPGP es la organización administrativa más relevante a través de la cual el Presidente coordina las actividades del ejecutivo. A título de ejemplo, todas los solicitudes presupuestarias del ejecutivo pasan por la OPGP. Esta oficina también supervisa todas las comunicaciones con el Congreso, como las declaraciones o alegaciones a las propuestas legislativas. Su personal, tradicionalmente compuesto por funcionarios permanentes aunque en este caso trabajan directamente con y para la Casa Blanca, controla asuntos de gestión desde la perspectiva del ejecutivo (la Oficina de Control Gubernativo, que es un órgano del Congreso, hace lo mismo, de forma independiente, desde la perspectiva del legislativo).

54. Orden Ejecutiva num. 12.866, 58 Reg. Fed. 51,735 (30 de septiembre de 1993), modificada por Orden Ejecutiva núm. 13.258, 67, reg. Fed. 9,385 (26 de febrero de 2002) y Orden Ejecutiva núm. 13.422, 72 Reg. Fed. 2,703 (18 de enero de 2007).

55. Orden Ejecutiva no. 13.422, 72, Reg. Fed. 2,703 (18 de enero de 2007).

materias como la evaluación del riesgo y el sistema de revisión por pares o «peer review»[56]. Esas instrucciones y los análisis realizados por la Agencia tienen carácter de documento público. Es cierto que, en la medida en que proporcionan elementos para el debate, prolongan el procedimiento de elaboración de los reglamentos, pero no lo es menos que la transparencia que aportan constituye un beneficio para la política pública en cuestión.

– Una vez fijado el objetivo que pretende alcanzarse con el reglamento, las agencias son responsables de evaluar y analizar el potencial impacto que pueda generar el proyecto, desde diversas perspectivas. La legislación, por su parte, exige una evaluación de impacto medioambiental[57] y sobre las pequeñas empresas[58]. Las órdenes ejecutivas del Presidente han dispuesto la valoración de los efectos o impacto, por ejemplo, sobre los valores de la familia[59], los valores de la federación[60] y la economía nacional. Este último análisis de impacto está regulado directamente por la Orden Ejecutiva 12.866 con especial énfasis. El rigor de la supervisión de la OINA al amparo de la Orden Ejecutiva 12.866 varía considerablemente en función del grado de impacto previsto:

a) En síntesis, las disposiciones reglamentarias se clasifican en tres categorías: menores, relevantes y principales. Esta última se define como toda disposición susceptible de imponer un coste anual para la economía de cien millones de dólares o, alternativamente, que posea una excepcional importancia para la nación. Entre las miles de disposiciones anuales, sólo unos pocos centenares encajan en esta descripción. Para ellas, los requisitos del análisis de la OINA son estrictos e intensos. El resultado que en la práctica se deriva de esta clasificación es la diversificación del procedimiento de elaboración de reglamentos basado en el anuncio y en las alegaciones, en virtud de la relevancia que posea la iniciativa. Ello parece, en

---

56. OFFICE OF MANAGEMENT AND BUDGET, PROPOSED RISK ASSESSMENT BULLETIN (2006) en http://www.whitehouse.gov/omb/inforeg/proposed_risk_assessment_bulletin_010906.pdf; OFFICE OF MANAGEMENT AND BUDGET, FINAL INFORMATION QUALITY BULLETIN FOR PEER REVIEW (2004), http://www.whitehouse.gov/omb/inforef/peer2004/peer_bulletin.pdf.

57. National Environmental Policy Act de 1969 § 102, 42 U.S.C. §§ 4332.

58. Small Business Enforcement Fairness Act, 5 U.S.C. §§ 801-808, que modifica la Regulatory Flexibility Act, 5 U.S.C. §§ 601-612 (1980))'.

59. Orden Ejecutiva núm. 12.606, 52 Reg. Fed. 34.188 (2 de septiembre de 1987) derogada por Orden Ejecutiva núm. 13.045, 62 Reg. Fed. 19.885 (21 de abril de 1997).

60. Orden Ejecutiva num. 13.132, 64 Reg. Fed. 43.255 (4 de agosto de 1999).

suma, una consecuencia natural y hasta bienvenida de la creciente importancia del proceso de elaboración de disposiciones reglamentarias.

b) Para los reglamentos más relevantes o significativos, la Orden Ejecutiva dispone expresamente que deben cumplirse un conjunto de requisitos que se deducen de la doctrina jurisprudencial de las últimas décadas y que no se especifican claramente en las normas legales:

- el anuncio de la propuesta de elaboración de la disposición reglamentaria debe incluir un borrador de texto;
- deben preverse sesenta días para alegaciones;
- la información en la que se base la agencia ha de estar a disposición del público para que puedan formular alegaciones;
- es necesaria una explicación relativamente elaborada de la razón de ser y las líneas fundamentales de lo que se propone la agencia (requisito que se deriva la Orden Ejecutiva 12.866).

c) También respecto de la misma categoría de reglamentos relevantes o significativos, y de conformidad con las directrices detalladas que proporciona la OINA[61], el borrador o proyecto de evaluación económica de la norma proyectada ha de ser discutido y autorizado por la referida Oficina (OINA). (La agencia debe informar igualmente de modo sucinto a la OIRA si concluye que la norma prevista no requiere ese informe de evaluación de impacto económico, aunque la OINA tiene la última palabra, y puede discrepar de tal conclusión y exigir que se lleve a cabo). El borrador de evaluación tiene carácter de documento público y se incluye en el expediente del procedimiento de elaboración, junto con algunos elementos de las comunicaciones que haya mantenido la agencia con la OINA. No es un procedimiento absolutamente transparente, pero resulta sin duda más transparente que otras muchas relaciones de la Casa Blanca con las agencias. La transparencia (junto con la profesionalidad del personal de la OINA y de la muy sólida cualificación intelectual de su jefatura, cuya confirmación en el puesto se somete al Senado) es parte del precio político que la Casa Blanca entendió que debía pagar por lograr la aceptación por el Congreso de la oficina y de sus procedimientos.

d) Una vez que la medida regulatoria se ha anunciado y se han presentado las alegaciones, la agencia debe elaborar un informe final que requiere el visto bueno de la OINA con carácter previo a la adopción de la disposición

---

61. Office of Management and Budget, Circular A-4, Regulatory Analysis (2003), http://www-whitehouse.gov/omb/circulars/a004/a-4.pdf.

reglamentaria en cuestión. Este informe tiene igualmente carácter de documento público y se integra en el expediente del procedimiento de elaboración de la norma. Este procedimiento ha dado pie a casos de evidente interferencia política cuando la OINA ha insistido en cambios en el contenido regulatorio en aspectos cuya valoración era competencia de las agencias, no del Presidente[62] o, simplemente, cuando se ha negado durante meses, incluso años, a dar el visto bueno a un reglamento cuya forma definitiva ya estaba lista para ser publicada por la agencia[63].

– De conformidad con la Ley de Control del Congreso (Congressional Review Act), Ley aprobada durante la Administración Clinton –poco después de que el partido republicano lograra el control de ambas Cámaras por primera vez en varias décadas–, el Congreso dispone de un breve período de tiempo para exa-

---

62. *Vid.* DAVID C. VLADECK, «Unreasonable Delay, Unreasonable Intervention: The Battle to Force Regulation of Ethylene Oxide», en: Peter L. Strauss, *Administrative Law Stories* (Foundation Press, 2006) (que trataba sobre el retraso de OSHA para fijar los estándares de etileno óxido, bajo la dirección de la OINA); Gen. Accounting Office, Rulemaking: OMB's Role in Reviews of Agencies' Draft Rules and the Transparency of those Reviews, GAO-03-929 en 9, http://www.gao.gov./new.items/d03929.pdf (OINA ha tenido alguna influencia en, al menos, un tercio de las propuestas normativas que revisa y, por recomendación de OINA, la EPA retiró el manganeso de la lista de residuos peligrosos); *Waxman Threatens to Cite Johnson With Contempt Over Documents*, Inside the EPA, 10 de Junio de 2008 WLNR 11540109 (el Administrador de la EPA, Stephen Johnson, se oponía a revelar documentos relacionados con el estándar de Ozono fijado por la EPA: «la investigación de Waxman tiene por objetivo atraer la atención pública en la controvertida elaboración de disposiciones administrativas sobre el ozono, que el propio Presidente Bush ordenó personalmente modificar horas antes de que se diera a conocer»). Carta de Patrick Leahy, Presidente de la Comisión del Senado sobre la Judicatura, dirigida a William A. Roderick, Inspector General Adjunto, U.S.Envt'l Prot. Agency (25 de julio de 2008) accesible en http://leahy.senate.gov/issues/Judiciary/ 072508LeahyToEPAIG.pdf. (en la que se solicita a Roderick que investigue «si la decisión de la EPA respecto a la excepción de la Ley de Aire Limpio se llevó a cabo de conformidad con las conclusiones técnicas y legales de su propio personal o si, por el contrario, la Casa Blanca interfirió impropiamente en la toma de decisiones competencia de la EPA»).

63. Carta de Henry A. Waxman, Presidente de la Comisión de la Cámara de representantes de Supervisión y Reforma Gubernativa a Susan A. Dudley, Administradora de la Oficina de Información y Asuntos Regulatorios (30 de abril de 2008), http://oversight.house.gov/documents.20080430103958.pdf («durante más de un año, la Oficina de Información y Asuntos Regulatorios ha impedido que el Servicio Nacional de Pesquerías dictara una disposición para proteger a las ballenas de morir como consecuencia de colisiones con buques. De conformidad con la documentación obtenida por la Comisión, el retraso en la aprobación de la regulación tiene su causa en objeciones infundadas de altos cargos de la Casa Blanca»).

minar el reglamento aprobado por la agencia y decidir si los desaprueba o no. El reglamento, por tanto, no puede entrar en vigor hasta que se haya superado ese trámite. Esta fórmula se estableció exclusivamente para los reglamentos principales[64]. Ahora bien, para que pueda rechazarse el reglamento, la resolución que adopte el Congreso ha de satisfacer los mismos requisitos de procedimiento que para aprobar una ley: la resolución tiene que ser aprobada por ambas Cámaras con un contenido idéntico y ser firmada por el Presidente. En realidad, sólo se ha producido este rechazo en una ocasión, y en unas circunstancias políticas especiales: durante el período de transición de la Administración Clinton a la de Bush, cuando el Presidente que firmó la resolución de rechazo era distinto del que ocupaba el cargo cuando la norma rechazada se adoptó. Es poco probable que ello pueda producirse en otros escenarios.

De este extenso resumen de las modificaciones que ha sufrido el sencillo modelo de anuncio y de alegaciones en la elaboración de disposiciones administrativas que nos ofrecía el artículo 553 es posible deducir algunas cuestiones a las que se enfrenta en la actualidad este procedimiento administrativo.

En el plano jurisdiccional, algunos Magistrados del Tribunal Supremo (aun cuando no conformen aún una mayoría) y algunos autores de la doctrina han expresado sus dudas acerca del acierto de la jurisprudencia de las pasadas décadas, en la que se admitía una tutela judicial *en favor de los que promovían* el reglamento; comparable a la que disfrutaban los que se veían directamente afectados por la norma en cuestión. Esa jurisprudencia reconoce la tutela cautelar y una legitimación muy amplia y permisiva, y se ha mostrado siempre dispuesta a realizar un control abstracto de la norma, esto es, a considerar la cuestión ya «madura», por utilizar el término procesal norteamericano. Se ha asociado el creciente anquilosamiento (de «osificación» habla la doctrina) que padece el procedimiento administrativo de elaboración de reglamentos a este intenso y temprano control judicial. La excesiva complejidad del procedimiento y su larga duración; el elevado coste económico de su tramitación; y la enorme longitud de la memoria rela-

---

54. 5 U.S.C. §801; *Cfr.* DANIEL COHEN & PETER L. STRAUSS, «Congressional Review of Agency Regulations», 49 Administrative L. Review 95 (1997).

tiva al fundamento y propósitos de la norma (en teoría, según la Ley, breve y genérica) obedecerían a ese fenómeno. No faltan tampoco quienes consideran que ese anquilosamiento explica la huida del procedimiento de elaboración de reglamentos, en la búsqueda de medios y procedimientos menos formales para llevar adelante las políticas públicas proyectadas (por ejemplo, el recurso a guías y otras modalidades de «soft law»).

Los argumentos de réplica frente a esas críticas son numerosos. Así, se dice, que el anquilosamiento refleja la importancia del procedimiento de elaboración de disposiciones reglamentarias; que esas dificultades de ordinario se limitan (o, por mejor decir, debieran limitarse) a los reglamentos de mayor trascendencia e impacto en la opinión pública; que la «osificación» obedece no sólo a las exigencias derivadas de la jurisprudencia, sino, al menos en igual medida, a la excesiva carga de regulación que el ejecutivo ha establecido para la supervisión y control de los reglamentos emanados por las agencias, como la que luce en la Orden Ejecutiva 12.866, cuya corrección, por cierto, nadie cuestiona, pues goza de una opinión favorable; que procedimientos administrativos tan meticulosos y complejos constituyen una evidente garantía para la producción de unas normas que van a tener un importante impacto en la economía o sobre determinados sectores industriales; y que un control judicial bifronte, que *sólo* se hace posible mediante la tutela cautelar y una generosa legitimación para recurrir, presenta muchas más ventajas que inconvenientes. Por otra parte, si se tiene en cuenta que la memoria con los motivos y los fines del reglamento habrá de ser objeto de un concienzudo examen en relación con la información y opiniones que obran en el expediente de elaboración, tal como destacara un antiguo miembro de la Agencia federal de Medio Ambiente (EPA), se verá fortalecida la opción en favor de un modelo de elaboración de las decisiones basado en el razonamiento (esto es, en un acto de juicio), frente al modelo que prefiere el acto de voluntad[65].

---

65. WILLIAM F. PEDERSEN, Jr., «Formal Records and Informal Rulemaking», 85 Yale L.J. 38, 59 (1975).

Saber que un reglamento puede ser impugnado tanto por hacer demasiado poco (por proteger el interés general), como por hacer demasiado (e interferir excesivamente en la esfera privada) constituye un buen antídoto frente a los riesgos de falta de perspectiva que genera el contacto diario con el sector o ámbito regulado[66].

En el plano legislativo, el mayor reto consistiría en volver a racionalizar el procedimiento administrativo de elaboración de reglamentos para consolidar –y al mismo tiempo, esperemos, simplificar– los avances alcanzados. Los procedimientos administrativos de producción normativa y la intensidad del control judicial deberían modularse en función de la relevancia que posea el reglamento en cuestión. El procedimiento administrativo de elaboración de reglamentos no es equiparable al procedimiento legislativo. Por ello, el primero adolece de un «déficit democrático». Déficit que *no* se colma por muchas que sean las atenciones que preste un Presidente elegido democráticamente cuando actúa a puerta cerrada y quizá en representación de intereses no expresados o conocidos. Antes bien, en las contundentes palabras del Juez Harold Leventhal, este déficit se debe compensar mediante un nivel de transparencia en la fase de formación de la norma y un control judicial considerablemente más intensos que al que se ven sometidas las leyes formales[67].

La elevada y aburrida variedad de requisitos que actualmente rige el procedimiento administrativo de elaboración de normas debiera simplificarse y reducirse. Y ello vale también para aquellos elementos del procedimiento que poseen una indudable relevancia[68]. La expre-

---

66. Ese trato diario se asemeja al impacto de una metralleta, para retomar la expresión de James Landis: Personal de la Subcomisión en Prácticas Administrativas y Procedimientos en la Comisión de Judicatura del Senado, 86º Congreso, Informe sobre Agencias Reguladoras al Presidente Electo, 71 (1960) (escrito por James M. Landis) («El impacto diario como-ráfagas-de-ametralladora de la representación de la industria tanto sobre la agencia como sobre sus funcionarios supone la orientación de la industria por parte de muchos miembros honestos y capaces de las agencias, así como de su personal»).

67. Ethyl Corp. v. EPA, 542 F.2d 1, 68 (D.C. Cir. 1976) (Leventhal, J., en acuerdo).

68. MARK SEIDENFELD, «A table of Requirements for federal Administrative Rulemaking», 27 FLA. St.U.L. Rev. 533, 536 (2000).

sión «evaluación de impacto» ha estado con nosotros desde la década de los setenta del pasado siglo, cuando la legislación dispuso por vez primera la «evaluación de impacto ambiental». Ahora, además de dicha evaluación, y de la evaluación de impacto económico prevista en la Orden Ejecutiva 12.866, se han añadido los informes de impacto sobre federalismo, de evaluación de riesgo, y de flexibilidad regulatoria, por nombrar sólo los más importantes. Algunas de estas evaluaciones –especialmente, las de impacto económico– se presentan como si fueran un análisis neutral, pero ello no es más que una quimera[69]. Importa que las agencias tengan una mayor elevación de miras y sean capaces de proyectarse más allá de su radio de acción. Y, en ese sentido, un cuidadoso análisis prospectivo puede representar una valiosa ayuda. Pero la intensidad del análisis habrá de variar en función de la importancia de la misión. Debe garantizarse la completa transparencia y unos adecuados recursos (económicos y de gestión) para su aplicación y supervisión. De otra parte, han de evitarse la falta de rigor; los acuerdos institucionales que impliquen la primacía de la voluntad política sobre los juicios técnicos y objetivos; y una mezcla de análisis de «impacto» pobremente articulada.

Ha de prestarse una especial atención a la evolución del gobierno o Administración electrónicos. El paso de la documentación en papel a Internet en lo que respecta al procedimiento de elaboración de normas y disposiciones promete generar mayor transparencia y accesibilidad. Ahora bien, han de garantizarse unas prácticas uniformes, un sistema de archivo común o universal de documentos, una búsqueda sencilla y una gestión eficaz. Se trata de un mundo emergente y en desarrollo, que aún requiere de la financiación suficiente y de la necesaria dedicación para asegurar una gestión efectiva y la consecución de los objetivos que se pretenden.

El almacenamiento y el fácil acceso a toda la documentación relevante por medio de Internet podría transformar el procedimiento administrativo de elaboración de normas en alguna de las dos direcciones o coordenadas que lo enmarcan, o en ambas a la vez, esto es, en la dimensión política y en la judicial. Desde

---

69. SIDNEY A. SHAPIRO & CHRISTOPHER H. SCHROEDER, «Beyond Cost-Benefit Analysis: A Pragmatic Reorientation», 31 Harv. Environmental Law Review (en prensa, 2008).

la perspectiva política, es posible, por ejemplo, organizar una campaña de correo electrónico en el seno de un procedimiento para convertirlo en una suerte de plebiscito, sujeto desde luego a todas las distorsiones que pueden generarse cuando se utiliza Internet de ese modo, como pueden hacer los activistas. Ante esos escenarios, los tribunales podrían verse tentados a imponer una concepción más contradictoria y bilateral del procedimiento administrativo, esto es, más próxima al modelo judicial. La agencia puede recibir las alegaciones en papel de modo simultáneo y paralelo, en cuyo caso resulta difícil el acceso a toda la información, su lectura y clasificación. O bien, por el contrario, tener todas las alegaciones archivadas disponibles en Internet, lo cual multiplicará las posibilidades de que los participantes soliciten la oportunidad para responder, extremo éste que la legislación actual, basada en el papel, no contempla. Los tribunales podrían consolidar esta última tendencia o hipótesis en pro de un procedimiento administrativo más asimilado al proceso judicial (bilateral y contradictorio), puesto que tienen internalizada una clara preferencia en favor del modelo procesal. Aunque, a juicio de quien suscribe, se trate de una evolución indeseable, lo cierto es que resulta bastante probable.

Algunos de estos problemas podrían resolverse mejor si se dispensara un tratamiento más completo del procedimiento, esto es, si se integra y contempla como un elemento relevante la fase del procedimiento *previo* al anuncio del proyecto normativo. Cuando la Comisión Europea elabora propuestas legislativas[70], se sirve, *en una fase muy inicial* de su formación, de un trámite que se asemeja al de alegaciones del procedimiento norteamericano, para, entre otras cosas, obtener la información básica, generar consenso, tomar la temperatura política en relación con el tema, etc. El enfoque europeo, que no se diferencia en mucho de la idea que subyace al procedimiento de «elaboración negociada de reglamentos» en EE.UU., tiene la ventaja de que la tramitación resulta mucho más flexible y, por tanto, induce a una mayor aceptación y al desarrollo de conocimientos técnicos de indudable valor. La agenda regulatoria y los planes sobre la regulación, que son el correlato de los planes de trabajo de las Direcciones Generales

---

70. Peter L. Strauss, «Rulemaking in the Ages of Globalisation and Information: What America Can Learn From Europe, and Vice Versa», 12 Colum. J. Eur. L. 645 (2006).

de la Comisión Europea, habrían de servirse de las nuevas tecnologías y de otros elementos del procedimiento de elaboración de normas de nuestro tiempo, y, en consecuencia, ser más transparentes en su gestión y menos permeables a las simples interferencias políticas.

Por lo que se refiere, en fin, a la etapa que se abre en un futuro próximo, *con la nueva Presidencia,* la cuestión más fundamental acaso consista en restaurar y volver a dibujar la línea divisoria que separa la mera «voluntad (política)» (expresión simplemente del deseo del poder político, sin más), de un lado, y el juicio o valoración, de base racional o técnica, de otro. En nuestra concepción, tal como se ha racionalizado nuestro sistema, la elaboración de los reglamentos corresponde a las agencias, y no al legislativo, en el entendimiento de que los reglamentos se elaboraban con transparencia, de acuerdo con los estándares legislativos establecidos, y con el atento escrutinio judicial en punto al control de la razonabilidad de la norma. Sin embargo, nuestra cultura del Estado de Derecho parece verse amenazada a consecuencia de una sucesión de fenómenos o acontecimientos, como las conversaciones encubiertas y no transparentes que las agencias mantienen con la Casa Blanca; la injerencia o introducción de personas que actúan como agentes presidenciales en el seno de las agencias, con la finalidad de controlar abiertamente el aparato administrativo y, más en concreto, el procedimiento administrativo de elaboración de normas (sin autorización del legislador, por cierto); la frecuente sumisión de la ciencia a la política[71]; y la insistencia presidencial en decidir cuestiones que el Congreso pone bajo la decisión técnica de las agencias especializadas. Si el nuevo Presidente pudiera hallar una vía para volver a definir el control y la supervisión como una función administrativa y no política, podría contrarrestarse esta reciente evolución.

No se cuestionan, por ejemplo, los análisis y evaluaciones de impacto, con toda la aportación que suponen a la mejora de la planificación de las políticas regulatorias, ni su preocupación por cómo regular mejor. El problema radica

---

71. Thomas O. McGarity & Wendy E. Wagner, *Bending Science: How Special Interests Corrupt Public Health Research* (2008).

en que su permeabilidad a la influencia política debiera reducirse de algún modo.

Puede ser ilustrativo de cuanto ha quedado dicho (y de las diferentes concepciones y temores en liza), el ejemplo de la persona encargada de la «política regulatoria», cargo éste instituido en la Orden Ejecutiva 12.866 del Presidente Bush en 2007. Como ya notábamos, mediante esa Orden el Presidente le atribuyó a estas personas la función de controlar las actividades de producción normativa de las agencias, al servicio directo de la Casa Blanca. De este modo, se ha debilitado de modo evidente la relación de estos cargos con sus superiores en el seno de cada agencia, y se ha fortalecido paralelamente el control jerárquico del Presidente sobre ellos. Por su parte, la Casa Blanca ha insistido en que se trataba de una modificación menor que redundaría en una gestión más efectiva, y que no alteraba el equilibrio político entre el aparato administrativo de las agencias y los políticos del ejecutivo. Otros (entre los que se halla el autor) han visto en esta modificación una nueva manifestación de la teoría en favor de un fuerte «Presidente unitario», con los riesgos que ello entraña para el lugar que ocupa el Derecho en la regulación. La Cámara de Representantes ha rechazado hasta ahora en dos ocasiones la concesión de fondos para financiar las actividades del personal responsable de la política regulatoria, por entender que, aparentemente, constituyen una forma opaca de introducir en el funcionamiento de las agencias juicios políticos procedentes de la Casa Blanca, con grave distorsión de los juicios técnicos de los expertos de la Administración. El primero de estos intentos legislativos fracasó cuando un comité del Senado retiró el texto legal propuesto sin dar explicaciones, ni dar lugar a debate público. La actuación del Senado fue precedida de una campaña de grupos de presión en defensa de intereses industriales; un alto cargo de la Casa Blanca también argumentó ante el Senado que dicha actuación impediría que el Presidente pudiera ejercitar su competencia constitucional de control sobre un «ejecutivo unitario». Por supuesto, lo que la Constitución establece es que no podrá gastarse dinero público sin que el Congreso apruebe la correspondiente partida y quienes redactaron la Constitución entendieron a la perfección que el poder sobre los fondos públicos fue el medio a través del cual el Parlamento Británico había conseguido controlar al jefe del ejecutivo en el país tendencialmente inclinado a investirse de poder absoluto. El razonamiento del representante de la Casa Blanca, pues, era inconsistente[72].

---

72. Más recientemente, se ha planteado un nuevo debate sobre este extremo: «House Panel Trying again to Block Spending on Bush-Appointed Regulatory Policy Officers», *BNA Daily Report for Executives*, 1 de julio de 2008, p. A-17.

III. DIRECTRICES Y OTRAS FORMAS DE «DERECHO BLANDO» («SOFT LAW»)

El Derecho indicativo o «Derecho blando» («soft law») constituye un fenómeno común y conocido en cualquier cultura jurídica evolucionada. Las leyes y los reglamentos dejan, inevitablemente, espacio a la interpretación y a la discrecionalidad. Ello es especialmente así cuando, como sucede hoy en los Estados Unidos, se considera preferible que las obligaciones legales de los sectores regulados se expresen en términos generales mediante el establecimiento de estándares (objetivos a conseguir) en lugar de recurrir a definiciones precisas y detalladas de conductas de obligado cumplimiento (modelo de «ordeno y mando»)*. El uso de directrices en lugar de normas vinculantes deja espacio para que el destinatario encuentre los medios más eficaces para conseguir lo que la ley demanda y espera. Dejando al margen las consideraciones morales, este es el planteamiento más coherente igualmente con la libertad humana.

Un fabricante puede preferir que se le indiquen por ley cuáles son los niveles de control de contaminación que ha de alcanzar, en lugar de que se le diga cuál es la maquinaria exacta que debe utilizar a tal propósito, aun cuando quepa esperar, desde luego, que valore en mucho las directrices, guías o recomendaciones que sobre ése y otros temas pueda ofrecer la Administración, de modo que se sirva de la experiencia acumulada sobre los medios para alcanzar los niveles que la ley haya establecido. Esas directrices, guías o recomendaciones –no vinculantes– no impiden la libre iniciativa de sus destinatarios para encontrar mejores soluciones y medidas, pero al menos aquellos que carecen de recursos para hacer una verdadera investigación encontrarán en ellas una valiosa ayuda que les garantiza cómo cumplir con los objetivos que la ley haya marcado. En mi experiencia personal**, en la Comisión de Regulación Nuclear, un departamento de la Agencia se dedicaba por entero a elaborar esa clase de directrices, guías o recomendaciones sobre materias relacionadas con la seguridad nuclear, para un mejor cumplimiento de los estándares y criterios establecidos en los reglamentos. La

---

* *Vid.* la introducción de la presente obra colectiva.
** Consejero General de la Nuclear Regulatory Commision.

Comisión misma aprobaba los reglamentos y, en cambio, esos instrumentos de Derecho blando eran elaborados de un modo informal por el equipo administrativo, con frecuencia después de haber mantenido arduas conversaciones con los propios afectados, tan sólo con una supervisión muy genérica de los Comisionados (o vocales de la Comisión). El volumen de documentos de «soft law» era inmensamente superior al de los reglamentos. Y esa misma relación entre Derecho blando y Derecho duro la encontramos desde luego con los demás reguladores de temas relacionados con la protección del medio ambiente, la seguridad y la salud: la Administración Federal de Aviación (*Federal Aviation Administration*); la Administración de Productos Alimentarios y Medicamentos (*Food & Drug Administration*); etc. En estos y otros casos se intenta regular mediante el establecimiento de criterios a alcanzar, antes que con una regulación detallada de la conducta que ha de llevarse.

El Derecho blando, en su forma de instrucciones o guías para el personal al servicio de la Administración («staff»), supone al mismo tiempo una garantía de cuál va a ser la acción de la agencia; proporciona, por ello, una cierta estabilidad y previsibilidad de las decisiones y actividades que va a realizar, lo que beneficia tanto a los afectados como a los órganos directivos de las agencias. Si una agencia depende de sus inspectores para cumplir con su cometido sobre el terreno, tanto la dirección de la agencia como los propietarios de las instalaciones inspeccionadas, valorarán positivamente la existencia de instrucciones que indiquen a los inspectores cómo deben cumplir con sus funciones. Los «Manuales del personal» y otros documentos similares tienen carácter público. Aunque no resulten obligatorios ni invocables ante los tribunales frente al personal de la Administración, proporcionan un marco sólido para las expectativas que los ciudadanos puedan tener sobre la conducta de la Administración, para organizar y disciplinar la gestión, y para corregir actuaciones desviadas por mecanismos extrajudiciales.

El «soft law» resulta igualmente útil para ofrecer el necesario asesoramiento a los afectados por la regulación.

Por ejemplo, a los ciudadanos les interesa saber cuál es el tratamiento que una mercancía puede tener en la aduana; o si ciertas actividades han de considerarse como tiempo de trabajo según la normativa laboral; o cuál será el régimen fiscal de determinadas transacciones; o cómo interpretar ciertas normas sobre el uso de «airbag», dictadas por la agencia correspondiente (en este caso, por la Administración Nacional de Seguridad en el Transporte por Carretera).

Si el asesoramiento y el consiguiente aprendizaje resultan de fácil acceso al público, se podrá influir en la conducta y actividades de los ciudadanos. Y en la sociedad de la información ese asesoramiento está a disposición de todos. En ese sentido, se incentiva, cuando no se exige, que el personal al servicio de la Administración actualice la información y haga su búsqueda sencilla. Y ello constituye la mejor de las soluciones, tanto para incrementar la transparencia, como para evitar el favoritismo o incluso la corrupción. La práctica de estos instrumentos de Derecho blando fomenta la regularidad, previsibilidad y estabilidad, como se ha notado. Pero sería excesivo convertir el asesoramiento en una suerte de precedente vinculante para el futuro, puesto que ello provocaría, entre otras consecuencias, que el personal al servicio de la Administración se mostrase reacio a asesorar o recomendar determinadas actuaciones, a no ser que mediara un complejo y elaborado procedimiento que así lo autorizara.

Todo esto ha sido así durante muchos años. Sin embargo, y como consecuencia de la trayectoria que ha seguido el procedimiento administrativo de elaboración de normas, basado en el modelo del anuncio y las alegaciones, la complejidad alcanzada ha determinado la emergencia de otro elemento en el cuadro: el recurso de las agencias al Derecho blando o «soft law» para conseguir lo que se supone que habría de ser alcanzado mediante la aprobación de reglamentos. En otras palabras: en la medida en que el procedimiento administrativo de elaboración se ha «encarecido», parece que las agencias intentan atender sus fines a un menor coste, en la medida de lo posible[73]. En otro

---

73. La Administración de Productos Alimentarios y Medicamentos (FDA, en sus siglas en inglés) de hecho, redujo el número de normas reglamentaras en un 50 % en el período comprendido desde principios de los ochenta a mediados de los noventa. En el mismo período, hubo un significativo incremento de directrices. En los noventa, la FDA produjo cuatro veces más directrices al año que en la década anterior. *Vid.* Todd. D. Rakoff, «The Choice Between Formal and Informal Modes of Administrative Regulation», 52 Admin. L. Rev. 159, 167-68 (2000).

lugar, me he ocupado con mayor detenimiento acerca de la necesidad de encontrar un equilibrio entre los valores que aporta el «soft law» en beneficio del sistema, de un lado, y los abusos o desviaciones en que puede caerse, de otro[74]. Baste ahora destacar algunas fórmulas que han servido para contrastar los reglamentos y el Derecho blando, en la evolución jurídica más reciente:

a) Cuando una agencia aprueba un reglamento que, de algún modo, expresa una concepción determinada de su propia ley constitutiva, el control judicial de ésta sigue un régimen que ha venido en llamarse «Chevron», por el nombre del famoso caso que dio lugar a esa doctrina jurisprudencial, y que se resuelve en un examen en dos pasos o fases[75]. En un primer momento el tribunal determina, de forma independiente (aunque con las herramientas y reglas interpretativas de las leyes, lo que puede incluir naturalmente cierto respeto por la manera en que el personal de la agencia ha entendido el asunto), si el sentido atribuido por la agencia resulta *posible*, esto es, si ese significado tiene apoyo en el lenguaje. Podría decirse que aquí los tribunales actúan como si tuvieran capacidad decisoria sobre la materia en cuestión. Ahora bien, una vez que han concluido que ese significado es posible, se convierten no en órgano decisor, sino en supervisor o controlador. La cuestión en la segunda fase, en efecto, consiste en indagar si ese particular sentido que la agencia ha derivado de la ley es razonable, en el bien entendido de que el Congreso le ha atribuido a la agencia esa misión. Los tribunales son responsables de controlar la acción administrativa desde la perspectiva de su razonabilidad, pero también han de respetar al mismo tiempo el poder, de carácter primario, que el Congreso ha querido asignarle a las agencias[76].

---

74. PETER L. STRAUSS, «Publication Rules in the Rulemaking Spectrum: Assuring Proper Respect For An Essential Element», 53 Admin. L. Rev. 803 (2001).

75. Chevron U.S.A. Inc. v. Natural Resources Defence Council, 467 U.S. 837 (1984).

76. PETER L. STRAUSS, «Overseers or 'The Deciders': The Courts in Administrative Law», 75 U. Chi. L. Rev. 815 (2008).

Supongamos ahora que la agencia alcanza esa interpretación, no a través de un reglamento como en el caso anterior, sino por medio de alguna forma de «soft law». La agencia no estaría ya ejerciendo una potestad delegada para «crear normas» o «hacer Derecho», ni siguiendo unos procedimientos públicos bien definidos. En un caso posterior al de *Chevron, United States contra Mead Corp*[77], el Tribunal Supremo resolvió que el análisis de *Chevron* se circunscribe a los supuestos en que pueda considerarse que la agencia pretende crear Derecho a través de los medios que el Congreso ha establecido a tal propósito. En el contexto del «soft law» (el caso *Mead,* por su parte, trataba de un asesoramiento relativamente informal sobre el régimen aduanero de determinados productos), la opinión de la agencia pudo no ser más que un elemento entre otros en la escala que maneja el juez, y el peso de esa opinión depender de un conjunto de factores para que resulte convincente[78]. Este contraste entre ambas doctrinas parece razonable y fácil de comprender, pero cualquier lector de la jurisprudencia americana quedaría asombrado al descubrir hasta qué punto *Chevron, Mead* y otros casos posteriores siguen siendo motivo de un muy complejo debate[79].

---

77. 533 U.S. 218 (2001).

78. *Skidmore v. Swift & Co.* 323, U.S. 134, 140 (1994) («el peso de la valoración realizada por la agencia en un caso particular dependerá de la minuciosidad contrastada con la que se ha procedido, en la validez del razonamiento empleado, la coherencia con resoluciones anteriores y posteriores, y todos aquellos factores que le permiten gozar de influencia en aquellos ámbitos en los que carecen del poder de control»).

79. *Vid.,* por ejemplo, JERRY L. MASHAW, *Greed, Chaos and Governance* (Yale, Univ. Press, 1999), CYNTHIA R. FARINA, «Statutory Interpretation and the Balance of Power in the Administrative State», 89 Colum. L. Rev. 452 (1989); JONATHAN T. MOLOT, «The Judicial Perspective in the Administrative State: Reconciling Modern Doctrines of Deference With The Judiciary's Structural Role», 53 Stan. L. Rev. 1 (2000); CASS. R. SUNSTEIN, «Law and Administration after Chevron», 90 Colum. L. Rev. 2071 (1990); PETER L. STRAUSS, «One Hundred Fifty Cases Per Year: Some Implications of the Supreme Court's Limited Resources for Judicial Review of Agency Action», 87 Colum. L. Rev. 1093 (1987); PETER L. STRAUSS, «Overseers or «The Deciders»: The Courts in Administrative Law», 75 U. Chi. L. Rev. 815 (2008).

b) Piénsese ahora en el siguiente supuesto: que el Derecho blando tenga por objeto una interpretación de la agencia, pero no referida a la ley, como en el caso anterior, sino a los propios reglamentos, un escenario éste que, como ya anticipábamos en la introducción de este epígrafe, resulta tan inevitable como deseable. De acuerdo con una dilatada jurisprudencia, esas interpretaciones gozan de una fuerza extraordinaria, y habrán de aceptarse salvo que se demuestre su irracionabilidad, fuera ya de las posibilidades que permite el lenguaje legal o motivos análogos[80]. Si se piensa que la agencia es la sede de la responsabilidad y del conocimiento especializado, tiene pleno sentido. Ahora bien, si se mira más atentamente, ese planteamiento genera un efecto perverso en las agencias, un incentivo de carácter negativo. Cuando el Congreso legisla, delegando competencias en favor de una agencia, sabe que se está desprendiendo de un considerable poder para el futuro en relación con la materia objeto de la ley, lo que le sirve de acicate para legislar del modo más completo y preciso posible. Pero cuando una agencia adopta una disposición reglamentaria que más tarde habrá también de interpretar, es bien consciente de que no se está desprendiendo de dicho poder, a diferencia del legislativo. Algunos han visto en esta realidad un estímulo para que las agencias aprueben «normas amorfas e imprecisas» (*promulgate mush*), por usar las gráficas palabras de un juez de apelación. Luego, esos ambiguos e indefinidos reglamentos podrán ser interpretados y reinterpretados, según las necesidades del contexto, en el convencimiento de que todas las posibles interpretaciones tendrán que ser aceptadas por los tribunales[81].

¿Cómo contrarrestar este desafortunado incentivo? El Profesor John Manning ha argumentado de forma convincente que debe abandonarse esa arraigada doctrina por resultar contraria a la concepción

---

80. *Bowles v. Seminole Rock & Sand Co.*, 325 U.S. 410, 414 (1945) («el criterio último es la interpretación de la Administración, que se convierte en el elemento de referencia a menos que sea plenamente errónea o incoherente con la norma reglamentaria»), *Thomas Jefferson Univ. v. Shalala*, 512 U.S. 504 (1994), *Auer v. Robbins* 519 U.S. 452 (1997).

81. *Paralyzed Veterans of Am. v. D.C. Arena L.P.* 117 F.3d 579, 584 (D.C. Cir.1997).

americana de la división de poderes[82], para sustituirla por un planteamiento similar al que contiene la doctrina de la Sentencia *Mead*. El Tribunal de Apelación del Distrito de Columbia, el principal tribunal administrativo del país, ha adoptado la doctrina del «bocado único» («*one bite*»), en virtud de la cual, una vez interpretada la regla o disposición, sólo puede reinterpretarse si es sometida a un nuevo procedimiento de anuncio y alegaciones. Sin embargo, este criterio puede suponer la sustitución de una inadecuada flexibilidad por una no menos inadecuada rigidez, por lo que otros tribunales (incluido, según parece, el Tribunal Supremo[83]) han aceptado la posibilidad de reinterpretaciones siguiendo el procedimiento propio del *soft law* original. A mi juicio, y como antes se ha apuntado[84], el mejor enfoque consiste en tratar todas las interpretaciones del «soft law», ya procedan de mandatos legales o de mandatos reglamentarios, de conformidad con los criterios establecidos en la sentencia *Mead*, que se caracterizan por su carácter respetuoso e imparcial. Por añadidura, cabe suponer que los tribunales serán menos reacios a fallar que una agencia no ha sido suficientemente diligente en la elaboración de la disposición reglamentaria que debe interpretarse, por ser necesario un mayor nivel de detalle en la propia norma para resultar válida, que fallar lo mismo en relación con el Congreso (por razones políticas). Ello solventaría la cuestión de la aprobación de «normas amorfas e imprecisas» pero podría abrir una vía inapropiada para que jueces temerarios introdujeran sus propios criterios políticos. Y hasta hoy no se ha producido ningún giro significativo en esta dirección en la jurisprudencia.

c) Otra cuestión difícil que ha aflorado con cierta frecuencia en la jurisdicción del Distrito de Columbia, aunque en menor medida en

---

82. JOHN F. MANNING, «Constitutional Structure and Judicial Deference to Agency Interpretations of Agency Rules», 96 Colum. L. Rev. 612, 682-83 (1996).

83. Shalala, 512 U.S. En 515.

84. PETER L. STRAUSS, «Publication Rules in the Rulemaking Spectrum: Assuring Proper Respect for an Essential Element», 53 Admin. L. Rev. 803 (2001).

otros tribunales, está relacionada con la percepción de que las agencias están haciendo uso del «soft law» en circunstancias que requerirían reglamentos –y, por tanto, resultaría exigible el procedimiento administrativo basado en el anuncio y en las alegaciones–. Así, cuando en la práctica las directrices, recomendaciones o guías dirigen la conducta privada, el tribunal ha llegado a calificarla como «vinculante», es decir, dotada de la fuerza de ley y, por tanto, urgida a ser aprobada mediante el procedimiento propio de los reglamentos. Este enfoque pone en peligro no sólo ciertos usos abusivos del Derecho blando, sino también los más beneficiosos. La agencia temerá que cada vez que el «soft law» pueda influir la conducta del sujeto privado los tribunales concluyan que dicha influencia es de tal entidad que sea necesario acudir a los procedimientos formales.

Dos desafortunadas consecuencias derivan de todo ello: la primera, que las agencias se muestran cada vez más reacias a proporcionar asesoramiento, por lo que crean esferas de «Derecho» secreto y privan al público de la seguridad jurídica que comporta conocer cómo espera la agencia que se actúe. La segunda es que, cuando proporcionan asesoramiento, las agencias pueden emitir el aviso legal de que éste no les vincula, con el fin de protegerse y de evitar que se les obligue a someter ese asesoramiento al procedimiento administrativo de elaboración de reglamentos, basado en el anuncio y en las alegaciones[85]. Ninguno de esos dos resultados puede ser deseable.

---

85. *Appalachian Power Co. V. EPA.*, 208 F ed. 1015, 1022 (D.C. Cir. 2000) («los demandantes recurren los elementos de la directriz que suponen un posicionamiento concreto de la agencia, que se prevé que mantendrá cuando revise los permisos otorgados por el Estado, y que obligará a cumplir a las autoridades estatales y locales cuando fijen los términos y condiciones de los permisos otorgados a los demandantes, una posición que los funcionarios de la EPA sobre el terreno están obligados a cumplir»). Puede contrastarse el anuncio colgado en la web de la Administración Nacional de Seguridad en el Transporte por Carretera: «el Letrado Jefe de la Administración Nacional de Seguridad en el Transporte por Carretera interpreta las leyes que la agencia aplica y los reglamentos que promulga. Las interpretaciones del Letrado Jefe realizadas por medio de cartas en respuesta a preguntas de la industria del automóvil y del público representa la visión final y definitiva de la agencia en la cuestión de que se trate y puede confiarse en ella por parte de la industria y por el público. Además de en la web también están accesibles al público en el archivo de referencias técnicas de la agencia en Washington» (http:// www.nhtsa. dot.gov./portal/site/nhtsa/menu-item.4d1e17245efafde89ec0f210dba046a0/).

A mi juicio, prácticamente todos los supuestos en los que se concluyó que debía haberse seguido el procedimiento administrativo de elaboración de reglamentos en lugar de haber aprobado un instrumento de «soft law», en realidad, podían haberse resuelto sin invocar cuestiones de procedimiento (de insuficiencia, en este caso) puesto que el problema radicaba en el fondo del asunto, más que en el procedimiento. En efecto, las cuestiones suscitadas podían haberse planteado sencillamente en sus justos términos, que no eran otros que los de fondo. Y es que las directrices emanadas carecían de base normativa suficiente o, por mejor decir, que el conjunto de leyes y reglamentos en la materia no daban cobertura, ni, en consecuencia, autorizaban a dictar tales directrices.

El probable influjo que ejerza el asesoramiento o recomendación sobre la conducta del sujeto privado debería considerarse una señal o indicio, no tanto para concluir en favor de un procedimiento administrativo más riguroso y formalizado, sino, más bien, para advertir que la tutela judicial sobre el fondo del asunto que plantea el instrumento de Derecho blando sea en verdad la apropiada. Cabría aplicar por analogía las fórmulas propias de los procesos de carácter declarativo, o de la tutela cautelar a la que antes se hizo referencia. Sin embargo, la jurisprudencia se ha mostrado contraria a entender que las directrices, guías o recomendaciones, o cualquier otro instrumento de «soft law», constituya en sí una decisión o acción definitiva por parte de la agencia, o que la acción esté «madura» para el control judicial, dos presupuestos procesales inexcusables para acceder a los tribunales. Esa es la razón por la que a la postre se centra todo en la insuficiencia procedimental de los instrumentos de Derecho blando en cuestión (por su decisiva repercusión sobre la conducta privada). Algunos casos sí han logrado superar estas barreras de un modo inteligente[86]. A mi entender, este enfoque en realidad plantea menos riesgos para un instrumen-

---

Este es un resultado deseable; pero tiene el riesgo de considerar las interpretaciones como «vinculantes» y, en consecuencia, requeriría ser objeto de los trámites de publicidad y audiencia.

86. *Vid.* Nacional Automatic Laundry & Clearing Council v. Shultz, 443 F.2d 689 (D.C. Cir. 1971); Floersheim v. Weinburger, 346 F. Supp 950, 954-55 (D.D.C. 1972).

to regulatorio que, como hemos visto más arriba, proporciona un gran valor añadido para el público y la dirección de las agencias.

d) En años más recientes han surgido soluciones y planteamientos más saludables para resolver los problemas que plantea el Derecho blando. Las agencias se han ocupado con intensidad de estudiar y debatir con los afectados el proyecto de «soft law». Ello entraña una adaptación, eso sí, informal, del procedimiento administrativo de elaboración de reglamentos, sin incorporar los requisitos tan complejos que se han añadido en los últimos tiempos. Para la Agencia de Productos Alimentarios y Medicamentos (FDA), la Ley exige un «Código de Buen Asesoramiento» que incorpore medidas de este tipo[87]. La OPGP ha venido promoviendo esas prácticas para todo asesoramiento de cierta importancia, y, a tal propósito, ha establecido los criterios que las agencias federales han de seguir cuando pretendan establecer y difundir los instrumentos más relevantes de «soft law»[88]. Algunos de esos requisitos consisten en la obligación de publicar en formato electrónico la relación de todos los documentos de «soft law» que tengan alguna entidad. En consecuencia, a través de Internet resulta de fácil acceso y consulta la mayor parte de la información relativa a las opiniones y criterios de la agencia, en una búsqueda rápida, que contrasta desde luego con lo que ocurría no hace tanto tiempo atrás, cuando la búsqueda habría requerido largas y costosas horas de profesionales, con una menor garantía por cierto de seguridad sobre la información obtenida.

Como ya se ha hecho notar, algunas disposiciones, sin duda controvertidas, han introducido una fuerte dimensión política en las actividades regulatorias, como ha sucedido con el fortalecimiento de la figura del controlador de políticas regulatorias en el seno de las agencias, bajo dependencia de la Casa Blanca. A ello se añaden, en el mismo

---

87. 21 U.S.C. § 371 (h).

88. *Guidelines for Ensuring and Maximizing the Quality, Objectivity, Utility, and Integrity of Information Disseminated by Federal Agencies*, 67 Fed. Reg. 369 (Office of Mgmt. and Budget, de 3 de enero de 2002).

plano político, las recientes reformas introducidas por el Presidente Bush de las Órdenes Ejecutivas 12.866 y 13.422 en las que no sólo se establecen las medidas mencionadas en el párrafo anterior, promoviendo la mayor accesibilidad a tan importante información, sino también la lista de documentos de «soft law» cuya emisión requiere un procedimiento previo de análisis de impacto. La aceptación general de estas medidas ha sido muy alta, comparada con las relativas a la mayor politización de las agencias a las que ya se ha hecho referencia.

Con todo, ha de notarse que medidas tan sencillas y fácilmente justificables como las que se acaban de exponer suponen al mismo tiempo un coste en términos de tiempo y de recursos para las agencias que, sin duda, dificulta el reto de hallar los medios para cumplir las funciones que la ley les asigna. Las restricciones presupuestarias, la creciente complejidad de los asuntos de la sociedad y economía contemporáneas a los que han de enfrentarse las agencias, o la interrelación de los objetivos que éstas persiguen explican desde luego éstas y otras medidas en el plano de la regulación, como las de evaluación del riesgo o por pares en el ámbito científico. Pero suponen al mismo tiempo un arma de doble filo. En un contexto que se caracteriza por la puesta en práctica de programas y políticas dirigidos a una enorme masa de la población, algunos comentaristas han hablado de la necesidad de encontrar un modelo de justicia que se asimile a la idea práctica y media del «coche popular»[89], puesto que el modelo del «Rolls Royce» resulta insostenible. Tal es el desafío al que ha de darse respuesta.

---

89. O «*flivver*» *justice*. Un *Flivver* es un automóvil antiguo, probablemente muy barato también cuando era nuevo, por ejemplo, el Citroën 2 CV.

CAPÍTULO VIII

LA EVOLUCIÓN DEL PROCEDIMIENTO TIPO DE LA LEY DE PROCEDIMIENTO ADMINISTRATIVO ALEMANA DE 1976: HACIA UN MODELO INTEGRAL Y COMPRENSIVO

Jens-Peter Schneider*

* Catedrático de Derecho Administrativo, Universidad de Osnabrück, Alemania.

ÍNDICE

La traducción ha sido realizada por Javier Barnes, Catedrático de Derecho Administrativo, y Emilio Guichot, Profesor Titular de Derecho Administrativo, Universidad de Sevilla.

I

EL PROCEDIMIENTO ADMINISTRATIVO CONSTITUYE UN PROCESO INSTRUMENTAL DISEÑADO PARA LA COMUNICACIÓN, LA INFORMACIÓN Y LA TOMA DE DECISIONES Y CUYO OBJETO CONSISTE EN LA CONCRECIÓN, DETERMINACIÓN Y CREACIÓN DEL DERECHO

«LAS Administraciones públicas constituyen sistemas sociales, jurídicamente estructurados, que procesan información, se comunican, y producen o emanan decisiones»[1]. Estas operaciones se materializan y hacen realidad a través de procedimientos administrativos. Desde el punto de vista del Derecho, en efecto, los procedimientos administrativos representan *un modo de crear y de hacer efectivo el Derecho Administrativo*, porque de ordinario las normas abstractas no resultan directamente aplicables y es necesario que la Administración, en cada caso, aplique y concrete, desarrolle o innove, según los casos[2]. En función de la menor o mayor amplitud de las potestades que la ley le atribuya a la Administración para decidir sobre el fondo del asunto, los procedimientos administrativos se moverán dentro de una horquilla o escala que va desde aquéllos que no tienen otro objeto que aplicar lo que la ley ha predeterminado hasta el detalle y en cuyo caso poco espacio o margen resta al contenido material

---

1. RAINER PITSCHAS, *Verwaltungsverantwortung und Verwaltungsverfahren: Strukturprobleme, Funktionsbedingungen und Entwicklungsperspektiven eines konsensualen Verwaltungsrechts* (1990), p. 28.

2. RAINER WAHL, «Verwaltungsverfahren zwischen Verwaltungseffizienz und Rechtsschutzauftrag», en 41 (1983) *Veröffentlichungen der Vereinigung der Deutschen Staatsrechtslehrer* (VVDStRL), p. 151 (pp. 153 y s.); EBERHARD SCHMIDT-ASSMANN, «Der Verfahrensgedanke im deutschen und europäischen Verwaltungsrecht», en: Hoffmann-Riem/Schmidt-Aßmann/Voßkuhle, *Grundlagen des Verwaltungsrechts* (GlVwR), vol. 2, Beck, 2008, § 27, núm. marg. 65; GUNNAR FOLKE SCHUPPERT, *Verwaltungswissenschaft* (2000), p. 794; HERMANN HILL, *Das fehlerhafte Verfahren und seine Folgen im Verwaltungsrecht* (1986), p. 282.

de la decisión administrativa, hasta aquellos otros que, por el contrario, se convierten en un instrumento o medio para la concreción, determinación y creación del Derecho, y, en consecuencia, en fuente propia de lo que es correcto o no[3]. En la justa medida en que en no pocos ámbitos o sectores la ley ha perdido fuerza o capacidad para dirigir a la Administración a través de programas materiales que puedan preverlo todo y preestablecer la respuesta o la acción para cada caso, el procedimiento administrativo ha adquirido un creciente protagonismo en su función de legitimar y compensar ese déficit. Esa doble función –de legitimación democrática y de compensación de la debilidad directiva de la ley– se acentúa cuando, a resultas de una programación legal tan abierta de la acción administrativa, padece la función de control que la jurisdicción tiene atribuida, habida cuenta de que el juez, que lo es de la legalidad, no tiene ante sí una norma jurídica estructurada en presupuestos de hecho y consecuencias jurídicas, sino en objetivos, fines, cláusulas o principios, garantías de resultado, etc.[4] Ello significa, en otras palabras, que el procedimiento en tales casos ha de expresar y articular la necesaria legitimación democrática. Así las cosas, es claro también desde esa perspectiva que el procedimiento administrativo posee una clara *dimensión instrumental*, puesto que no constituye un fin en sí mismo, sino que sirve a la realización *material* de las funciones y responsabilidades que a la Administración incumben. Ahora bien, hablar de «función instrumental» no supone en modo alguno minimizar su relevancia y convertirlo en algo meramente adjetivo. Antes al contrario, con ello se pretende subrayar su

---

3. WAHL, «Verwaltungsverfahren», cit. (nota 2), pp. 153 y ss.; en otro sentido, PITSCHAS, *Verwaltungsverantwortung*, cit. (nota 1), p. 23.

4. WAHL, cit. (nota 2), «Verwaltungsverfahren», pp. 158 y ss.; SCHUPPERT, cit. (nota 2) Verwaltungswissenschaft, pp. 805 y ss.; asimismo FRANZ REIMER, «Das Parlamentsgesetz als Steuerungsmittel und Kontrollmaßstab», en: Hoffmann-Riem/Schmidt-Aßmann/Voßkuhle, *Grundlagen des Verwaltungsrechts* (GlVwR), vol. 1, Beck, 2006, § 9, núm. marg. 84 y ss.; WOLFGANG HOFFMANN-RIEM, «Die Eigenständigkeit der Verwaltung», en la misma obra § 10, núm. marg. 56 y ss.; HEIKE JOCHUM, *Verwaltungsverfahrensrecht und Verwaltungsprozessrecht: Die normative Konnexität von Verwaltungsverfahrens- und Verwaltungsprozeßrecht und die Steuerungsleistung des materiellen Verwaltungsrechts* (2004).

peso específico en la determinación material del Derecho[5]. Cuestión distinta sería que se pretendiera con ello postular una posición subordinada y marginal del procedimiento en relación con el Derecho Administrativo material[6].

La concreción, determinación y creación del Derecho que se realiza en el seno del procedimiento administrativo se expresa a través de *decisiones*, cuya naturaleza, desde luego, puede ser muy diferente. A los efectos de la construcción sistemática del Derecho Administrativo, han de considerarse como decisiones de la Administración no sólo aquellas manifestaciones de la voluntad expresamente recogidas en la Ley de Procedimiento Administrativo alemana de 1976 (Verwaltungsverfahrensgesetz, o VwVfG, en adelante LPA), esto es, el acto administrativo y el contrato (art. 9, en relación con el 35 y 54 de la LPA)[7], sino también aquellas otras decisiones que desembocan en la aprobación de normas reglamentarias, las que subyacen a la aprobación del planeamiento urbanístico y territorial, las que se expresan a través del Derecho Privado, las que se refieren a prestaciones materiales realizadas por la Administración, o las que se producen en el marco de procedimientos que tienen por objeto la mediación de intereses contrapuestos[8]. Ha de reconocerse, en ese sentido, que son muchas las deci-

---

5. *Cfr.* Tribunal Constitucional Federal (Bundesverfassungsgericht – BVerfG), en (2006) *Neue Zeitschrift für Verwaltungsrecht* (NVwZ), pp. 1041 y ss. (núms. marg. 102, 103, 121, 123); en: (2006) *Neue Zeitschrift für Verwaltungsrecht* (NVwZ), pp. 1396 (núm. marg. 74 y ss.); en: (2006) *Neue Juristische Wochenschrift* (NJW), p. 2613 (núm. marg. 43 y ss.).

6. SCHMIDT-ASSMANN, cit. (nota 2), «Verfahrensgedanke», en: Hoffmann-Riem/Schmidt-Aßmann/ Voßkuhle, GlVwR, vol. 2, § 27, núm. marg. 64.

7. Ley de Procedimiento Administrativo o *Verwaltungsverfahrensgesetz* (VwVfG), (2003) Bundesgesetzblatt – BGBl. I, p. 102, en la redacción modificada por el art. 4 (8) de la Ley de 5 de mayo de 2004, (2004) Bundesgesetzblatt – BGBl. I, p. 718. El citado art. 9 de la Ley fija el concepto de procedimiento administrativo: «Se entiende por procedimiento administrativo a los efectos de esta ley la actividad administrativa exterior, que tiene por objeto el análisis de los presupuestos, la preparación y el dictado de un acto administrativo o la celebración de un contrato administrativo».

8. EBERHARD SCHMIDT-ASSMANN, *Das Allgemeine Verwaltungsrecht als Ordnungsidee, Grundlagen und Aufgaben der verwaltungsrechtlichen Systembildung* (2ª edición, 2004), capítulo 6, núm. marg. 48; véase también: WOLFGANG HOFFMANN-RIEM, «Verwaltungsverfahren

siones que adopta la Administración que quedan fuera de la estrecha regulación de la Ley de Procedimiento Administrativo, lo que supone, en consecuencia, que se adopten decisiones o se realicen actuaciones que, según los casos, adolezcan de una cierta *inseguridad* e *incertidumbre* acerca de su fundamento o base normativo y de efectos jurídicos. Ello explica, en términos procedimentales, que deban establecerse nuevos procesos de aprendizaje y de acumulación de experiencia –conocimiento e información– para que la Administración pueda preparar y sopesar adecuadamente sus decisiones. Ahora bien, se trata en todo caso de generación de conocimientos y experiencias con un marcado carácter instrumental al servicio de la toma de decisiones, no para propagar el saber o el conocimiento en abstracto, como ocurre en la investigación científica básica[9].

«Todo Derecho dice relación con intereses. Por ello, el interés constituye una categoría fundamental del pensamiento jurídico»[10]. Si se admite, como se ha dicho, que el procedimiento administrativo, señaladamente en los supuestos a los que se ha hecho referencia, tiene por objeto concretar, determinar y establecer el Derecho para cada caso, habrá de concluirse igualmente que la noción de interés se sitúa en el centro de la teoría del procedimiento administrativo. En ese sentido, en efecto, el procedimiento administrativo sirve de vehículo para la ponderación y equilibrio de los intereses públicos y privados en presencia y, con mayor razón, cuando se trata de multiformes y heterogéneos intereses contrapuestos, propios de las relaciones multilaterales en los que participan una pluralidad de Administraciones y sectores sociales, en cuyo caso la Administración pública no puede hacer un análisis unilateral de los intereses en cuestión, sino que, por el contra-

---

und Verwaltungsverfahrensgesetz – Einleitende Problemskizze», en: Hoffmann-Riem/ Schmidt-Aßmann, *Verwaltungsverfahren und Verwaltungsverfahrensgesetz* (2002), p. 9 (pp. 51 y ss.).

9. Para mayor abundamiento, HANS CHRISTIAN RÖHL, «Ausgewählte Verwaltungsverfahren», en: Hoffmann-Riem/Schmidt-Aßmann/Voßkuhle, GlVwR, cit. (nota 2), vol. 2, § 30, núm. marg. 24.

10. EBERHARD SCHMIDT-ASSMANN, «Zur Reform des Allgemeinen Verwaltungsrechts: Reformbedarf und Reformansätze», en: Hoffmann-Riem/Schmidt-Aßmann/Schuppert, *Reform des allgemeinen Verwaltungsrechts* (1993), p. 37.

rio, ha de buscar la forma de optimizarlos todos a través de una estructura previamente establecida[11].

Ahora bien, la ponderación y equilibrio de intereses requiere, como su presupuesto mismo, de *información*. La ponderación, en efecto, depende por completo de la información obtenida y debidamente procesada. Ello significa, en primer término, que la Administración ha de identificar todos los intereses jurídicamente relevantes, así como las distintas alternativas de actuación o las opciones disponibles para darles debida satisfacción. Desde luego, no toda la información es relevante para la toma de decisiones. De ahí que, desde una perspectiva decisoria, el procedimiento administrativo pueda por ello concebirse como un proceso estructurado para la selección entre diferentes alternativas a través de la *adquisición* y *procesamiento* de la información[12]. En este contexto, las Administraciones operan como grandes organizaciones en cuyo seno se procesa la información. Y aun en el caso de que un órgano determinado adopte decisiones aisladas o «individuales», éstas siempre se ven influidas por la organización de la que forman parte, en particular por los órganos superiores[13]. Ha de notarse además que las nuevas tecnologías de la información y de la

11. WOLFGANG HOFFMANN-RIEM, «Ökologisch orientiertes Verwaltungsverfahrensrecht: Vorklärungen», en: 119 (1994) *Archiv des öffentlichen Rechts* (AöR), p. 590 (pp. 593 y ss.); JENS-PETER SCHNEIDER, «Kooperative Verwaltungsverfahren: Problemebenen der Kooperation in multilateralen Interessenstrukturen, aufgezeigt am Beispiel von Nachvollziehender Amtsermittlung, Vorhaben- und Erschließungsplan sowie Konfliktmittlung», en: 87 (1996) Verwaltungsarchiv (VerwArch), p. 38 (pp. 50 y ss.); FRIEDRICH SCHOCH, «Der Verfahrensgedanke im allgemeinen Verwaltungsrecht: Anspruch und Wirklichkeit nach 15 Jahren VwVfG», en: 25 (1992) *Die Verwaltung* (DV), p. 21 (pp. 25 y ss.): sobre la protección de los intereses por la vía del Derecho procedimental, desde una perspectiva general, véase MATTHIAS SCHMIDT-PREUSS, *Kollidierende Privatinteressen im Verwaltungsrecht: Das subjektive öffentliche Recht im multipolaren Verwaltungsrechtsverhältnis* (2ª edición, 2005).

12. SCHMIDT-ASSMANN, *Ordnungsidee*, cit. (nota 8), capítulo 6, núm. marg. 47; también CHRISTOPH GUSY, «Die Informationsbeziehungen zwischen Staat und Bürger», en: Hoffmann-Riem/Schmidt-Aßmann/Voßkuhle, , cit. (nota 2), vol. 2, § 23, núm. marg. 33 y ss.

13. En relación a la estructura de estos procedimientos internos, véase JENS-PETER SCHNEIDER, «Strukturen und Typen von Verwaltungsverfahren», en: Hoffmann-Riem/Schmidt-Aßmann/Voßkuhle, *Grundlagen des Verwaltungsrechts* (GlVwR), vol. 2, § 28, núm. marg. 107 y ss.

comunicación, según los casos, son susceptibles de ejercer un notable impacto sobre el procedimiento[14]. La legislación sobre el procedimiento administrativo no puede ignorar estas singularidades a los efectos de organizar el inexcusable procesamiento de la información[15], sin tampoco minusvalorar la relevancia que tiene el órgano individual para influir en la toma de decisiones[16].

Con el fin de atender esa función *informativa* que al procedimiento administrativo le ha sido asignada, el Derecho ha establecido ciertos procesos de comunicación entre diferentes sujetos dentro y fuera de la Administración, con el objeto de facilitar la preparación de la toma de decisiones[17]. Ahora bien, la comunicación interna a la que se aspira en el seno del procedimiento no supone la creación de unas opciones o canales de comunicación ilimitados. El Derecho, por el contrario, se ha mostrado muy selectivo a la hora de configurar la comunicación, tanto en lo que hace a los interlocutores que participan, como al objeto de la comunicación y a los plazos en que ésta deba producirse[18]. A ello se añade que el procedimiento se mueve entre dos polos: la necesidad de la *eficacia* administrativa y la obligada *tutela* del

---

14. Gabriele Britz, «Elektronische Verwaltung», en: Hoffmann-Riem/Schmidt-Aßmann/Voßkuhle, GlVwR, cit. (nota 2), vol. 2, § 26, núm. marg. 59.

15. Thomas Vesting, «Die Bedeutung von Information und Kommunikation für die verwaltungsrechtliche Systembildung», en: Hoffmann-Riem/Schmidt-Aßmann/Voßkuhle, GlVwR, cit. (nota 2), vol. 2, § 20, núm. marg. 2 y ss. (nota 2).

16. Pitschas, cit. (nota 1), *Verwaltungsverantwortung*, pp. 30, 35, 47; véase también Winfried Brohm, «Die Dogmatik des Verwaltungsrechts vor den Gegenwartsaufgaben der Verwaltung», 30 (1972) *Veröffentlichungen der Vereinigung der Deutschen Staatsrechtslehrer* (VVDStRL), p. 245 (p. 286).

17. Jan Ziekow, «Der Einfluss des neuen Steuerungsmodells auf das Verwaltungsverfahren und seine gesetzliche Regelung», en: Hoffmann-Riem/Schmidt-Aßmann, *Verwaltungsverfahren und Verwaltungsverfahrensgesetz*, cit. (nota 8), p. 349 (p. 353); Hill, cit. (nota 2), *Das fehlerhafte Verfahren*, pp. 210 y ss., 281; Hufen, *Fehler im Verwaltungsverfahren* (4ª edición, 2002), núm. marg. 46; Schmidt-Assmann, cit. (nota 8), *Ordnungsidee*, capítulo 6, núm. marg. 47; véase también Matthias Schmidt-Preuss, «Gegenwart und Zukunft des Verfahrensrechts», en: (2005) *Neue Zeitschrift für Verwaltungsrecht* (NVwZ), p. 489.

18. Gusy, cit. (nota 12), «Informationsbeziehungen», en: Hoffmann-Riem/Schmidt-Aßmann/Voßkuhle, GlVwR, cit. (nota 2), vol. 2, § 23, núm. marg. 33.

ciudadano[19]. De ahí que el legislador no pueda privilegiar unilateralmente uno de los términos de esa tensión dialéctica, la eficacia, al objeto de establecer, por ejemplo, la mejor fórmula de obtención de información. Se trata, pues, de hallar un equilibrio o síntesis entre una efectiva satisfacción del interés general, con la necesaria legitimidad democrática, de un lado, y la tutela de los derechos e intereses legítimos amparados por los derechos fundamentales, de otro[20]. La obtención de información, su análisis y procesamiento, la comunicación, en suma, por relevante y consustancial que sea al procedimiento administrativo, no autoriza a erigir a la eficacia y a la eficiencia en el único valor a atender[21]. La información y la articulación de derechos e intereses constituyen en igual medida funciones centrales del procedimiento administrativo. En ese contexto, y como consecuencia de la influencia del Derecho Europeo, cabe apreciar en ciertas áreas del Derecho Administrativo nacional una marcada tendencia hacia una tutela *objetiva* en el seno del procedimiento, con independencia de la condición de interesado y de la legitimación para participar. Ello supone un paralelo desplazamiento de la tradicional concepción alemana –como en tantos otros ordenamientos– de acuerdo con la cual la tutela procedimental y procesal, y la del entero Derecho Administrativo, quedaba supeditada a la legalidad *subjetiva*, esto es, a la protección de los derechos e intereses individuales. Esa tutela objetiva se traduce, al menos en ciertos sectores, en la incorporación del *público* en general al procedimiento administrativo o, lo que es lo mismo, en una más amplia y mejor participación de la sociedad en el procedimiento administrativo[22].

---

19. WAHL, cit. (nota 2), «Verwaltungsverfahren», pp. 153 y ss.; SCHUPPERT, cit. (nota 2), *Verwaltungswissenschaft*, pp. 801 y ss.; SCHMIDT-Aßmann, cit. (nota 2), «Verfahrensgedanke», en Hoffmann-Riem/ Schmidt-Aßmann/Voßkuhle, GlVwR, vol. 2, § 27, núm. marg. 85 y ss.

20. Art. 19 (4) Grundgesetz für die Bundesrepublik Deutschland - GG, (1949) Bundesgesetzblatt - BGBl. III no. 100-1, en su última versión modificada por Ley de 28 de agosto de 2006, (2006) Bundesgesetzblatt - BGBl. I, p. 2034.

21. En relación con las exigencias constitucionales respecto del Derecho procedimental administrativo véase: SCHMIDT-ASSMANN, cit. (nota 2), «Verfahrensgedanke», en: Hoffmann-Riem/ Schmidt-Aßmann/Voßkuhle, GlVwR, vol. 2, § 27, núm. marg. 31 y ss.

22. SCHNEIDER, cit. (nota 13), «Strukturen und Typen», § 28, núm. marg. 86 y ss.

Convergen así en esta nueva concepción del procedimiento *otras funciones*. De un lado, en primer lugar, el procedimiento administrativo sirve para *coordinar* la acción de las Administraciones cuyo reparto o división del trabajo se encuentra sumamente fragmentado. Esa coordinación se realiza a través de la participación de las distintas Administraciones en procedimientos escalonados (función de coordinación)[23]. De otro lado, en segundo término, son numerosas las tareas y responsabilidades que por su complejidad deben realizarse a través del entrelazamiento de agentes o actores públicos y privados en el marco de procedimientos administrativos de carácter *cooperativo* (función de »bisagra»)[24]. En tercer lugar, en fin, la generación de *aceptación* y *consenso* en ciertos sectores más sensibles y de amplio impacto, y en ausencia de una base legal sólida de carácter sustantivo, como sucede en el medio ambiente y la gestión del riesgo, constituye otra función relacionada (función de consenso)[25].

---

23. SCHNEIDER, cit. (nota 13), «Strukturen und Typen», § 28, núm. marg. 91 y ss. Véase asimismo el estudio de JAVIER BARNES en la presente obra, «La colaboración interadministrativa a través del procedimiento nacional».

24. SCHNEIDER, cit. (nota 13), «Strukturen und Typen», § 28, núm. marg. 38; véase también SCHUPPERT, cit. (nota 2), *Verwaltungswissenschaft*, pp. 810 y ss.

25. HOFFMANN-RIEM, cit. (nota 8), «Verwaltungsverfahrensgesetz», en: Hoffmann-Riem/Schmidt-Aßmann, *Verwaltungsverfahrensgesetz*, p. 29; SCHUPPERT, cit. (nota 2), *Verwaltungswissenschaft*, pp. 815 y ss.; THOMAS WÜRTENBERGER, «Akzeptanz durch Verwaltungsverfahren», en: (1991) *Neue Juristische Wochenschrift* (NJW), pp. 257 y ss. Véase el capítulo tercero de la presente obra colectiva.

II
EL PROCEDIMIENTO TIPO O ESTÁNDAR DE LA LEY DE PROCEDIMIENTO ADMINISTRATIVO ALEMANA (LPA). SELECCIÓN DE REFORMAS LEGISLATIVAS

1. INTRODUCCIÓN

DESDE la perspectiva que proporcionan los postulados y la comprensión del Derecho Administrativo como *ciencia de la dirección*[26], esto es, desde la óptica de la *eficacia real* de las instituciones jurídicas en la dirección de los procesos sociales, el primer interrogante a despejar reside en determinar si el procedimiento administrativo es susceptible de atender en verdad esa *multiplicidad* de funciones.

Pues bien, para responder a este interrogante, hemos de examinar como fuente primaria la Ley de Procedimiento Administrativo alemana (LPA) y las reformas de las que ha sido objeto.

Esta Ley, como ha destacado E. Schmidt-Aßmann[27], obedece a la concepción clásica de una Administración que actúa imperativamente sobre la base de un esquema jerárquico, y como mera aplicadora de la ley[28]. En términos muy sintéticos, las notas que este autor subraya de la LPA son las siguientes:

---

26. Véase para una introducción al tema en español la obra de E. SCHMIDT-ASSMANN, *La Teoría General del Derecho Administrativo como sistema*, INAP-Marcial Pons, Madrid, 2003, capítulo primero, pp. 27 y ss., así como la nota a la traducción, pp. XIX y ss. Véase: ANDREAS VOSSKUHLE, «The reform approach in the German Science of Administrative Law: The 'Neue Verwaltungsrechtswissenschaft'», en: Ruffert, *The Transformation of Administrative Law in Europe* (2006), p. 89.

27. SCHMIDT-ASSMANN, cit. (nota 2), «Verfahrensgedanke», en: Hoffmann-Riem/Schmidt-Aßmann/ Voßkuhle, GlVwR, vol. 2, § 27, núm. marg. 13; «Verwaltungsverfahren und Verwaltungsverfahrensgesetz: Perspektiven der Systembildung», en: Hoffmann-Riem/ Schmidt-Aßmann, Verwaltungsverfahrensgesetz, pp. 430 y ss.

28. Véase: ANDREAS VOSSKUHLE, «The reform approach in the German Science of Administrative Law: The 'Neue Verwaltungsrechtswissenschaft'», en Ruffert, *The Transformation of Administrative Law in Europe* (2006), p. 89.

– La Administración característica de la LPA es la propia de la actividad administrativa de policía (orden y seguridad públicas), o, más ampliamente, la de una Administración que actúa imperativamente (lo que en la terminología anglosajona se denominaría gobierno basado en el «command and control», en la orden y en el control).

– Las resoluciones administrativas son en esencia singulares y unilaterales (acto administrativo singular).

– El procedimiento administrativo posee tan sólo una función instrumental y secundaria respecto del Derecho material o sustantivo.

– La posición de los interesados y de sus derechos e intereses, amparada por la confianza legítima, de un lado, y la de la Administración, defensora en exclusiva de los intereses generales, de otro, están definidas de un modo rígido y separado.

– La Administración no aparece en su dimensión internacional y europea.

Al margen de esas evidentes limitaciones de la LPA –puesto que deja fuera de su radio de acción cosas importantes–, el punto de partida para una adecuada sistematización del Derecho Administrativo contemporáneo ha de situarse en los preceptos centrales que representan los artículos 9 y siguientes de la LPA[29]. En consecuencia, el análisis ha de comenzar por esas disposiciones, para extenderse luego a algunas reformas puntuales que la LPA y otras leyes especiales de procedimiento han experimentado en los últimos años. Así, podrá obtenerse una adecuada imagen del Derecho positivo que permita fundamentar un más amplio concepto de procedimiento administrativo[30].

A tal fin, no hemos de circunscribir nuestra perspectiva a los elementos y fases del procedimiento a los que se limita la vigente LPA

---

29. Sobre el contenido del este precepto véase la nota anterior núm. 7.

30. Para mayor abundamiento, SCHNEIDER, cit. (nota 13), «Strukturen und Typen», § 28 y ss. Sobre Reino Unido, España y Países Bajos pueden verse las contribuciones en JENS-PETER SCHNEIDER, *Verwaltungsrecht in Europa* (2007), vol. 1. El segundo volumen de próxima aparición contendrá los estudios correspondientes a Francia, Polonia y la República checa. También SCHMIDT-ASSMANN, cit. (nota 2), «Verfahrensgedanke», en: Hoffmann-Riem/ Schmidt-Aßmann/ Voßkuhle, GlVwR, vol. 2, § 27, nota 18 y ss. JAVIER BARNES, *El procedimiento administrativo en el Derecho Comparado*, Cívitas, Madrid, 1993.

alemana. La investigación y el análisis ha de desbordar ese marco, si quiere avanzar en la resolución de nuevos problemas y contemplar las nuevas funciones que el procedimiento puede asumir en un contexto también diferente. Han de tenerse en cuenta, por ejemplo, elementos y fases iniciales o anteriores al procedimiento, así como fases ulteriores a su terminación (control y ejecución de la resolución; modificación y revisión de la decisión en función de las cambiantes circunstancias, etc.)[31].

2. FASES PREVIAS Y PREPARACIÓN DEL PROCEDIMIENTO

De acuerdo con lo dispuesto en el artículo 22 de la LPA, el procedimiento se inicia por lo general de oficio en virtud de una decisión discrecional., salvo en los casos en que la Administración deba actuar *ex officio* o previa solicitud[32]. El procedimiento administrativo está presidido por los principios de oficialidad y de oportunidad. Ello supone, en otras palabras, un claro predominio o poder de disposición de la Administración sobre el procedimiento. Es esa además una característica que lo diferencia del proceso judicial (así, por ejemplo, el art. 88 VwGO, o Ley de la Jurisdicción Contencioso-Administrativa, establece el principio de congruencia procesal en cuya virtud el tribunal no puede ir más allá de lo planteado por el «petitum» de la demanda). Sin embargo, en realidad, esa afirmación de principio requiere ser matiza-

---

31. SCHMIDT-ASSMANN, cit. (nota 8), *Ordnungsidee*, capítulo 6, núm. marg. 158 y ss.; véase también KARL A. BETTERMANN, «Das Verwaltungsverfahren», en: 17 (1959) *Veröffentlichungen der Vereinigung der Deutschen Staatsrechtslehre* (VVDStRL), p. 118 (pp. 121 y ss.).

32. El citado precepto establece que la Administración, en principio, decide, con el debido ejercicio de su potestad discrecional, *si*, y en su caso, *cuándo* inicia el procedimiento administrativo, a no ser que se disponga otra cosa (por ejemplo, que la ley establezca según los casos la obligación de comenzarlo, bien de oficio, o bien a instancia de parte). Sobre el sentido y límites que para la cláusula del Estado de Derecho tiene lo que se puede denominar como principio de oportunidad, esto es, criterios de oportunidad y conveniencia para la apertura del procedimiento, *vid.* BULL/MEHDE, VverwR, núm. marg. 620 y ss.

da, puesto que con frecuencia la Administración inicia de oficio el procedimiento a consecuencia de las peticiones de los ciudadanos o a requerimiento de otras Administraciones. Con ello se consigue al mismo tiempo movilizar a los sujetos privados para que actúen como fuente de información e instrumento de control o vigilancia en la consecución de los intereses generales. Es esta una forma de transferir los costes del control al sector privado, de ahorrar recursos a la Administración[33]. Pese a las virtualidades que presenta la iniciación a instancias del sujeto privado en cuanto factor de dirección, lo cierto es que la LPA no lo ha valorado en forma suficiente, ni en la redacción inicial de la LPA, ni en sus más recientes modificaciones.

Las fases preparatorias previas a la iniciación y tramitación formal del procedimiento administrativo tampoco se encuentran reguladas en la LPA, lo que podría tener sentido cuando se trata de simples actuaciones materiales, no formalizables, pero no ante escenarios más complejos que pueden demandar la configuración legal de algunos elementos previos y la puesta a disposición del ciudadano de la información y el asesoramiento necesarios antes de iniciar el procedimiento. Estas consideraciones, sin embargo, no tuvieron eco en la LPA hasta 1996. A partir de esa fecha, la Administración *asesora* e *informa* a los interesados en los procedimientos administrativos autorizatorios, con el objeto de que presenten correctamente su solicitud (art. 71c de la LPA)[34] y asegurar una mayor celeridad en la tramitación del procedimiento[35].

---

33. Véase asimismo Gusy, cit. (nota 12), «Informationsbeziehungen», en: Hoffmann-Riem/Schmidt-Aßmann/Voßkuhle, GlVwR, cit. (nota 2), vol. 2, § 23, núm. marg. 69 y ss.

34. El citado precepto establece la forma en que la Administración ha de facilitar la información requerida y el asesoramiento necesario para la formalización del procedimiento. Sobre el tema, Heinz J. Bonk, en: Stelkens/ders./Sachs (Hrsg.), *Verwaltungsverfahrensgesetz: Kommentar* (6ª edición, 2001), § 13, nota 40 y ss.; zur informellen Nutzung vergleichbarer Vorverfahren nach Behördenermessen auch vor einem Planfeststellungsverfahren *Kopp/Ramsauer*, VwVfG, § 71c núm. marg. 2.

35. Las autoridades han de asesorar y llevar a cabo consultas con los futuros solicitantes para acelerar los procedimientos. Las posibles medidas de aceleración se contienen en un listado en la sección 71 (2) de la LPA. Sobre el tema de la celeridad del procedimiento, puede verse Jan Ziekow/Alexander Windoffer/Martin-Peter Oertel, «Evaluation von Regelungen zur Beschleunigung von Genehmigungsverfahren», DVBl 2006, pp. 1469 y ss.

Así, por ejemplo, el art. 71c, apartado segundo, de la LPA, enumera posibles medidas tendentes a conseguir esa mayor celeridad, y relaciona, como objeto del asesoramiento de la Administración cuáles son los documentos, certificados, informes, actuaciones, etc., que pueden resultar necesarios para la tramitación del procedimiento, en función del sector material de que se trate en cada caso. Ha de destacarse desde luego que, de acuerdo con el art. 71c, apartado segundo, segundo inciso, el poder de disposición que tiene la Administración sobre el procedimiento se ve considerablemente *reducido* porque la Administración queda vinculada a las condiciones y aclaraciones que haya realizado respecto de la aprobación de la solicitud antes de su presentación[36]. Por otro lado, la jurisprudencia ha declarado que el derecho a la información y al asesoramiento hunde sus raíces en la Constitución, puesto que conecta con el derecho fundamental a la elección de profesión (art. 12 de la Ley Fundamental), en relación con un procedimiento administrativo con relevancia para la toma de decisiones de carácter profesional y la igualdad de oportunidades[37]. El futuro desvelará si las numerosas leyes sobre libertad de información, tanto a nivel federal como estatal, habrán de evolucionar en idéntica dirección[38].

Las leyes sectoriales sí se ocupan con más intensidad que la LPA de las cuestiones previas a la iniciación del procedimiento. Son, en efecto, numerosas las normas que determinan el alcance o ámbito de la instrucción que haya de seguirse en el ulterior procedimiento.

Piénsese, por ejemplo, en la evaluación de impacto ambiental[39] o en la evaluación estratégica ambiental[40], el diálogo competitivo en la contratación admi-

---

36. HEINZ J. BONK, en: Stelkens/ders./Sachs (Hrsg.), VwVfG, § 71c, núm. marg. 27 y ss.

37. Bundesverwaltungsgericht – BVerwG, en (2004) *Die Öffentliche Verwaltung* (DÖV), p. 73 (pp. 74 y ss.).

38. SCHNEIDER, cit. (nota 13), «Strukturen und Typen», § 28, núm. marg. 58 y ss.

39. § 5 UVPG, sobre el tema JENS-PETER SCHNEIDER, *Nachvollziehende Amtsermittlung bei der Umweltverträglichkeitsprüfung – Zum Verhältnis zwischen dem privaten Träger des Vorhabens und der zuständigen Behörde bei der Sachverhaltsermittlung nach dem UVPG*, 1991, pp. 142 ss. Véase el capítulo quinto de la presente obra colectiva.

40. § 14f UVPG; *vid.* REINHARD HENDLER, «Das Gesetz zur Einführung einer Strategischen Umweltprüfung», NVwZ 2005, pp. 977 ss..

nistrativa[41], o en la audiencia de los interesados en la concesión de frecuencias[42]. Los criterios que se establecen en estos y en otros procedimientos sirven para condicionar estructuralmente la decisión que pueda finalmente adoptarse a su término, esto es, para dirigir el ejercicio de la discrecionalidad o del margen de apreciación.

Al margen ya de las reglas citadas, es de destacar que la preparación del procedimiento se produce de ordinario a través de *negociaciones previas* y de *trámites preliminares, de carácter informal*, esto es, por medio de actuaciones y contactos que no están formalizados en una secuencia procedimental. Ello plantea desde luego algunos problemas, puesto que desde el punto de vista del principio del Estado de Derecho podría pensarse que esas actuaciones preliminares condicionan de hecho el resultado final del procedimiento. Ello no obstante, la jurisprudencia entiende que esa práctica es posible y legítima siempre que se cumplan una serie de condiciones. La primera, obviamente, es que el objeto de esos contactos o negociaciones preliminares tenga sentido y esté justificado por la naturaleza del asunto. En segundo término, han de participar en esa fase previa a la apertura del procedimiento los órganos y Administraciones que sean competentes. Por último, el resultado de la ponderación inicial ha de ser razonable y no puede vaciar de contenido al procedimiento «formal» que a continuación deba abrirse[43]. Además, caben otras soluciones para hacer frente a

---

41. *Cfr.* Art. 29 RL 2004/18/EG de 31 marzo 2004, ABl. EU 2004, Nr. L 134, S. 114 (135); Matthias Knauff, «Neues europäisches Vergabeverfahrensrecht: Der wettbewerbliche Dialog», VergabeR 2004, pp. 287 y ss.

42. *Cfr.* § 61 Abs. 1 S. 1 TKG, o Ley General de Telecomunicaciones.

43. Véase Michael Fehling, «Informelles Verwaltungshandeln», en: Hoffmann-Riem/Schmidt-Aßmann/Voßkuhle, *Grundlagen des Verwaltungsrechts* (GlVwR), vol. 2, § 38, núm. marg. 69 y ss., *Verwaltung zwischen Unparteilichkeit und Gestaltungsaufgabe* (2001), pp. 316 y ss.; también Ferdinand O. Kopp/Ulrich Ramsauer, *Verwaltungsverfahrensgesetz (VwVfG), Kommentar* (9ª edición, 2005), núm. marg. 96; Rainer Wahl, «Die Einschaltung privatrechtlich organisierter Verwaltungseinrichtungen in den Straßenbau», en: (1993) *Deutsches Verwaltungsblatt* (DVBl), p. 517 (pp. 521 y ss.); Wolfgang Hoffmann-Riem, «Selbstbindung der Verwaltung», en: 40 (1982) *Veröffentlichungen der Vereinigung der Deutschen Staatsrechtslehrer* (VVDStRL), p. 187 (p. 212 y s.); Eberhard Bohne , *Der*

los eventuales problemas que esas actuaciones informales podrían generar. Así, el nivel y el test de control jurisdiccional puede hacerse más exigente para garantizar, de un lado, un mínimo de *transparencia* (mediante la documentación de las negociaciones previas, por ejemplo) y, de otro, una más intensa participación en el curso del procedimiento «formal»[44].

Estas actuaciones previas en nada cambian el modelo de procedimiento administrativo que la LPA contiene, y de acuerdo con el cual, primero, su objeto propio es el dictado de una resolución (se trata de un proceso *decisorio*), y, segundo, nace ligado a supuestos y situaciones *específicas*, a los que pretende dar respuesta. Ahora bien, se encuentran más procedimientos que no responden a ese esquema, puesto que no se inician a impulsos de una *situación concreta* a la que dar respuesta. Tal es el caso, por ejemplo, de los procedimientos de control y de obtención de información. En estos supuestos, el procedimiento no está diseñado, al menos de modo directo, para concluir con la adopción de una *decisión*, puesto que su objeto consiste más bien en la obtención y tratamiento de la información. Con todo, ha de reconocerse que guardan una estrecha relación con los procedimientos de carácter decisorio, a los que sirven y sobre los que ejercen una clara influencia, puesto que en última instancia podrán condicionar la decisión que en su momento deba tomarse[45].

Piénsese, por ejemplo, en la cartografía medioambiental a efectos de determinar la contaminación atmosférica, los niveles de ruido o la protección del paisaje. En este caso, se trata de obtener información sin relación directa con una concreta situación o con un determinado procedimiento decisorio. Pero es claro,

---

informale Rechtsstaat: Eine empirische und rechtliche Untersuchung zum Gesetzesvollzug unter besonderer Berücksichtigung des Immissionsschutzes (1981), pp. 144 y ss.; en la jurisprudencia véase Tribunal Admnistrativo Federal, 45 Entscheidungen des Bundesverwaltungsgerichts (BVerwGE), p. 309 (pp. 316 y ss.).

44. En profundidad sobre este tema FEHLING, cit. (nota 43), *Unparteilichkeit*, pp. 325 y ss.

45. Para un análisis detallado de estos tipos de procedimientos, véase RÖHL, cit. (nota 9), «Verwaltungsverfahren», en: Hoffmann-Riem/Schmidt-Aßmann/Voßkuhle, GlVwR, vol. 2, § 30, núm. marg. 40 y ss.; SCHNEIDER, cit. (nota 13), «Strukturen und Typen», § 28, núm. marg. 155 y ss.

sin embargo, que la información que se obtenga será de suma utilidad en el futuro y a ella habrá que recurrir con frecuencia para la toma de decisiones[46]. Otro ejemplo de procedimientos que no están atados a situaciones específicas son los que tienen por objeto el control financiero de las subvenciones. De acuerdo con el Derecho Comunitario se trata de procedimientos de carácter sistemático y rutinario que, aunque pueden determinar la introducción de correcciones o modificaciones, no están vinculados a supuestos concretos[47]. Lo mismo puede decirse de los procedimientos de control alimentario[48] o tributario[49].

3. LA COOPERACIÓN PÚBLICO-PRIVADO EN LA INSTRUCCIÓN DEL PROCEDIMIENTO

Si se entiende que el procedimiento administrativo no es sino un proceso de recogida y procesamiento de la información necesaria para preparar la adopción de la decisión que corresponda[50], es obvio que la *instrucción* del procedimiento adquiere entonces un lugar preeminente y central en el seno de la teoría general del procedimiento. Los artículos 24 y 26 LPA[51] sientan el principio de la instrucción de oficio en el

---

46. ULRICH STELKENS, «Von der umweltgerechten zur umweltbestimmten Planung», en: (2005) *Natur und Recht* (NuR), pp. 362 y ss.

47. JENS-PETER SCHNEIDER, «Verwaltungsrechtliche Instrumente des Sozialstaates», 64 (2005) *Veröffentlichungen der Vereinigung der Deutschen Staatsrechtslehrer* (VVDStRL), p. 238 (pp. 262 y ss.); BETTINA SCHÖNDORF-HAUBOLD, «Gemeinsame Europäische Verwaltung: die Strukturfonds der Europäischen Gemeinschaft», en: Schmidt-Aßmann/Schöndorf-Haubold (eds.), *Der Europäische Verwaltungsverbund* (2005), p. 25 (pp. 43 y ss.); RUDOLF MÖGELE, *Die Behandlung fehlerhafter Ausgaben im Finanzierungssystem der gemeinsamen Agrarpolitik* (1997), pp. 108 y ss.

48. JENS-PETER SCHNEIDER, «Vollzug des Europäischen Wirtschaftsrechts zwischen Zentralisierung und Dezentralisierung – Bilanz und Ausblick», en: (2005) *Europarecht* (EuR), suplmento 2, p. 149.

49. Véase: Schneider, cit. (nota 13), «Strukturen und Typen», § 28, núm. marg. 164 y ss.

50. Véase: Schneider, cit. (nota 13), «Strukturen und Typen», § 28, núm. marg. 6.

51. El artículo 24 (principio de investigación o instrucción), en su apartado primero, dispone que la Administración determinará «de oficio» los hechos que sean relevantes para la resolución. El art. 26, por su parte, se refiere a los medios de prueba, que la Administración utilizará en la

procedimiento tipo. A la Administración corresponde, por tanto, la indagación de los hechos relevantes para la resolución del caso. Ello supone que los sujetos privados *interesados* en el procedimiento, en principio, carecen de control sobre la instrucción, esto es, de poder de disposición o de dirección de la instrucción[52]. De acuerdo con el artículo 26 LPA[53], a los interesados tan sólo les corresponde una función auxiliar en la determinación de los hechos relevantes. Y, a la inversa, tampoco se les puede imponer a los interesados que participen en la instrucción, a no ser que una ley así lo haya dispuesto. De este modo, la falta de cooperación de las partes tan sólo puede tener por virtualidad, en determinadas circunstancias, la de servir de justificación de una deficiente determinación de los hechos por parte de la Administración.

Sin embargo, el Derecho Administrativo especial desborda, cuando no invierte, en múltiples ocasiones ese modelo básico, y transforma la participación de los sujetos privados en un deber que podríamos llamar *estructural* o de base. Así sucede, de forma característica, en los procedimientos administrativos de carácter cooperativo, como en los de solicitud de una determinada prestación. En efecto, en el ámbito de lo que en la doctrina alemana se conoce como «Derecho Administrativo de carácter prestacional» o, si se prefiere, en el terreno de la *Administración prestacional* (prestaciones de la seguridad social, por ejemplo) esa es la fórmula característica. Este esquema se encuentra recogido en los arts. 60 y siguientes del denominado Código Social

---

medida en que los considere necesarios. La regulación de la LPA alemana no dista mucho de la LPA española, en cuyo artículo 78.1 (Ley 30/1992) se dispone que los actos de instrucción necesarios para la determinación, conocimiento y comprobación de los datos en virtud de los cuales deba pronunciarse la resolución se realizarán de oficio por el órgano administrativo.

52. SCHNEIDER, cit. (nota 39), *Nachvollziehende Amtsermittlung*, p. 92.

53. En su apartado segundo, en efecto, este precepto dispone que los participantes podrán ayudar a la Administración en la investigación o establecimiento de los hechos que sean relevantes en el caso. En particular, continúa el precepto, podrán exponer los hechos y pruebas tal como ellos los conozcan.

54 Libro primero del Código Social – Parte General (SGB I), (1975) Bundesgesetzblatt – BGBl. I, p. 3015, en su versión modificada por el art. 2 (15) de la Ley de 5 de diciembre de 2006 (2006) Bundesgesetzblatt – BGBl. I, p. 2748.

(SGB)[54], en los que se establece la obligación de participar activamente en la instrucción del procedimiento, en función de una serie de supuestos. Los interesados, entre otras cosas, han de aportar todos los hechos que resulten relevantes para la prestación que se solicita. Estos preceptos recuerdan igualmente que esa actividad de instrucción está presidida por el principio de proporcionalidad y, a tal efecto, modulan y moderan las consecuencias del incumplimiento de los actos de instrucción del sujeto privado y las posibilidades de su ulterior subsanación[55].

Otro relevante ejemplo lo aporta la actividad administrativa de policía y, más en concreto, el sector del Derecho tributario. Aquí, el contribuyente está obligado a facilitar toda la información pertinente, aún cuando se trate de circunstancias que le sean desfavorables[56]. Por otra parte, en el ámbito medioambiental, por ejemplo en el caso de la evaluación de impacto de determinados proyectos, el deber de participar en la instrucción presenta una indudable importancia. Se trata en realidad de una *privatización parcial* del procedimiento, más en concreto de la instrucción, que recae en consecuencia sobre el que solicita la autorización. Naturalmente, la instrucción se extiende a todos los aspectos medioambientales, le sean o no favorables al solicitante.

Este esquema de cooperación que se produce en determinado sectores, como en los ejemplos del ámbito tributario y medioambiental, entraña también ciertos riesgos, puesto que fomenta inevitablemente que unos y otros –contribuyentes o solicitantes de informe ambiental– tiendan a una instrucción e indagación de los hechos que sea, bien favorable a sus intereses, o bien incompleta. Ello afecta, en primer término, a la potestad administrativa de resolver, puesto que ésta ha de fundarse en una información fiable y objetiva, en cada momento. En

---

55. Para un análisis en profundidad véase Ralf Kreikebohm/Friedrich V. Koch, «Das Verhältnis zwischen Sozialleistungsempfängern und Sozialleistungsträgern», en: v. Maydell/Ruland, *Sozialrechtshandbuch* (3ª edición, 2003), pp. 298 y ss.

56. Sec. 90 Abgabenordnung (AO), (2002) Bundesgesetzblatt – BGBl. I, p. 3866, (2003) Bundesgesetzblatt – BGBl. I, p. 61, en su versión modificada por el art. 5 de la Ley de 7 de septiembre de 2007 (2007) Bundesgesetzblatt – BGBl. I, p. 2246. Un comentario en profundidad en Hans B. Brockmeyer, en: Klein, *Abgabenordnung* (8ª edición, 2003).

segundo lugar, además, una deficiente instrucción, por parcial o incompleta, repercute sin duda sobre los intereses de terceros, ya sea en el plano del reparto equitativo de las cargas fiscales, que tiene por cierto su fundamento en los derechos fundamentales que la Constitución reconoce, o ya en lo que hace al impacto negativo que, en términos medioambientales, puede producir la aprobación de un proyecto en esas condiciones. La solución a estos problemas viene de la mano, entre otros factores, de un *mejor diseño del procedimiento* y de un más *eficiente control administrativo* de la instrucción realizada por el sujeto privado (una revisión administrativa de la entera instrucción[57]; un control sistemático de las declaraciones de impuestos). En otros casos, como en los procedimientos administrativos de carácter multilateral, esto es, con presencia de intereses públicos y privados complejos y contrapuestos (planeamiento, grandes obras y proyectos, etc.), una opción para garantizar la neutralidad de la información consistiría en organizar la instrucción de un modo tal que se fomente la *cooperación* y la *mediación*[58]. Con carácter general, en fin, es de destacar que puede resultar muy útil como fórmula de control de una adecuada instrucción que los terceros afectados por la resolución a adoptar participen en un momento más avanzado del procedimiento.

4. LA PARTICIPACIÓN DEL PÚBLICO Y DE TERCEROS

El procedimiento tipo de la LPA presenta, en principio, una estructura bipolar, en la medida en que gira en torno a la relación jurídica entre la Administración y el ciudadano (destinatario del acto), o

---

57. Para mayor abundamiento, SCHNEIDER, *Nachvollziehende Amtsermittlung, Nachvollziehende Amtsermittlung bei der Umweltverträglichkeitsprüfung – Zum Verhältnis zwischen dem privaten Träger des Vorhabens und der zuständigen Behörde bei der Sachverhaltsermittlung nach dem UVPG*, 1991, pp. 117 y ss., 122 y ss., 126 y ss.; FEHLING, *Unparteilichkeit*, cit. (nota 43), pp. 395 y ss., etc.

58. SCHNEIDER, cit. (nota. 11), *Kooperative Verwaltungsverfahren*, p. 61.

entre ésta y el contratista o adjudicatario del contrato (como es sabido, la LPA alemana regula el procedimiento para el dictado de actos y también la adjudicación de contratos). Como puede comprobarse, este esquema no refleja la realidad de muchas modalidades de la actividad administrativa. El problema es que esa insuficiencia obliga a utilizar los cauces establecidos para supuestos que no encajan bien en el esquema tradicional del procedimiento.

Piénsese, por ejemplo, en el requerimiento del ciudadano para que intervenga la policía contra aquél que está generando un peligro o riesgo. La solicitud determinará el dictado de un acto administrativo dirigido hacia el otro, el causante del peligro. Y en cuanto destinatario del acto se convierte directamente en parte interesada del procedimiento, con todo lo que ello entraña.

En muchas ocasiones, las cosas son más complejas. La aplicación, por ejemplo, del estrecho concepto de procedimiento al campo de los efectos secundarios de los actos administrativos plantea no pocos problemas.

Piénsese, por ejemplo, en las decisiones administrativas que, de un modo *colateral* o *indirecto*, generan efectos sobre *terceros*. Son muchos los supuestos que aquí se pueden suscitar. Cuando el efecto colateral es beneficioso al igual que el efecto principal[59], o bien cuando uno y otro son gravosos[60], el problema es de más fácil resolución. Más grave es el supuesto contrario, cuando no hay paralelismo, sino oposición. Tal es el caso, por ejemplo, de la autorización o licencia que produce efectos negativos para terceros[61]. Para sistematizar esta problemática es necesario proceder una vez más acotando a una escala adecuada los diversos grupos de problemas o conflictos, al objeto de inducir los criterios adecuados. Así, por ejemplo, muchos de estos problemas se localizan en el Derecho urbanístico, en las grandes obras públicas y en el Derecho del Medio Ambiente.

---

59. Por ejemplo, empleados o socios comerciales de empresas subsidiadas.

60. Por ejemplo, los restantes miembros de una familia en caso de expulsión de un extranjero.

61. Para un estudio empírico véase SYBILLE STÖBE, «Verhandeln und Argumentieren als Kommunikationsstrategien in der Verwaltung: Die staatliche Mittelinstanz in der Umweltpolitik», en: V. Prittwitz, *Verhandeln und Argumentieren: Dialog, Interessen und Macht in der Umweltpolitik* (1996), pp. 183 y ss.

La legislación de procedimiento podrá ofrecer, en consecuencia, una diversidad de reglas y tratamientos en función de las distintas relaciones jurídicas que en cada caso se entablen. Una respuesta legislativa *diferenciada* para las diferentes clases de relaciones jurídicas que se encuentren en liza parece, en efecto, un planteamiento adecuado. Desde la participación de terceros que puedan verse afectados en su esfera subjetiva, pasando por la participación de interesados o grupos de interesados, hasta la participación del público en general y el reconocimiento de la acción popular. Tradicionalmente, el Derecho alemán ha adoptado una actitud prudente y restrictiva en este punto, como se pone de manifiesto señaladamente en la legitimación para recurrir en el proceso contencioso-administrativo, asociada siempre a la tutela de la legalidad subjetiva, esto es, a la protección de los derechos e intereses que puedan invocarse por el recurrente; o, también, en la concepción restringida de los vicios del procedimiento y de sus efectos (análoga a la legislación española). Una y otra tendencia, sin embargo, se hallan sometidas a la presión del Derecho Comunitario y del Derecho Internacional público, por múltiples vías.

Por ejemplo, la transposición del Convenio de Aarhus en materia medioambiental garantiza en el Derecho interno una amplia participación del público en el procedimiento y el consiguiente acceso de todos a la jurisdicción[62]. En dirección contraria se alzan no pocas voces, en el seno del debate jurídico y político alemán, que postulan, por razones de economía de tiempo y celeridad del procedimiento, no ya sólo una transposición un tanto minimalista de esas exigencias, sino también una canalización de la participación del público a través de asociaciones representativas o incluso una reducción parcial de los plazos abiertos para la discusión y el debate[63].

A estos problemas y planteamientos un tanto recurrentes, desde luego, subyace un profundo *debate* acerca de cuál sea el sentido y la función que haya de otorgársele a la participación de *terceros* o, más

---

62. Schneider, cit. (nota 13), «Strukturen und Typen», § 28, núm. marg. 86.
63. Schneider, cit. (nota 13), «Strukturen und Typen», § 28, núm. marg. 83.

ampliamente, a la del *público* en general[64]. Con frecuencia, la función que cumple en la realidad consiste en facilitar la tutela individual anticipada de los que intervienen o, más sencillamente, en obtener una mayor información. Se infrautiliza, por tanto, el potencial que encierra la participación, no ya sólo para generar el *consenso* y la *aceptación* de las decisiones que hayan de adoptarse, sino también para *compensar* con una mayor legitimación democrática la debilidad que la ley material en ocasiones presenta como guía de la Administración. Esa función de legitimación democrática a través del procedimiento remite a un concepto de legitimación abierto a los elementos participativos que, sin embargo, excede en mucho de objeto de estas páginas[65]. Baste ahora dejar anotado que la función *democrática* del procedimiento no desplaza las otras dos funciones tradicionales a las que antes se ha hecho referencia, sino que las complementa.

5. LA PARTICIPACIÓN DE LAS DISTINTAS ADMINISTRACIONES Y LA ESTRUCTURA ESCALONADA O POR FASES DIFERENCIADAS DENTRO DE LOS PROCEDIMIENTOS ADMINISTRATIVOS

De acuerdo con lo dispuesto en el art. 13 LPA[66], los sujetos o partes del procedimiento son, de un lado, la Administración que lo dirige[67] y, de otro, los interesados[68]. De conformidad con el art. 9 LPA[69], el procedimiento tiene por objeto la actividad externa de la

---

64. ANDREAS FISAHN, *Demokratie und Öffentlichkeitsbeteiligung* (2002).

65. HANS-HEINRICH TRUTE, «Die demokratische Legitimation der Verwaltung», en: Hoffmann-Riem/Schmidt-Aßmann/Voßkuhle (eds.), GlVwR, cit. (nota 4), vol. 1, § 6, núm. marg. 15 y ss., 47 y ss., 54 y ss.; véase también JENS-PETER SCHNEIDER, *Berufliche Schulen als Stftitungen mit teilprivatisierten Leitungsgremien: Anforderungen des Demokratieprinzips und des Gebots staatlicher Schulaufsicht* (2004), pp. 38 y ss.

66. El art. 13 se refiere a las partes de procedimiento. Puede verse la versión inglesa en el trabajo correspondiente en la presente obra colectiva.

67. HEINZ J. BONK/HERIBERT SCHMITZ, en: Stelkens/Bonk/Sachs, *Verwaltungsverfahrensgesetz: Kommentar* (6ª edición, 2001), § 13, núm. marg. 6; también WINFRIED KLUTH,

Administración. Será, por tanto, el órgano competente en razón de la materia el que tenga la responsabilidad del procedimiento. Y por Administración se entiende cualquier organización que desempeñe funciones administrativas de carácter público (art. 9 y 1.4 LPA)[70]. La competencia material y procedimental se determina legalmente[71] y su infracción se sanciona con la máxima severidad[72]. En congruencia con el estricto concepto de procedimiento, que, como se ha dicho, se refiere exclusivamente a la actividad administrativa externa, la participación de otros órganos u Administraciones apenas merece en la Ley alguna mención incidental[73]. Y, en todo caso, éstos no adquieren la condición de parte del procedimiento (art. 13.3 LPA)[74]. La reforma de 1996, circunscrita a los arts. 71d y 71e LPA[75] (procedimiento administrativo para el otorgamiento de licencia o autorización), constituye una evolu-

---

en: Wolff/Bachof/Stober, *Verwaltungsrecht: ein Studienbuch*, parte II (6ª edición, 2000), § 59, núm. marg. 54.

68. Un análisis en profundidad en Frank Alpert, *Zur Beteiligung am Verwaltungsverfahren nach dem Verwaltungsverfahrensgesetz des Bundes: Die Beteiligtenstellung des § 13 Abs. 1 VwVfG* (1999), *pássim*.

69. Recuérde el contenido de este precepto en la nota núm. 7.

70. El art. 1.4 LPA establece, a los efectos de determinar el ámbito de la LPA, que por autoridad administrativa se entiende en esta Ley toda organización que desempeñe las funciones de la Administración pública. El sujeto al que se le imputa la acción es la persona jurídica de Derecho Público. Véase sobre este tema Winfried Kluth, en: Wolff/Bachof/Stober, *Verwaltungsrecht: ein Studienbuch*, parte II (6ª edición, 2000), § 59, núm. marg. 30.

71. Pitschas, *Verwaltungsverantwortung*, cit. (nota 1), pp. 24 y ss.

72. Hermann Pünder, «Verwaltungsverfahren», en: Erichsen/Ehlers, *Allgemeines Verwaltungsrecht* (13ª edición, 2006), § 13, núm. marg. 2.

73. Arts. 44.3 núms. 3 y 4 y 45.1 núms. 4 y 5 *Verwaltungsverfahrensgesetz*.

74. Heinz J. Bonk/Heribert Schmitz, en: Stelkens/Bonk/Sachs, *Verwaltungsverfahrensgesetz: Kommentar* (6ª edición, 2001), § 13, nota 6; véase también Winfried Kluth, en: Wolff/Bachof/Stober, *Verwaltungsrecht: ein Studienbuch*, parte II (6ª edición, 2000), § 59, núm. marg. 54.

75. El art. 71d LPA lleva por título „procedimientos de concurrencia«. Se establece que, cuando resulte necesario recabar la participación de otras agencias o Administraciones, el órgano competente recabará la opinión de éstas en forma concurrente. Se trata de una medida adoptada por el legislador con la pretensión de acelerar el procedimiento. El art. 71e LPA, por su parte, abre la posibilidad de celebrar un encuentro en el que participen todas las partes afectadas.

ción positiva en lo que hace a la participación de otros órganos u Administraciones. Su propósito consiste en imprimir una mayor *celeridad* a esa clase de procedimientos, que se caracterizan por una notable complejidad. Los instrumentos ideados son la participación en paralelo de todas las Administraciones competentes[76], en una suerte de procedimiento en forma de *estrella* (así denominados en el art. 71d LPA)[77], y la celebración de las llamadas *conferencias,* ideadas para debatir sobre la solicitud, y en las que a instancias del solicitante de la licencia se reúnen todas las Administraciones competentes y el mismo solicitante (art. 71e LPA).

La legislación sectorial contiene otras formas y expresiones de la participación inter-administrativa. El Derecho Administrativo especial distingue entre mecanismos de participación de carácter *no vinculante* (informes, declaraciones, etc.), de aquellos otros que son *preceptivos* y *vinculantes* (informes aprobatorios, acuerdos, etc.). La participación de una Administración distinta con carácter previo y vinculante, para que el órgano que tramita el procedimiento pueda finalmente aprobar la solicitud, exige que el procedimiento se estructure en forma escalonada o por fases, a efectos internos. Sin embargo, el ciudadano sigue manteniendo la relación jurídica externa con la Administración responsable del procedimiento[78]. Este enfoque genera un cierto déficit de información. Y ello porque la Administración que ha de emitir su parecer o posición de forma preceptiva y vinculante no está obligada legalmente a dar audiencia al interesado en la medida en que no es compe-

---

76. En relación con la determinación y la diferenciación de estas Administraciones, véase JAN ZIEKOW/THORSTEN SIEGEL, *Gesetzliche Regelungen der Verfahrenskooperation von Behörden und anderen Trägern öffentlicher Belange: Empirische Untersuchungen mit rechtlichen Einführungen* (2001), pp. 1 y ss.

77. «Procedimiento en forma de estrella», termino metafórico que da cuenta de la cantidad de rayos que emite una estrella. El art. 71d, párrafo primero, dispone que, en los casos en que deban participar diversas Administraciones en razón de la materia, el órgano competente podrá disponer un plazo común para que cada una exprese su posición sobre la solicitud de licencia o autorización.

78. Véase SCHNEIDER, cit. (nota 13), «Strukturen und Typen», § 28, núm. marg. 102.

tente para dictar la resolución definitiva[79], lo que significa que ese parecer se emite sobre una insuficiente base informativa. No faltan, con todo, opciones y posibilidades que, haciendo uso de la discrecionalidad administrativa, puedan solventar ese concreto problema que resulta del juego aplicativo de las distintas normas en juego[80].

6. PROCEDIMIENTOS INTERNOS PARA LA TOMA DE DECISIONES QUE SIRVAN PARA PREPARAR Y ELABORAR LA RESOLUCIÓN QUE PONGA FIN AL PROCEDIMIENTO

La terminación del procedimiento se produce mediante una resolución final, lo que presupone, obvio es decirlo, un proceso interno de formación de la voluntad. Pues bien, ha de distinguirse en primer término el *procedimiento interno de toma de decisión* que corre a cargo del órgano competente, de aquellos otros trámites o fases en los que se sustancia la participación de otras Administraciones, aun cuando se trate de dos elementos inescindiblemente ligados por su relación *funcional*. Esa conexión, dicho sea colateralmente, puede evidenciarse en los casos en que la participación y consulta previas no corresponden a un órgano inserto en una Administración estructurada jerárquicamente, sino a una agencia independiente. En estos supuestos, la participación podría resultar más problemática, por cuanto la agencia puede tender a promover «sus» intereses públicos sectoriales con más fuerza[81].

---

79. Klaus Lange se muestra crítica en su trabajo «Innenrecht und Außenrecht», en: Hoffmann-Riem/Schmidt-Aßmann/Schuppert (eds.), *Reform des allgemeinen Verwaltungsrechts* (1993), p. 307 (313 y ss.).

80. Lange, cit. (nota 78), «Innenrecht und Außenrecht», p. 314, propone una analogía con el art. 28 LPA, relativo a la audiencia de los interesados, que parece, sin embargo, excesiva y poco flexible.

81. Lange, cit. (nota 78), «Innenrecht und Außenrecht», p. 321.

La LPA contiene una regulación muy parca del procedimiento interno de toma de decisiones. En realidad, se ocupa del tema tan sólo en la medida en que el procedimiento decisorio tiene trascendencia hacia el exterior, esto es, cuando se expresa en trámites procedimentales externos[82]. El art. 69.1 LPA se limita a establecer que la Administración ha de resolver y decidir a la vista del conjunto de datos y elementos de juicio que obren en el expediente. Desde luego, han de tenerse en cuenta también otros preceptos que guardan relación con el tema, como los relativos a la abstención y recusación; los plazos; la ponderación de cuanto haya quedado reflejado en la audiencia otorgada al interesado o en el trámite de información pública; y la motivación.

Para la perspectiva tradicional, lo relevante es la *decisión en sí*, su análisis y resultado, puesto que se centra en el control ulterior. Por el contrario, queda fuera de su consideración el estudio de la *producción interna de esa decisión*, salvo que se detecten vicios o problemas que guarden una evidente relación de causalidad con la decisión final[83]. Es cierto que la LPA contiene criterios y referentes normativos para la producción de la decisión, por lo que no se trata de una dimensión que la Ley ignore por completo; también lo es que para controlar la decisión en sí misma, lo que ésta dispone y establece, es necesario mirar hacia atrás[84]. Pero no lo es menos, sin embargo, que el proceso interno que ha seguido la Administración resulta, salvo en determina-

---

82. HILL., cit. (nota 2), *Das fehlerhafte Verfahren*, pp. 286 y ss.

83. Respecto a la diferencia entre producción de la decisión y su presentación, véase NIKLAS LUHMANN, *Recht und Automation in der öffentlichen Verwaltung: Eine verwaltungswissenschaftliche Untersuchung* (1966), pp. 51 y ss.; WOLFGANG HOFFMANN-RIEM, en: Hoffmann-Riem (ed.), *Sozialwissenschaften im Öffentlichen Recht* (1981), pp. 8 y ss.; en profundidad HANS-HEINRICH TRUTE, «Methodik der Herstellung und Darstellung verwaltungsrechtlicher Entscheidungen», en: Schmidt-Aßmann/Hoffmann-Riem, *Methoden der Verwaltungsrechtswissenschaft* (2003), pp. 293 y ss. Sobre el tema se insiste en los capítulos tercero, quinto y sexto de la presente obra, así como en JAVIER BARNES, «Sobre el procedimiento administrativo: evolución y perspectivas», en: J. Barnes, *Innovación y reforma en el Derecho Administrativo*, 2006, pp. 278, 289, 308, etc.

84. TRUTE, cit. (nota 76 supra), «Herstellung und Darstellung», pp. 308 y ss.

dos puntos, un tanto impermeable o difícilmente accesible. Con todo, esas escasas referencias al proceso interno permiten una mayor flexibilidad en la resolución de los problemas, cuando se resuelven con la intervención de los órganos superiores de las Administraciones, dotados de la necesaria legitimidad democrática. Ello no es óbice para que la ley de procedimiento y la ciencia del Derecho puedan plantear en ocasiones determinadas exigencias específicas respecto del procedimiento interno, a fin de garantizar la racionalidad y la transparencia necesarias[85].

Conviene destacar, sin embargo, que cada vez son más frecuentes las normas que regulan y disciplinan el proceso interno de toma de decisiones. Ocurre en algunos sectores del Derecho Administrativo especial, como el medio ambiente o el urbanismo[86].

Entre éstos cabría destacar aquellos trámites o partes de un procedimiento principal que tienen por objeto evacuar formalmente un informe o parecer, realizar una valoración, etc. El art. 73 LPA, por ejemplo, relativo a la elaboración del planeamiento y a los trámites de información pública y audiencia, regula la información pública y la participación de otras Administraciones en su tramitación cuando por razones competenciales ésta no corresponda acordarla a la Administración que elabora el plan. Para tales supuestos, el apartado 9 del citado art. 73 LPA dispone que la Administración responsable de la información pública, para concluir este trámite procedimental, habrá de adoptar una posición final sobre el plan y remitirla a la Administración responsable de su elaboración y aprobación, con toda la información relevante (alegaciones que no han podido ser atendidas, etc.). Se trata, pues, como en tantos otros casos, de un elemento interno e intermedio, formalmente establecido, al servicio de la toma de decisiones. Un ejemplo paradigmático lo constituye el trámite intermedio que ha previsto la legislación sobre evaluación de impacto ambiental, en aplicación de normativa comunitaria europea. El informe que formalmente ha de emitir la Administración competente debe evaluar todos los elementos y efectos medioambientales del

---

85. HOFFMANN-RIEM, cit. (nota 4), «Eigenständigkeit», en: Hoffmann-Riem/Schmidt-Aßmann/Voßkuhle, GlVwR, vol. 1, § 10, núm. marg. 30 y ss.; TRUTE, cit. (nota 83), Herstellung und Darstellung, pp. 293 y ss.

86. *Vid.* asimismo Trute, cit. (nota 76 supra), «Herstellung und Darstellung», pp. 313 y ss.

proyecto de que se trate. La evaluación ambiental se incorpora a la propia autorización de la actividad y, acompañada de toda la documentación, resulta de enorme trascendencia de cara a la aprobación final[87].

---

87. HEINZ-JOACHIM PETERS/STEFAN BALLA, *Gesetz über die Umweltverträglichkeitsprüfung: Handkommentar* (3ª edición, 2006), § 12, núm. marg. 35. Véase el capítulo quinto de la presente obra colectiva, en relación con esta clase de procedimientos.

III
LA DELIMITACIÓN E INTERACCIÓN FUNCIONAL DE LOS PROCEDIMIENTOS: LA DISOLUCIÓN DE LOS LÍMITES DEL PROCEDIMIENTO ADMINISTRATIVO POR RAZONES FUNCIONALES

1. INTRODUCCIÓN GENERAL

UNA vez elaborada la decisión administrativa, ha de procederse a su motivación y publicidad para que produzca efectos. La LPA regula estos extremos, puesto que sin duda pertenecen a la «esfera externa» de la Administración, única perspectiva que interesaba a la Ley en su redacción originaria.

Así, el art. 41, apartado primero, de la LPA dispone que el acto administrativo debe ser notificado a los destinatarios o afectados. Y el 43, apartado primero, por su parte, añade que el acto producirá efectos desde su notificación[88]. Aun cuando el procedimiento administrativo tenga por objeto el dictado de un acto administrativo o la adjudicación de un contrato (art. 9 LPA)[89], lo cierto es que, en términos *dogmáticos*, y por más que sea un tema controvertido en la doctrina, el procedimiento –y, en consecuencia, los derechos que en su seno nacen– no concluye con la publicación o notificación del acto administrativo. Lo relevante es, por el contrario, la inatacabilidad y firmeza del acto administrativo o la producción de efectos en el caso del contrato, o, en su caso, la terminación del procedimiento por otra circunstancia[90]. Se explica por ello que la resolución inicial que pone fin al pro-

---

88. Los actos administrativos pueden tener forma escrita, electrónica, oral o cualquier otra, sec. 37 (2) de la LPA.

89. Recuérdese el contenido de este precepto recogido en la nota núm. 7.

90. Tribunal Administrativo Federal, 82 *Entscheidungen des Bundesverwaltungsgerichts* (BVerwGE), p. 336 (p. 338); en este sentido: WOLFGANG CLAUSEN, en: Knack, *Verwaltungsverfahrensgesetz (VwVfG): Kommentar* (8ª edición, 2004), § 13, núm. marg. 11, § 9, núm.

cedimiento y la resolución del recurso administrativo constituyan en realidad una unidad, de acuerdo con lo dispuesto en el art. 79 de la Ley de Jurisdicción contencioso-administrativa alemana[91]. Los derechos de acceso al expediente tampoco se extinguen con la publicidad del acto administrativo.

Ha de ahondarse en la institución del procedimiento administrativo desde la perspectiva de la *teoría de la dirección* y, en consecuencia, desde la perspectiva de los *efectos* y eficacia reales que con esta categoría se alcanzan mediante un adecuado diseño del procedimiento[92]. Desde esta óptica, a la teoría y a la legislación del procedimiento le interesan otras dimensiones menos cultivadas por parte de la dogmática clásica, como son la perspectiva de la eficacia en la *fase de aplicación* o ejecución, esto es, una mayor atención por la consecución en la práctica de los resultados y de los objetivos que se persiguen con el procedimiento; el control y la revisión; así como el proceso de aprendizaje y de acumulación de la experiencia obtenida de la praxis. Ello sugiere la idea o imagen del procedimiento como una «cadena procedimental», como un proceso que se repite. Así sucede, por ejemplo, en los casos de grandes obras o actividades llevadas a cabo por la Administración, en que las decisiones no constituyen una foto fija, sino que se modifican y adaptan en función de las cambiantes circunstancias. Se trata de

marg. 30 y ss.; KOPP/RAMSAUER, cit. (nota 43), VwVfG, § 9, núm. marg. 23a, 30; en contra: PAUL STELKENS/HERIBERT SCHMITZ, en: Stelkens/Bonk/Sachs, *Verwaltungsverfahrensgesetz: Kommentar* (6ª edición, 2001), § 9, núm. marg. 182 y ss.

91. Entre otros extremos, el citado precepto establece que el objeto del recurso contencioso-administrativo (de carácter impugnatorio) lo constituye el acto administrativo originario, en la forma en que haya quedado en la resolución del recurso administrativo. Verwaltungs-gerichtsordnung (VwGO), (1991) Bundesgesetzblatt – BGBl. I, p. 686, en su redacción por el artículo 3 de la Ley de 21 de diciembre de 2006 (2006) Bundesgesetzblatt – BGBl. I, p. 3316.

92. En español, véase E. SCHMIDT-ASSMANN, *La Teoría General del Derecho Administrativo como sistema*, INAP-Marcial Pons, Madrid, 2003, pp. 27 y ss, así como la nota de presentación de la traducción, pp. XIX y ss. Véase asimismo la introducción a la presente obra colectiva. Además SCHMIDT-ASSMANN, cit. (nota 8), *Ordnungsidee*, cit. (nota 8), capítulo 6, núm. marg. 155; WOLFGANG HOFFMANN-RIEM, «Ermöglichung von Flexibilität und Innovationsoffenheit im Verwaltungsrecht: Einleitende Problemskizze», en: Hoffmann-Riem/Schmidt-Aßmann (eds.), *Innovation und Flexibilität des Verwaltungshandelns* (1994), pp. 60 y ss.

decisiones complejas e íntimamente relacionadas entre sí, en la medida en que unas se apoyan sobre otras, o se alteran o influyen recíprocamente. La comprensión integral de esas fases posteriores y el procedimiento decisorio permite identificar y evaluar mejor los efectos recíprocos, sean positivos o negativos, que se producen entre la fase de aplicación y el procedimiento originario. Desde esa perspectiva, es fácil advertir la existencia de múltiples formas de «desbordamiento» de la secuencia clásica del procedimiento que concluía con una resolución por la que se ponía fin al mismo[93]. Esa *relativización funcional* de los límites tradicionales del procedimiento no supone, sin embargo, que las decisiones que se adoptan –por su inserción en un contexto más amplio y de mayor recorrido– se disuelvan o pierdan la autonomía que les es inherente, pues de ser así se produciría una quiebra de las garantías dogmáticas que las resoluciones llevan anudadas (por ejemplo, la firmeza del acto administrativo a efectos de la tutela judicial).

2. CONTINUACIÓN DEL PROCEDIMIENTO INICIAL A TRAVÉS DEL PROCEDIMIENTO ADMINISTRATIVO DE RECURSO Y DE LOS PROCEDIMIENTOS EXTRAJUDICIALES PARA LA SUBSANACIÓN DE LOS VICIOS EN QUE SE HAYA INCURRIDO

a) La naturaleza dual del procedimiento administrativo de recurso

La forma más evidente de continuación del procedimiento administrativo la constituyen los procedimientos en los que se resuelven los recursos administrativos contra resoluciones que aún no han adquirido firmeza. De acuerdo con lo que dispone el art. 68 de la Ley alemana de la jurisdicción contencioso-administrativa, salvo que se prevea

---

93. Sobre las cuestiones subyacentes a esta problemática puede verse Wolfgang Durner, «Die behördliche Befugnis zur Nachbesserung fehlerhafter Verwaltungsakte», VerwArch, Bd. 97 (2006), pp. 345 y ss.

expresamente lo contrario[94], es necesario interponer con carácter previo a la interposición del recurso contenciso-administrativo (cuando a su través se ejerza la acción impugnatoria) un recurso administrativo contra el acto, a fin de enjuiciar, en sede administrativa, no sólo la *legalidad*, sino también la *oportunidad* o *conveniencia*. Desde una perspectiva dogmática, ha de destacarse que «resolución originaria» y «resolución por la que se resuelve el recurso administrativo» conforman una amalgama a efectos procesales, como se desprende del art. 79.1 de la misma Ley, y de acuerdo con el cual la acción impugnatoria tiene por objeto el acto administrativo originario en la forma y en los términos en que haya quedado a resultas de la resolución del recurso administrativo. El procedimiento de recurso, pues, posee un *doble carácter*: constituye un requisito de procedibilidad para que el juez o tribunal pueda entrar en el fondo del asunto y es al mismo tiempo un procedimiento administrativo.

Ello plantea algunas dificultades como consecuencia de la fragmentada distribución de competencias legislativas sobre procedimiento y proceso, y de la falta de tratamiento unitario entre la legislación de procedimiento y la ley de la jurisdicción contencioso-administrativa[95].

b) Procedimientos de subsanación paralelos al proceso judicial

El procedimiento administrativo en el que se adopta la decisión inicial puede tener su continuidad no sólo a través del procedimiento administrativo de recurso, sino también en una nueva clase de proce-

---

94. Se aprecia una cierta tendencia a reducir la obligatoriedad de la interposición del recurso administrativo previo. *Vid.* Schneider, cit. (nota 13), «Strukturen und Typen», § 28, núm. marg. 128.

95. Han de tenerse en cuenta señaladamente lo dispuesto en los arts. 71 y 73.3 de la Ley de la jurisdicción contencioso-administrativa. El primero se refiere a la audiencia en el seno del procedimiento administrativo de recurso, que ha de producirse antes de modificar o anular el acto impugnado; y el segundo hace referencia al contenido de la resolución por la que se resuelve el recurso (motivación y fundamento, determinación de las costas, etc.).

dimiento introducido en la reforma legal de 1996, denominado de *subsanación*, y que corre paralelo al proceso judicial de primera o segunda instancia. La citada reforma tenía por objeto imprimir una mayor *celeridad* y *economía procesal* en los procedimientos administrativos *autorizatorios*. A tal propósito abrió la posibilidad de subsanar las infracciones procedimentales después de presentada la demanda ante la jurisdicción (art. 45.2 LPA)[96]. Ha de notarse que se trata de un auténtico procedimiento administrativo y que su *dirección corresponde al órgano administrativo competente*, no al juez o tribunal[97]. La subsanación es acordada por la Administración, no por la jurisdicción, aunque el procedimiento corra paralelo al proceso judicial. Con todo, este recorrido en paralelo del proceso jurisdiccional y del procedimiento administrativo genera un *nuevo sistema de diálogo entre el juez o tribunal y la Administración*. Los procedimientos de subsanación constituyen de este modo otro destacado ejemplo de la evolución que viene experimentando la jurisdicción contencioso-administrativa y su función, con una evidente repercusión sobre la teoría del procedimiento administrativo. Otros hitos en la misma dirección lo constituyen las reformas habidas en torno a la tutela cautelar[98] y a la discrecionalidad administrativa[99] (art. 114 de la Ley de la Jurisdicción Conten-

---

96. Este precepto regula la subsanación y dispone, en su apartado segundo, que ésta puede producirse incluso en el seno del proceso judicial, con determinadas condiciones. Por medio de la tercera reforma de la Ley de la Jurisdicción contencioso-administrativa, producida en 2002 (Boletín Oficial I, pp. 3322 y ss.) se prohibió terminantemente que esa subsanación pudiera tener lugar en el seno de un proceso de revisión, como se venía postulando. Sobre el particular, puede verse J. BADER, «Die Heilung von Verfahrens- und Formfehlern im verwaltungsgerichtlichen Verfahren», NVwZ 1998, p. 674 (676).

97. STEFAN REINEL, «Die Rolle der Verwaltungsgerichtsbarkeit bei der Heilung von Verfahrensmängeln», BayVBl. 2004, S. 454 (457, 459); BADER, «Die Heilung», cit. (nota 96), pp. 674, 678.

98. MATTHIAS RUFFERT, «Suspensiveffekt und Wirtschaftsstandort Deutschland: Vorläufiger Rechtsschutz nach dem 6. VwGOÄndG», NVwZ 1997, pp. 654 y ss.

99. Otros ejemplos son los cambios recientes en las medidas cautelares y la nueva posibilidad de complementar las deliberaciones sobre cómo ejercer la discrecionalidad prevista en la sec. 114 (2) de la Ley de la Jurisdicción. *Vid.* WOLF-RÜDIGER SCHENKE, «'Reform' ohne Ende: Das Sechste Gesetz zur Änderung der Verwaltungsgerichtsordnung und anderer Gesetze (6. VwGOÄndG)», NJW 1997, pp. 81 (88 y ss.).

cioso-administrativa)[100]. Esa transformación de la función que atañe a la jurisdicción contencioso-administrativa entronca con otras tendencias más generales hacia una *dirección policéntrica* y una *producción jurídica* más allá del Parlamento, que se alimentan de los problemas que generan los *programas legales muy abiertos,* esto es, de la necesidad de encontrar respuestas adaptativas y formas de desarrollar el Derecho sustantivo que la ley formal no prefigura. En el fondo de ese movimiento subyace, en efecto, la creciente *debilidad de la ley material* para dirigir los procesos sociales[101]. Ahora bien, sea como fuere, lo cierto es que tales tendencias no pueden desembocar en la disolución o solapamiento de las distintas esferas en las que se mueven el proceso y el procedimiento administrativo, de las diferentes *funciones* que cumplen y de sus respectivas bases constitucionales (cláusula del Estado de Derecho, principio democrático). Una cosa es la Administración que actúa e interviene, que constituye o configura nuevas situaciones, y modela la sociedad, y otra, muy distinta, la jurisdicción contencioso-administrativa, neutra e imparcial, estructurada para la resolución de conflictos y para intervenir cuando se le solicita[102]. Resulta por ello un tanto exagerado hablar de una actuación conjunta o de una especie de responsabilidad compartida entre la Administración y la jurisdicción[103], como hace Rainer Pitschas[104].

---

100. La modificación del art. 114 de la Ley de la Jurisdicción contencioso-administrativa (VwGO), en su último inciso, permite que las consideraciones que la Administración realizara en el ejercicio de su potestad discrecional puedan ser completadas eventualmente en el seno del proceso judicial.

101. Vol. I HOFFMANN-RIEM (núm. marg.) § 10, *pássim*.

102. EBERHARD SCHMIDT-ASSMANN, en: Schoch/*Schmidt-Aßmann*/ Pietzner, VwGO, núm. marg. 177. En el caso holandés, TOM ZWART, «De mythe van de stoelendans tussen bestuur en rechter», *Liberal Reveil*, vol. 40 (1999), pp. 117 y ss.; respecto de Gran Bretaña, WADE/ FORSYTH, *Administrative Law* (2004), pp 33 y ss.; *Associated Provincial Picture Houses Ltd. v. Wednesbury Corporation* (1948) 1 King´s Bench Reporter 223 (228 per Lord Greene): «must not substitute itself for that authority»; la conocida expression francesa «juger l´administration, c´est encore administrer» (CHAPUS, Contentieux administratif (11ª edición, 2004), núm. marg. 31 y ss.); JOHANNES KOCH, *Verwaltungsrechtsschutz in Frankreich: Eine rechtsvergleichende Untersuchung zu den verwaltungsinternen und verwaltungsgerichtlichen Rechtsbehelfen des Bürgers gegenüber der Verwaltung*, 1998, pp. 20 y ss.

La citada reforma, introducida por el art. 45 (2) de la LPA[105], suscitó en ciertos sectores doctrinales algunas dudas respecto a su compatibilidad con la Constitución alemana, dudas que, sin embargo, no han sido compartidas por la doctrina mayoritaria[106]. Con todo, en términos de *configuración legal*, podrían formularse algunas críticas al sistema. En concreto, cabe destacar las dificultades que puede generar la subsanación de la omisión del trámite de audiencia en un momento tan tardío, con unos efectos muy limitados ya, y dependiente de las estrategias procesales que las partes adopten[107], y ello con independencia del mandato de equivalencia funcional[108] o de la subsanación de vicios materiales[109].

---

103. RAINER PITSCHAS, «Verwaltung und Verwaltungsgerichtsbarkeit im staatlichen Modernisierungsprozeß», en Blümel/Pitschas (eds.), *Verwaltungsverfahren und Verwaltungsprozeß im Wandel der Staatsfunktionen* (1997), p. 56.

104. EBERHARD SCHMIDT-ASSMANN, en: Schoch/Schmidt-Aßmann/Pietzner, *Verwaltungsgerichtsordnung, Kommentar* (1996), Intro. núm. marg. 177; en contra, R. PITSCHAS, «Verwaltung und Verwaltungsgerichtsbarkeit im staatlichen Modernisierungsprozeß», en Blümel/Pitschas (eds.), *Verwaltungsverfahren und Verwaltungsprozeß im Wandel der Staatsfunktionen* (1997), p. 56.

105. El citado precepto se refiere a la subsnación del procedimiento y a las infracciones de forma. En concreto, el apartado segundo permite la susbsanación de la infracción en el seno del proceso judicial.

106. MICHAEL SACHS, en: Stelkens/Bonk/Sachs (eds.), *Verwaltungsverfahrensgesetz: Kommentar* (6ª edición, 2001), § 45, núm. marg. 112 y ss.; HEINZ J. BONK, «Strukturelle Änderungen des Verwaltungsverfahrens durch das Genehmigungsverfahrensbeschleunigungsgesetz», en: (1997) *Neue Zeitschrift für Verwaltungsrecht* (NVwZ), p. 320 (p. 324); se muestra crítico CHRISTIAN-DIETRICH BRACHER, «Nachholung der Anhörung bis zum Abschluß des verwaltungsgerichtlichen Verfahrens?: Zur Verfassungsmäßigkeit von § 45 Abs. 2 VwVfG», en: (1997) *Deutsches Verwaltungsblatt* (DVBl) pp. 534 y ss.; ARMIN HATJE, «Die Heilung formell rechtswidriger Verwaltungsakte im Prozeß als Mittel der Verfahrensbeschleunigung», en: (1997) *Die Öffentliche Verwaltung* (DÖV), p. 477 (p. 484).

107. KOPP/RAMSAUER, cit. (nota 43), VwVfG, § 28, núm. marg. 80, § 45, núm. marg. 33 y ss.; FRIEDHELM HUFEN, «Heilung und Unbeachtlichkeit grundrechtsrelevanter Verfahrensfehler? Zur verfassungskonformen Auslegung der §§ 45 und 46 VwVfG», en: *Neue Juristische Wochenschrift* (NJW), p. 2160 (p. 2165); «Heilung und Unbeachtlichkeit von Verfahrensfehlern», en: (1999) *Juristische Schulung* (JuS), p. 313 (p. 317), habla apropiadamente de «no recurribilidad psicológica» en este contexto. Un comentario aún más agudo en el trabajo del antiguo Magistrado del Tribunal Administrativo Federal JÖRG BERKEMANN, «Verwaltungsprozeßrecht auf «neuen Wege»?», en (1998) *Deutsches Verwaltungsblatt* (DVBl), p. 446 (p. 448): «Farce».Muy gráficamente: Tribunal Admnistrativo (Verwaltungsgericht – VG) de Berlin, en: (2003) *Neue Juristische Wochenschrift* (NJW), p. 1063 (p. 1064).

108. KOPP/RAMSAUER, VwVfG, § 45, núm. marg. 26, 42.

109. HUFEN, *Fehler*, cit. (nota 17), núm. marg. 598 y ss.; asimismo REINEL, *Heilung*, cit. (nota 96), p. 457.

En todo caso, han de observarse unas *exigencias mínimas* para que pueda procederse a la subsanación del vicio una vez iniciado el proceso. Así, en caso de que se hubiere omitido el trámite de audiencia en el seno del procedimiento administrativo, es necesario que los afectados soliciten su subsanación expresamente una vez ya iniciado el proceso jurisdiccional, y que el órgano administrativo competente haga una valoración imparcial y motivada[110].

c) Procedimientos administrativos de subsanación en el ámbito del planeamiento urbanístico (procedimientos en paralelo y posteriores al proceso judicial)

El Derecho urbanístico presenta algunas peculiaridades en orden a la conservación de los planes. En lo que ahora interesa, hay procedimientos administrativos que pretenden revisar defectos sustanciales y otros cuyo objeto consiste tan sólo en subsanar determinadas omisiones o defectos en la tramitación del planeamiento. Se inician con frecuencia después de haber sido constatados en un proceso judicial[111]. Pueden también iniciarse en paralelo, como en los casos contemplados en el epígrafe anterior, y a instancias de la propia Administración[112].

3. APLICACIÓN Y EJECUCIÓN DE LOS RESULTADOS OBTENIDOS EN EL SENO DEL PROCEDIMIENTO ADMINISTRATIVO

La resolución administrativa nace para ser aplicada. En caso de incumplimiento, se podrán utilizar los medios de ejecución forzosa.

---

110. Kopp/Ramsauer, cit. (nota 43), VwVfG, § 28, núm. marg. 81 y ss.

111. Hans D. Jarass, «Aktuelle Probleme des Planfeststellungsrechts: Plangenehmigung, Planergänzung, ergänzendes Verfahren», en: (1997) *Deutsches Verwaltungsblatt* (DVBl), p. 795 y ss.

112. Heinz J. Bonk/Werner Neumann, en: Stelkens/Bonk/Sachs (Hrsg.), VwVfG, § 75, núm. marg. 40b; Hartmut Fischer, «Rechtswirkungen und Folgen von Fehlern des Planfeststellungsbeschlusses», en: Jan Ziekow (Hrsg.), *Praxis des Fachplanungsrechts*, 2004, núm. marg. 476; Hans D. Jarass, «Aktuelle Probleme des Planfeststellungsrechts: Plangenehmigung, Planergänzung, ergänzendes Verfahren», DVBl 1997, S. 795 (802).

Desde el punto de vista dogmático, se suelen diferenciar ambas fases a través de sendos procedimientos[113]. Las decisiones de la Administración se pueden llevar a efecto por medio de actuaciones *materiales*, como sucede en el caso de la construcción de una obra pública, el pago de una prestación dineraria o la realización de una prestación material. Con frecuencia se ejecutan a través de los sujetos privados. Lo que importa ahora destacar es que, entre la doctrina alemana, ha sido tradicional el estudio y el análisis separados de ambas fases, como se observa en los mismos tratados y manuales. Por un lado, se describe el procedimiento administrativo con la resolución que pone fin al mismo, la notificación del acto, los efectos jurídicos que produce, y los requisitos de legalidad. Y, por otro, se estudia su ejecución[114]. Sin embargo, desde la perspectiva de la ciencia del Derecho Administrativo, decisión y ejecución han de ser estudiadas de forma conjunta, puesto que uno y otro aspecto forman parte del mismo proceso decisorio[115]. La doctrina administrativista que se ha aproximado al Derecho Administrativo entendido como *ciencia de la dirección* tiende igualmente a integrar esas fases en un único objeto de análisis[116].

Por lo demás, la ejecución formal de los actos administrativos y, en general, de las decisiones que adopta la Administración no se agota en los clásicos supuestos de ejecución forzosa. La legislación más moderna se preocupa de manera creciente por la aplicación a través de otras fórmulas.

---

113. Franz-Joseph Peine, *Allgemeines Verwaltungsrecht* (8ª ed., 2006), núm. marg. 18.

114. La exposición de Peine, *Verwaltungsrecht*, cit. (nota 104), núm. marg. 18 y ss. supone una excepción.; asimismo Jörn Ipsen, *Allgemeines Verwaltungsrecht* (3ª ed., 2003), núm. marg. 838, sobre las acciones no formalizadas que derivan del acto administrativo.

115. Bernd Becker, «Entscheidungen in der öffentlichen Verwaltung», en: Klaus König/Heinrich Siedentopf (Hrsg.), *Öffentliche Verwaltung in Deutschland* (2ª ed., 1997), p. 435 (436, 456); Werner Thieme, *Einführung in die Verwaltungslehre* (1995), pp. 142, 148 y ss.; *Verwaltungslehre* (4ª ed., 1984), p. 287.

116. Véase en español Schmidt-Assmann nota 26. También, del mismo autor *Ordnungsidee*, cit. (nota 8), capítulo 6, núm. marg. 161; Hoffmann-Riem, cit. (nota 92), «Flexibilität und Innovationsoffenheit», en: Hoffmann-Riem/Schmidt-Aßmann, *Innovation und Flexibilität*, pp. 29 y ss.

Por ejemplo, las leyes que regulan las autorizaciones de determinadas instalaciones industriales han previsto mecanismos de *vigilancia* y *control* para asegurar que la actividad se lleve a cabo de conformidad con lo autorizado[117] (v.gr.: arts. 20, 26 y siguientes y 52 de la Ley federal de control de las emisiones)[118]. Aquí la Administración asesora, instruye, solicita información, dicta órdenes, realiza mediciones, declara los límites de las emisiones, etc. En una segunda fase, si aprecia que la actividad industrial se desvía de lo previsto en la autorización, puede suspender el ejercicio de dicha actividad, acordar su paralización o el cierre de la empresa, para lo que sí se servirá de los medios de ejecución forzosa. Cuestión distinta es que esta compleja y exigente actividad administrativa que se realiza en la fase de ejecución no siempre sea eficaz y pueda presentar ciertos déficits, como se ha objetado en Alemania. La cuestión remite, en efecto, a la *capacidad* de control y vigilancia que pueda desplegar la Administración. En ocasiones, las potestades administrativas se activan tan sólo cuando las quejas de los vecinos o de la partes interesadas desembocan en la iniciación del correspondiente procedimiento administrativo de control de las instalaciones industriales[119]. Sin embargo, la normativa europea sobre ayudas financieras comunitarias no deja en manos de la iniciativa privada la puesta en práctica del control de los fondos sobre la base de determinados estándares de calidad y cantidad del gasto[120].

4. «LIBERACIÓN» DE LOS LÍMITES DEL PROCEDIMIENTO ADMINISTRATIVO Y FLEXIBILIZACIÓN DE LAS DECISIONES QUE SE ADOPTAN EN LOS PROCEDIMIENTOS SUBSIGUIENTES

Los procedimientos administrativos a los que antes se ha hecho referencia (*cfr.* II) continúan de algún modo el procedimiento inicial.

---

117. Hans-Joachim Koch, UmweltR, 2002, § 4, núm. marg. 170 y ss.; Klaus Jankowski, § 10, núm. marg. 81 y ss.

118. Bundes-Immissionsschutzgesetz (BImSchG), (2002) Bundesgesetzblatt – BGBl. I, p. 3830, en la versión modificada por el artículo 3 de la Ley de 18 de diciembre de 2006, (2006) Bundesgesetzblatt – BGBl. I, p. 3180.

119. Hans-Joachim Koch et al., *Anlagenüberwachung im Umweltrecht: Zum Verhältnis von staatlicher Überwachung und Eigenkontrolle* (1998).

120. En relación con la regulación de los fondos estructurales, véase: Schneider, cit. (nota 47), «Instrumente», p. 263; en lo que hace a las ayudas agrarias, Catharina Meyer-Bolte,

A la teoría general del procedimiento le interesan igualmente los procedimientos que se siguen ulteriormente con el propósito de examinar, anular o modificar la resolución originaria, o de establecer una conexión especial con ésta. Pese a que desde un punto de vista dogmático exista una clara separación entre los procedimientos administrativos originarios y aquellos otros que nacen después de haberse dictado la resolución definitiva, lo cierto es que son muchos los puntos de encuentro y de conexión entre unos y otros, aun cuando cumplan *funciones* distintas. Ello se pone de manifiesto, por ejemplo, no ya sólo en los casos en los que el procedimiento ulterior sirve para concretar los efectos y alcance de la resolución o la firmeza del acto dictado en el procedimiento inicial, sino también para superarlo de alguna manera. Y suponen, en consecuencia, una cierta flexibilización del acto originario. De cara a la *comprensión sistemática* de la institución, habría que distinguir los procedimientos en los que se produce un análisis de carácter retrospectivo, como en el caso de la anulación, de aquellos que pretenden la revisión, el control, o la modificación, y cuya finalidad no es otra que la de asegurar la adaptación a la evolución ulterior de las circunstancias. Asimismo ha de tenerse en cuenta la distinción entre las revisiones de oficio o a instancia de parte, así como la que se refiere a actos declarativos de derechos o de gravamen. En las páginas que siguen se abunda en los aspectos procedimentales, dejando a un lado los presupuestos materiales o de fondo que quedan fuera de nuestra consideración.

a) Revisión del procedimiento (art. 51 LPA)

El art. 51 LPA establece las causas y requisitos en virtud de los cuales los afectados por un acto administrativo que ha devenido firme por no haber sido impugnado en tiempo y forma pueden plantear la revisión del procedimiento. Las causas a que se refiere el citado precepto comprenden tanto la modificación

---

Agrarrechtliche Cross Compliance als Steuerungsinstrument im Europäischen Verwaltungsverbund (2006).

sobrevenida del presupuesto de hecho o del régimen legal aplicable (apartado 1º), cuanto la aparición de circunstancias que requieran un nuevo examen o análisis de los fundamentos en que se basó la decisión originaria (apartados 2º y 3º). El legislador ha concebido el procedimiento de revisión como un procedimiento distinto y autónomo, y no como una mera continuación del procedimiento inicial, pese a los puntos de encuentro y conexión que uno y otro puedan tener[121].

b) Procedimientos de revocación previstos en artículos 48 y 49 de la LPA (anulación de actos administrativos ilegales y legales, respectivamente)

Resultan igualmente relevantes en este contexto los procedimientos de revisión o revocación a que se refieren los arts. 48 y 49 LPA[122]. Aun cuando hayan de respetarse los límites que impone la seguridad jurídica o la confianza legítima, y distinguir, en consecuencia, entre actos administrativos declarativos de derechos y de gravamen, estos preceptos suponen una cierta flexibilización del principio de vinculación al que se encuentra sujeta la Administración, en la medida en que autorizan su revisión y revocación.

---

121. En caso contrario, y a la luz del art. 3.3 LPA (sobre la competencia territorial) no sería necesaria la regla establecida en el art. 54.4 LPA. Sobre este tema, puede verse Michael Sachs, en: Stelkens/Bonk/Sachs (eds.), *Verwaltungsverfahrensgesetz: Kommentar* (6ª edición, 2001), § 51, núm. marg. 28 y § 48, núm. marg. 252, 255.

122. El art. 49 LPA, relativo a la anulación de actos administrativos *legales*, dispone que un acto administrativo de gravamen, que sea conforme a Derecho, puede ser revocado total o parcialmente con efectos futuros, aun cuando sea firme, salvo que tuviera que dictarse en su sustitución otro acto con idéntico contenido, o cuando la revocación resulte improcedente por otras razones. Por el contrario, un acto administrativo declarativo de derechos y conforme a Derecho, sea o no firme, sólo podrá ser revocado total o parcialmente, con efectos futuros, si concurren las concretas y estrictas circunstancias que a continuación se mencionan (que haya sido expresamente previsto por una norma o un acto; el acto originario estaba sujeto a modo y éste no ha sido satisfecho en tiempo o en forma; si padeciera el interés general de mantenerse el acto en cuestión; si a tenor de las nuevas circunstancias sobrevenidas la Administración no habría podido dictar ese acto; etc.).

La LPA alemana en sus arts. 48 y 49, ofrece, pues, la posibilidad de anular actos de gravamen que ya hayan adquirido firmeza. El primero de los preceptos se refiere a los actos administrativos con vicio en origen. Y el segundo, por el contrario, se ocupa de aquellos actos administrativos dictados originariamente conforme a Derecho que, sin embargo, requieren ser adaptados a circunstancias fácticas sobrevenidas. En ese sentido, el art. 49 LPA supone una cierta apertura hacia el futuro en la medida en que permite flexibilizar la decisión adoptada[123]. El deber de indemnizar que de ahí puede derivarse determina un prudente ejercicio de estas potestades administrativas, por razones presupuestarias[124]. En determinados supuestos del art. 49 LPA[125], ha de estarse a lo que se haya realizado[126] en el procedimiento administrativo originario[127].

c) Modificaciones del planeamiento urbanístico durante su ejecución (art. 76 de la LPA)

El art. 76 LPA[128] se refiere a la modificación del planeamiento antes de que concluya su ejecución. El art. 76 regula las modificacio-

---

123. El Derecho Administrativo especial ofrece un conjunto de soluciones al respecto. *Vid.* Friedrich Schoch, «Der Verwaltungsakt zwischen Stabilität und Flexibilität», en: Hoffmann-Riem/Schmidt-Aßmann, *Innovation und Flexibilität des Verwaltungshandelns* (1994), p. 199 (242).

124. Hoffmann-Riem, «Flexibilität und Innovationsoffenheit», cit. (nota 92), p. 62.

125. Apartado 2, números 1 y 2, y en el apartado 3, número 1, en los que se establecen, respectivamente, que se puede anular un acto administrativo declarativo de derechos, que sea legal, con efectos hacia el futuro, cuando así lo establezca un precepto legal o haya sido previsto en un acto administrativo (49.2.1); o bien cuando el modo al que se sometió el acto no se ha cumplido en tiempo y forma (49.2.2); y, finalmente, cuando la prestación, dineraria o material, no se emplee para el fin al que obedece o destina.

126. Sobre la función que cumplen las disposiciones adicionales, *vid.* Koch/Rubel/Heselhaus, VerwR, § 6, núm. marg. 45 y ss.

127. Sobre este tema: Hoffmann-Riem, cit. (nota 93), «Flexibilität und Innovationsoffenheit», en: Hoffmann-Riem/Schmidt-Aßmann, *Innovation und Flexibilität*, p. 62.

128. Este precepto establece que, en caso de pretenderse modificar el instrumento de planeamiento general, antes de que se concluya su ejecución, es necesario iniciar un nuevo procedimiento de elaboración de ese instrumento. Ahora bien, cuando se trate de modificaciones puntuales que no sean esenciales ni afecten a intereses de terceros o éstos las acepten, no es necesario iniciar un nuevo procedimiento de elaboración del planeamiento.

nes que no afectan a la identidad o al concepto mismo del plan. En caso contrario, y como se desprende del propio precepto, será necesario iniciar un nuevo procedimiento de elaboración del planeamiento urbanístico, con todos sus trámites de información pública y las garantías que le son propias[129]. Para determinar si las modificaciones son o no esenciales, es preciso tener en cuenta si el proceso de ponderación y los equilibrios alcanzados en la estructura y el contenido del plan permanecen inalterados a resultas de la modificación proyectada; o, en otras palabras, si es necesario replantear por completo la ponderación de conjunto[130]. Si la modificación afecta a elementos sustanciales, habrá de someterse a un nuevo procedimiento de elaboración del planeamiento, de acuerdo con los requisitos y condiciones establecidos en los arts. 74 y 75 LPA, aunque, eso sí, circunscrito materialmente al ámbito o parte que se pretenda modificar. Aun cuando el nuevo procedimiento sea distinto y autónomo del primero, lo cierto es que ambos conforman una cierta unidad, hasta el extremo de que la *aprobación del plan inicial y la modificación constituyen decisiones que desembocan en un plan unitario*[131]. Por el contrario, cuando se trate de modificaciones menores o no sustanciales, la Administración podrá elegir, discrecionalmente, entre iniciar un *procedimiento informal*[132] o bien seguir el procedimiento de elaboración del planeamiento, aunque *abreviado* (art. 76.2 LPA)[133]. También estos procedimientos gozan de autonomía, aunque se sirven de la información obtenida y de la ponderación realizada en el procedimiento ori-

---

129. Tribunal Administrativo Federal, en: (1990) Neue Juristische Wochenschrift (NJW), p. 925 (926).

130. *BVerwG*, NJW 1990, S. 925 (926).

131. Tribunal Federal Administrativo, 75 (BVerwGE), p. 214 (p. 223); HEINZ J. BONK/WERNER NEUMANN, en: Stelkens/Bonk/Sachs (eds.), *Verwaltungsverfahrensgesetz: Kommentar* (6ª edición, 2001), § 76, núm. marg. 5, 15.

132. RAMSAUER, VwVfG, § 76, núm. marg. 13, 16.

133. Así se desprende, en efecto, del citado precepto, que autoriza a no seguir el procedimiento solemne de elaboración del planeamiento en estos casos. HEINZ J. BONK/WERNER NEUMANN, en: Stelkens/Bonk/Sachs, VwVfG, § 76, núm. marg. 28; KOPP/RAMSAUER, VwVfG, § 76, núm. marg. 21.

ginario. Es esa interacción entre el procedimiento inicial de elaboración y el de modificación lo que explica que los requisitos procedimentales de este último se vean reducidos[134]. Cuanto se ha dicho representa un ejemplo elocuente de la «liberación» funcional de los límites de los distintos procedimientos administrativos y de su creciente entrelazamiento[135].

d) Actos administrativos posteriores

Las resoluciones que implican mandatos u órdenes dictadas con posterioridad al acto que puso fin al procedimiento representan igualmente un instrumento de flexibilización de la decisión inicial[136]. En cuanto afectan directamente al interesado, han de contar con la necesaria base legal, como sucede en determinados sectores del Derecho Administrativo especial, o bien haber sido previstas en el acto inicial[137]. Son muchas las cuestiones que se suscitan en esta sede en punto a los criterios o parámetros materiales a los que ha de sujetarse la acción adminis-

---

134. *BVerwG*, NJW 1990, S. 925 (926); Kopp/Ramsauer, VwVfG, § 76, núm. marg. 12.

135. En relación con la Ley federal de Autopistas (Bundesfernstraßengesetz – FStrG, 2007 Bundesgesetzblatt – BGBl I, p. 1206). Véase Tribunal Admnistrativo Federal, en: (1990) *Neue Juristische Wochenschrift* (NJW), p. 925 (926); Kopp/Ramsauer, cit. (nota 43), VwVfG, § 76, núm. marg. 12.

136. Sobre el concepto y la necesidad de su armonización, véase Schoch, cit. (nota 123) «Verwaltungsakt», en: Hoffmann-Riem/Schmidt-Aßmann, *Innovation und Flexibilität*, p. 241; Hans-Joachim Koch/Rüdiger Rubel/F. Sebastian M. Heselhaus, *Allgemeines Verwaltungsrecht*, § 6, núm. marg. 48 y ss.

137. Por ejemplo, artículo 17 (1) de la Ley federal de emisiones; art. 17 (1) (3) de la Ley de la Energía atómica (Atomgesetz – AtG, 1985 Bundesgesetzblatt – BGBl. I, p. 1565, en su versión modificada por el artículo 161 de la Orden de 31 de octubre de 2006 Bundesgesetzblatt – BGBl I, p. 2407); sec. 5 de la Ley de recursos hidráulicos (Wasserhaushaltsgesetz – WHG, 2002 Bundesgesetzblatt – BGBl I, p. 3245, en su versión modificada por el artículo 2 de la Ley de 10 de mayo de 2007, Bundesgesetzblatt – BGBl. I, p. 666); sec. 19 (1) (3) de la Ley de Ingeniería Genética (Gentechnikgesetz – GenTG, 1993 Bundesgesetzblatt – BGBl. I, p. 2066, en su versión modificada por el artículo 1 de la Ley de 17 de marzo de 2006 Bundesgesetzblatt – BGBl.I, p. 534); sec. 5 de la Ley de negocios de restauración (Gaststättengesetz – GastG, 1998 Bundesgesetzblatt – BGBl. I, p. 3418, en su versión modificada por el artículo 149 dela Orden de 31 de octubre de 2006, Bundesgesetzblatt – BGBl. I, p. 2407).

trativa, en particular por lo que hace al principio de proporcionalidad[138]. Pero aquí sólo podemos dejar apuntada la relevancia de su *dimensión procedimental*. A este respecto, importa destacar que, aun cuando la orden o el mandato posterior constituya un nuevo acto administrativo impugnable separadamente, forma una unidad material con el acto originario, en la medida en que uno y otro están entrelazados y expresan una única una regla interna[139]. Ello no hace sino confirmar de nuevo la tesis que aquí se sustenta de la *disolución* de los límites, en el plano *funcional*, de los límites entre los procedimientos administrativos.

e) Seguimiento sistemático de las decisiones

La legislación de procedimiento poco se ha ocupado hasta ahora de regular de forma sistemática los distintos mecanismos de seguimiento y control de las decisiones administrativas, aun cuando éste sea un elemento capital del moderno procedimiento administrativo concebido como *instrumento orientado al aprendizaje y a la acumulación de experiencia, y, en consecuencia, abierto a la revisión*[140]. En los procedimientos autorizatorios a los que antes se ha aludido se vigila el cumplimiento de lo establecido en la autorización. Aquí nos referimos, por el contrario, a otros supuestos, en los que el procedimiento no tiene por objeto controlar la correcta *aplicación*, sino la *evaluación* de las *decisiones en sí mismas*, señaladamente a la luz de su eficacia y efectividad[141]. Si no es correcta la aplicación puede darse lugar entonces a un control o supervisión de la decisión. Pero lo cierto es que esos proce-

---

138. En profundidad: Hans-Joachim Koch, en: Koch/Scheuing, *Gemeinschaftskommentar zum Bundes-Immissionsschutzgesetz* (1994), § 17, núm. marg. 59 y ss., esp. núm. marg. 102 y ss., § 21, núm. marg. 82 y ss.; Karsten Sach, *Genehmigung als Schutzschild: Die Rechtsstellung des Inhabers einer immissionsschutzrechtlichen Genehmigung* (1994), pp. 116 y ss.

139. Paul Stelkens/Ulrich Stelkens, en: Stelkens/Bonk/Sachs, *Verwaltungsverfahrensgesetz: Kommentar* (6ª edición, 2001), § 36, núm. marg. 9b y § 35, núm. marg. 32a.

140. Véase Hoffmann-Riem, cit. (nota 92), «Flexibilität und Innovationsoffenheit», en: Hoffmann-Riem/Schmidt-Aßmann, *Innovation und Flexibilität*, p. 63, 64; Karl-Heinz Ladeur, «Risikooffenheit und Zurechnung – insbesondere im Umweltrecht», *ibídem*, p. 111 (p. 137).

141. En relación con las diferentes formas de control véase Anke Sailer, *Bauplanungsrecht und Monitoring: Die Umsetzung der Plan-UP-Richtlinie in das deutsche Recht* (2006), pp. 133 y ss.

dimientos autorizatorios no se centran en cuestionar si la decisión es la más adecuada o si ha de revisarse en virtud de nuevas circunstancias o de efectos negativos o indeseados sobrevenidos, sino que pretenden, como se ha dicho, vigilar que lo acordado se cumpla. En el Derecho Comunitario se encuentran algunos ejemplos[142].

f) Las autorizaciones en cadena como ejemplo de procedimiento administrativo continuado

La sujeción de las licencias o autorizaciones a un plazo –autorizaciones provisionales– constituye un supuesto similar, o un equivalente funcional, al contemplado en el epígrafe anterior. Representa, en efecto, una forma de supervisar la decisión y comprobar si sigue siendo válida a la vista de las circunstancias[143]. Su temporalidad determina inevitablemente una constante revisión del procedimiento mediante nuevos procedimientos y, con ello, una cadena de autorizaciones.

Es éste un sistema bien conocido en el sector de la radio y de la televisión, si bien los plazos son diferentes en cada *Land*[144]. En cambio, resulta excepcional en el ámbito de las autorizaciones industriales[145], aun cuando el encadenamiento de autorizaciones pueda resultar muy útil[146], primero, porque el procedimiento que se utiliza para el otorgamiento de esas autorizaciones se caracteriza justamente por su estructura en fases escalonadas (como sucede en el procedimiento expro-

---

142. Por ejemplo, la evaluación ambiental estratégica. Véase el capítulo quinto de la presente obra colectiva.

143. Véase Hoffmann-Riem, cit. (nota 92), «Flexibilität und Innovationsoffenheit», en: Hoffmann-Riem/Schmidt-Aßmann, *Innovation und Flexibilität*, p. 61.

144. Albrecht Hesse, *Rundfunkrecht: Die Organisation des Rundfunks in der Bundesrepublik Deutschland* (3ª edición, 2003), p. 229.

145. De acuerdo con la sección 12 (2) de la Ley federal de control de las emisiones, por ejemplo, las limitaciones se adoptan sólo previa solicitud por parte de los operadores. Véase también Hans D. Jarass, *Bundes-Immissionsschutzgesetz* (6ª edición, 2005), § 12, núm. marg. 16 y ss.

146. Véase Schoch, cit. (nota 123), «Verwaltungsakt», en: Hoffmann-Riem/Schmidt-Aßmann, *Innovation und Flexibilität*, pp. 240 y ss.

piatorio), que se cierran con autorizaciones parciales o decisiones provisionales, y, segundo, porque por razones técnicas o económicas han de modificarse con frecuencia las condiciones de la autorización. Lo cual requiere, a su vez, el inicio de un *procedimiento administrativo de modificación*, en cualquiera de sus varian-tes[147]. Esta suerte de autorizaciones concatenadas traen consigo una *relación jurí-dica* estable o permanente en términos funcionales o, lo que es lo mismo, un «continuum» de procedimientos. Este fenómeno constituye, por tanto, un nuevo ejemplo de interacción o liberación de los clásicos límites del procedimiento en el plano funcional.

---

147. Por ejemplo, art. 15, 16 de la Ley federal de control de las emisiones; véase también MARTIN FÜHR, «Wesentliche Änderung von Industrieanlagen Praktische Auswirkungen des neuen § 16 BImSchG», en: (1997) *Zeitschrift für Umweltrecht* (ZUR), pp. 293 y ss.; JENS-PETER SCHNEIDER, «Interessenverarbeitung in flexibilisierten Genehmigungsverfahren,» en: Schmidtchen/Schmidt-Trenz, *Vom Hoheitsstaat zum Konsensualstaat: Ökonomische Analyse der Flexibiliserung von Genehmigungsverfahren* (1999), p. 80 y ss.; REINHARD SPARWASSER/ RÜDIGER ENGEL/ANDREAS VOSSKUHLE, *Umweltrecht: Grundzüge des öffentlichen Umweltschutzrechts* (5ª edición, 2003), § 10, núm. marg. 250 y ss. (en relación con la regula-ción del control de las emisiones); § 7, núm. marg. 208 y ss. (respecto de la regulación de la energía atómica).

CAPÍTULO IX

EL PROCEDIMIENTO ADMINISTRATIVO EN ESPAÑA: SITUACIÓN ACTUAL Y PERSPECTIVAS DE CAMBIO

Luciano Parejo Alfonso*

* Catedrático de Derecho Administrativo, Universidad Carlos III, Madrid, España.

ÍNDICE

El presente trabajo se inscribe en el marco del proyecto de investigación SEJ2004-06054 que dirige el autor.

I
EL DIAGNÓSTICO: INSUFICIENCIAS Y DEFICIENCIAS DEL ACTUAL PROCEDIMIENTO ADMINISTRATIVO COMÚN

1. ORDEN CONSTITUCIONAL Y PROCEDIMIENTO ADMINIS-TRATIVO

En el ordenamiento jurídico vigente al tiempo del proceso constituyente[1], «régimen jurídico» de las Administraciones públicas y «procedimiento administrativo» eran materias reguladas por textos legales distintos[2] y por ello formalmente independientes, si bien en modo alguno claramente delimitadas[3]. Aunque no pueda decirse que el constituyente asumiera sin más tal decantación en «materias» (objetos diferenciados de normación), es lo cierto que, en su artículo 149.1.18ª[4],

---

1. El proceso constituyente acabó con la ratificación el día 6 de diciembre de 1978, mediante referéndum popular, del texto constitucional vigente.

2. De un lado, la Ley de *procedimiento administrativo* de 17 de julio de 1958 (LPA), y, de otro, la Ley de *régimen jurídico* de la Administración del Estado (LRJAE), así como, para la Administración local, el Texto Articulado y Refundido de las Leyes de bases de *régimen* local, de 24 de junio de 1955 (LRL).

3. Como muestra el cuadro I del anexo, la regulación del procedimiento incluía ya extremos típicamente organizativos o, cuando menos, ligados a la organización, tales como la regulación general de los *órganos colegiados*, de la *competencia y sus alteraciones*, de los *conflictos de atribuciones* y de la *abstención y recusación*. La regulación del llamado régimen jurídico de la Administración, como muestra el contenido de la LRJAE, aparecía más atenida al estatuto subjetivo o institucional de las correspondientes organizaciones administrativas (personalidad, estructura, funciones, funcionamiento y competencias), si bien –por su tradición y lógica propias– la del régimen local comprendía, además, otros aspectos.

4. Según el citado precepto, «(e)l Estado tiene competencia exclusiva sobre las siguientes materias: ... (18) Las bases del régimen jurídico de las Administraciones públicas y del régimen estatutario de sus funcionarios que, en todo caso, garantizarán a los administrados un tratamiento común ante ellas; el procedimiento administrativo común, sin perjuicio de las especialidades derivadas de la organización propia de las Comunidades Autónomas; legislación sobre expropiación forzosa; legislación básica sobre contratos y concesiones administrativas y el sistema de responsabilidad de todas las Administraciones públicas».

la Constitución de 1978 (CE) emplea diferenciadamente las expresiones «régimen jurídico» y «procedimiento administrativo» para determinar uno de los títulos competenciales más complejos de los que asigna al Estado en sentido estricto o central[5]. En todo caso, decisiva para la configuración de tal título competencial fue el modelo de Administración pública sin duda subyacente a los preceptos que la Constitución dedica a ésta en su Título IV, «Del Gobierno y de la Administración». Ese modelo enfatiza los rasgos del dominante en la doctrina, en el cual el acento recae, descuidando la organización, en la actuación *ad extra* que, por incidir en el círculo de derechos e intereses de los sujetos particulares, ha de ser y es actividad jurídica o dirigida directamente a decir lo que es de Derecho en el caso concreto, de modo que su lógica resulta ser análoga a la de la aplicación del Derecho por el Juez, es decir, exige su desarrollo en el pertinente procedimiento administrativo (equivalente en la función ejecutiva administrativa, así, del proceso en la función judicial de juzgar y hacer ejecutar lo juzgado). Se entiende pues:

---

5. Refiriendo ahora la primera –conectada con el estatuto de los medios personales: la función pública– *al conjunto de las Administraciones públicas* del Estado de las autonomías cuya organización territorial establece el artículo 137 CE y precisando la segunda como relativa a un novedoso procedimiento administrativo *común*, compatible, sin embargo, con las especialidades derivadas de la *organización* de las Comunidades Autónomas (que no –significativamente– de las características de las materias de su competencia); calificación ésta de *común*, obviamente relacionada, a su vez, con la determinación accesoria de imposición al régimen jurídico de las Administraciones públicas (y del estatutario de sus funcionarios) de la garantía de un tratamiento asimismo *común* ante ellas. La complejidad del título competencial resultante deriva no sólo de esta imbricación de régimen jurídico de las Administraciones y procedimiento administrativo (lo organizativo y lo procedimental), sino de la inclusión de éstas en una enumeración más amplia de materias: expropiación forzosa, contratos y concesiones administrativas y sistema de responsabilidad de todas las Administraciones públicas.

El artículo 149.1.18ª de la Constitución dispone textualmente lo siguiente: «[El Estado tiene competencia exclusiva sobre las siguientes materias:] Las bases del régimen jurídico de las Administraciones públicas y del régimen estatutario de sus funcionarios que, en todo caso, garantizarán a los administrados un tratamiento común ante ellas; el procedimiento administrativo común, sin perjuicio de las especialidades derivadas de la organización propia de las Comunidades Autónomas; legislación sobre expropiación; legislación básica sobre contratos y concesiones administrativas y el sistema de responsabilidad de todas las Administraciones públicas.»

a) El énfasis que el artículo 103 CE[6] pone en la vertiente dinámica –de actuación en servicio del interés general– de la Administración pública para asegurar su plena sumisión a la Ley y al Derecho (núm. 1), en contraste con la simple y total entrega de la organización y el funcionamiento internos de la Administración del Estado[7] a decisiones infraconstitucionales desde una diluida reserva relativa a la Ley formal (núm. 2)[8], la cual vuelve a contrastar con la reserva absoluta de Ley que establece para la regulación del estatuto de los funcionarios públicos (núm. 3), es decir, un ámbito ciertamente doméstico, pero en el que aparecen ya relaciones con otros sujetos –los funcionarios–, por más que la posición de éstos se ofrezca debilitada respecto de la de los ciudadanos en general[9].

b) La complementación y –desde su perspectiva– el cierre, por tanto, de la regulación anterior con la doble afirmación de: i) el control judicial de la potestad reglamentaria (obviamente de su *ejercicio*), la legalidad de la *actuación administrativa* y el sometimiento de *ésta* a los fines que la justifican (art. 106.1 CE) y ii) el derecho de todos los *particulares* a ser indemnizados, en los términos de la Ley y salvo fuerza mayor, por toda lesión que sufran en cualquiera de sus bienes

---

6. El artículo 103 CE dispone lo siguiente:
   «1. La Administración Pública sirve con objetividad los intereses generales y actúa de acuerdo con los principios de eficacia, jerarquía, descentralización, desconcentración y coordinación, con sometimiento pleno a la ley y al Derecho.
   2. Los órganos de la Administración del Estado son creados, regidos y coordinados de acuerdo con la ley.
   3. La ley regulará el estatuto de los funcionarios públicos, el acceso a la función pública de acuerdo con los principios de mérito y capacidad, las peculiaridades del ejercicio de su derecho a sindicación, el sistema de incompatibilidades y las garantías para la imparcialidad en el ejercicio de sus funciones.»

7. Y, por extensión, a todas las Administraciones públicas.

8. Lo que se traslada a las restantes Administraciones públicas territoriales a través del artículo 137, en relación con el 147 para las de las Comunidades Autónomas y con los artículos 140 y 141, todos ellos CE, para la Administración local. Pueden verse los artículos de la Constitución en www.constitucion.es. La reserva absoluta que a favor de la Ley orgánica hace el artículo 107 CE de la regulación del Consejo de Estado no hace sino confirmar lo dicho en el texto en cuanto excepción derivada de la tradición histórica de dicho Consejo y su carácter de supremo órgano consultivo precisamente del Gobierno en tanto que órgano constitucional.

9. Reserva absoluta de Ley que deja incluso de ser ordinaria para pasar a ser orgánica en el artículo 104.2 CE para el estatuto de los cuerpos y fuerzas de seguridad del Estado, precisamente por la implicación en la actuación de éstos de los derechos constitucionales y las libertades públicas.

y derechos como consecuencia del funcionamiento de los *servicios públicos*, es decir, de la referida actuación administrativa (art. 106.2 CE)[10].

No puede sorprender, por ello, que:

– En tal contexto se incluya (art. 105 CE)[11] una reserva y un mandato a la Ley para que, además del acceso a los archivos y registros administrativos, regule i) la audiencia, directa o a través de organizaciones representativas, de los ciudadanos (ahora no particulares) en el *procedimiento* de elaboración de las disposiciones administrativas que les afecten; y ii) e*l procedimiento a través del cual deben producirse los actos administrativos*, garantizando, cuando proceda, la audiencia del (ahora) interesado.

– A la hora de la reserva al Estado en sentido estricto o central de la competencia para el desarrollo del régimen jurídico (básico) de los sujetos de cuya actuación se trata y del procedimiento administrativo a observar en el desarrollo de ésta, el artículo 149.1.18ª CE, haya *cruzado* los requerimientos de tratamiento común (de los ciudadanos) y respeto de las singularidades organizativas (de la organización propia de las Comunidades Autónomas), refiriendo el primero no al procedimiento (de suyo ya común) sino al régimen de aquellos sujetos y el segundo no a este régimen sino precisamente al procedimiento común.

---

10. Artículo 106:
«1. Los Tribunales controlan la potestad reglamentaria y la legalidad de la actuación administrativa, así como el sometimiento de ésta a los fines que la justifica.
2. Los particulares, en los términos establecidos por la ley, tendrán derecho a ser indemnizados por toda lesión que sufran en cualquiera de sus bienes y derechos, salvo en los casos de fuerza mayor, siempre que la lesión sea consecuencia del funcionamiento de los servicios públicos.»

11. Artículo 105.
La ley regulará:
«a) La audiencia de los ciudadanos, directamente o a través de las organizaciones y asociaciones reconocidas por la ley, en el procedimiento de elaboración de las disposiciones administrativas que les afecten.
b) El acceso de los ciudadanos a los archivos y registros administrativos, salvo en lo que afecte a la seguridad y defensa del Estado, la averiguación de los delitos y la intimidad de las personas.
c) El procedimiento a través del cual deben producirse los actos administrativos, garantizando, cuando proceda, la audiencia del interesado.»

La correlación entre *Administración* –vista como actuación jurídica– y *procedimiento* –visto como cauce preceptivo de toda ella, tanto la normativa como la de caso concreto–, y, consecuentemente, la imbricación entre una y otro, es evidente. Como lo es la identificación implícita de acto administrativo con decisión, de trámite o resolutoria y expresa o presunta, recaída en el seno o como terminación de un procedimiento y, por tanto, la también implícita sinécdoque en virtud de la cual el todo –la actuación administrativa– es representado por la parte –la actuación administrativa jurídica y, en tanto que tal, formalizada procedimentalmente–[12].

Las regulaciones legales preconstitucionales ya citadas pudieron así, en lo esencial, sobrevivir a la Constitución durante casi quince años, cumpliendo la del procedimiento administrativo a secas –favorecida sin duda por la imprecisión del concepto constitucional[13]– la función del procedimiento administrativo común previsto por aquélla. Pero, al desplegarla durante tanto tiempo, consolidaron y aún reforzaron tanto la zona de fricción y solapamiento con el régimen jurídico de las Administraciones públicas, como, sobre todo, la identificación del inédito procedimiento común con regulación de la ordenación general de la tramitación de los procedimientos administrativos, entendidos éstos en la forma reduccionista de su, en verdad, más amplia función antes expuesta. Esto último, como consecuencia

---

12. Es lógico que así haya sido teniendo en cuenta el necesario énfasis que hubo de ser puesto, en la transición hacia la democracia, en la realización del principio de Estado de Derecho, especialmente por lo que hace a la Administración pública. Lo dicho en el texto debe entenderse en el contexto y la finalidad del presente trabajo, por lo que no significa desconocer la mayor riqueza de la regulación que la Constitución dedica a la Administración. Para las posibilidades interpretativas que ofrece al servicio del complejo Estado democrático y social de Derecho postulador, en su ordenamiento, de los valores del pluralismo político, la libertad, la igualdad y la justicia, véanse L. Parejo Alfonso, *Estado social y Administración pública*, Cívitas, Madrid, 1983; así como *Eficacia y Administración. Tres estudios*, INAP/BOE, Madrid, 1995.

13. De severa crítica, calificándolo de «inencontrable», hacen objeto J. González Pérez y F. González Navarro (*Régimen jurídico de las Administraciones públicas y procedimiento administrativo común*, Cívitas, 2ª ed., Madrid, 1994, p. 72) el concepto constitucional de «procedimiento administrativo común».

del planteamiento mismo de la Ley de Procedimiento Administrativo de 1958 que, a pesar del esfuerzo de la doctrina más autorizada en la materia[14], condujo a su inteligencia como reguladora de una suerte de procedimiento general, tipo o modelo frente a los llamados procedimientos especiales[15].

En esta situación, el desarrollo legislativo producido en la década de los años 90 del siglo XX y que renovó la normativa examinada:

– Ha consolidado la imbricación y, por tanto, la dificultad del deslinde de las materias «régimen jurídico de las Administraciones públicas» y «procedimiento administrativo común»[16], al abordarse su regulación de forma conjunta

---

14. J. GONZÁLEZ PÉREZ y F. GONZÁLEZ NAVARRO (cit. –nota 13–, pp. 73 y ss.), quienes –utilizando la distinción alemana entre «Förmlichkeit» y «Nichtförmlichkeit»– se esfuerzan por demostrar que la Ley de 1958 no estableció tanto la ordenación de un procedimiento general (que permitiera contraponerla a las de los procedimientos especiales), cuanto la regulación del elenco de trámites o piezas a utilizar por las ordenaciones de los diversos procedimientos. Para ellos la distinción clave en la materia es justamente la de procedimientos «formalizados» o con ordenación preestablecida y procedimientos «no formalizados» o en los que se deja en libertad al instructor para fijar esa ordenación, a partir de la cual cabe distinguir los procedimientos comunes o generales y los especiales (basados en simples especialidades orgánicas o de tramitación).

15. La clave radica en la combinación de los siguientes factores: i) la concepción de la Ley como dirigida sólo a la actuación de la Administración del Estado (a la sazón única existente junto con la Administración local) [art. 1.1]; ii) la denominación de su título (el IV) dedicado a la regulación de los trámites o las piezas procedimentales –siguiendo al efecto un orden secuencial, principiando por la iniciación y finalizando con la terminación mediante acto resolutorio y su ejecución- como «procedimiento» (seguido por el de la regulación de la revisión de los actos finales, de éste y de los recursos administrativos contra dichos actos, es decir, de los procedimientos impugnatorios; título V) y la del título VI como «procedimientos especiales»; y iii) la inclusión en el número 3 de la disposición final tercera de un mandato al Gobierno para la adaptación de las normas reglamentarias de procedimiento a las directrices de la Ley y el señalamiento de los procedimientos especiales que, por razón de su materia, habían de continuar vigentes; determinación esta última, que cuadraba con la prescripción de la aplicación meramente supletoria del texto legal respecto de las normas reguladoras del procedimiento administrativo de la Administración local, así como de los Organismos Autónomos.

16. La doctrina más autorizada en punto a procedimiento administrativo sostiene que la previsión constitucional supone una separación artificial de una única materia, pues ésta impide saber qué campo semántico abarca el «régimen jurídico» y por qué el «procedimiento administrativo común» no constituye régimen jurídico de las Administraciones públicas (J. GONZÁLEZ PÉREZ y F. GONZÁLEZ NAVARRO, cit. –nota 13–, p. 80).

en la Ley 30/1992, de 26 de noviembre, de Régimen Jurídico de las Administraciones Públicas y del Procedimiento Administrativo Común (en adelante, LRJPAC)[17].

De este modo no sólo se ha mantenido, sino agravado el doble problema de la diferenciación de las expresadas materias y de su adecuada articulación recíproca, especialmente en el terreno de la gestión económico-financiera (articulación, que sí se produce, sin embargo, en la legislación reguladora de la contratación administrativa)[18].

– Ha asumido en lo sustancial –aunque incorporando, como consecuencia de lo anterior, algún contenido (la regulación de la responsabilidad de la Administración, sus autoridades y funcionarios) hasta entonces incluido en el régimen jurídico de dicha Administración– la perspectiva y el planteamiento de la Ley de Procedimiento Administrativo de 1958 (LPA)[19] y, con ellos, el modelo

---

17. Y ello a pesar del precedente de la Ley básica 7/1985, de 2 de abril, de régimen local, que luego influyó sustantivamente en el contenido de la Ley 30/1992, de 26 de noviembre, citada en el texto (así claramente en punto a la regulación de las relaciones interadministrativas). Pues: i) dicha Ley había circunscrito el régimen local –en el contexto del régimen jurídico de las Administraciones públicas y adelantando una de sus piezas– a la organización, el funcionamiento y las competencias de las entidades locales, incluyendo además sólo las singularidades de éstas en materia de medios personales, materiales o de bienes y formas de prestación de sus actividades o servicios; y ii) tal configuración legal de la materia «régimen local», en cuanto «régimen jurídico» de uno de los tipos de las Administraciones públicas territoriales había sido declarado constitucional por la Sentencia del Tribunal Constitucional (STC) 214/1989, de 19 de diciembre. Por tal razón resulta difícil afirmar que la inclusión en la vigente LRJPAC de la regulación de las disposiciones generales de carácter administrativo y la de la responsabilidad de la Administración, sus autoridades y funcionarios, que, en la legislación preconstitucional, figuraban en la LRJAE trae causa propiamente de una reconsideración del contenido y ámbito de las materias constitucionales «régimen jurídico (de las Administraciones públicas)» y «procedimiento administrativo (común)».

18. Y ello tanto en el expediente o procedimiento de contratación (art. 67.2 del texto refundido de la Ley de contratos de las Administraciones públicas, aprobado por Real Decreto Legislativo 2/2000, de 16 de junio; LCAP), como en el régimen de validez de la contratación [art. 62, c) LCAP]. Como es sabido, con posterioridad a la presentación del presente trabajo se ha producido la aprobación de la Ley 30/2007, de 30 de octubre, de contratos del Sector Público, en adelante LCSP, pero la situación descrita se mantiene de igual manera en los artículos 93.3 y 32, c), respectivamente.

19. La comparación que de los contenidos respectivos de la LPA y la LRJPAC se hace en el cuadro núm. 2 del anexo muestra que, dejando de lado cambios puramente nominales (como el de «actividad administrativa» por «actuación administrativa») y de mera ubicación sistemática (como los de la regulación de los actos, a la que se añade la de las disposiciones de carácter gene-

de Administración subyacente, cuya consagración legislativa viene haciendo pasar por el constitucional.

Para prueba bastan dos muestras: i) el mantenimiento del llamado silencio administrativo como técnica general de ficción legal de respuesta administrativa binaria (si/no) [arts. 42, 43 y 44 LRJPAC de 1992][20] y operando la respuesta afirmativa o estimativa tanto en los procedimientos incoados a instancia de interesado como de oficio, si en este último caso de la terminación de los procedimientos hubiera podido derivar, significativamente, el reconocimiento o la constitución de derechos u otras situaciones jurídicas individualizadas para los interesados; y ello, incluso cuando el objeto del procedimiento sea un instrumento de planificación de carácter normativo; y ii) la consignación de la prohibición de la excusa *res mihi non liquet*, paralela a la que rige para el Juez, a propósito de la regulación de la resolución de terminación del procedimiento (art. 89.4 LRJPAC)[21].

---

ral; la de la información, recepción y registro de documentos; y la del procedimiento especial sancionador, complementado ahora por un conjunto de principios de la potestad sancionadora a fin de cumplir las garantías derivadas del artículo 25 CE), así como desapariciones lógicas en el contexto del nuevo Estado de las autonomías (la de la regulación de los conflictos de atribuciones), las únicas novedades resaltables consisten: por lo que hace al campo cubierto por el texto legal: i) la incorporación de la regulación de principios generales, de las relaciones entre las Administraciones públicas (más vinculada con el régimen jurídico de éstas que con el procedimiento administrativo) y de la responsabilidad patrimonial de las Administraciones públicas, de sus autoridades y funcionarios (antes ubicada en la LRJAE); y ii) la sustitución de la denominación «procedimiento» del título dedicado a la ordenación general de la tramitación de los procedimientos por la de «disposiciones generales sobre los procedimientos administrativos», sin que ello significara un enfoque verdaderamente distinto.

20. El artículo 42.1, relativo a la obligación de resolver (en la redacción dada por la reforma operada por la Ley 4/1999, de 13 de enero), dispone que: «1. La Administración está obligada a dictar resolución expresa en todos los procedimientos y a notificarla cualquiera que sea su forma de iniciación».

Por su parte, el artículo 43 regula el llamado «silencio administrativo en procedimientos iniciados a solicitud de interesado» y, de acuerdo con la redacción de la Ley 4/1999, de 13 de enero, establece que: «1. En los procedimientos iniciados a solicitud del interesado, el vencimiento del plazo máximo sin haberse notificado resolución expresa legitima al interesado o interesados que hubieran deducido la solicitud para entenderla estimada o desestimada por silencio administrativo, según proceda...».

Finalmente, por su parte, el art. 44 regula la falta de resolución expresa en procedimientos iniciados de oficio (también en la redacción según Ley 4/1999, de 13 de enero) y añade que: «En los procedimientos iniciados de oficio, el vencimiento del plazo máximo establecido sin que se haya dictado y notificado resolución expresa no exime a la Administración del cumplimiento de la obligación legal de resolver...».

– Ha posibilitado, consecuentemente[22], la persistencia del doble descuido de i) la actividad administrativa *ad extra* no jurídica (por no estar derechamente dirigida a producir actos jurídicos) y no ya simplemente de la interior a la propia Administración (íntimamente ligada a la externa), y, además, ii) la conexión de la regulación procedimental con la material-sustantiva (programa normativo concreto) de la actividad, agudizando las dificultades inherentes a la tensión entre las *disposiciones generales sobre los procedimientos* (en funciones ahora de *procedimiento común*) y los *procedimientos concretos, calificados o no como especiales*, dada su repercusión sobre la determinación de los títulos competenciales legislativos en el Estado autonómico y la relación, por tanto, entre el Derecho general o estatal en sentido estricto y el de las distintas Comunidades Autónomas[23].

La causa de que ello sea así se sitúa, más allá de la aparente acogida por la Constitución del modelo de Administración-actuación postulado por la doctrina sobre la base de la legislación preconstitucional, en la hasta hoy más que insuficiente interpretación sistemática del orden constitucional y la consecuente falta de determinación de sus consecuencias en el terreno de la organización y el procedimiento

---

21. Art. 89.4 (sobre el contenido de la resolución) dispone que: «4. En ningún caso podrá la Administración abstenerse de resolver so pretexto de silencio, oscuridad o insuficiencia de los preceptos legales aplicables al caso, aunque podrá resolver la inadmisión de las solicitudes de reconocimiento de derechos no previstos en el Ordenamiento Jurídico o manifiestamente carentes de fundamento, sin perjuicio del derecho de petición previsto por el artículo 29 de la Constitución».

22. Al confirmar el énfasis en el procedimiento de la función de ordenación, para la garantía de los derechos e intereses por ella afectados, de la actividad administrativa *ad extra*, unilateral jurídica.

23. La ambigüedad que sigue siendo propia de la regulación estatal del procedimiento administrativo y que propicia su interpretación y manejo indebidos como ordenadora de una suerte de procedimiento general (identificándose así con el procedimiento común previsto por la Constitución, que queda convertido en una suerte de imposible procedimiento general, único y modélico, como han denunciado J. GONZÁLEZ PÉREZ y F. GONZÁLEZ NAVARRO, cit. –nota 13–, p. 73) contrasta con las determinaciones sobre distribución territorial del poder contenidas en el bloque de la constitucionalidad (por mor de los términos en los que las Comunidades Autónomas han asumido competencias en las diferentes materias) y no ha impedido, por ello, que la competencia para ordenar los procedimientos concretos a que dan lugar los diferentes programas de actuación administrativa se entienda lógica y necesariamente incluida en la legislativa sobre la materia sectorial correspondiente.

administrativos, sin las cuales no es posible la clarificación del sentido, contenido y alcance del título competencial previsto en el artículo 149.1.18ª CE.

El resultado ha sido y sigue siendo una situación normativa, en cuanto al régimen de las Administraciones públicas y el procedimiento administrativo común, que dista de ser plenamente conforme con el orden constitucional, como demuestran: i) la ampliación ulterior del control judicial a toda la actividad administrativa, comprensiva, además de las disposiciones de carácter general y los actos expresos y presuntos, de la inactividad prestacional y la actuación material constitutiva de vía de hecho[24], y ii) la introducción, también ulterior, de peculiaridades procesales en los litigios entre Administraciones públicas[25]. En particular, el procedimiento regulado en la LRJPAC de 1992 no puede ser, y no es, el común querido por éste, como acredita sin más el hecho de que ni siquiera es el general para la entera actuación de la propia Administración General del Estado[26].

La necesidad de la superación de esta deficiente situación y la consecuente «constitucionalización» del procedimiento administrativo[27], deben ser ocasión propicia en todo caso para la puesta al día de la regulación legal del procedimiento administrativo, en tanto que actuación administrativa ordenada y racionalizada[28]. Y ello, a la luz de los requerimientos que a ésta plantean –en la actualidad– las transformaciones

---

24. Artículos 25.2, 29 y 30 de la Ley 29/1998, de 13 de julio, reguladora de la Jurisdicción contencioso-administrativa (LJCA).

25. Artículo 44 LJCA.

26. Conforme a las disposiciones adicionales de la LRJPAC, en efecto:
   a) Los procedimientos administrativos en materia tributaria se rigen por la legislación general tributaria, siéndoles de aplicación la LRJPAC sólo con carácter supletorio (disposición adicional 5ª).
   b) La impugnación de los actos de la Seguridad Social y Desempleo y su revisión de oficio, así como los actos de gestión recaudatoria de la misma, se rigen por su normativa específica (disposición adicional 6ª).
   c) Los procedimientos administrativos sancionadores por infracciones en el orden social y para la extensión de actas de liquidación de cuotas de la Seguridad Social se rigen por su normativa específica, siéndoles de aplicación sólo subsidiariamente la LRJPAC (disposición adicional 7ª).

experimentadas por la organización y el funcionamiento de las Administraciones, la programación legal de la realización del interés general y, para ello, la determinación y concreción en el caso de la normativa legal aplicable, así como la evolución misma de las regulaciones administrativas sustantivas en una sociedad compleja y en permanente y rápido cambio por basada en la ciencia y la tecnología. Lo que significa: para –en la línea, por ejemplo, de lo que sucede en Alemania[29]– rediseñar las estructuras y las funciones del procedimiento administrativo desde una concepción amplia y comprensiva de la visión procedimental de la actuación administrativa. Y ello, en el sentido y con el alcance revitalizador de dicha visión que han comenzado a ser apuntados ya, en la buena dirección y con acierto, entre nosotros[30]. Por razones de prioridad en el tratamiento y de espacio, este trabajo se centra principalmente en las cuestiones ligadas a la articulación de la regulación del procedimiento administrativo de conformidad plena con el

---

d) Los procedimientos de ejercicio de la potestad disciplinaria de las Administraciones públicas respecto del personal a su servicio y de quienes estén vinculados a ellas por una relación contractual se rigen por su normativa específica, no siéndoles de aplicación la LRJPAC (disposición adicional 8ª).

e) Los procedimientos instados ante misiones diplomáticas y oficinas consulares se rigen por su normativa específica (disposición adicional 11ª, añadida por la Ley 14/1999, de 13 de enero).

f) Los procedimientos administrativos en materia de extranjería se rigen por su normativa específica, siéndoles de aplicación la LRJPAC sólo con carácter supletorio (disposición adicional 19ª añadida por la Ley orgánica 14/2003, de 20 de noviembre).

27. En el sentido de factor de transformación del Derecho Administrativo en el que E. SCHMIDT-ASSMANN («Cuestiones fundamentales sobre la reforma de la teoría general del Derecho Administrativo. Necesidad de la innovación y presupuestos metodológicos», en la obra colectiva: J. Barnes, *Innovación y reforma en el Derecho Administrativo*, Editorial Derecho Global, Sevilla 2006, pp. 72 y 73) también utiliza el término.

28. Sobre la necesidad del cambio de perspectiva, en el Derecho Administrativo, concretamente desde la del control judicial a la propia de la actuación administrativa: E. SCHMIDT-ASSMANN, cit. –nota 27–, pp. 81 y ss.

29. Véase, en esta misma obra, el estudio de JENS-PETER SCHNEIDER sobre, significativamente, la evolución del procedimiento tipo o estándar regulado por la Ley de procedimiento administrativo alemana hacia un concepto procedimental comprensivo (capítulo octavo).

30. Véase, en especial, J. BARNES, «Sobre el procedimiento administrativo: evolución y perspectivas», en la obra colectiva ya citada en nota 27, pp. 263 y ss.

Derecho constitucional[31], sin perjuicio de hacer algunas referencias a las que suscita la aludida puesta al día.

2. DERECHO COMUNITARIO-EUROPEO Y PROCEDIMIENTO ADMINISTRATIVO

La situación del desarrollo constitucional interno que queda descrita forzosamente había de traducirse y se traduce en una notoria falta de adaptación de la regulación del procedimiento administrativo a los requerimientos del Derecho Comunitario-europeo de cuya eficacia para la mutación del ordenamiento interno[32], incluso en el plano constitucional, siguen sin tomar nota suficiente tanto el legislador interno, como la doctrina del Tribunal Constitucional. A pesar de algunas previsiones introducidas precisamente en la LRJPAC: la positivación legal del principio de confianza legítima[33] acogido primeramente en sede jurisprudencial y la inclusión de la intervención preceptiva mediante pronunciamiento previo de un órgano de la Comunidad Europea como supuesto determinante de la suspensión –en el correspondiente procedimiento administrativo– del transcurso de plazo máximo legal para resolverlo[34]. Previsiones que, lejos de desmentir, confirman la afirmación precedente.

---

31. Así como, por consecuencia igualmente de la Constitución (como inmediatamente se comprobará), con el Derecho Comunitario-europeo y el Derecho Internacional.

32. Sobre esa eficacia véase S. MUÑOZ MACHADO, *La Unión Europea y las mutaciones del Estado*, Alianza, Madrid, 1993. Sobre la constitucionalización del Derecho Administrativo y su función innovadora de éste con carácter general precisamente ante la evolución del Derecho Administrativo europeo, véase E. SCHMIDT-ASSMANN, cit. en nota 27, pp. 103 y ss.

33. Artículo 3.1, párr. 2º LRJPAC, en la redacción dada por la Ley 4/1999, de 13 de enero.

34. El artículo 42.5, b) LRJPAC, en la redacción dada por la Ley 4/1999, de 13 de enero, dispone lo siguiente: «El transcurso del plazo máximo legal para resolver un procedimiento y notificar la resolución se podrá suspender... (c)uando deba obtenerse un pronunciamiento previo y preceptivo de un órgano de las Comunidades Europeas, por el tiempo que medie entre la petición, que habrá de comunicarse a los interesados, y la notificación del pronunciamiento a la Administración instructora, que también deberá serles comunicada».

Desde el punto de vista del propio enfoque de la LRJPAC, cabe reprochar a ésta:

– La no extracción de las debidas consecuencias de la evolución del principio comunitario-europeo de la autonomía institucional y procedimental de los Estados miembros en sentido claramente reductor del margen de maniobra de éstos en aras de la aplicación uniforme y del efecto útil del Derecho Comunitario. La entidad de esta deficiencia no puede minusvalorarse, teniendo en cuenta la falta de articulación de la regulación general del procedimiento administrativo con el Derecho interno sectorial programador de la actuación de la Administración, pues la inexistencia en Derecho Comunitario de una regulación de los *elementos comunes* de todo procedimiento administrativo hace que los concretos[35] requerimientos organizativos y procedimentales de dicho Derecho se ubiquen en lo esencial justamente en las regulaciones sectoriales[36].

– La no acogida de –o, cuando menos, apertura a, y sintonización con– los principios generales *comunes* de carácter procedimental decantados por la jurisprudencia comunitaria (Tribunal de Justicia, TJCE), que guarda relación con la dificultad para la determinación del contenido y alcance del procedimiento administrativo común querido por la Constitución española y que la aludida perspectiva comunitario-europea habría sin duda ayudado a superar.

– La no contemplación y el tratamiento adecuados y suficientes cuando menos de la vertiente estrictamente procedimental de las relaciones de cooperación y coordinación horizontales (con las Administraciones de otros Estados miembros) y verticales (con la organización administrativa comunitaria) derivadas de la integración supranacional, que guarda también relación con la escasa atención prestada a las relaciones interadministrativas internas y su incidencia

---

35. Prescindiendo ahora, pues, de los principios generales fijados por la jurisprudencia del Tribunal de Justicia (TJCE).

36. Ejemplo significativo es la regulación general que sobre el derecho de acceso a archivos y registros aún contiene el artículo 37 LRJPAC y que, como tal, no satisface el estándar que, desde el punto de vista de la transparencia, imponen regulaciones comunitarias, especialmente en materia medioambiental y cuyo cumplimiento encuentra su sede en Derecho interno en las normas que trasponen aquéllas, con la consecuencia –vía fragmentación y diversificación de la configuración legal del derecho de acceso a la información en poder de la Administración– de la pérdida por el artículo 37 LRJPAC de la posición y función ordinamentales que le corresponden.

sobre los procesos decisorios –y las decisiones mismas– de las diferentes Administraciones, a pesar de su importancia en el Estado de las autonomías[37].

Y todo ello, desde el simple desconocimiento del hecho capital de que la Administración pública ha dejado de ser instrumento sólo programado por el Derecho nacional y consagrado exclusivamente al servicio del interés general interno (definido según dicho Derecho), para ver su actuación programada también por el Derecho Comunitario –en calidad de Administración «indirecta» de la Comunidad Europea– y extender su servicio igualmente al interés general supranacional, con la consecuencia, incluso, de la alteración radical de su posición respecto de la Ley formal interna en caso de contradicción con el referido Derecho Comunitario[38].

---

37. La escasa e insuficiente regulación general de las relaciones interadministrativas en su incidencia en los procedimientos y las decisiones en ellos adoptadas o de ellos resultantes ha desembocado en la inseguridad de las consecuencias que deben seguirse de la intervención de una o varias Administraciones en procedimiento de la responsabilidad de otra Administración distinta y de la diversificación de las soluciones legales a tal supuesto. Ejemplo reciente, en materia tan significativa como la de la ordenación territorial y urbanística (por la pluralidad de competencias de diversas Administraciones que confluyen en el destino a dar a concretas superficies de suelo), es el artículo 15.3 de la Ley 8/2007, de 28 de mayo, de suelo (sustituida, después de confeccionado este texto, por el Real Decreto Legislativo 2/2008, de 20 de junio, por el que se aprueba el texto refundido de la Ley de Suelo, en el que se mantiene el precepto con idéntica numeración), que, en los procedimientos de aprobación de los instrumentos de planificación territorial contempla una fase de consultas de la Administración responsable con Administraciones sectoriales, instrumentando la intervención de éstas (las Administraciones de las aguas, las costas y las carreteras y demás infraestructuras) por el limitado cauce que proporciona (en la regulación general del procedimiento) la técnica del informe preceptivo y confiriendo a éste (conforme a dicha regulación general) el poco preciso carácter de determinante; categoría de la que la doctrina consultiva del Consejo de Estado y la jurisprudencia contencioso-administrativa únicamente han podido deducir que suponen el traslado a la Administración responsable del procedimiento y competente para su resolución una específica, pero de alcance poco determinado, carga de motivación de dicha resolución. Sobre todo ello me permito remitirme ahora a mi trabajo «Notas para una construcción dogmática de las relaciones interadministrativas», de próxima publicación en la *Revista de Administración Pública* (después de elaborado este trabajo se ha producido la publicación en el núm. 174, 2007).

38. Conforme a la jurisprudencia del TJCE definida a partir de la Sentencia de 22 de junio de 1986, *Fratelli Costanzo SPA c. Comune di Milano* y *Impresa Lodigiani SPA*, según la cual la Administración interna (toda ella y de cualquier nivel, incluso la local) está obligada, al igual que el Juez nacional, a aplicar las Directivas que sean de directa aplicación y, correlativamente, a

Donde las consecuencias del ensimismamiento de la regulación procedimental se hacen notar con especial intensidad es en el régimen de validez y de revisión de los actos administrativos, así como en el de ejercicio de la potestad sancionadora, que con frecuencia dificultan, cuando no impiden, la efectividad del Derecho Comunitario.

3. ACTIVIDAD JURÍDICA FORMALIZADA Y ORDENACIÓN GENERAL DE LOS PROCEDIMIENTOS ADMINISTRATIVOS

La LRJPAC ni siquiera satisface la pretensión que el modelo que traduce implica: ser la sede de las disposiciones generales por las que se rigen todos los procedimientos administrativos no obstante la heterogeneidad de la actividad administrativa que éstos deben encauzar. La decantación histórica de la categoría del contrato administrativo y el consecuente desarrollo de una específica legislación de la contratación de las Administraciones públicas[39] han determinado la inclusión en ésta de la ordenación del procedimiento de adjudicación de los correspondientes contratos. Es éste un nuevo, pero significado[40], ejemplo de la tensión entre regulación general del procedimiento y accesoriedad de la regulación de los procedimientos concretos respecto de la regulación del sector de la actividad administrativa de que se trate. Pues la regulación, incluso, general, de la actividad unilateral, jurídica y formalizada, queda repartida entre la LRJPAC (la unilateral, aunque

---

inaplicar las normas, incluso legales, internas, que sean contradictorias con ellas. Pronunciamiento establecido sobre la base de la jurisprudencia sentada sobre la aplicación directa de Directivas aún no transpuestas al Derecho interno (siempre que no estén sujetas a condiciones y sean suficientemente precisas) a partir de las Sentencias de 19 de enero de 1982, *Becker*, y de 26 de febrero de 1986, *Marshall*.

39. Como se ha indicado en la nota núm. 13, en la actualidad la LCAP ha sido sustituida, y por obra justamente de la influencia del Derecho Comunitario, por la Ley de Contratos del Sector Público.

40. Por integrar el polo de tensión con el procedimiento general otra regulación igualmente transversal y no sustantiva-sectorial.

incorporando la consensuada mediante pactos, acuerdos y convenios) y la LCAP, hoy ya la Ley de Contratos del Sector Público (la unilateral de adjudicación de los contratos[41]).

La situación en Derecho español difiere, así y en este aspecto, a la que existe en Derecho alemán, tal como la describe E. Schmidt-Aßmann[42]: inexistencia de procedimiento administrativo específico, salvo el de gestión presupuestaria, para la adjudicación de los contratos (regidos por el Derecho Privado) de las Administraciones públicas, con la consecuencia de que el proceso de formación de la voluntad de éstas para contratar se entiende como cuestión perteneciente al ámbito «doméstico» que no incide en la esfera de derechos e intereses de los interesados-licitadores[43].

Es claro que la apuntada duplicidad propia del Derecho español tiene difícil justificación tanto desde el punto de vista interno de la exigencia constitucional de un solo «procedimiento común», como desde el punto de vista de la exigencia del Derecho Comunitario de la actuación de todo poder adjudicador de contratos públicos conforme a unas mismas reglas básicas dirigidas justamente a garantizar la igualdad de condiciones en el acceso a dicho mercado público. Tanto más cuanto

---

41. Los actos recaídos en el procedimiento de adjudicación de los contratos administrativos y desde luego el de la adjudicación misma reciben por ello el tratamiento de actos separables de la relación contractual en cada caso establecida y de los dictados en el curso de dicha relación.

42. E. SCHMIDT-ASSMANN, capítulo primero, apartado II.1, II.2, en la presente obra.

43. Lo que no exime al Derecho alemán del impacto del Derecho Comunitario–europeo: para todas las adjudicaciones de contratos por la incidencia del de carácter originario relativo a la libre competencia y para las de los que quedan bajo el umbral determinante de la plena aplicación de las reglas comunitarias de coordinación por la influencia que ejercen las reglas comunitarias en todo caso. Este impacto del Derecho Comunitario es nota común con la situación en Derecho español, si bien en este caso la incidencia es directa sobre el procedimiento administrativo de adjudicación, radicando las dificultades más bien en la plena adaptación a la perspectiva puramente funcional del Derecho Comunitario (concepto de poder o entidad adjudicadora) para la acotación de su ámbito de aplicación; perspectiva distinta a la interna tradicional ligada al estatuto subjetivo de la administración pública por razón de su giro o tráfico propio (exorbitante del Derecho común) y que ha dado lugar a condenas del TJCE al Estado español por infracción de la normativa comunitaria y a la necesidad de sucesivas reformas de la legislación interna sobre contratación pública, la última de las cuales acaba justamente de ser aprobada.

que, por efecto de la eficacia propia del Derecho Comunitario coordinador de los procedimientos de adjudicación de los contratos públicos, el Texto Refundido de la Ley de Contratos de las Administraciones Públicas, de 2000 (LCAP), derogado por la Ley 30/2007, de 30 de octubre, de Contratos del Sector Público, de 2007 (LCSP), a pesar de tener únicamente carácter básico, cumple mejor, en su ámbito propio, la función de ordenación procedimental *común* que la LRJPAC, que la tiene constitucionalmente asignada para la entera actuación administrativa y con el carácter de legislación plena.

La no necesidad en todo caso de esta duplicidad, por artificiosa, se muestra con especial claridad en su proyección sobre el régimen de validez de los actos. Pues aunque los antiguos artículos 61 a 66 LCAP de 2000 (actualmente, artículos 31 a 36 LCSP de 2007)[44] regulan, bajo la rúbrica «invalidez de los contratos», también la de los actos unilaterales separables, remitiendo parcialmente, por cierto, a la contenida en los artículos 62 y 63 LRJPAC de 1992[45], reenvía sencillamente a esta

---

44. «Artículo 31. Supuestos de invalidez. Además de los casos en que la invalidez derive de la ilegalidad de su clausulado, los contratos de las Administraciones Públicas y los contratos sujetos a regulación armonizada, incluidos los contratos subvencionados a que se refiere el artículo 17, serán inválidos cuando lo sea alguno de sus actos preparatorios o los de adjudicación provisional o definitiva, por concurrir en los mismos alguna de las causas de derecho administrativo o de derecho civil a que se refieren los artículos siguientes.»

«Artículo 32. Causas de nulidad de derecho administrativo. Son causas de nulidad de derecho administrativo las siguientes:

a) Las indicadas en el artículo 62.1 de la Ley 30/1992, de 26 de noviembre.

b) La falta de capacidad de obrar o de solvencia económica, financiera, técnica o profesional, debidamente acreditada, del adjudicatario, o el estar éste incurso en alguna de las prohibiciones para contratar señaladas en el artículo 49.

c) La carencia o insuficiencia de crédito, de conformidad con lo establecido en la Ley 47/2003, de 26 de noviembre, General Presupuestaria, o en las normas presupuestarias de las restantes Administraciones Públicas sujetas a esta Ley, salvo los supuestos de emergencia.»

«Artículo 33. Causas de anulabilidad de derecho administrativo. Son causas de anulabilidad de derecho administrativo las demás infracciones del ordenamiento jurídico y, en especial, las de las reglas contenidas en la presente Ley, de conformidad con el artículo 63 de la Ley 30/1992, de 26 de noviembre.»

45. Artículo 62. Nulidad de pleno derecho. Redacción según Ley 4/1999, de 13 de enero.

«1. Los actos de las Administraciones públicas son nulos de pleno derecho en los casos siguientes:

última (además de a la Ley 29/1998, de 13 de julio, reguladora de la Jurisdicción Contencioso-Administrativa) en cuanto al procedimiento de revisión por nulidad y la suspensión de la ejecución de los actos de los órganos de contratación (art. 64 LCAP, hoy art. 34 LCSP).

4. INIDONEIDAD, INCLUSO, PARA ORDENAR ADECUADAMENTE LA ENTERA ACTUACIÓN ADMINISTRATIVA UNILATERAL JURÍDICA Y FORMALIZADA

El modelo de Administración a que responde la LRJPAC, heredado de la legislación preconstitucional –anterior a 1978– y la proyección doctrinal en ella de los requerimientos básicos del Estado de Derecho durante y frente al sistema autocrático preconstitucional, conduce a la

---

a) Los que lesionen los derechos y libertades susceptibles de amparo constitucional.

b) Los dictados por órgano manifiestamente incompetente por razón de la materia o del territorio.

c) Los que tengan un contenido imposible.

d) Los que sean constitutivos de infracción penal o se dicten como consecuencia de ésta.

e) Los dictados prescindiendo total y absolutamente del procedimiento legalmente establecido o de las normas que contienen las reglas esenciales para la formación de la voluntad de los órganos colegiados.

f) Los actos expresos o presuntos contrarios al ordenamiento jurídico por los que se adquieren facultades o derechos cuando se carezca de los requisitos esenciales para su adquisición.

g) Cualquier otro que se establezca expresamente en una disposición de rango legal.

2. También serán nulas de pleno derecho las disposiciones administrativas que vulneren la Constitución, las leyes u otras disposiciones administrativas de rango superior, las que regulen materias reservadas a la Ley, y las que establezcan la retroactividad de disposiciones sancionadoras no favorables o restrictivas de derechos individuales.»

Artículo 63. Anulabilidad.

«1. Son anulables los actos de la Administración que incurran en cualquier infracción del ordenamiento jurídico, incluso la desviación de poder.

2. No obstante, el defecto de forma sólo determinará la anulabilidad cuando el acto carezca de los requisitos formales indispensables para alcanzar su fin o dé lugar a la indefensión de los interesados.

3. La realización de actuaciones administrativas fuera del tiempo establecido para ellas sólo implicará la anulabilidad del acto cuando así lo imponga la naturaleza del término o plazo.»

visión del procedimiento-modelo principalmente como relación procesal entre la Administración actuante y ciudadano o ciudadanos interesados determinados en función de un objeto concreto y acotado (la o las pretensiones deducidas en la solicitud o la cuestión planteada de oficio) articulada para la racionalización de la toma de la correspondiente decisión, en aplicación de la Ley, desde la óptica predominante de la observancia de las garantías pertinentes (de ahí la analogía con el proceso judicial) y, obviamente, cara al control judicial de la regularidad procedimental y sustantiva de la actuación administrativa así cumplida. Dada esta perspectiva, en la que la relación procedimental se traba entre los titulares de intereses «contrapuestos» –interés general y particular– y que permite incluso la caracterización de la posición de la Administración en ella como la de «juez y parte», la preocupación fundamental es, pues, la validez de los actos de trámite y las resoluciones finales. Quedan asegurados así desde luego los requerimientos del Estado de Derecho (arts. 1.1 y 9.3 CE)[46], pero:

– Convirtiendo una parte en el todo (o, al menos, el elemento caracterizador) del estatuto constitucional de la Administración pública, en el que, de un lado, los principios de servicio al interés general y eficacia de la actuación no ceden en rango al de legalidad desde la óptica del Estado social y los consecuentes mandatos a los poderes públicos de i) promoción de las condiciones precisas para la realidad y efectividad de la libertad y la igualdad de individuos y grupos sociales y ii) facilitación de la participación en la vida política, económica, cultural y social (arts. 1.1 y 9.2 CE)[47]; y, de otro lado, los principios de lealtad consti-

---

46. Artículo 1.

«1. España se constituye en un Estado social y democrático de Derecho, que propugna como valores superiores de su ordenamiento jurídico la libertad, la justicia, la igualdad y el pluralismo político.»

Art. 9.

«3. La Constitución garantiza el principio de legalidad, la jerarquía normativa, la publicidad de las normas, la irretroactividad de las disposiciones sancionadoras no favorables o restrictivas de derechos individuales, la seguridad jurídica, la responsabilidad y la interdicción de la arbitrariedad de los poderes públicos.»

47. Artículo 9.

«2. Corresponde a los poderes públicos promover las condiciones para que la libertad y la igualdad del individuo y de los grupos en que se integra sean reales y efectivas; remover los

tucional y colaboración (mediante la cooperación y, en su caso, la coordinación) imponen requerimientos específicos al proceso de definición del interés general y de gestión de los asuntos públicos en el sistema complejo de Administraciones derivado del Estado de las autonomías, en virtud de la tensión entre la unidad y la autonomía (arts. 2 y 137 CE)[48].

– Relegando a un segundo plano, cuando no descuidando completamente, la cuestión central del cumplimiento efectivo de la programación legal, la producción real del resultado por ésta pretendido, y, con ella, las relativas a la ponderación y armonización de los intereses públicos y privados en presencia y la adaptación a las circunstancias. Con la consecuencia del i) deficiente tratamiento o la relegación al campo de lo informal del arreglo de extremos tan importantes como la afección de intereses de terceros, la composición de una multiplicidad de intereses diversos, la participación de los ciudadanos y la intervención de otras Administraciones y la disciplina efectiva de las relaciones interadministrativas (especialmente en los procesos de planificación, programación y evaluación); y ii) la incapacidad de ordenación general efectiva de procesos de toma de decisiones o de acciones complejos (como, por ejemplo, los relativos a programas conjuntos de varias Administraciones, planificaciones territoriales, proyectos de grandes infraestructuras, etc.).

5. DESFASE RESPECTO DE LA EVOLUCIÓN DE LA ORGANIZACIÓN, EL FUNCIONAMIENTO Y LOS INSTRUMENTOS DE ACCIÓN DE LAS ADMINISTRACIONES PÚBLICAS

La preocupación principal por la relación procedimental Administración-ciudadano limita la atención que la LRJPAC presta a los aspectos internos de organización y de funcionamiento de indudable relevancia para la actividad *ad extra* de la Administración. Sobre el

---

obstáculos que impidan o dificulten su plenitud y facilitar la participación de todos los ciudadanos en la vida política, económica, cultural y social.»

48. Artículo 2.
«La Constitución se fundamenta en la indisoluble unidad de la Nación española, patria común e indivisible de todos los españoles, y reconoce y garantiza el derecho a la autonomía de las nacionalidades y regiones que la integran y la solidaridad entre todas ellas».

trasfondo de la construcción de cada Administración pública a partir del dato de la personalidad única (justamente a efectos de su actuación *ad extra* y con entera independencia de su complejidad) y del doble principio de i) dirección por el correspondiente órgano de gobierno superior y ii) actuación eficiente y al servicio de la ciudadanía[49], se ocupa únicamente, así y sin gran detalle, de la creación de los órganos administrativos, la competencia de éstos y las condiciones para la actuación de tal competencia, especialmente en el supuesto de órganos colegiados[50]. Su escasa densidad condenó estas regulaciones, en origen, a no poder cumplir la función de encuadramiento de sus desarrollos más concretos que les correspondía en cuanto parte del procedimiento común. Su papel respecto de éstas ha sido siempre secundario, lo que explica, además, su progresivo desfase como consecuencia de erigirse la legislación sobre la organización y el funcionamiento de cada Administración o la sectorial de los medios y procesos de trabajo internos en la sede lógica de toda actualización. Inevitable consecuencia de

---

Artículo 137.
> «El Estado se organiza territorialmente en municipios, en provincias y en las Comunidades Autónomas que se constituyan. Todas estas entidades gozan de autonomía para la gestión de sus respectivos intereses».

49. Junto con los principios de colaboración (en las relaciones con las restantes Administraciones) y los de transparencia y participación (en las relaciones con los ciudadanos). El artículo 3 LRJPAC, en efecto, contiene los principios generales, en los términos siguientes:
> «1. Las Administraciones públicas sirven con objetividad los intereses generales y actúan de acuerdo con los principios de eficacia, jerarquía, descentralización, desconcentración y coordinación, con sometimiento pleno a la Constitución, a la Ley y al Derecho. Igualmente, deberán respetar en su actuación los principios de buena fe y de confianza legítima.
> 2. Las Administraciones públicas, en sus relaciones, se rigen por el principio de cooperación y colaboración, y en su actuación por los criterios de eficiencia y servicio a los ciudadanos.
> 3. Bajo la dirección del Gobierno de la Nación, de los órganos de gobierno de las Comunidades Autónomas y de los correspondientes de las Entidades que integran la Administración Local, la actuación de la Administración pública respectiva se desarrolla para alcanzar los objetivos que establecen las leyes y el resto del ordenamiento jurídico.
> 4. Cada una de las Administraciones públicas actúa para el cumplimiento de sus fines con personalidad jurídica única.
> 5. En sus relaciones con los ciudadanos las Administraciones públicas actúan de conformidad con los principios de transparencia y de participación.»

50. ArtículoS 11 a 29 LRJPAC.

este proceso de desfase del marco general y fragmentación de la regulación de los extremos aludidos es el paralelo ensanchamiento de la grieta entre las reglas organizativas y de funcionamiento (dimensión interna) y las del procedimiento común (dimensión externa). Este desfase especialmente evidente en lo que hace al concepto (orgánico-formal o funcional-operativo) de órgano administrativo, la constitución y la formación de la voluntad de los órganos colegiados y los medios y formas de tratamiento y comunicación de la información (en especial los actos administrativos). A este último respecto, es significativo el impacto sobre la regulación general de los medios técnicos[51] de la rápida evolución experimentada por el tratamiento normativo sectorial de éstos y su incorporación efectiva en las Administraciones públicas (en el sentido de la modificación y el vaciamiento efectivo de aquélla a favor de dicho tratamiento sectorial): primero las medidas introducidas por las Leyes 66/1997, de 30 de diciembre, y 55/1999, de 29 de diciembre, y las normas reglamentarias al amparo de ellas dictadas entre 1999 y 2003 sobre la utilización de medios electrónicos y telemáticos; y luego, definitivamente por ahora, el sistema de acceso a los servicios públicos y de comunicación y relación entre Administración y ciudadano por medios electrónicos regulado por la Ley 11/2007, de 22 de junio[52].

---

51. En lo esencial: art. 45 LRJPAC.

52. El desarrollo del mencionado sistema electrónico permite a algún autor (J. BERMEJO VERA, *Derecho Administrativo básico. Parte General*, 7ª ed., Thomson-Cívitas, p. 275) hablar de que «...el procedimiento administrativo telemático constituye ya un medio de relación jurídica entre las Administraciones y los administrados...». La regulación de este procedimiento (obviamente parte del común en sentido constitucional) no está, sin embargo y por lo dicho en el texto, en la LRJPAC.

II
EL TRATAMIENTO: LA NECESARIA RECONSTRUC-CIÓN DEL PROCEDIMIENTO ADMINISTRATIVO COMÚN

1. EL ORDEN DE REFERENCIA

EN el sistema jurídico español, la determinación del procedimiento administrativo (tanto más, pues, el *común*) no sólo por el orden constitucional, sino también y concurrentemente por el Derecho Comunitario-europeo e, incluso, el Internacional, está inscrita en la propia Constitución, que abre sin más aquel sistema –integrándolo en él– al comunitario-europeo[53], confiere específica consistencia interna a los tratados internacionales[54] e impone la interpretación de sus propias normas relativas a los derechos fundamentales y a las libertades que reconoce de conformidad con –además de la Declaración Universal de los Derechos Humanos– los tratados y acuerdos internacionales sobre las mismas materias[55]. La articulación interna de la regulación del procedimiento administrativo ha de ser consecuente, pues, con tal esquema de fuentes y los requerimientos diferenciados y compatibles de cada una de éstas.

---

53. Por intermedio de la cláusula general autorizatoria de la cesión de competencias derivadas del texto constitucional (art. 93 CE), tal como ésta ha sido interpretada tanto por el Tribunal Constitucional en sus Declaraciones de 1 de julio de 1992 y de 13 de diciembre de 2004 (www.tribunalconstitucional.es), como por el Consejo de Estado en el Dictamen de 21 de octubre de 2004, así como en el Informe sobre modificaciones de la Constitución española de 16 de febrero de 2006.

54. Mediante la regla de la prohibición de la derogación, modificación o suspensión de las disposiciones que contengan al margen de la forma prevista en los propios tratados o las normas generales del Derecho Internacional (art. 96 CE).

55. En el artículo 10.2 CE, es decir, en el contexto decisivo de la proclamación de la dignidad de la persona, su libertad y los derechos que le son inherentes como fundamentos del orden político (art. 10.1 CE).

En la Constitución (arts. 103.1 y 106)[56], organización al servicio del interés general (Administración pública; complejo de Administraciones públicas) y actuación para la realización efectiva del mismo con sometimiento pleno a la Ley y al Derecho (funcionamiento –sic– del conjunto de servicios públicos) son sólo dos caras de una misma realidad a la que es consustancial, así, el procedimiento[57]. Pues éste no es más que la dinámica específica de tal organización, la forma en que, por su lógica misma, se desarrolla de suyo toda actividad administrativa (interna o externa) o funcionan y se prestan los servicios públicos; lo que dice de la complejidad de la función del procedimiento y su consecuente necesaria adaptación a las características de los heterogéneos objetos y fines concretos de la actividad administrativa (los múltiples intereses públicos). Esta adaptación no significa, empero, libertad absoluta de configuración legal, al deber producirse en un marco constitucional de valores y principios ciertamente flexible, pero suficientemente significante[58].

---

56. *Vid. supra* notas 6 y 10, respectivamente.

57. Esta es la explicación de que el artículo 149.1.18ª CE contemple al mismo tiempo una legislación básica sobre «régimen jurídico» de las Administraciones públicas (es decir, del estatuto subjetivo del conjunto de ellas), advirtiendo significativamente que ha de garantizar (efecto externo) un tratamiento común de los ciudadanos ante ellas, y una legislación sobre «procedimiento administrativo común» (y sólo del común, no de todo el procedimiento administrativo), advirtiendo que tienen como límite el respeto (desde el punto de vista de sus consecuencias o efectos internos) a las especialidades derivadas de la organización propia de las Comunidades Autónomas.

58. Al igual, pues, que en la configuración de los sujetos «Administraciones públicas» se hacen presentes principios diferentes (descentralización-coordinación o legalidad-objetividad-eficacia, por ejemplo -art. 103.1 CE-, que remiten a la correcta elección de los tipos organizativos prefigurados por el orden constitucional –territorial y funcional; administración profesional-burocrática, de construcción y funcionamiento democráticos y de autoadministración– en función de los factores de legitimación que derivan de las características del Estado y la posición fundamental del ciudadano –que implica el derecho de participación en los asuntos públicos –art. 23 CE–, y que permiten deducir los principios de *proximidad* y *distancia* de la organización respecto de los asuntos públicos que gestiona), en el procedimiento administrativo inciden de modo diverso diferentes requerimientos constitucionales: i) en el ámbito interno, el servicio con transparencia y objetividad del pertinente interés general, que implican la accesibilidad y consulta de archivos y registros administrativos por parte de los ciudadanos y la imparcialidad de autoridades y funcionarios en el desarrollo de sus funciones [arts. 103.1 y 3 y 105, b) CE]; ii)

De lo cual resulta en el plano de las competencias legislativas: tanto la estrecha imbricación de ambas dimensiones no obstante su diferenciación; como la reproducción en el procedimiento administrativo de la misma tensión constitucional entre unidad/homogeneidad y diversidad/pluralidad que opera en el régimen jurídico de las Administraciones públicas. Esa tensión en ambos casos se resuelve mediante la previsión de sendas normas estatales o generales que, al contener

---

en las relaciones e interacciones de las Administraciones públicas entre sí (autónomas unas respecto de otras), la coordinación, sobre la base del principio constitucional implícito de la lealtad institucional (art. 103.1 CE); y iii) en la totalidad del procedimiento, de un lado, los principios generales de eficiencia y economía en la programación y ejecución del gasto público y de legalidad y eficacia en la actuación (arts. 31.2 y 103.1 CE), pero, de otro, también los específicos procesales de a) correcta integración de la relación procedimental (por relación a los afectados: los interesados, que pueden ser tanto ciudadanos titulares de derechos e intereses legítimos, como otras Administraciones titulares de competencias diferentes); b) audiencia (individual o colectiva) con entera independencia del tipo de potestad (normativa o de decisión concreta) ejercitada [art. 105, a) y c) CE]; y c) acceso, en ejercicio del derecho de la tutela judicial efectiva, al poder judicial para la realización por éste del control de la potestad reglamentaria y la legalidad de la actuación administrativa (arts. 24.1 y 106.1 CE).

Esta indiferencia del tipo formal de potestad ejercitada permite sostener que la idoneidad de las potestades formales o transversales –significativamente la expropiatoria y la sancionatoria– para proyectarse en cualesquiera sectores de la acción administrativa opera igualmente, dada la relativa accesoriedad del procedimiento respecto de la programación de la acción administrativa en cada sector, sobre los diferentes concretos procedimientos administrativos. De donde la dimensión procedimental de a) la garantía de bienes y derechos patrimoniales (propiedad privada) inherente a la institución expropiatoria (art. 33.3 CE); b) las garantías de la libertad frente al ejercicio de la potestad sancionadora derivadas de las de carácter penal (arts. 24.2 y 25 CE). Prueba la corrección de esta afirmación la garantía de cierre de la integridad patrimonial de los ciudadanos frente a la incidencia lesiva de la actuación administrativa distinta de la expropiatoria, que se contiene en el artículo 106.2 CE y que tiene obviamente también dimensión procedimental.

Por intermedio de los principios de legalidad y eficacia –y gracias a la superior vinculación de todos los poderes públicos a la Constitución (art. 9.1 CE)– penetran en el procedimiento en cualquier caso otras importantes exigencias constitucionales estructurales. Por de pronto, las que se expresan en los principios propios del Estado de Derecho (al servicio del valor de la libertad) recogidos en el artículo 9.2 CE: legalidad, jerarquía normativa, publicidad de las normas, irretroactividad de las disposiciones sancionadoras no favorables o restrictivas de derechos individuales, seguridad jurídica y responsabilidad e interdicción de la arbitrariedad de los poderes públicos. Pero, sobre todo, los referibles al Estado social consignados en el artículo 9.2 CE: promoción de las condiciones para que la libertad y la igualdad del individuo y de los grupos en que se integra sean reales y efectivas; remoción de los obstáculos que impidan o dificulten su plenitud; y facilitación de la participación de todos los ciudadanos en la vida política, económica, cultural y social.

la regulación unitaria, están destinadas a operar como cabeceras de los correspondientes grupos normativos y la consecuente reserva al legislador estatal o general de la competencia para establecer el régimen jurídico *básico* de las Administraciones públicas y el procedimiento administrativo *común* de todas ellas, con entrega del resto del régimen jurídico de las diferentes Administraciones públicas y de los concretos procedimientos administrativos de éstas a los legisladores competentes tanto en esas dos materias como en las diversas en que se materializa, por sectores de la realidad, la acción administrativa.

2. LA RENOVACIÓN DEL PROCEDIMIENTO ADMINISTRATIVO

a) Procedimiento administrativo común y orden constitucional

Aunque es un concepto constitucional (art. 105 CE)[59], la norma constitucional no define el procedimiento administrativo, ni acota tampoco el procedimiento administrativo común de que, como materia objeto de regulación diferenciada, habla el artículo 149.1.18ª CE. Pero este último precepto sí indica su estrecha relación con dos otras materias: la de la «organización administrativa propia»[60] se entiende de la correspondiente instancia territorial (además de la autonómica) y la de (bases del) «régimen jurídico de las Administraciones públicas»[61].

La doctrina sentada hasta ahora por el Tribunal Constitucional (TC) confirma:

---

59. Véase supra nota 10.

60. A la que hace referencia la coda «sin perjuicio» añadida por el artículo 149.1.18ª CE al título competencial referido al procedimiento administrativo común.

61. Que el artículo 149.1.18 contempla, incluyendo el régimen estatutario de los funcionarios públicos, conjuntamente con la del procedimiento administrativo común, especificando que debe garantizar un tratamiento común de los ciudadanos ente las Administraciones públicas.

– La identidad propia del procedimiento administrativo entendido como *modo de ordenación del ejercicio por las Administraciones de sus competencias sustantivas propias*[62]. Esta ordenación cubre cuanto incida en la elaboración de los actos administrativos, la validez y la eficacia o las garantías de los administrados, comprendiendo el «iter» que ha de seguir la actividad administrativa jurídica; la forma de elaboración, los requisitos de validez y eficacia, los modos de revisión y los medios de ejecución de los actos administrativos; y las garantías generales de los particulares en el seno del mencionado «iter»[63]; y formando parte de ella también, pues, las garantías «procedimentales» que –incluso bajo la forma de previsión orgánica– contengan las regulaciones de las instituciones generales de garantía de la posición del ciudadano (expropiación forzosa, Derecho sancionador, responsabilidad patrimonial)[64] u otras Leyes. El título competencial legisla-

---

62. Sentencia del Tribunal Constitucional (STC) 157/1985, de 15 de noviembre 1991, F. 3.

63. STC 50/1999, de 6 de abril.

64. STC 251/2006, de 25 de julio (a propósito de la posibilidad o no de la deducción de la legislación expropiatoria, en cuanto desarrollo de las garantías constitucionales del artículo 33.3 CE, de garantías procedimentales «comunes» indisponibles para la legislación sectorial autonómica, incluida la «orgánica» de reserva de la fijación del justiprecio a un preciso órgano: el Jurado Provincial de Expropiación). La STC 204/1992, de 26 de noviembre, había establecido ya con anterioridad que la previsión por una Ley estatal o general de la intervención consultiva del Consejo de Estado podía considerarse como una garantía procedimental (el dictamen de dicho Consejo).

Con anterioridad, las Sentencias del Tribunal Constitucional español (en adelante, SSTC) 37/1987, de 26 de marzo, y 149/1991, de 4 julio, para las que la expropiación, en tanto que institución de garantía de los intereses económicos privados, ha de establecerse conforme a los criterios objetivos de valoración prefijados por la Ley, *a través de un procedimiento* en el que, previa declaración de la causa legitimadora de la concreta operación expropiatoria, se identifica el objeto a expropiar, se cuantifica el justiprecio y se procede a la toma de posesión de aquél y al pago de éste. La uniformidad normativa impuesta aquí por la Constitución supone *la igual configuración y aplicación de las mencionadas garantías expropiatorias en todo el territorio del Estado* y, por ende, *el estricto respeto y cumplimiento* de los criterios y sistema de valoración del justiprecio y *del procedimiento expropiatorio* establecidos por Ley estatal para los distintos tipos o modalidades de expropiación. De este modo, la competencia exclusiva que al Estado reserva el art. 149.1.18.ª impide que se prive a cualquier ciudadano de alguna de las garantías que comporta el procedimiento expropiatorio.

Y STC 87/1985, de 16 julio, en relación con la conexión entre el Derecho Administrativo sancionador, de un lado, con los derechos y las libertades constitucionales y, por tanto, con la competencia legislativa estatal para la regulación de las condiciones básicas que garanticen la igualdad en el ejercicio de los derechos y el cumplimiento de los deberes (art. 149.1.1ª CE) y, de otro, el tratamiento común ante las Administraciones públicas y, por tanto, la competencia estatal para la fijación del procedimiento administrativo común. Con la consecuencia de que sólo den-

tivo reservado en la materia al Estado central no cubre, sin embargo, la entera y completa regulación de ese campo, sino sólo aquélla precisada como común justamente por ser precisa para salvaguardar la necesaria uniformidad[65]. Se trata, así, de una regulación, la estatal, referida a la determinación de los principios o las normas definitorios de la estructura general del referido «iter» procedimental y prescriptores de las garantías de los ciudadanos y del régimen de los actos administrativos y de su ejecución e impugnación[66].

– Aunque esté por tanto íntimamente relacionado con ella, el procedimiento administrativo se diferencia de la organización administrativa, pues ésta es el

---

tro de esos límites y condiciones, pueden las normas autonómicas desarrollar los principios básicos del ordenamiento sancionador estatal, en la medida en que tal posibilidad es inseparable de las exigencias de prudencia o de oportunidad, que pueden variar en los distintos ámbitos territoriales. De ahí que para la STC 17/1990, de 7 febrero, la remisión a la Ley estatal de procedimiento administrativo suponga de suyo la adecuación al «procedimiento administrativo común» en materia sancionadora, es decir, a los principios y reglas generales que se contienen en dicha Ley, sin perjuicio de que, por razón de la materia puedan regularse y, por tanto, añadirse reglas especiales de procedimiento aplicables al desarrollo de cada tipo de actividad administrativa, lo cual no está constitucionalmente reservado al Estado, pues (así STC 227/1988, de 29 noviembre) hay que entender que ésta es una competencia conexa a la que, respectivamente, el Estado o las Comunidades Autónomas ostenten para la regulación del régimen sustantivo de cada actividad o servicio de la Administración.

65. STC 83/1986, de 26 junio.

66. STC 227/1988, de 21 noviembre, en la que se admite la coexistencia de las principiales y estructurales del procedimiento común con numerosas reglas *especiales* de procedimiento aplicables a la realización de cada tipo de actividad administrativa *ratione materiae*. Al extraer las consecuencias para las competencias de las Comunidades Autónomas, sitúa ambiguamente el procedimiento común frente a los procedimientos especiales y, por tanto, a la luz del procedimiento general. Y afirma que la competencia sobre el procedimiento concreto o *especial* es conexa a las que, respectivamente, el Estado o las Comunidades Autónomas ostentan para la regulación del régimen sustantivo de cada actividad o servicio de la Administración. Así lo impone la lógica de la acción administrativa, dado que *el procedimiento no es sino la forma de llevarla a cabo conforme a Derecho*. Sobre esta base, argumenta: «... De lo contrario, es decir, si las competencias sobre el régimen sustantivo de la actividad y sobre el correspondiente procedimiento hubieran de quedar separadas, de modo que al Estado correspondieran en todo caso estas últimas, se llegaría al absurdo resultado de permitir que el Estado pudiera condicionar el ejercicio de la acción administrativa autonómica mediante la regulación en detalle de cada procedimiento especial, o paralizar incluso el desempeño de los cometidos propios de las Administraciones autonómicas si no dicta las normas de procedimiento aplicables en cada caso. En consecuencia, cuando la competencia legislativa sobre una materia ha sido atribuida a una Comunidad Autónoma, a ésta cumple también la aprobación de las normas de procedimiento administrativo destinadas a ejecutarla, si bien deberán respetarse en todo caso las reglas del procedimiento establecidas en la legislación del Estado dentro del ámbito de sus competencias».

campo sobre el que se proyecta la potestad de autoorganización inherente[67] a la comunidad política soberana y a las comunidades territoriales dotadas de autonomía en el seno de ésta; campo que comprende la organización política superior[68]; y la organización de la Administración correspondiente, la cual se extiende a la creación, la modificación y la supresión de entidades y de unidades y órganos de éstas. Esta última organización administrativa recibe, como materia, la denominación de régimen jurídico de la construcción y el funcionamiento de las Administraciones públicas. La competencia legislativa sobre ella se reparte entre el Estado central y las Comunidades Autónomas, reservándose al primero la fijación de las bases de dicho régimen que garanticen un tratamiento común de los ciudadanos; bases que, por ello, comprenden la fijación de principios y reglas básicas o fundamentales[69]. La finalidad de esta reserva de las bases es, pues, la de posibilitar el mantenimiento de un *tratamiento uniforme de las instituciones esenciales atinentes a las Administraciones públicas y de que el régimen jurídico de las autonómicas no discrepe del referente al Estado*[70].

---

67. No precisada, por tanto, de habilitación concreta alguna: las Sentencias del Tribunal Constitucional español (SSTC) 35/1982, de 14 de junio; 165/1986, de 18 diciembre; 227/1988, de 29 de noviembre; y 50/1999, de 6 de abril. La última Sentencia contrapone a la libre organización de la propia Administración (la estructura orgánica del propio aparato administrativo), que es una competencia exclusiva de cada instancia territorial (salvo de la local por desarrollarse su autonomía íntegramente en el marco de la Ley), el régimen jurídico de las Administraciones públicas previsto en el art. 149.1.18 CE, que entrega al Estado central la determinación de sus bases, es decir, de los principios y las reglas básicas de la organización y el funcionamiento de todas las Administraciones públicas. Lo que significa que la potestad organizatoria de cada Comunidad Autónoma para determinar el régimen jurídico de la organización y el funcionamiento de su propia Administración no tiene carácter exclusivo, al deber respetar y, en su caso, desarrollar las bases establecidas por el Estado.

68. En el caso del Estado central, los órganos a los que se atribuyen las funciones en que se traduce la división del poder constituido; en el de las Comunidades Autónomas, las instituciones de que habla el artículo 152.1 CE; y en el caso de la Administración local, los órganos en que se traduzca específicamente su «gobierno» en la concreción de la fórmula «gobierno y administración» que emplean los artículos 140 y 141.2 CE.

69. Sobre la base de la STC 76/1983, de 5 de agosto, STC 165/1986, de 18 de diciembre; 227/1988; y 251/2006, de 25 de julio.

70. STC 14/1986, de 31 enero 1986. De este modo, si existe alguna institución cuyo encuadramiento pueda realizarse del modo más absoluto dentro de la amplia rúbrica «régimen jurídico de las Administraciones públicas», «... ésta es precisamente *la personificación de tales Administraciones para su constitución, funcionamiento y actuación en cualquiera de sus posibilidades legales*».

Se produce así una específica tensión entre las bases del régimen jurídico de (todas) las Administraciones públicas –extraídas del alcance de la potestad de autoorganización– y el régimen de cada una de las mismas –formalizador de las opciones de autoorganización–. El problema que esta tensión genera se resuelve mediante la idea de la *escala de incidencia externa potencial* de las cuestiones objeto de regulación para la correspondiente actividad administrativa[71].

Esta doctrina constitucional permite una aproximación segura a los conceptos asimismo constitucionales de procedimiento administrativo y procedimiento administrativo común y establecer con suficiente precisión sus características, contenido y alcance.

El procedimiento administrativo es administración en tanto que proceso decisional y de acción: todo él (incluso el cumplido internamente) y cualquiera que sea la Administración y la actividad sustantiva que ésta cumpla. Donde tiene lugar aquel proceso hay, por tanto, procedimiento administrativo. Se entiende, así, la previsión conjunta del procedimiento administrativo común y de las bases del régimen jurídico de todas las Administraciones públicas como títulos competenciales estatales entrelazados desde la doble y contrapuesta perspectiva interna de la organización y externa del tratamiento común. Pues el procedimiento administrativo no es el cauce formalizado (sea general o especial) para el desarrollo, en relación con asuntos y personas ciertamente diversos, de *la* actividad administrativa (entendida como función única de contenido y alcance típicos); es más bien el desarrollo mismo por la Administración-organización (con sus especialidades o peculiaridades orgánicas) de la administración-actuación (el servicio al interés general) proyectada –según los correspondientes programas normativos sectoriales– en las distintas actividades sustantivas por éstos diseñadas según una ordenación establecida al efecto. Dada esta amplitud, ofrece, por de pronto, dificultades de delimitación en ambos

---

71. La escala descansa obviamente en el criterio del tratamiento común de los ciudadanos ante las Administraciones: cuanto mayor el riesgo de incidencia en tal tratamiento, más se acerca la regulación de la cuestión a las bases del régimen jurídico de las Administraciones y a la inversa. SSTC 50/1999, de 6 de abril, y 251/2006, de 25 de julio.

sentidos: hacia el ámbito doméstico de la organización, en cuanto ésta presenta, a su vez, dos vertientes: la estática o constructiva y la dinámica o de funcionamiento, con la consecuencia de que determinadas cuestiones de índole organizativa pueden operar como garantías procedimentales[72]; y hacia el ámbito externo, en cuanto éste cae bajo la órbita de las regulaciones de los distintos sectores de actividad de la Administración, las cuales tienden a subordinar a sus requerimientos específicos, distintos de cada vez, la ordenación del desarrollo de la administración-actuación, pero encuentran su límite en la necesaria garantía por el régimen jurídico del funcionamiento de las Administraciones-organizaciones actuantes de un tratamiento común ante éstas[73].

Es en el procedimiento administrativo así concebido en el que se diferencia constitucionalmente uno común para todas las Administraciones públicas; calificación ésta que, por ello, guarda evidente relación con el tratamiento asimismo común ante ellas. Sus características definitorias son las siguientes:

– Consiste en una regulación completa, acabada y, por ello, uniforme de su objeto; regulación que no precisa de desarrollo normativo alguno y es, así, de directa aplicación a cualquier actuación administrativa[74].

– Su regulación es, pues, universal, pero tiene alcance limitado. Es universal, porque rige toda actuación de cualquiera de las Administraciones públicas, es decir, del entero y complejo poder público administrativo, tal y como éste resulta de la Constitución y, en particular, de la organización territorial del Estado. Pero es limitada, porque sólo cae en su ámbito de aplicación la parte de aquella actuación que deba responder a la lógica de lo constitucionalmente común.

---

72. Así las reglas de atribución de las competencias, los conflictos de atribuciones y las de constitución o la formación de la voluntad de los órganos colegiados, así como la previsión de intervención de un preciso órgano administrativo.

73. Son estas regulaciones sectoriales las que dan lugar a los llamados procedimientos administrativos especiales, específicos o concretos, que no pueden así lesionar el tratamiento común ante las Administraciones competentes para su ejecución.

74. Al resultar del ejercicio de una competencia legislativa de carácter pleno y no meramente básica.

Esta lógica –la del tratamiento común ante las Administraciones– concuerda con la que, también desde la perspectiva del reparto territorial del poder, se asigna[75] a la regulación de las condiciones básicas garantizadoras de la igualdad de todos en el ejercicio de los derechos y el cumplimiento de los deberes constitucionales. Aunque el procedimiento administrativo común no sea desde luego el conjunto de condiciones básicas que garantizan la referida igualdad en el seno de la relación procedimental, constituye el correlato en esta última (los requerimientos o *garantías* procedimentales) de tales condiciones básicas[76]. La finalidad constitucionalmente perseguida es sin duda que el procedimiento administrativo común contenga todos los elementos que garanticen, cualquiera que sea la ordenación concreta del desarrollo de la actuación administrativa en los diversos sectores en que deba desplegarse, un tratamiento común por y ante ella. En modo alguno, pues, una ordenación general uniforme de la entera actuación administrativa.

Desde este punto de vista, puede estimarse correcta –con algunas significativas correcciones– la identificación de sus elementos que, a la vista de la legislación ordinaria en la materia, hace la doctrina del Tribunal Constitucional: la estructura del desarrollo de la actuación administrativa; los principios de la formación de la voluntad y el juicio en el seno de la organización administrativa actuante y de la integración de la relación procedimental que derive de su actuación[77]; los requerimientos para la validez de las decisiones y la ejecución de éstas; y las reglas esenciales para la reconsideración o revisión de las decisiones en vía administrativa.

– Es, por su objeto, necesariamente multifuncional[78], pues debe regir –a título de mínimo común– cualesquiera que sean las características tanto de la organización actuante como de la regulación sectorial que ésta ejecute. Y, por tanto, es también instrumental, en el sentido de la idoneidad del conjunto de las técni-

---

75. Por el artículo 149.1.1ª CE.

76. Tal como destaca E. SCHMIDT-ASSMANN (cit. en nota 42, apartado II.1), los «derechos fundamentales» destacan entre los determinantes constitucionales del procedimiento administrativo que operan en el Derecho alemán (el procedimiento administrativo como instrumento o medio para la protección de los derechos fundamentales).

77. Cuando afecte a terceros, sea a las competencias de otras Administraciones, sea a los derechos o intereses legítimos de sujetos ordinarios del Derecho.

78. Sobre la diversidad de las funciones que cumple el procedimiento administrativo, véase E. SCHMIDT-ASSMANN, cit. en nota 42, apartado I.2.

cas y las garantías procedimentales para la realización del interés general de que en cada caso se trate conforme precisamente al orden constitucional organizativo y sustantivo.

– De ello resulta el carácter necesariamente residual de su regulación como tal.

En efecto, la simultánea previsión constitucional[79] de títulos competenciales específicos para la regulación –completa o básica– de instituciones generales de garantía frente a la acción administrativa (en especial, la expropiación forzosa y la responsabilidad patrimonial) o formas de actuación administrativa concreta (contratos, concesiones) hace de sus respectivas regulaciones sede natural de las correspondientes garantías procedimentales[80]. Las cuales deben considerarse, no obstante su fijación en normas distintas de la relativa formalmente al procedimiento administrativo común[81], parte integrante de este último.

De esta suerte la materia «procedimiento administrativo común» tiene como campo propio, además del nuclear antes establecido, el de las garantías mínimas comunes correspondientes a instituciones generales de garantía para las que la Constitución no ha previsto un título competencial específico, cual sucede con la de la libertad frente al ejercicio de la potestad sancionadora administrativa.

---

79. En el mismo artículo 149.1.18 CE.

80. En virtud en todo caso de la doctrina constitucional de la pertenencia de la ordenación procedimental, por conexión, a la competencia para la regulación de la materia sustantiva correspondiente.

81. La cuestión de si son objeto o no de regulación en texto legal independiente depende tanto de la tradición normativa en la materia, como, sobre todo, del alcance de la competencia legislativa atribuida al Estado central. De ser éste mayor que el de la competencia para el procedimiento administrativo común, lo lógico es la regulación separada, cual sucede en el caso de la expropiación forzosa, tanto más considerando la significación constitucional de ésta y la tradición de la legislación en la materia. En otro caso, especialmente en el de la práctica equivalencia del alcance de los títulos competenciales, la cuestión puede depender más de la oportunidad y la técnica legislativa (así, en el caso del sistema de responsabilidad patrimonial de las Administraciones públicas).

b) Procedimiento administrativo común y Derecho Comunitario-europeo

La instrumentalidad del procedimiento administrativo común respecto del orden constitucional determina de suyo su plena apertura a, e incondicional integración de, los requerimientos del Derecho Comunitario-europeo y, en su caso, del Derecho Internacional.

Los requerimientos y garantías procedimentales de todo el Derecho Comunitario-europeo son de aplicación directa, en los términos de la doctrina del Tribunal de Justicia de las Comunidades Europeas (TJCE) sobre la aplicación uniforme y el efecto útil de aquel Derecho, como efecto combinado de la apertura del orden constitucional a la integración supranacional[82] y las obligaciones que derivan de la pertenencia a la Comunidad Europea y la Unión Europea (UE)[83]. La consecuente asignación constitucional a las instituciones generales (Cortes Generales o Gobierno, según los casos) de la responsabilidad de la garantía del cumplimiento no sólo de dichos Tratados (Derecho Comunitario originario), sino también de las resoluciones de los organismos supranacionales titulares de las competencias cedidas (Derecho Comunitario derivado), permiten afirmar que, a falta de mecanismos o instrumentos constitucionales específicos para cumplir tal responsabilidad, ésta debe afrontarse también mediante el ejercicio consecuente de las competencias legislativas atribuidas al Estado en sentido estricto.

Dada la transformación de las Administraciones públicas españolas en Administraciones indirectas de la Comunidad Europea / Unión Europea, lo dicho tiene por consecuencia que: i) el procedimiento

---

82. Artículo 93 CE.

83. Tras su ratificación, el Tratado o Tratados de los que resulta la pertenencia aludida en el texto pasan a formar parte del ordenamiento español, a título –además– de Ley orgánica, conforme al artículo 96.1 CE. Por cierto, que la exigencia al efecto de Ley orgánica (art. 93 CE) permite entender que los Tratados relativos a la CE y a la UE, en la medida en que suponen la cesión de ciertas competencias derivadas de la Constitución, forman parte –al igual que los Estatutos de Autonomía– del bloque de la constitucionalidad cuando menos a efectos de la precisión de la distribución territorial interna del poder constituido.

administrativo debe ser idóneo para el servicio no sólo del interés general interno, sino también del comunitario-europeo; y ii) siendo los requerimientos procedimentales comunitario-europeos comunes a todos los Estados miembros[84], han de ser tenidos internamente como elementos componentes del procedimiento administrativo común.

Por exigencia constitucional, pues, la regulación del procedimiento administrativo común debe ser consecuente con el Derecho Comunitario-europeo. Ello significa:

– Por de pronto, la extensión a la dimensión comunitaria del ya apuntado carácter residual de dicha regulación. Sin necesidad de su incorporación a la regulación legal interna, las garantías procedimentales de la satisfacción del interés general comunitario-europeo forman parte, en la medida de, y en las condiciones de su eficacia directa, del procedimiento administrativo común[85]. Y cuando su efectividad dependa de la pertinente transposición al Derecho interno, las normas que la lleven a cabo completan igualmente el procedimiento administrativo común, a pesar de su independencia de la que formalmente lo regule.

Más aún, los componentes comunitario-europeos del procedimiento administrativo común prevalecen[86] sobre los internos, que deben ser continuamente adaptados, incluso en sede interpretativa y aplicativa, a aquéllos. No es jurídicamente posible la coexistencia de requerimientos y garantías procedimentales comunes comunitario-europeos e internos contradictorios. Toda contradicción insalvable en sede interpretativa aboca indefectiblemente en la inaplicación obligada del procedimiento administrativo común interno.

– Con la consecuencia, en la medida de la inesquivable pretensión incondicionada de eficacia del Derecho Comunitario, de la necesaria interiorización por el procedimiento administrativo común de las consecuencias de tal pretensión y su regulación, por tanto, de forma flexible y abierta y, por tanto, capaz de absor-

---

84. Se entiende que en cuanto precisos para la realización uniforme y efectiva en todo el territorio de la UE del interés general comunitario-europeo.

85. Esa condición la tienen en los mismos términos de su formalización en el Derecho Comunitario: Derecho escrito, originario y derivado y Derecho de origen jurisprudencial (principios generales declarados por el TJCE).

86. Como efecto de la supremacía del Derecho Comunitario-europeo, en bloque, sobre el Derecho interno.

ber el impacto continuo y creciente de las regulaciones institucionales y procedimentales (o condicionantes de estos aspectos) establecidas por el Derecho Comunitario.

El alcance de esta exigencia resulta con toda crudeza de la distinción por la jurisprudencia del TJCE[87] entre «vías de derecho» (previstas por los Derechos nacionales a través de las cuales se da aplicación al Derecho Comunitario al interior de los Estados miembros y respetadas por el Derecho Comunitario) y «acciones directas» (creadas por el Derecho Comunitario y que proporcionan remedios frente a la inobservancia de éste), que tiene evidentes consecuencias restrictivas para el principio de autonomía institucional y procedimental de los Estados miembros[88].

Fácilmente se comprende, pues, la necesidad de una muy sustancial renovación de la LRJPAC en vigor.

La influencia comunitario-europea en materia procedimental no queda reducida al campo normativo. Además de la que sin duda pueden ejercer y ejercen las comunicaciones y, en general, la *literatura gris*, es clara, por ejemplo, la de la Carta de los Derechos Fundamentales de la Unión Europea de 7 de diciembre de 2000[89], al establecer en sus artículos 41 (buena administración), 43 (acceso a documentos) y 44 (petición) una serie de derechos que, en la medida de su sintonía con el orden constitucional español, pueden y deben contribuir a la correcta interpretación y aplicación de éste justamente a efectos del progreso en la regulación y aplicación del procedimiento administrativo común.

En sentido inverso y tanto en el curso de la interacción de las Administraciones de los diversos Estados miembros, como en el con-

---

87. STJCE *Rewe Handelsgesellschaft Nord mBH y Rewe Markt Steffen c. Hauptzollamt Kiel*, de 7 de Julio de 1981 (asunto 58/80).

88. Pues, de acuerdo con la Sentencia, el sistema de protección jurídica establecido por el Tratado implica que todo tipo de acción prevista por el Derecho nacional debe poder ser utilizada para asegurar el respeto del Derecho Comunitario de efecto directo en las mismas condiciones de admisibilidad y procedimiento que si se tratara de asegurar el Derecho nacional.

89. Téngase en cuenta que con posterioridad a la presentación del presente trabajo el Tratado de Lisboa viene a establecer que la Carta tendrá carácter vinculante.

texto de la dinámica misma del funcionamiento de la Comunidad Europea, el procedimiento administrativo común interno contribuye a la decantación de principios generales comunes y, por tanto, a la formación del *ius commune* europeo en la materia.

3. ALGUNOS ASPECTOS PRECISADOS EN TODO CASO DE CAMBIO

a) LA RELACIÓN ADMINISTRACIÓN-CIUDADANO

Aunque lo propio de la regulación procedimental sean los derechos y los deberes del sujeto ordinario de Derecho en tanto que «parte» en un procedimiento administrativo, es decir, «interesado» (necesario o no), es claro que la corrección constitucional de la actuación administrativa, también en su dimensión procedimental, depende de su consecuencia con los principios de transparencia (y, en su caso, publicidad), participación y responsabilidad por la gestión[90] y, por tanto, la posición fundamental[91] del ciudadano respecto de ella. Sin embargo, el procedimiento administrativo común vigente o bien no proclama todos aquellos principios[92], o bien sólo muy restrictivamente los traduce en derechos específicos[93] o simplemente los confun-

---

90. Deducibles de la CE, pero consagrados hoy sólo en el plano de la legislación ordinaria.

91. Posición derivada de su dignidad y libertad, proclamadas en el art. 10.1 CE y traducidas en la titularidad de los correspondientes derechos fundamentales y libertades públicas.

92. El artículo 3.5 LRJPAC recoge como principios generales de la actuación de las Administraciones públicas en sus relaciones con los ciudadanos sólo los de transparencia y participación, de los que, además, luego no extrae consecuencia concreta alguna.

93. Como los derechos de i) acceso a la información [en los términos en los que el art. 37 LRJPAC, concretando el derecho previsto en el art. 35, h) LRJPAC] regula el acceso a archivos y registros, excluyendo así del mismo, en todo caso y de forma indiscriminada, la información contenida en la documentación obrante en procedimientos aún en curso, es decir, no terminados en la fecha de la solicitud de acceso a aquélla]; ii) utilización de las lenguas oficiales en la Comunidad Autónoma, previsto en el art. 35, d) y regulado en el artículo 36 LRJPAC; iii)

de con los derechos y deberes de neto carácter procedimental, reduciendo así, en lo sustancial, el ciudadano a «interesado» (en un procedimiento) y la relación de éste con la Administración a la establecida con ocasión o como consecuencia de un procedimiento administrativo[94]. No es casual, en efecto, que todos esos contenidos normativos se ubiquen sistemáticamente en un título cuya rúbrica se refiere a la «actividad de las Administraciones públicas» (recuérdese la alusión antes hecha a la arraigada sinécdoque de la designación de la entera actuación administrativa por la actividad unilateral jurídica y formalizada en procedimiento), y cuya regulación prosigue haciendo referencia a la obligación de la Administración de resolver todo procedimiento en un plazo máximo y las consecuencias que se derivan de su incumplimiento.

Si las condiciones básicas que garanticen la igualdad de todos los ciudadanos en el ejercicio de los derechos y el cumplimiento de los deberes constitucionales y el tratamiento común de aquéllos ante

obtención de información y orientación acerca de los requisitos jurídicos o técnicos que legalmente deban reunir los proyectos, actuaciones o solicitudes, establecido en el art. 35, g) LRJPAC; iv) trato respetuoso, deferente y facilitador del ejercicio de derechos y el cumplimiento de obligaciones, previsto en el art. 35, i) LRJPAC; y v) exigencia de responsabilidades a la Administración y el personal a su servicio, contemplado en el art. 35, f) LRJPAC.

94. Los derechos a i) conocer el estado de la tramitación de los procedimientos [art. 35, a) LRJPAC]; ii) obtener copias de los documentos contenidos en ellos [art. 35, a) LRJPAC]; iii) identificar a las autoridades y al personal al servicio de las Administraciones públicas bajo cuya responsabilidad se tramiten los procedimientos [art. 35, b) LRJPAC]; iv) obtener copia sellada de los documentos presentados y a la devolución, en su caso, de los originales [art. 35, c) LRJPAC]; v) formular alegaciones y aportar documentos en cualquier fase del procedimiento anterior al trámite de audiencia [art. 35, e) LRJPAC]; y vi) no presentar documentos no exigidos por las normas aplicables al procedimiento de que se trate o que ya se encuentren en poder de la Administración [art. 35, f) LRJPAC]. Y los deberes de colaboración (el de facilitar los informes, inspecciones y actos de investigación previstos en las Leyes y el de proporcionar –en calidad de interesado en el procedimiento (sic)– los datos que permitan identificar a otros interesados no comparecidos en dicho procedimiento; art. 39 LRJPAC) y de comparecencia (en las oficinas públicas y previa citación, pero sólo cuando así esté previsto en norma con rango de Ley; art. 40 LRJPAC); deberes, con los que se corresponde la responsabilidad directa de los titulares de las unidades administrativas y el personal al servicio de las Administraciones públicas de la tramitación de los procedimientos y asuntos a su cargo (art. 41 LRJPAC) y, con esta responsabilidad, el derecho de exigencia de la misma antes expuesto.

todas las Administraciones públicas son constitucionalmente respon‐
sabilidad del Estado en sentido estricto o central, el procedimiento
administrativo común[95] ha de descansar en un verdadero estatuto de la
relación ciudadano-Administración, que debe establecerse desde la
doble perspectiva de la posición fundamental del primero como titu‐
lar de derechos y deberes constitucionales (en particular, el de partici‐
par directamente en los asuntos públicos; art. 23 CE) y de los princi‐
pios que, de acuerdo con el estatuto prefijado en el artículo 103.1 CE,
articulan la organización y la actuación (competencia, funcionamiento
y actividad) administrativas[96]. Estatuto que obviamente, además de
actualizar su contenido en función de los progresos en la legislación
sectorial[97], ha de establecerse a la luz de los requerimientos del
Derecho Comunitario-europeo (ciudadanía de la UE; las cuatro liber‐
tades básicas reconocidas en la Comunidad Europea, etc.) y también
del Derecho Internacional.

A título indicativo, procede señalar además que, en concreto y
como mínimo, la inmediata superación de las deficiencias de la situa‐
ción actual demanda: i) la integración en el catálogo general de dere‐
chos y deberes del ciudadano de los derechos y deberes hoy estableci‐
dos separadamente a lo largo del articulado de la LRJPAC y, especial‐
mente, en sus artículos 39, 40, 41 y 42.2[98]; ii) el traslado al procedi‐
miento administrativo común de los derechos de los ciudadanos –ya

---

95. En cuanto en él estén en juego tales derechos y deberes constitucionales, pudiendo quedar afectados.

96. La Ley 7/1985, de 2 de abril, de bases del régimen local, establece ya, para las entidades locales, un «código» tanto de derechos y deberes de los vecinos en cuanto tales (art. 18), como obligaciones de publicidad, transparencia, información y participación ciudadana, individual y colectiva, de la Administración respecto de aquéllos (arts. 69, 70, 70 bis, 70 ter, 71 y 72).

97. Así, muy significativamente, por lo que se refiere al empleo de medios electrónicos en los procesos de trabajo internos de la Administración y, por tanto, el derecho de los ciudadanos de acceso por tales medios a los servicios públicos, con las garantías correspondientes, en los tér‐
minos de la Ley 11/2007, de 22 de junio.

98. Estos artículos se refieren, respectivamente, a la colaboración de los ciudadanos con la Administración; la comparecencia de los ciudadanos ante las oficinas públicas; la responsabili‐
dad de las unidades administrativas en la tramitación de los asuntos; y al deber de resolver en plazo por parte de la Administración.

reconocidos en la legislación reguladora de la organización y el funcionamiento de la Administración General del Estado[99]– al auxilio preciso para resolver sus asuntos, a la recepción de información por cualquier medio técnico (incluidos los informáticos y telemáticos), a la presentación de reclamaciones (no recursos) por el funcionamiento de las dependencias administrativas y al acceso a los datos sobre la organización y las prestaciones (cartas de servicio) de los diferentes servicios públicos; iii) la extensión del derecho de acceso a la información en la disposición de las Administraciones a toda ella, cualquiera que sea el soporte en que se encuentre almacenada, con las solas restricciones que tengan fundamento constitucional; y iv) el desarrollo, en la línea de la legislación básica de régimen local[100], del derecho de petición del art. 29.1 CE[101].

b) La relación Administración-Administración

Si desde el punto de vista del Estado de Derecho es importante la relación con el ciudadano –cualificado, en su caso, como interesado–,

---

99. El artículo 4. 2 y 3 de la ley 6/1997, de 14 de abril, de organización y funcionamiento de la Administración General del Estado, regulador de los principios de servicio al ciudadano, establece lo siguiente:

«2. La Administración General del Estado desarrollará su actividad y organizará las dependencias administrativas y, en particular, las oficinas periféricas, de manera que los ciudadanos:

a. Puedan resolver sus asuntos, ser auxiliados en la redacción formal de documentos administrativos y recibir información de interés general por medios telefónicos, informáticos y telemáticos.

b. Puedan presentar reclamaciones sin el carácter de recursos administrativos, sobre el funcionamiento de las dependencias administrativas.

3. Todos los Ministerios mantendrán permanentemente actualizadas y a disposición de los ciudadanos en las unidades de información correspondientes, el esquema de su organización y la de los organismos dependientes, y las guías informativas sobre los procedimientos administrativos, servicios y prestaciones aplicables en el ámbito de la competencia del Ministerio y de sus Organismos públicos.»

100. Artículo 18 de la Ley 7/1985, de abril, de bases del régimen local, sobre los derechos y deberes de los vecinos.

101. «Todos los españoles tendrán el derecho de petición individual y colectiva por escrito, en la forma y con los efectos que determine la Ley.»

desde el del Estado autonómico es decisiva la relación entre Administraciones. Ambas son imprescindibles para que el procedimiento administrativo cumpla su compleja función al servicio de la correcta determinación y realización del interés general, pues dicho procedimiento compromete no sólo derechos e intereses legítimos de los sujetos ordinarios, sino también potestades y competencias y, por tanto, intereses públicos gestionados por Administraciones distintas de la actuante. Pero la de las relaciones interadministrativas es especialmente importante dada la función coordinadora del pluralismo de la gestión administrativa (inherente a la organización territorial del Estado) que corresponde desempeñar a los mecanismos y las técnicas procedimentales.

El procedimiento administrativo común en vigor establece ciertamente un esquema ordenador de las relaciones entre las Administraciones territoriales (y, por intermedio de éstas, de las restantes)[102]. Pero tal esquema:

– Aunque se refiere al doble plano de las relaciones interadministrativas internas y externas o con la instancia supranacional comunitaria, se remite –en el ámbito de las primeras y por lo que hace a la Administración local– a la legislación básica reguladora de ésta[103] y se circunscribe estrictamente –en el ámbito de las segundas– a las derivadas de una obligación legal de comunicación de decisiones internas a las instituciones comunitarias.

– Incluye, en lo sustancial, sólo principios generales[104], deberes para la efectividad de tales principios[105] y mecanismos o técnicas funcionales (los convenios

---

102. Arts. 4-10 LRJPAC.

103. Art. 9 LRJPAC.

104. El de lealtad institucional y, por tanto, los de él derivados: colaboración, cooperación y coordinación; art. 4.1, párr. 1º LRJPAC.

105. Los de i) respeto del ejercicio legítimo de sus competencias por las otras Administraciones; ii) ponderación, en el ejercicio de las propias competencias, de la totalidad de los intereses públicos implicados, incluidos aquellos cuya gestión esté encomendada a otras administraciones; iii) facilitación a las otras Administraciones de la información sobre la actividad propia que precisen para el ejercicio de sus competencias; y iv) prestación de cooperación y asistencia a otras Administraciones para el eficaz ejercicio de sus competencias (art. 4.1 LRJPAC).

de colaboración, los planes y programas conjuntos) y organizativos (los órganos de cooperación, los consorcios)[106].

Quiere decirse que el procedimiento cae, en lo esencial, fuera de su perspectiva, razón por la que las relaciones interadministrativas (la incidencia de la actuación de una o varias Administraciones en la de otra) carecen de consecuencias jurídicas precisas tanto en las técnicas de aportación de información sobre hechos o de elementos de juicio (pruebas, informes), como en el régimen de validez, impugnación y ejecución de los actos administrativos[107]. De esta suerte, el procedimiento administrativo común determina ciertamente el código de la articulación jurídica de las potestades administrativas y los derechos e intereses legítimos de los sujetos ordinarios, pero no así el de la paralela de las potestades administrativas entre sí, cuando éstas se ejercitan por Administraciones distintas y autónomas unas respecto de otras. Lo cual explica la confusión que reina entre normativa sectorial reguladora del ejercicio de potestades formales y materiales por concretas Administraciones y régimen jurídico de las diferentes Administraciones (garante, en cuanto parte de la de su esfera autónoma, de la intangibilidad de sus actos por los de otras Administraciones) en tanto que destinatarias las segundas de actos adoptados por las segundas en ejercicio de las referidas potestades. Porque se admite con normalidad la validez y eficacia de la incidencia directa de tales actos, sin más, es decir, sin modulación alguna, en aquella esfera, sin necesidad del respeto de las previsiones de su régimen de garantía e incluso desconociendo la presunción de legitimidad de actos adoptados ya por la Administración afectada.

Sólo para asegurar la eficacia de los deberes que deduce del principio de lealtad institucional, así como para determinar la relación interadministrativa derivada del cumplimiento de la obligación de

106. Arts. 5 a 8 y 10 LRJPAC.

107. Al contrario de lo que sucede ya en el régimen de impugnación judicial. El artículo 44 LRJCA contempla los litigios entre Administraciones a los efectos siquiera de modular el régimen de las diligencias preliminares del procedimiento ordinario contencioso-administrativo.

comunicación a la Comunidad Europea, aborda la LRJPAC la dimensión procedimental. Únicamente las previsiones relativas a los deberes de asistencia y cooperación tienen alguna entidad[108]. Si, de un lado, ordenan procedimentalmente la cooperación y la asistencia entre Administraciones[109], especialmente para la procura de información, documentación y elementos probatorios y la ejecución de los propios actos fuera del correspondiente ámbito territorial de competencia[110], de otro, efectúan una enigmática y en gran medida inédita remisión al acuerdo voluntario de las Administraciones interesadas para el establecimiento y determinación –en *común* y sin límites precisos– de instrumentos y *procedimientos* que determinen el desarrollo del deber de colaboración entre ellas[111]. No parece, sin embargo, que el término procedimiento esté empleado aquí de modo técnico preciso. Así parece deducirse de la exclusión de la aludida remisión de los supuestos en los que las relaciones tengan como finalidad la adopción de decisiones conjuntas, pues en tales supuestos se dispone el ajuste de las relaciones a los instrumentos y procedimientos de cooperación a que se refieren los artículos siguientes[112]; artículos que, como

---

108. Pues la obligación de comunicación de decisiones internas a la Comunidad Europea (CE) da lugar sólo al establecimiento del deber de remisión de la información a comunicar al órgano de la Administración General del Estado competente para efectuar la pertinente comunicación a Bruselas y del plazo en que tal deber ha de cumplirse. Es de destacar que esta regulación pretenden fundamentalmente la centralización de las relaciones con Bruselas en calidad de Estado miembro de la CE/UE.

109. Incoación sólo a iniciativa de la Administración interesada y mediante solicitud expresa; regulación de las causas de desestimación; exigencia de resolución expresa y motivación de la desestimatoria; art. 4. 3 LRJPAC.

110. Lo que, sin embargo y como ya se ha advertido en el texto, queda sin reflejo en la ordenación de la fase procedimental relativa a los informes y las pruebas, así como en la regulación de la ejecución de los actos administrativos.

111. Art. 4.5, párr. 1º LRJPAC: «En las relaciones entre la Administración General del Estado y la Administración de las Comunidades Autónomas, el contenido del deber de colaboración se desarrollará a través de los instrumentos y procedimientos que de manera común y voluntaria establezcan tales Administraciones.»

112. Art. 4.5, párr. 2º LRJPAC: «Cuando estas relaciones, en virtud del principio de cooperación, tengan como finalidad la toma de decisiones conjuntas que permitan, en aquellos asuntos que afecten a competencias compartidas o exijan articular una actividad común entre ambas

ya nos consta, no contemplan, en realidad, mecanismo o técnica procedimental alguno de cooperación.

c) Estructura del procedimiento

La ambigüedad que, por su cuando menos apariencia de general, padece el procedimiento administrativo común actual, que dificulta –por la interferencia de la tensión «procedimiento general/especial»– el cumplimiento de su función ordinamental, requiere desde luego la eliminación de todo rastro de «ordenación secuencial obligatoria» de cualesquiera procedimientos administrativos para dar paso a la perspectiva de los institutos y las técnicas procedimentales de obligado empleo según el carácter y objeto de los procedimientos (condicionantes de su concreta ordenación), pero también la mejora y actualización de algunos de los institutos clave como son los dirigidos a asegurar i) el acierto en la decisión y la acción: la prueba y la emisión de informes (referidos a la obtención de la información y los elementos de juicio precisos) y ii) la efectividad de garantías elementales o la participación directa en los asuntos públicos: la audiencia (del círculo de interesados en virtud de su específica legitimación *ad causam*) y la información pública (de la generalidad de los ciudadanos), a los que cabría incorporar también las encuestas y las consultas.

Más imperativo aún es, en este contexto, sin embargo, la supresión de técnicas obsoletas o inadecuadas, así como la resolución de cuestiones que, siendo esenciales, tienen actualmente un tratamiento no ya distinto, sino contrapuesto según la legislación procedimental aplicable.

Entre las técnicas surprimibles destacan: la fijación (aunque sea con carácter supletorio) de un plazo general máximo para el cumplimiento por la Administración responsable de un procedimiento de la obligación de resolverlo expresamente y la conexión al incumplimien-

---

Administraciones, una actividad más eficaz de los mismos, se ajustarán a los instrumentos y procedimientos de cooperación a que se refieren los artículos siguientes.»

to de ésta dentro de plazo –y con independencia de la subsistencia de la obligación misma– de la producción legal de una resolución presunta (sea ficticia y a los puros efectos del acceso a la tutela judicial, sea con los efectos propios de una resolución expresa)[113]. Lo primero, porque la heterogeneidad de la actividad administrativa convierte en arbitrario cualquier plazo máximo «general» (propiciando la fijación sectorial o por concretos procedimientos de plazos irrazonablemente largos). Y lo segundo, porque i) la obligación de resolver –de forma expresa y a la vista de las características del asunto objeto del procedimiento concreto de que se trate– está al servicio de la realización del interés general, que no puede ser adecuadamente satisfecha con una respuesta legal presunta y binaria (estimatoria o desestimatoria), que cumple, además, la doble función de garantía[114] (del interesados o interesados) y «sanción» a la Administración por el incumplimiento de su obligación en tiempo[115]; y ii) el mecanismo del llamado «silencio» (desencadenante de la presunción legal de respuesta y sus efectos) es, por lo dicho, demasiado simple y tosco para los diferentes y complejos objetos de los diversos procedimientos administrativos (piénsese en un plan de urbanismo, cuya aprobación no es reductible a una respuesta binaria si/no), y, además, incapaz por sí mismo de proporcionar a su beneficiario una situación mínimamente consistente y segura jurídicamente[116]. Dados

---

113. Arts. 42, 43 y 44 LRJPAC, relativos, respectivamente, a la obligación de resolver; el silencio administrativo en los procedimientos iniciados a solicitud del interesado; y a la falta de resolución expresa en los procedimientos iniciados de oficio.

114. En la que se destaca, de nuevo, la focalización de la regulación legal en el procedimiento clásico incoado bien a solicitud de interesado para la adopción del acto administrativo pretendido, bien de oficio, pero del que puedan resultar la declaración o constitución de derechos a favor de interesados.

115. Función que pone de relieve la posposición del servicio al interés general en aras de la garantía de los derechos e intereses de los sujetos interesados. Pues la «sanción» a la Administración no hace sino ocultar una defectuosa realización del interés general, cuando no simplemente la obstaculización de la misma.

116. No es casual que la ponderación de ventajas e inconvenientes en la función del mecanismo del silencio haya conducido a la jurisprudencia contencioso-administrativa a sentar la doctrina, firmemente consolidada, de que mediante dicho mecanismo no puede llegar a adquirirse lo que no hubiera podido ser otorgado por acto expreso de la Administración.

estos inconvenientes, la subsistencia de la técnica del silencio sólo puede explicarse en términos de pervivencia inercial de la solución histórica decantada para superar el obstáculo del carácter «revisor» del control judicial contencioso-administrativo[117]. La extensión de su función a la obtención por los interesados, ya en vía administrativa, de lo pedido o pretendido (mediante silencio positivo), al propio tiempo que ha facilitado dicha pervivencia, ha sumido la técnica en una serie de contradicciones y complicaciones difíciles, si no imposibles, de resolver y que debilitan seriamente su utilidad. Extinto el carácter revisor del control judicial de la Administración, la solución más lógica, expedita y efectiva –además de acorde con la exigencia constitucional de «efectividad» a la tutela judicial a que tiene derecho todo ciudadano– consiste en la apertura sin más del acceso a la tutela judicial a partir del transcurso de determinado plazo desde la incoación del procedimiento, con posibilidad para la Administración de resolución expresa, no obstante, hasta el traslado para la contestación de la demanda formulada en el proceso[118].

Finalmente, entre las cuestiones a resolver merece ser destacada la concerniente a la relación entre la prescripción de las situaciones individualizadas sustantivas, activas y pasivas, que integren el objeto del procedimiento y la caducidad del derecho procedimental a impugnar las decisiones (declarativas, constitutivas, modificativas o extintivas) recaídas sobre dichas situaciones (por transcurso de los fugaces plazos para recurrir en vía administrativa). Es ésta una cuestión de importancia, especialmente desde la perspectiva del respeto al *status* constitucional del ciudadano, que dista en la actualidad de tener una solución uniforme y satisfactoria.

---

117. Carácter «revisor», que hacía depender el acceso a la tutela judicial de la existencia previa de un acto administrativo susceptible de impugnación.

118. De modo que, caso de que la resolución expresa sea estimatoria de lo pedido, quede terminado el proceso por satisfacción extraprocesal, y, en otro caso, pueda continuar sustanciándose el proceso –ya impugnando también la resolución expresa– hasta la sentencia.

d) Régimen común de validez, eficacia y ejecución de los actos administrativos

La categoría del acto administrativo es una de las del procedimiento administrativo común más necesitadas –y con mayor urgencia– de actualización. Está desfasada desde luego respecto de los requerimientos actuales, cada vez más complejos y diversificados, de la actuación administrativa en una sociedad del riesgo en cambio continuo y acelerado, pero también –y en especial– de los que derivan del Derecho Comunitario-europeo. Lo que no sorprende, en tanto que construida sobre la imagen de la Administración-poder ejecutora-aplicadora de la Ley en el caso concreto y, por tanto, desde la referencia que supone la decisión judicial. El acto administrativo ha de dejar de ser una categoría con contenido único, no obstante su doble variedad de actos de trámite y resoluciones, para dar lugar a tipos diferenciados (actos parciales, actos provisionales) en función de las necesidades a resolver; y su consistencia o, lo que es lo mismo, su régimen de revisión debe dejar de depender del binomio acto favorable/acto de gravamen (establecido desde la doble perspectiva de la garantía del particular y el carácter definitivo de lo resuelto en el instante de la decisión), no sólo por la ambigüedad de estas variedades desde el punto de vista de los destinatarios de la decisión, sino porque, como ilustra el ejemplo de las ayudas públicas, el acto subvencional no representa sino el inicio de una relación Administración-beneficiario que no concluye hasta el cumplimiento del fin perseguido (momento hasta el cual la Administración debe poder seguir proyectando sobre dicha relación sus potestades formales, con variación o revisión de lo inicialmente resuelto). Es preciso ser consciente de que esto último requiere, además, la reconsideración de la línea de deslinde entre mero acto de gravamen y acto de sanción por la comisión de una infracción, cuya difuminación (en beneficio de la aplicación extensiva del régimen protector frente a las sanciones) perturba considerablemente la reconsideración y revisión de los actos administrativos.

ANEXO

CUADRO 1
SITUACIÓN PRECONSTITUCIONAL

LEY DE RÉGIMEN JURÍDICO DE LA ADMINISTRACIÓN DEL ESTADO, DE 26 DE JULIO DE 1957	LEY DE PROCEDIMIENTO ADMINISTRATIVO, DE 17 JULIO DE 1958 (LPA)
Personalidad jurídica y órganos de la Administración del Estado	Ámbito de aplicación de la Ley
Competencia de los órganos de la Administración Central	Órganos administrativos - Principios generales y competencia - Órganos colegiados - Conflictos de atribuciones - Abstención y recusación
Disposiciones y resoluciones administrativas	Interesados
Responsabilidad del Estado y de sus autoridades y funcionarios	Actuación administrativa - Normas generales - Actos en general - Términos y plazos - Información y documentación - Recepción y registro de documentos
	Procedimiento - Iniciación - Ordenación - Instrucción - Terminación - Ejecución
	Revisión de los actos en vía administrativa - Revisión de oficio - Recursos administrativos
	Procedimientos especiales - Procedimiento para la elaboración de disposiciones de carácter general - Procedimiento sancionador - Reclamaciones previas al ejercicio de las acciones civiles y laborales

COMPARACIÓN DE LAS SITUACIONES PRE- Y POSTCONSTITUCIONALES EN MATERIA DE PROCEDIMIENTO ADMINISTRATIVO

LEY DE PROCEDIMIENTO ADMINISTRATIVO, DE 17 JULIO DE 1958 (LPA)	LEY 30/1992, DE 26 DE NOVIEMBRE, DE RÉGIMEN JURÍDICO DE LAS ADMINISTRACIONES PÚBLICAS Y DEL PROCEDIMIENTO ADMINISTRATIVO COMÚN (LRJAPC)
Ámbito de aplicación de la Ley	Ámbito de aplicación y principios generales
	Administraciones públicas y sus relaciones

Órganos administrativos
  - Principios generales y competencia
  - Órganos colegiados
  - Conflictos de atribuciones
  - Abstención y recusación
	Órganos de las Administraciones públicas
	  - Principios generales y competencia
	  - Órganos colegiados
	  - ...
	  - Abstención y recusación

Interesados	Interesados

Actuación administrativa
  - Normas generales
  - Actos en general
  - Términos y plazos
  - Información y documentación
  - Recepción y registro de documentos
	Actividad de las Administraciones públicas
	  - Normas generales
	  - ...
	  - Términos y plazos
	  - ...
	  - ...

	Disposiciones y actos administrativos
	  - Disposiciones administrativas
	  - Requisitos de los actos
	  - Eficacia de los actos
	  - Nulidad y anulabilidad

Procedimiento
 	
  - Iniciación
  - Ordenación
  - Instrucción
  - Terminación
  - Ejecución
	Disposiciones generales sobre los procedimientos administrativos
	  - Iniciación del procedimiento
	  - Ordenación del procedimiento
	  - Instrucción del procedimiento
	  - Finalización del procedimiento
	  - Ejecución

Revisión de los actos en vía administrativa - Revisión de oficio - Recursos administrativos	Revisión de los actos en vía administrativa - Revisión de oficio - Recursos administrativos
Procedimientos especiales - Procedimiento para la elaboración de disposiciones de carácter general - Procedimiento sancionador - Reclamaciones previas al ejercicio de las acciones civiles y laborales	Reclamaciones previas al ejercicio de las acciones civiles y laborales
	Potestad sancionadora - Principios de la potestad sancionadora - Principios del procedimiento sancionador
	Responsabilidad de las Administraciones públicas y de sus autoridades y demás personal a su servicio - Responsabilidad patrimonial de la Administración pública - Responsabilidad de las autoridades y personal al servicio de las Administraciones públicas

LA LEGISLACIÓN DE PROCEDIMIENTO ADMINISTRATIVO Y LA GENERACIÓN DE CONOCIMIENTO EN EL ÁMBITO DE LA ADMINISTRACIÓN PÚBLICA

Winfried Kluth*
Jana Nuckelt**

* Profesor de Derecho Administrativo, Universidad de Halle, Alemania.

** Ayudante e Investigadora de Derecho Administrativo, Universidad de Halle, Alemania.

Traducción de Javier Barnes.

El presente capítulo contiene una remisión o resumen de las notas a pie de página de la versión inglesa del capítulo X que se publica en este libro.

ÍNDICE

NUESTRAS modernas sociedades basadas en la información y el conocimiento se enfrentan a nuevos retos y desafíos. Las dificultades a las que ha de hacer frente la Administración derivan de un conjunto de factores, entre los que podrían citarse el enorme volumen y heterogeneidad de la información disponible; la constante emergencia de estándares y criterios para evaluar y procesar la información que se obtiene; y la escasez de los recursos presupuestarios.

Este capítulo analiza la estructura tradicional del procedimiento administrativo, a fin de determinar, primero, *si* la experiencia adquirida puede servir para configurar una nueva legislación de procedimiento que discipline y gobierne de modo adecuado a nuestro tiempo la generación y gestión de la información del sector público; y, en segundo término y en su caso, que nos permita reflexionar acerca de *cómo* habría de hacerse.

De entrada, han de tenerse en cuenta, tanto a nivel nacional como europeo, tres elementos: la relevancia del principio de instrucción en el ámbito de la Administración (i); el papel que pueden desempeñar los terceros (ciudadanos y otras autoridades, expertos, etc.) en el proceso de obtención del conocimiento (ii); y las obligaciones de información que la Administración ha de cumplir en relación con los ciudadanos y las empresas (iii).

Aun cuando resulten válidos, como punto de partida, los instrumentos y herramientas del procedimiento administrativo tradicional que tienen por objeto la obtención y tratamiento de la información, ha de adelantarse, sin embargo, la necesidad de diseñar y mejorar una nueva infraestructura técnica y un nuevo marco legislativo para hacer frente a los retos que la información y el conocimiento plantean en el ámbito del Derecho Administrativo.

I
EL ESTADO Y LA ADMINISTRACIÓN EN LA SOCIEDAD DEL CONOCIMIENTO

La vida de los ciudadanos y el funcionamiento de la economía, de la sociedad y del Estado[1] se encuentra radicalmente condicionada por la sociedad de la información y del conocimiento[2]. El crecimiento exponencial de la información,

---

1. Véase la nota 1 de la versión inglesa de este capítulo en el presente volumen.
2. Véase la nota 2 del capítulo cit. (nota 1).

de un lado, y los cada vez más exigentes criterios de evaluación y tratamiento de la información, de otro, plantean una cuestión básica que ha de presidir el estudio, a saber: cuáles son los efectos positivos que ese estado de cosas irradia sobre el individuo, la sociedad y el Estado en su conjunto.

La información y el conocimiento suscitan grandes desafíos en el seno de la Administración pública contemporánea. Hasta el momento, sin embargo, el Derecho Administrativo ha dado únicamente una respuesta parcial a esta problemática: procedimientos electrónicos en el ámbito del gobierno electrónico; protección de datos; legislación de acceso a la información; etc.[3] La reforma y la innovación es de carácter estructural y excede en mucho de la mera diseminación o difusión de la información en las relaciones entre las distintas Administraciones y de éstas con los ciudadanos.

El procedimiento administrativo constituye un instrumento esencial, si se quiere hacer un enfoque integral[4]. Téngase en cuenta, en efecto, que la legislación de procedimiento crea no sólo el marco formal de la actuación administrativa, sino también el medio o foro de transmisión de la información[5]. El procedimiento se sitúa en el eje de la actividad administrativa, polarizada hoy en torno a la generación y procesamiento de la información. Las líneas que siguen se contraen al análisis de las relaciones entre el procedimiento y la obtención de información.

---

3. *Vid.* el capítulo quinto, epígrafe III.2.

4. *Vid.* introducción al presente volumen, epígrafe I.

5. *Ibídem.*

II
BREVE INTRODUCCIÓN: DELIMITACIÓN DEL OBJETO DE LA REFLEXIÓN

A nuestro limitado propósito, conviene hacer algunas precisiones conceptuales con carácter previo[6]:

- Datos: representan la materia prima de todo conocimiento. Podrían describirse como «diferencias observables», puesto que todos los datos requieren de un instrumento que permita su observación y su consiguiente diferenciación (por ejemplo, la caída de un ladrillo de un tejado; un ciudadano ruso que trabaja en una fábrica alemana). Los datos deben presentarse –o codificarse- de una manera determinada para que puedan ser utilizados como figuras, lenguaje, texto o imagen. En las últimas décadas se han producido cambios notables, tanto en lo que hace a los instrumentos de observación disponibles, como en lo que se refiere a los métodos de codificación de los datos[7].

- Información: es un conjunto de datos procesados a través de un sistema específico. Constituye un producto intermedio de conocimiento. Los datos devienen información mediante su integración en un contexto relevante, en el marco de un sistema determinado. El contexto resulta decisivo: de unos mismos datos se puede obtener información diferente en función de la conexión que tengan con el contexto o área en el que se inserten. Se puede generar una nueva información mediante la transmisión de unos mismos datos a otras instituciones que operan en un contexto distinto. Y a la inversa: el intercambio de información entre dos organizaciones presupone el establecimiento de un adecuado contexto legal en relación con los datos. La gestión de la información, en otras palabras, resulta de una importancia capital. Por continuar con el ejemplo anterior: el ladrillo es un peligro para los transeúntes; el trabajador ruso necesita un permiso para trabajar legalmente en Alemania.

- Conocimiento: es el refinamiento o mejora de la información a través de la práctica. En este sentido, el conocimiento evoluciona cuando la información se

---

6. Para mayor abundamiento, *vid.* el núm. II y la bibliografía allí citada del capítulo cit. (nota 1).
7. *Ibídem.*

integra en un contexto práctico y surge una práctica nueva o una práctica modificada[8]. No se trata, pues, de un concepto teórico, sino orientado a la actividad y al control de las organizaciones. La información obtenida se integra en un segundo contexto cuya relevancia viene determinada por una serie de características prácticas y de carácter normativo o prescriptivo. En el mismo ejemplo, la Administración local puede obligar al propietario a reparar el tejado; el trabajador ruso tiene que solicitar un permiso de trabajo o volver a su país; y el dueño de la fábrica puede ser considerado responsable por contratar ilegalmente a un trabajador. El contexto de responsabilidades y de deberes en el que se sitúa la información constituye conocimiento.

Todo aumento del conocimiento trae consigo paralelamente el correspondiente aumento de la ignorancia[9]. Es ésta una perspectiva que ha de tener presente el Estado y la Administración para actuar con prudencia cuando el ejercicio del poder se basa en el conocimiento, y, en particular, cuando proyecta planes a largo plazo y se encuentran implicados los derechos de los ciudadanos.

Esta distinción se aleja de la visión tradicional en la medida en que el conocimiento de los hechos al nivel de los datos, de un lado, y el conocimiento especializado al nivel de la información, de otro, se definen por la relevancia de sus contextos. El *saber qué* se diferencia claramente del *saber cómo*. Y a este último saber se le da mayor importancia[10].

- Conocimiento explícito e implícito: se trata de una distinción que tiene su relevancia en el mundo de las organizaciones[11]. Mientras que el conocimiento explícito es un conocimiento articulado, documentado y, por tanto, de ordinario accesible, el conocimiento implícito consiste en ciertas reglas y experiencias que se siguen y respetan aunque no se presenten de un modo estructurado. Esas reglas implícitas contribuyen al funcionamiento de las organizaciones. A este conocimiento se le denomina también «cultura administrativa». Ha de notarse, sin embargo, que conocimiento implícito no es sinónimo de conocimiento irracional. El primero, a diferencia del segundo, puede transformarse en conocimiento explícito.

---

8. Para mayor abundamiento, *vid.* el núm. II de la versión inglesa (capítulo X) y la bibliografía allí citada.

9. Véanse las referencias de la nota 12 del capítulo cit. (nota 1).

10. Véanse las referencias de la nota 13 del capítulo cit. (nota 1).

11. Véanse las referencias de las notas 14, 15 y 16 del capítulo cit. (nota 1).

- Conocimiento institucional: el conocimiento institucional o de las organizaciones se encuentra emparentado con el conocimiento implícito, aunque se trate de fenómenos diferentes. El conocimiento institucional se encuentra en los sistemas regulatorios establecidos y mantenidos con independencia de los individuos que los integran o componen[12].

El conocimiento institucional se basa en la idea de que las instituciones son cuerpos capaces de actuar a través de personas[13]. Los actos de las personas físicas se consideran actos de la organización, de forma tal que es la organización, y no la persona natural, la que responde por la acción. Al mismo tiempo, la información que la persona física posee es en realidad información (conocimiento) que pertenece a la organización. No quiere ello decir, sin embargo, que sean sólo las personas los sujetos capaces de actuar y que cuando actúan lo hacen libremente. Por el contrario, las actuaciones se hallan condicionadas por las singularidades internas de la organización de que se trate en cada caso y, desde luego también, por las imposiciones que recaigan sobre cada uno de sus miembros[14]. La imputación de las acciones a la institución guarda relación con el conocimiento institucional. La organización puede aprovechar la larga experiencia de todos sus miembros y empleados en la medida en que se almacena en sus reglas internas. En ese sentido, la organización sabe más que cualquiera de sus miembros individualmente considerado. Cuando esas personas siguen y respetan las reglas internas de la organización, se benefician inconscientemente del conocimiento y experiencia acumulados.

- Generación de conocimiento: con este término se hace referencia al entero proceso, a saber: obtención de datos, tratamiento de la información, y transformación de la información en conocimiento (en el sentido práctico al que antes se ha aludido). La generación del conocimiento incluye el proceso externo (en particular, la obtención de datos) y el proceso interno de situar los datos en su debido contexto.

El proceso de generación del conocimiento depende tanto de la *estructura organizativa* como del *procedimiento*. La organizativa administrativa, por su parte, puede ser de distintas clases; y el procedimiento vendrá condicionado por

---

12. Ese conocimiento se encuentra en organizaciones de toda especie: por ejemplo, en la Iglesia Católica, que tiene una tradición de más de dos mil años, en los Estados, asociaciones, empresas, familias, etc.

13. Véanse las referencias de las notas 18 y 19 del capítulo cit. (nota 1).

14. Véase la referencia bibliográfica de la nota 20 del capítulo cit. (nota 1).

los diversos métodos procedimentales que puedan seguirse y por la legislación de procedimiento[15]. En ese sentido, ha de tenerse en cuenta la interacción entre la estructura y el procedimiento, a los efectos de determinar sus implicaciones y consecuencias sobre la generación del conocimiento.

---

15. Véanse las referencias bibliográficas de las notas 23 y 24 del capítulo cit. (nota 1).

III
LA RESPONSABILIDAD DE LA ADMINISTRACIÓN PARA ADQUIRIR LA INFORMACIÓN NECESARIA COMO BASE DE LAS DECISIONES QUE HA DE ADOPTAR. EL PRINCIPIO DEL ESTADO DE DERECHO Y LA INSTRUCCIÓN DEL PROCEDIMIENTO

1. INTRODUCCIÓN

DE conformidad con el principio de instrucción del procedimiento, la Administración está obligada a indagar de oficio todos los hechos que resulten relevantes en el caso. La instrucción guarda una directa relación con la resolución que deba adoptarse en cada procedimiento. De ello se ocupa el art. 24 de la Ley de Procedimiento Administrativo alemana[16], que no hace sino expresar un principio tradicional presente también en los procedimientos especiales[17].

---

16. Artículo éste que se corresponde, sustancialmente, con el art. 78.1 de la Ley española 30/1992 (*vid.* la introducción del presente volumen, núm. I y cuadro 1; asimismo, capítulo cuarto, epígrafe II.2).

El citado art. 78.1 de la Ley dice así:

«1. Los actos de instrucción necesarios para la determinación, conocimiento y comprobación de los datos en virtud de los cuales deba pronunciarse la resolución, se realizarán de oficio por el órgano que tramite el procedimiento, sin perjuicio del derecho de los interesados a proponer aquellas actuaciones que requieran su intervención o constituyan trámites legal o reglamentariamente establecidos.»

Sobre el art. 24 de la Ley alemana, y su contenido, *vid.* capítulo 8, núm. III. Para una versión en inglés de ese precepto *vid.* nota 29 del capítulo cit. (nota 1).

El artículo 24 (principio de investigación o instrucción), en su apartado primero, dispone que la Administración determinará «de oficio» los hechos que sean relevantes para la resolución; así como la naturaleza y alcance de la instrucción.

La Administración, añade el párrafo segundo, está obligada a considerar y ponderar todas las cuestiones y datos que sean relevantes para el caso de que se trate, y naturalmente también ha de tener en cuenta los que sean beneficiosos para los interesados.

Por último, el párrafo tercero del mismo concluye que la Administración no podrá negarse a admitir declaraciones o solicitudes que caigan dentro de su ámbito competencial con el argumento de que resultan infundadas o inadmisibles.

17. *Vid.* las referencias en el texto en el núm. III.1 del capítulo cit. (nota 1).

Algo análogo puede sostenerse respecto de la aplicación directa del Derecho Comunitario. De acuerdo con el art. 41 de la Carta de los Derechos Fundamentales de la Unión Europea, la obligación de indagar los hechos que tengan relevancia para la decisión forma parte del derecho a una buena administración. Las potestades de instrucción de la Comisión se extienden a los datos personales (art. 284 TCE). Y a ello se refieren también otras normas de Derecho derivado[18]. Por lo que hace a la aplicación indirecta del Derecho Comunitario a cargo de las Administraciones nacionales, la jurisprudencia comunitaria ha tenido ocasión de expresar por su parte que el principio de instrucción de oficio ha de ser igualmente observado[19].

La indagación o investigación de los hechos en el procedimiento administrativo ha de ser tan rigurosa y profunda como sea posible. Ello no es sino el presupuesto mismo de una correcta aplicación del Derecho y constituye, en consecuencia, un requisito obligado de legitimidad democrática de la Administración[20]. Sin embargo, un objetivo tal, en apariencia sencillo, no resulta de fácil consecución en la práctica. De entrada, el procedimiento se encuentra surcado por tensiones dialécticas y objetivos que en ocasiones pueden ser contradictorios (simplificación del procedimiento; cooperación público-privado e interadministrativa; transparencia; protección de datos personales; etc.). Un procedimiento simplificado, por ejemplo, podría desembocar en una investigación menos rigurosa; o la cooperación con el sector privado, en la pérdida de perspectiva y en la parcialidad del órgano decisor. La Administración actuante habrá de ponderar estas situaciones de conflicto y buscar la mejor solución dentro del margen que le permitan las potestades discrecionales que le hayan sido atribuidas.

La instrucción resulta mucho más compleja de lo que da a entender la literalidad de la Ley de procedimiento administrativo alemana,

---

18. *Vid.* las referencias en el texto en el núm. III.1 del capítulo cit. (nota 1).

19. Véase las referencias de la nota 25 del capítulo cit. (nota 1).

20. Tal afirmación tiene su fundamento en el art. 20.3 de la Ley Fundamental alemana, de acuerdo con el cual «(e)l poder legislativo está sometido al orden constitucional; los poderes ejecutivo y judicial, a la ley y al Derecho.»

en su art. 24.1[21]. En efecto, cuando este precepto afirma que la Administración investiga de oficio los hechos y determina la naturaleza y alcance de la instrucción parece partir de la premisa de que los hechos ya están fijados y que conviene simplemente llevar a cabo una investigación más profunda. Un planteamiento más moderno sugiere, por el contrario, que los hechos relevantes en cada caso se encuentran estrechamente vinculados con el procedimiento administrativo y se generan o producen en su seno[22]. Por ello, el administrativista contemporáneo se refiere a la instrucción en otros términos y habla de un proceso de adquisición y tratamiento de la información en el que la Administración o agencia que dirige el procedimiento y las partes interesadas participan con funciones y roles diferentes a los tradicionales. Si se tiene en cuenta, por otra parte, que la adquisición de información posee una enorme relevancia para los derechos fundamentales[23], no resulta difícil concluir que los aspectos fácticos y jurídicos de la instrucción se hallan profundamente entrelazados. Ello supone, entre otras consecuencias, que la obligación de instruir de oficio el procedimiento, tal como se establece en la legislación general de procedimiento, se encuentra condicionada en el plano legal por otras muchas normas especiales. Señaladamente, se puede apreciar que, con la sola base que proporciona el principio de instrucción, la Administración carece de una competencia universal para adquirir información[24].

Hay otro factor determinante que no puede ser minusvalorado, si se quiere tener un cuadro completo de la instrucción que cotidianamente despliega la Administración. Y es que los procedimientos administrativos ordinarios se instruyen con una evidente economía de medios, bien sea por recortes presupuestarios, reducciones de personal

21. *Vid.* nota anterior núm. 15. Naturalmente, esta conclusión puede hacerse extensiva a tantas otras leyes de procedimiento, entre las que cabría citar la española, en sus artículos 78 y ss. (N. del T.).

22. *Vid.* las referencias bibliográficas de las notas 37 y 38 del capítulo cit. (nota 1).

23. *Vid. infra* V.1.

24. Véanse los ejemplos y referencias de la nota 40 del capítulo cit. (nota 1).

o por falta de tiempo. En realidad, se trata de una reacción frente a las crecientes exigencias –léase, obstáculos- que la adquisición de información viene experimentando. Sea como fuere, el resultado es que no todas las pruebas, ni todas las opiniones de los expertos se valoran y se tienen en cuenta. Y ello significa en la práctica que la información que facilitan las partes interesadas se presume verdadera o falsa, aun cuando no se cumplan los requisitos legales para alcanzar tal presunción[25].

2. EL ALCANCE DE LA OBLIGACIÓN DE INVESTIGAR LOS HECHOS

Si bien es cierto que el inciso segundo del art. 24.1 de la Ley de Procedimiento Administrativo alemana deja a la discrecionalidad de la Administración «la determinación de la naturaleza y el alcance de la instrucción», se entiende que ésta ha de ser tan completa como sea posible, a la vista de las circunstancias del caso y del marco legal. No estamos, por tanto, ante una libertad absoluta de la Administración. La discrecionalidad en el procedimiento administrativo opera como una discrecionalidad al servicio de la clarificación.

Tan sólo han de investigarse aquellos hechos que tengan relevancia para la decisión de que se trate en cada caso. En ocasiones, particularmente en los que casos en que el procedimiento se inicie a instancia de parte, la Administración puede basar su decisión en la información suministrada por el solicitante, siempre que no se aprecien otras circunstancias especiales merecedoras de una mayor investigación[26].

Los recursos humanos y financieros dedicados a la instrucción han sido tradicionalmente escasos. Esta materia ha estado regida, en consecuencia, por criterios de ahorro y por valoraciones que se mueven en el plano del coste-efectividad. Ello condiciona el alcance de la instruc-

---

25. *Cfr.* las referencias bibliográficas de la nota 41 del capítulo cit. (nota 1).
26. Para mayor abundamiento, *vid.* las notas 43 a 47 del capítulo cit. (nota 1).

ción y el plan de trabajo de la Administración. Dejando al margen algunos referentes constitucionales que pudieran servir de umbral mínimo obligado en cuanto a los recursos a destinar[27], lo cierto es que se vienen ensayando experiencias alternativas extraídas, por ejemplo, del Derecho Fiscal, como la búsqueda del acuerdo o el dictado de actos administrativos susceptibles de revisión ulterior[28].

3. LA CARGA DE LA PRUEBA

La Ley alemana de procedimiento administrativo (arts. 24-26) no establece explícitamente regla alguna en punto a la carga de la prueba, como hace la legislación de enjuiciamiento civil. Ello ha originado un debate doctrinal del que cabe extraer, a nuestros efectos, la conclusión de que lo relevante es, a la postre, la determinación de los criterios de reparto de la carga de la prueba entre la Administración y los interesados según los casos. Entre estos criterios, podrían citarse el principio de la persona favorecida; la regla de la esfera en la que caiga la responsabilidad de los hechos no probados; o la determinación de la parte que asume el riesgo de que se adopte una decisión administrativa cuando los hechos no están claros[29].

27. *Cfr.* art. 20.3 GG. *Vid.* nota 49 del capítulo cit. (nota 1).

28. Sobre el tema, *vid.* nota 50 del capítulo cit. (nota 1).

29. *Vid.* las referencias bibliográficas del epígrafe III.C del capítulo cit. *supra* (nota 1).

IV
LA PARTICIPACIÓN DE TERCEROS EN EL PROCESO DE GENERACIÓN DE LA INFORMACIÓN

1. EL DEBER DE COOPERACIÓN DE LOS PARTICIPANTES

EL principio de instrucción o investigación administrativa pretende garantizar la independencia de la decisión, esto es, preservarla de la arbitrariedad de las partes. A los interesados, tradicionalmente, se les ha mantenido al margen de la instrucción, que la Administración realiza de oficio. Ello no quiere decir, sin embargo, que la Administración pueda investigar todo lo que tenga por conveniente. De entrada, una información excesiva o innecesaria supone una injerencia en el patrimonio jurídico de los ciudadanos. En estos casos, la primera cuestión a determinar es si la Administración requiere una específica autorización legal para realizar determinadas investigaciones. En todo caso, si la Administración no puede acceder a alguna información, ello tendrá consecuencias sobre el procedimiento.

Hoy día se acepta pacíficamente que la legislación general de procedimiento no es la norma habilitante para instruir el procedimiento cuando la investigación pueda afectar a los derechos fundamentales. Se requiere en tal caso una habilitación legal específica o el consentimiento del ciudadano[30]. Con carácter general, ha de tenerse en cuenta que una cosa es la obligación de cooperar y otra, muy distinta, la base legal que sirva de sustrato para legitimar la injerencia de la Administración en la esfera jurídica del ciudadano. Por lo demás, son cada vez más frecuentes las obligaciones legales de cooperar en la instrucción del procedimiento (actividad administrativa de policía, medio ambiente, etc.), hasta el punto de que puede decirse, al menos en determinados ámbi-

---

30. *Vid.* las referencias bibliográficas contenidas en las notas 66 a 70 del capítulo cit. *supra* (nota 1).

tos, que el Estado y los ciudadanos comparten la responsabilidad de generar conocimiento[31].

Las partes tienen libertad para participar y cooperar en la investigación de los hechos, de acuerdo con la Ley de procedimiento administrativo alemana[32]. Ello es así en primer lugar respecto de los hechos y pruebas que caen dentro de la esfera del interesado. La Administración puede imprimir, por otra parte, una mayor celeridad a la participación y someterla a plazo. La falta de participación, sin embargo, no lleva aparejada la pérdida de derechos materiales, puesto que la carga de participar tiene carácter meramente procedimental. Ahora bien, si de ello se obtiene un material probatorio insuficiente, la valoración que haga la Administración puede resultar en perjuicio del interesado que no ha observado la diligencia que le sería exigible[33].

Son muchas las leyes especiales que establecen deberes u obligaciones de participación en múltiples formas (personación; entrega de información; asesoramiento técnico; presentación de documentos; inspección de local; investigación médica; etc.). La legislación sectorial ha de habilitar en su caso las eventuales medidas adicionales de instrucción que se establezcan y determinar si los interesados han de participar en la investigación con sus propios medios. La legislación general de procedimiento no da pie, por otro lado, para transferir los costes de la instrucción al sector privado. En términos generales, los costes los asume la Administración, salvo en supuestos especiales, como sucede, en ocasiones, cuando el procedimiento se inicia a instancia de parte. En principio, las partes interesadas han de hacer frente a los costes de la instrucción en términos proporcionales a su participación, de acuerdo con la Ley alemana de procedimiento administrativo, excepto cuando se reclame el reembolso de los gastos realizados.

---

31. *Vid.* nota 70 del capítulo cit. *supra* (nota 1).

32. Art. 26.2. *Cfr.* nota 67 del capítulo cit. *supra* (nota 1).

33. Sobre las diversas clases de perjuicios que pueden derivarse de la omisión o inactividad del interesado, *vid.* capítulo cit. (nota 1), IV.A y las notas 73 a 79.

Ahora bien, son cada vez más numerosas las leyes sectoriales que tienden a transferir la instrucción pública y, por consecuencia, la responsabilidad de esta tarea, desde la esfera administrativa hacia los solicitantes[34].

2. LA OBLIGACIÓN DE PARTICIPAR DE OTRAS ADMINISTRACIONES

La participación de otras Administraciones en el seno de un procedimiento determinado es un fenómeno creciente. La legislación tradicional de procedimiento administrativo minusvaloraba esa participación por dos razones. Primero, porque, en el caso alemán, la Ley circunscribe su ámbito subjetivo a las actuaciones externas de la Administración, y con frecuencia la participación de otras Administraciones se mueve en el plano interno o de preparación de una decisión ulterior[35]. Y, segundo, porque los sujetos privados no tienen la consideración de interesados respecto de las intervenciones de esas otras Administraciones cuando éstas, en efecto, se quedan en el ámbito interno[36].

En el plano comunitario, la cooperación interadministrativa se sitúa en un nivel más avanzado. Por ejemplo, la Directiva sobre reconocimiento de profesiones cualificadas[37] establece en sus arts. 8 y 56 algunos criterios de colaboración y mutua asistencia en el ámbito del

---

34. *Vid.* nota 84 del capítulo cit. *supra* (nota 1). Sobre la problemática de la autoincriminación, véanse las referencias bibliográficas contenidas en la nota 85, *ibid.* Sobre esta evolución en el plano europeo, vid. capítulo cit. (nota 1), IV.A *in fine.*

35. Así se infiere del art. 9 de la Ley alemana: «Se entiende por procedimiento administrativo a los efectos de esta ley la actividad administrativa exterior, que tiene por objeto el análisis de los presupuestos, la preparación y el dictado de un acto administrativo o la celebración de un contrato administrativo.» *Vid.* capítulo octavo de este libro, especialmente epígrafe I.

36. *Vid.* el art. 13 de la Ley alemana de procedimiento administrativo en la nota 92 del capítulo cit. *supra* (nota 1). A este tema se refiere Schneider, en el capítulo octavo de este libro, especialmente epígrafes V y VI. Véanse ejemplos de cuanto se dice en el texto en el capítulo cit. (nota 1), IV.2.

37. Directiva 2005/36/EC, del Parlamento Europeo y del Consejo, de 7 de septiembre de 2005.

intercambio de información entre Administraciones. En igual sentido se mueve, por ejemplo, la Directiva de Servicios[38].

3. EL RECURSO A LA EXPERIENCIA TÉCNICA Y CIENTÍFICA EXTERNA

Si la Administración carece de la pericia técnica y científica que se requiere para resolver un determinado asunto, podrá recurrir a los expertos para tomar así una decisión basada en la información más adecuada. En estos casos, la instrucción del procedimiento se confía, al menos parcialmente, al sector privado. La legislación especial ha previsto en muchos casos la forma y el modo en que procede recurrir a los expertos[39]. Naturalmente, los expertos, entre otras condiciones, han de respetar los términos y los límites legales establecidos en punto a la obtención de información[40].

La temática de la cooperación público-privado en la generación del conocimiento encierra hondas cuestiones. Guarda relación, por ejemplo, con el tradicional entendimiento de la legitimidad democrática de la acción administrativa, cuya vigencia pudiera verse comprometida, a falta de mecanismos correctores, si la toma de decisiones por parte de la Administración depende excesivamente del sector privado[41].

Un presupuesto elemental para desplazar la carga de la obtención del conocimiento (opiniones de expertos, pruebas, etc.) hacia el sector privado es que la Administración pueda evaluar con independencia la información y el conocimiento generados. No puede hacerlos suyos sin más[42].

---

38. Por ejemplo, art. 28 de la Directiva 2006/123/EC, del Parlamento Europeo y del Consejo, de 12 de diciembre de 2006, sobre servicios en el mercado interior.

39. *Vid.* los ejemplos de las nota 102 y 103 del capítulo cit. *supra* (nota 1).

40. *Ibídem* notas 105 y 106.

41. *Ibídem* notas 107 a 109.

42. *Ibídem* notas 110 a 112.

V
LAS OBLIGACIONES DE LA ADMINISTRACIÓN EN MATERIA DE INFORMACIÓN RESPECTO DE LOS CIUDADANOS Y EMPRESARIOS

1. LA INFORMACIÓN COMO BASE PARA EL EJERCICIO DE LA LIBERTAD

EL libre acceso a la información se encuentra garantizado en Alemania en su Constitución (GG)[43]. La información y las libertades informativas no sólo tienen un extraordinario valor para la democracia, sino también para el ejercicio de otros derechos fundamentales. Así, por ejemplo, la información constituye el apoyo o la base del derecho a conocer la propia descendencia, que forma parte del derecho de la personalidad a que se refiere el art. 2.1 GG, en conexión con el art. 1.1 GG[44]; o con el libre ejercicio de la actividad económica, que se desprende del derecho a ejercer libremente la profesión (art. 12.1 GG)[45], esto es, la información como medio imprescindible para planificar la actividad. La presencia de los derechos fundamentales lleva aparejada la necesidad de una especial justificación para restringir en cualquier forma el acceso a la información.

Aquí se presenta, como es bien sabido, una compleja constelación de derechos que pueden entrar en conflicto (paradigmáticamente, el derecho a la intimidad y el derecho a la libertad de información, cuyo

---

43. El art. 5.1 GG garantiza que toda persona tiene derecho a acceder sin trabas a la información a través de fuentes accesibles para todos.

44. El art. 2.1 GG sostiene que toda persona tiene derecho al libre desarrollo de la personalidad, con respeto de los derechos de los demás, del orden constitucional y de la moral. El art. 1.1 GG, por su parte, dispone que la dignidad humana es intangible, y que respetarla y protegerla es obligación de todo poder público.

45. «Todos los alemanes tienen el derecho de elegir libremente su profesión, su lugar de trabajo y de formación profesional. El ejercicio de la profesión puede ser regulado por ley o en virtud de una ley.»

equilibrio pretende establecerse en la legislación de protección de datos personales). Por otra parte, el derecho a la igualdad en el acceso a la información en manos de la Administración ha de ser siempre tenido en cuenta. Criterios como la necesidad específica de acceder a una determinada información; el grado o la intensidad en que pueda afectar a cada una de las partes del procedimiento; o la posibilidad de su integración en el proceso decisorio permiten diferenciar con fundamento legítimo entre los interesados.

En términos generales, quien inicia el procedimiento para solicitar una autorización o licencia tiene derecho a acceder a toda la información administrativa que pueda afectarle[46]. El secreto, aunque válido como regla, opera como límite, como ocurre con la legislación de protección de datos[47].

2. HACIA UNA NUEVA CONCEPCIÓN DEL ACCESO A LA INFORMACIÓN Y EL DEBER DE INFORMAR

El uso estratégico de la información con el propósito de regular determinadas actividades (acción estatal basada en la información) y el reconocimiento del derecho a la información constituyen hoy día instrumentos bien conocidos y estandarizados de la intervención estatal.

Las tareas y responsabilidades que la Administración asume respecto de la información han adquirido una importancia inusitada. Entre otros factores, la complejidad y la rápida evolución tecnológicas producen un evidente impacto sobre la idea tradicional de soberanía y de regulación exclusivamente nacional; o sobre la forma clásica de regular, puesto que las medidas o decisiones adoptadas devienen obsoletas cuando entran en vigor, como consecuencia de la lentitud del proce-

---

46. *Vid.* nota 118 del capítulo cit. *supra* (nota 1).

47. Sobre este tema, y su expresión en la legislación ordinaria alemana y comunitaria, *vid.* los ejemplos y las referencias contenidas en las notas 119 a 127 del capítulo cit. *supra* (nota 1).

so decisorio y aplicativo. El uso de términos legales muy abstractos o la delegación de poder o atribución de amplias potestades administrativas representa una solución de limitada utilidad[48].

Aun cuando se han multiplicado las obligaciones legales de publicidad a las que ha de hacer frente la Administración, lo cierto es que la situación dista de ser satisfactoria si se compara con la organización del acceso privado a los procedimientos del ejecutivo o respecto del principio de la limitada publicidad de los archivos. Por esta razón, es necesario reformar profundamente la legislación de procedimiento administrativo a fin de que tenga en cuenta estos nuevos escenarios[49].

3. LA RESPONSABILIDAD ADMINISTRATIVA EN EL ÁMBITO DE LA INFORMACIÓN Y DEL CONOCIMIENTO

El problema de fondo que aquí se suscita es éste: ¿qué hacer cuando la Administración no cumple con las funciones que le han sido encomendadas en lo que hace a la organización del conocimiento?

La primera alternativa u opción a resolver consiste en determinar si la institución de la responsabilidad administrativa puede dar una respuesta adecuada a esta problemática. En el Derecho alemán, cabrían dos enfoques o vías fundamentales: la que deriva del sistema del Derecho Civil, o la que trae causa de la quiebra de la confianza legítima[50]. El interrogante parece resolverse en sentido negativo: la responsabilidad no representa una solución apropiada para resolver los déficits que la Administración presente en lo que hace a la organización de

---

48. *Vid.* los ejemplos y referencias legales de las notas 129 a 132 del capítulo cit. *supra* (nota 1).

49. *Vid.* nota 132 del capítulo cit. (nota 1).

50. *Vid.* las referencias legales en las notas 133 y 134 en el capítulo cit. *supra* (nota 1). En español puede verse F. OSSENBÜHL, «La responsabilidad patrimonial de los poderes públicos en la República Federal de Alemania», en: J. Barnes, *Propiedad, expropiación y responsabilidad. La garantía indemnizatoria en el Derecho Europeo y Comparado*, Tecnos, Madrid, 1996, pp. 931-954.

la información. En primer lugar, porque la reparación que puede ofrecer el sistema indemnizatorio no es en especie, sino en dinero, y ello tiene poco sentido cuando se trata de mejorar un nivel pobre de información y conocimiento positivo. Lo mismo cabe concluir respecto de otras formas de responsabilidad, bien sea por su escaso alcance, bien sea por su escaso nivel de protección y, por tanto, de restitución, y las dificultades prácticas que su articulación procesal plantearía[51].

Con todo, se han realizado notables esfuerzos doctrinales para extraer las máximas virtualidades que el estado actual del Derecho Civil permite a fin de determinar la medida en que la responsabilidad administrativa, con las adaptaciones necesarias, podría constituir un instrumento adecuado en relación a la organización del conocimiento[52]. La responsabilidad de la Administración puede operar en supuestos en los que la decisión se ha basado en una información incorrecta (hechos), y llevará aparejada la evitación en el futuro de tales errores y la optimización del sistema de generación de información. Excede, sin embargo, del objeto de estas líneas un análisis de mayor profundidad sobre la adaptación de la institución de la responsabilidad en el mundo de la información[53].

---

51. Para mayor abundamiento, *vid.* el capítulo cit. (nota 1), V.3 y las referencias bibliográficas allí contenidas.

52. *Vid.* nota 135 del capítulo cit. *supra* (nota 1).

53. Algunas líneas de tendencia en la práctica, en lo que hace a la organización administrativa de la información, acordes con su sistema de responsabilidad, en el capítulo cit. (nota 1), V.3, *in fine.*

VI
UNA REFLEXIÓN FINAL

La transición hacia una sociedad basada en el conocimiento y en la información resulta apreciable en el ámbito de la Administración pública y del procedimiento administrativo. Éste ha de hacer uso de nuevos instrumentos y mecanismos de obtención y tratamiento de la información. De entrada, es necesario interpretar y aplicar las herramientas tradicionales a la luz y de conformidad con la relevancia adquirida en relación con la información. En ese sentido, es preciso ampliar el contexto del procedimiento administrativo y renovar la misma terminología tradicional, a fin de entender mejor la importancia que posee el acceso a la información y la regulación a través de la información, tanto para los ciudadanos como para la Administración.

Más allá del procedimiento administrativo clásico y de las leyes tradicionales de acceso a la información, los esfuerzos habrán de concentrarse en las obligaciones de suministrar información a los ciudadanos y empresarios, en la línea de lo que ya viene postulando el Derecho Comunitario[54]. Esos ejemplos resultan ilustrativos de la trascendencia que la información puede tener sobre el ejercicio de la libertad.

---

54. *Vid.*, por ejemplo, los arts. 7 y 22 de la Directiva de Servicios (Directiva 2006/123/CE del Parlamento Europeo y del Consejo, de 12 de diciembre de 2006 , relativa a los servicios en el mercado interior).

ESTE LIBRO, SEGUNDO DE LA EDI-
TORIAL *DERECHO GLOBAL/GLOBAL
LAW PRESS*, SE ACABÓ DE IMPRIMIR
EL DÍA 19 DE DICIEMBRE DEL AÑO

2   *0*   *0*   *8*

www.ingramcontent.com/pod-product-compliance
Lightning Source LLC
Chambersburg PA
CBHW081758200326
41597CB00023B/4066

9788493634902